KB048298

일제강점기 지방의회 회의록 번역·해제집 5

1930년대 강원·경상·황해 편

동국대학교 대외교류연구원 · 인간과미래연구소 번역해제집 015

일제강점기 지방의회 회의록 번역 · 해제집 5

1930년대 강원·경상·황해 편

초판 1쇄 발행 2024년 3월 31일

편역자 | 김윤정
펴낸이 | 윤관백
펴낸곳 | 선인

등 록 | 제5-77호(1998.11.4)
주 소 | 서울시 양천구 남부순환로 48길 1
전 화 | 02) 718-6252 / 6257
팩 스 | 02) 718-6253
E-mail | sunin72@chol.com

정가 37,000원

ISBN 979-11-6068-800-9 94910
ISBN 979-11-6068-795-8 (세트)

· 잘못된 책은 바꿔 드립니다.

이 저서는 2017년 대한민국 교육부와 한국학중앙연구원(한국학진흥사업단)을 통해 한국학 분야 토대연구지원사업의 지원을 받아 수행된 연구임 (AKS-2017-KFR-1230007).

동국대학교 대외교류연구원
인간과미래연구소 번역해제집 015

일제강점기 지방의회 회의록 번역 · 해제집 5

1930년대 강원·경상·황해 편

김 윤 정 편역

▎발간사 ▎

이 책은 동국대학교 대외교류연구원이 한국학중앙연구원의 지원을 받아 2017년 9월부터 2020년 8월까지 진행한 <일제강점기 '지방의회 회의록'의 수집·번역·해제·DB화> 사업의 결과물을 간행한 것이다.

우리나라에서 지방자치제도가 본격적으로 도입된 것은 1948년 대한민국 헌법에서 지방자치를 명시하고, 이듬해인 1949년 최초의 「지방자치법」이 제정되면서부터였다. 그러나 6·25전쟁의 발발로 1952년에 와서 비로소 최초의 지방의회가 구성되었다. 이후 1960년 4·19혁명과 함께 제2공화국이 수립되면서 장면 정부(1960~1961년)는 「지방자치법」을 개정하여 지방자치제를 실시하였으나, 1961년 군사 쿠데타로 집권한 박정희 군사정부는 지방의회를 해산하고 「지방자치에 관한 임시조치법」을 제정하여 「지방자치법」의 효력을 정지시켰다. 1972년 유신헌법은 지방의회의 구성을 조국의 통일 때까지 유예한다는 부칙 규정을 두었고, 1980년 헌법도 지방의회의 구성을 지방 자치 단체의 재정자립도를 감안하여 순차적으로 하되, 그 구성 시기는 법률로 정한다는 부칙조항을 두었다. 그러다 1987년 6월 항쟁으로 개헌이 이루어지면서 1987년 헌법에서야 비로소 지방의회의 구성에 관한 유예 규정이 삭제되었고, 1988년에는 「지방자치법」이 전면 개정되었다. 이에 따라 1991년 상반기 각급 지방의회가 구성되었고, 1995년 광역 및 기초단체장과 광역 및 기초의회 의원선거를 실시하게 되었다.

그러나 우리나라에 지방자치의 전신제도가 싹트기 시작한 것은 1895년 「향회조규」 및 「향약판무규정」이 시행되면서부터라고 할 수 있다. 이 조규와 규정은 지방 공공사무를 처리할 때 주민의 참정권·발언권을 인정한 획기적인 것이었으나, 1910년 이후 모두 소멸되었다.

근대적 의미의 지방자치제도가 불완전하나마 실시된 것은 일제가 식민지정책의 일환으로 1913년 10월에 제령(制令) 제7호로 부에 「부제(府制)」를, 제령 제8호로 재한 일본인의 교육을 위한 「학교조합령」을 제정하고, 1917년에 제령 제1호로서 「면제(面制)」를 공포·시행하면서부터였다. 또한 일제는 1920년 제령 제15호로 「도지방비령(道地方費令)」, 제령 제14호로 「학교비령(學校費令)」을 제정·시행하였는데, 학교조합을 제외하고 의회는 없었고, 자문기관만이 있었으나, 그 심의사항도 극히 제한되었다.

그 후 1931년 「부제」·「읍면제」·「학교비령」의 개정 및 「학교조합령」의 개정이 있었고, 「도제(道制)」 등이 제령 제13호 내지 제15호로 공포되어 「부제」와 「읍면제」는 1931년 4월부터, 「도제」는 1933년 4월부터 시행되었다.

도·부·읍의 조직은 의결기관과 집행기관으로 구분되었는데, 의결기관으로는 도회(道會)·부회(府會)·읍회가 있었고, 그 의장은 각각 도지사·부윤(府尹)·읍장이 맡았다. 의결기관이라고는 하나 자문기관의 지위를 겨우 면한 정도였고, 권한도 도정 전반이 아니라 법령에 열거된 사항에 한정되었다.

식민지 시기에 실시된 '지방의원'의 선거는 일정액 이상의 세금을 납부한 자에 대해서만 투표권을 부여하였기에 그 요건을 충족하는 부유층, 일본인, 지역 유지만 참가할 수 있는 불공평한 선거였다. 그나마 식민지 시기의 종식과 함께 일제 강점기의 지방의회제도는 역사에서 삭제되었고, 국민으로부터도 외면당하였다. 일제에 의하여 도입·시행된 지방의회제도에 어떤 식으로든 참여하였다는 것은 일제 통치에 '협력'하였음을 의미할 수 있으므로, 드러낼 수 없는 수치스러운 과거로 인식되었기 때문이다. 이로 인하여 상당 기간 이 분야의 연구는 진척되지 못하였고, 역사의 공백기로 방치되어 있었다.

그러나 식민지기 '지방의회' 연구는 다음과 같은 이유로 볼 때 학문적 가치가 높다 할 것이다. 첫째, 일제 강점기 지방의회에 참여한 '지역 엘리트'는 해방 후에도 지방의회에 참여하여 일제 시대의 지방의회 제도를 상당 부분 계승하였기에, 일제 강점기 지방의회 제도의 연구는 해방 전후 지역사를 탐색하기 위한 필수적인 작업이 될 수밖에 없다. 둘째, 일제 시대의 '지방의회'는 '식민지적 근대'가 집약되고 농축되어 있는 대표적 영역 중의 하나다. 전근대부터 형성된 사회관계의 동태적인 지속과, 근대의 불균등성 및 모순과 대립이 고스란히 '지방의회'를 둘러싼 지방 정치에 녹아있기 때문이다. 셋째, 회의록에 담긴 내용은 그 시기 그 지역 주민들의 삶을 고스란히 보여주고 있다는 점에서 일제 강점기 '민초'들의 일상을 엿볼 수 있는 귀중한 자료가 된다.

특히 지방의회 회의록은 지방행정 실태와 지역 권력 구조의 실상을 밝히는 데 필수적 자료라고 할 수 있다. 지방의회는 그 지역의 산업·경제, 문화, 환경, 관습, 제도, 지역민의 욕구, 취향 등 지역민의 생활과 직결된 다양한 영역이 총체적으로 동원된 네트워크였다. 지방의회는 그 지역의 역사적 고유성과 차별성이 빚어낸 집단적 사고방식, 생활습관 등에 따라 매우 다양하게 운영되었는데, 지역의 역동성을 가장 실체적으로 드러내는 자료는 지방의회 회의록이다. 그럼에도 불구하고 그동안 이 귀중한 문헌이 제대로 활용되지 못한 이유는, 회의록이 국가기록원의 방대한 자료 속에 산재해있어 접근이 용이하지 못했기 때문이다.

본 연구팀은 이에 착안하여 국가기록원 문서군에 흩어져있는 지방의회 회의록 약 5천 건을 추출하여 연도별, 지역별, 행정단위별 등 여러 범주에 따라 분류 가능하도록 체계화하였다. 그리고 회의에서 다룬 의안과 회의 참석 의원, 결석 의원, 참여직원, 서명자, 키워드 등을 DB화하였다. 또한 회의록 중 지역사회에 파장을 가져오거나 이슈가 되었던 사안과, 그 지역의 장소성을 잘 보여주는 회의록, 일제의 지방정책의 특성이 잘 나타나는 회의록 등을 선별하여 번역·해제하였다. 이로써 기존 연구에서 부분적으로 활용되던 지방의회 회의록을 종합하여, 지역의 정치·경제·문화·사회운동·일상 등 모든 분야에 걸친 식민지 사회 연구의 토대 조성에 일조하고자 하였다.

연구대상의 시기는 일제 통치방식의 변화가 지방의회에 미친 영향을 고려하여 1920년대(1기), 1930~1937년 중일전쟁 이전까지(2기), 1937~1945년 해방까지(3기)의 기간으로 구분하였다. 1시기는 1920년 부제와 면제시행규칙 등 지방제도가 개정된 후 도평의회가 설치되고 부협의회와 면협의회 선거를 실시하기 시작한 시기이다. 2시기는 1930년 개정된 지방제도로 도평의회가 도회로 개정되고 부회와 읍회가 자문기관이 아닌 의결기관이 된 시기이다. 3시기는 중일전쟁 이후 사회 각 전반에서 통제정책이 시행되고 지역 사회의 공론장이 위축되며 지방 참정권이 극도로 제한된 시기를 포괄한다. 총 9권으로 이루어진 이 총서의 1~3권은 1시기에 해당하며, 4~6권은 2시기, 7~9권은 3시기에 해당한다.

이 총서는 연구팀이 수행한 번역과 해제를 선별하여 경기·함경, 강원·경상·황해, 전라·충청·평안 등 지역별로 나누어 각 권을 배치하였다. 물론 방대한 회의록 중 이 총서가 포괄하는 분량은 매우 적다 할 수 있다. 그러나 가능한 도·부·읍·면 등 행정단위와 지리적·산업적 특성, 민족적·계층별 분포에 따라 다양한 범주를 설정하여 회의록의 선택과 집중에 힘썼기에, 각 도와 도 사이의 비교나 도의 하위에 포괄되는 여러 행정단위의 공통점과 차이점을 간파하는 데 도움이 될 것으로 기대한다. 특히 지역의 다층적 구조 속에서 '근대적'이고 '식민주의적'인 요소가 동시대에 어떻게 병존하는지, 그 관계성의 양상이 지역의 역사지리적 특성에 따라 어떻게 다르게 전승되는지를 파악하는 데 도움이 될 것이라 생각한다. 총서뿐 아니라 지방의회 회의록을 체계적으로 분류하고 집대성한 성과는 앞으로 식민지시기에 대해 보다 폭넓고 심도깊은 연구를 추동할 수 있으리라 믿는다.

이 총서가 간행되기까지 많은 분들이 도움을 주셨다. 먼저 지방의회 회의록 번역과 해제 작업이 전면적으로 이루어질 수 있도록 연구비를 지원해준 한국학중앙연구원과, 연구팀을 항상 격려해주신 동국대학교 전 대외교류연구원 고재석 원장님과 현 박명호 원장님께 감사드린다. 연구팀의 출발이 가능하도록 지원해주신 하원호 부원장님께 특히 감사의 마음을 전하고 싶다. 그리고 연구의 방향성 설정과 자료의 선택에 아낌없는 자문을 해주신 국민대학교 김동명 교수님, 동아대학교 전성현 교수님, 공주교육대학교 최병택 교수님께 감사드린다. 또한 연구팀의 원활한 운영을 위해 최선을 다해주신 국사편찬위원회 박광명 박사님과 독립운동사연구소 김항기 박사님, 그리고 동북아역사재단 박정애 박사님께도 감사드린다. 시장성이 적음에도 흔쾌히 출판에 응해주신 선인출판사 여러분께도 감사드리고 싶다. 끝으로 지리한 작업을 묵묵히 진행한 총서 간행위원회에 몸담은 모든 연구자 여러분께 우정의 마음을 전한다.

2024년 3월

연구책임자 동국대학교 조성혜

머리말

이 책은 동국대학교 대외교류연구원에서 한국학중앙연구원의 2017년도 한국학분야 토대연구지원사업으로서 진행한 '일제강점기 지방의회 회의록의 수집·번역·해제·DB화'사업의 결과물 중, 1930년부터 1937년 중일전쟁 이전까지의 강원·경상·황해 지역의 회의록을 선별하여 번역·해제한 것이다.

최근 지방의회에 대한 연구는 지배정책사 또는 통치사 영역에서 벗어나 일제의 식민지 지배가 지역에 어떻게 파급되는지 구조적으로 밝히고 식민지하의 사람들이 어떠한 대응을 보였는가에 착목하고 있다. 지방의회에 대한 대체적인 시각, 즉 제도 운영에서의 민족적 차별, '의회' 자체의 기만성, 친일세력 육성을 위한 총독부의 공작이라는 평가 속에, 그동안 묻혔던 지역민의 행위를 살펴보려는 시도라는 점에서 의미가 크다.

그러나 자칫하면 일제가 주도한 '근대적' 정책에 대한 지역의 '수용' 또는 '저항'이라는 도식에 빠질 위험성도 있다. 이를 넘어서기 위해서는 그 지역의 역사지리적 특성의 전승을 주목하고, 현재적 관점에서의 재단을 지양하며, 가능한 한 지역 주민의 관점에서 그들의 목소리가 무엇이었는지를 드러내는 작업이 중요하다.

또한 지역 내에서 하나의 층위에 착목하는 것이 아닌 다층적으로 구성된 구조를 시야에 넣을 필요가 있다. 지역은 중앙의 관점에서 보면 지배를 당하는 입장이지만, 그 지역이라는 주변부에서도 중심이 있고, 그 중심이 또 주변부를 지배하면서 서로 중첩되어 연결되어 있다. 하나의 시기 특정한 사안에 대해서도 부회와 부회, 부회와 읍회, 읍회와 면협의회, 또 면협의회끼리도 상호 경쟁하기도 하고 결착하기도 한다. 그 양상은 그 지역 또는 행정단위가 전근대시기부터 경험한 문화의 총체와 장소성에 따라 진행된다. 한국의 지역사회가 의회라는 '근대적' 요소를 접했을 때, 어떠한 위치 관계 속에서 어떤 경험을 했는가, 그 경험에 식민주의는 어떠한 흔적을 남겼는가, 그 상황을 총체적으로 파악하기 위해서는 공시적(共示的)으로 단면을 잘라내어 이질적인 요소들이 동시대적으로 병존하는 모습과 그 관계성을 살펴볼 필요가 있다.

이러한 의미에서 일제강점기 전 시기와 전 지역에 걸친 도·부·지정면(읍)의 회의록에 대해 전면적인 데이터베이스 작업과 번역·해제를 진행한 본 연구팀의 작업은, 향후 도-부-읍·면 등 각 단위의 유기적 관련성을 밝히고 지방의회의 전체적인 모습을 규명하는 데 작지 않은 토대가 될 것으로 기대한다. 방대한 회의록 중 이 총서에 실린 회의록은 극히 일부분이나, 회의록에 담긴 내용을 앞으로 식민지시기 연구에 어떻게 활용할 것인지에 대한 구상과 실마리를 제공할 것으로 믿는다.

이 책은 1930년대 강원·경상·황해 지역을 시공간적 대상으로 한다. 구체적으로는 1930년 지방제도 개정 시기부터, 1937년 중일전쟁 이전까지의 시기이다. 1930년 지방제도 개정의 골자는 그 전까지 자문기관이었던 도·부·지정면협의회를 의결기관인 도·부·읍회로 바꾼 것이다. 자치권을 향상시켰다는 총독부의 대대적인 선전에도 불구하고, 일본의 시·정·촌 의회에 부여된 의안의 발안권(發案權)은 없는 등 여러 한

계가 있었고 사실상 1920년대와 마찬가지로 행정의 추인 기관의 역할 정도를 부여받고 있었다. 게다가 1929년 '지방선거취체규칙'으로 집단적인 선거 운동 등이 크게 방해를 받게 되었다.

이러한 제한적인 환경에서도 각 회의에서 의원들의 발언은 1920년대와 비교해 그 역동성이 별로 떨어지지 않고 있다. 1920년대 의원들이 명문가나 대지주 등 유력자 중심이었다면 1930년대 들어가면서는 변호사, 의사 등 다양한 신진 인물들이 의회에 진출했기 때문이기도 하다. 한정적이지만 결의권이 주어지면서, 오히려 1920년대보다도 지방의회에서 활발히 의견이 개진되고 여러 쟁점을 둘러싼 갈등이 더 폭발하는 지역이 상당히 많다. 지금까지의 연구는 1930년대를 거치는 동안 읍·면협의회의 위상이 약화되었고 그 이유는 주민대회나 지역사회운동의 감소 등 정치적 공간의 의미가 쇠퇴하면서 지역 '정치'가 침체했기 때문이라고 보기도 하나, 조선을 둘러싼 국내·국제적 상황과 시기를 고려한 좀더 세밀한 고찰이 필요하다고 생각된다.

이 책은 도회, 부회, 읍회로 장을 구분했고, 장 아래에 지역별로 각 회의록을 배치했다. 도평의회에서 도회로 바뀐 후 두 번째로 열린 강원도회 회의록을 보면 여러 논제에 대해 질문전이 속출하고 있으나 결국 원안 그대로 가결된다. 이는 극소수의 예외적인 사례를 빼면 대부분의 도회에서 보이는 회의의 진행 과정이다. 원래 도평의회는 도지방비에 관한 도지사의 자문기관으로 설치되었던 것이고, 그것이 의결기관으로 되긴 했으나 본질적으로 달라진 것은 별로 없었다. 도지방비란 도에서 취급하는 독자 재정을 말하는데, 총독부 예산에서 지변되는 비목 이외에, 지방세 등 도에서 독자적인 수입을 가지고 토목비나 교육비 등을 지변하는 것이다. 따라서 도평의회와 도회에 나오는 의안은 세출입예산, 지방세·사용료·수수료·부역 현품 부과 징수에 관한 것, 기채에 관한 것 등인데, 한정된 재정을 둘러싸고 각 의원이 자기가 대표하는 지역의 이해를 관철시키고자 하는 과정이 회의록에 드러난다. 또 회의에 앞서 각 의원이 제출하는 의견서를 보면 각 의원이 대표하는 지역의 실상을 세밀히 알 수 있는 내용이 많다.

부회 회의록으로는 대구, 부산, 마산부회 회의록을 실었다. 대구부회에서는 다른 부와 마찬가지로 큰 문제였던 전기부영과 관련하여, 폭리를 취하는 전기회사로부터 세금을 더 걷고 부민의 호별세를 줄이자는 주장이 나오고 있는 것을 볼 수 있다. 또한 종합운동장 부지를 선정하는 문제가 대구에 사단을 설치하는 것과 깊게 관련되어 있음이 회의록을 통해 드러난다. 마산부회 회의록에서는, 위원회에서 호별세 등급 사정을 할 때 당사자 위원의 참여 여부를 놓고 부제시행규칙 34조 조문 해석을 둘러싸고 공방이 오가는 것이 흥미롭다. 또한 청년훈련소에 대한 각지의 국고와 지방비 보조 등 현황을 엿볼 수 있다.

읍회 회의록으로는 겸이포, 동래, 통영, 평강, 포항 등의 회의록을 실었다. 동래와 통영을 제외하고 나머지 지역의 회의록 제목이 읍회가 아니라 면협의회인 이유는, 겸이포와 포항은 1931년 4월 지정면이 읍으로 승격되기 직전의 회의록이며, 평강은 1942년 10월에 읍으로 승격되지만, 읍으로 승격하기 이전의 면협의회 회의록도 본 연구팀이 연구 범위에 포함시켰기 때문이다.

지방의회 회의록은 방대한 총독부 지방행정 기록물의 극히 일부분에 불과하다. 어쩌면 회의록보다 더욱 중요한 것은, 그 회의에 상정하는 의안을 도출하기 위해 생산된 다양한 보고서와 도면, 통계, 의견서 등일 것이다. 회의록에 대한 면밀한 이해는 이러한 기록물을 총체적으로 파악하는 데서 가능하다. 겉으로는 의미 없어 보이는 기록물이라도 다각도로 관찰하여 역사적 관계망을 추출한다면 식민지기 지역민의 실제적인 삶을 생생히 그려낼 수 있다. 우리의 작업과 이 작은 책이, 앞으로 지방행정 기록물의 효과적 활용에 조금이라도 기여할 수 있기를 희망한다.

▌목차▐

Ⅰ. 도회 회의록

Ⅱ. 부회 회의록

Ⅲ. 읍회 · 지정면협의회 회의록

I

도회 회의록

1. 강원도회 회의록

1) 제11회 도평의회 회의록 발췌(1931년 1월 27일)

항목	내용
문서제목	第十一回道評議會會議錄拔萃
회의일	19310127
의장	이범익(李範益)(도지사)
출석의원	김동화(金東和)(14), 윤성한(尹星漢)(19), 山中友太郎(24), 김영우(金永右)(25), 홍현덕(洪顯德)(29) 등
결석의원	
참여직원	瀨戸(재무부장), 坂部(세무과장) 등
회의書記	
회의서명자(검수자)	
의안	자문제10호 강원도지방비예산 외 의무부담의 건
문서번호(ID)	CJA0002798
철명	도지방비예산외의무부담궁민구제사업관계서류
건명	도지방비세입출예산외의무의부담을위한건-강원도(회의록첨부)
면수	6
회의록시작페이지	1100
회의록끝페이지	1105
설명문	국가기록원 소장 '도지방비예산외의무부담궁민구제사업관계서류'철에 포함된 1931년 1월 27일 강원도회 회의록

해제

본 회의록(총 6면)은 국가기록원 소장 '도지방비예산외의무부담궁민구제사업관계서류'철 '도지방비세입출예산외의무의부담을위한건-강원도(회의록첨부)'에 포함된 1931년 1월 27일 강원도회 회의록이다. CJA0002799<계속비설정인가궁민구제사업관계서류>철 <제11회평의회 회의록>건 374-379쪽에 같은 날짜 회의록이 있다.

이 회의록은 강원도지사가 조선총독에 보낸 공문 '도지방비 예산 외 의무부담 건 인가 신청'(1931년 3월 6일, 강지제(江地第)94호)에 첨부된 도평의회 회의록 사본이다. 이 공문은 철원군 철원면에서 궁민구제를 위해 공비 18만 원으로 1931년부터 3년간 계속사업으로 상수도 공사를 시행하기로 결정했는데, 그 시설비에 충당하기 위해 도지방비에서 조성금을 교부받기로 도평의회에서 가결했다는 내용이다.

내 용

자문제10호 강원도지방비예산 외 의무부담의 건

의장 : 내일은 휴회하기로 되었으니 내일의 자문을 오늘 부의하고자 합니다.

("이의 없음"이라 말하는 사람 다수)

의장 : 자문 제2호부터 13호까지는 건수는 많지만 예산안과 관련된 자문이므로 일괄해서 부의하고자 합니다. 각 안에 대해서는 각각 설명서가 붙어있으니 다시 설명 드리지 않겠습니다. 자문안 낭독은 생략하겠습니다. 그리고 이 안들은 독회를 생략하고 심의하고자 하는데 어떻습니까?

("이의 없음"이라 말하는 사람 다수)

14번(김동화(金東和)) : 자문 제11호에 대해 좀 질문 드리겠습니다. 제1조 개정에서는 종래 인력거세는 영업용 3원, 자가용(自家用) 5원으로 되어 있었던 것이 영업용 2원으로 되어 있는데 그러면 자가용은 과세하지 않는 것인지 질문드리겠습니다. 또 자동자전거(自動自轉車)를 삭제하는 것으로 되어 있는데 이것은 전연 과세하지 않는 것인지, 아니면 자전거와 마찬가지로 과세하는 것인지 질문 드리겠습니다.

참여원(세토(瀨戶) 재무부장) : 지금 질문에 답해드리겠습니다. 자문 제11호로써 부의한 지방세 부과규칙 개정안은 개정할 조항만을 게재한 것입니다. 그래서 여기 게재되어 있지 않는 것은 종래 규정이 살아있고 종래 과율로써 부과되는 것입니다. 따라서 인력거 영업용 즉 일반 세민에 대한 과세는 종래 1대에 대해 3원을 2원으로 감액하고 자가용은 종래대로 1대에 대해 5원을 부과하는 것으로 되어 있습니다. 자동자전거는 객석을 가진 것은 1대 10원, 객석이 없는 것은 1대 5원을 징수하는 것으로 되어 있습니다.

19번(윤성한(尹星漢)) : 저는 자문 제11호 및 13호에 대해 질문드리겠습니다. 차량 면허증[鑑札] 재교부 수수료는 종래 20전을 30전으로 올려 징수한다고 되어 있는데 규정 개정 결과 종래의 면허증을 새 면허증으로 바꿀 때에도 이 수수료를 징수하는 것인지 아닌지를 듣고 싶습니다.

자문 제13호 부동산 취득세는 비싸지 않은가 생각합니다. 과율은 1,000분의 10 이내로 되어 있는데 등기상 표기 가격은 실제 매매가격과 다른 경우가 많습니다. 또 1,000분의 10 이내로 하지 않고 1,000분의 8이라면 8이라고 확정적으로 결정하면 어떨까 생각합니다.

참여원(사카베(坂部) 세무과장) : 19번 의원이 질문하신 차량 면허증 재교부 수수료와 부동산 취득세에 대해 답변하겠습니다.

지방세 부과규칙 제22조에서 차량 면허증 재교부 수수료를 30전으로 인상한 것은 실비 변상의 의미입니다. 면허증 제작에 실비 27전이 필요하고 여기에 송료 등을 더해 30전으로 인상한 것입니다. 이 개정 결과 신규 면허증을 교부하는 경우는 이 수수료를 취하는 것은 아닙니다. 또 차량을 새로 만드는 경우 면허증 교부도 이 수수료를 징수하지 않도록 되어 있습니다.

다음으로 부동산 취득세 과율 표준을 한정하는 게 좋다는 의견을 말씀하셨습니다. 이 부동산 취득세 과율은 총독부 훈령으로써 1,000분의 10 이내로 결정되어 있지만 실제 과세할 때는 매매 가격의 1,000분의 9를 징수하기로 하고 있습니다. 규정에서는 1,000분의 10 이내이지만 실제는 1,000분의 9를 과세하고 있는 것입니다.

29번(홍현덕(洪顯德)) : 저는 자문 제11호 차량세에 대해 질문하겠습니다. 자전거세는 1대에 1원 50전 부과하는 것으로 되어 있는데 경찰관은 인민을 위해 큰 고통을 겪으며 공무상으로도 개인 자전거를 사용하고 있습니다. 경찰관만이라도, 개인용 자전거라 해도 면세하면 어떻겠습니까. 지방비 수입상에서 봐도 거의 관계없다고 생각하니 경찰관의 자전거세는 면제되기를 희망합니다.

참여원(세토(瀨戸) 재무부장) : 29번 의원의 희망사항은 경찰관의 자전거세를 면제하면 어떨까 하는 의견인 것 같습니다. 경찰서 주재소 등에 준비된 자전거 즉 관공서 용도의 자전거에 대해서는 차량세는 부과하지 않고 있습니다. 그러나 경찰관이 경찰서 또는 주재소에 출근할 때 사용한다든가 기타 사적인 용도를 위해 사용할 때는 일반 과율과 같이 세금을 징수하는 것입니다. 만약 경찰관이 공무상을 위해 개인 자전거를 사용하는 것이 많아서 이를 면제한다면, 산업 기술원 등의 자전거에 대해서도 세금을 면제해야 하고 그 범위가 대단히 넓어집니다. 이것들을 면제하면 그 세액이 숫자상으로 상당하고 결코 소액이 아니라고 생각합니다.

개인용 차라 해도 공무집행상 사용하는 것이 많으니 면제하는 것으로 하면, 개인용 차를 공무상으로 사용하는 경우와 사적인 용도로 사용하는 경우를 잘 조사하지 않으면 일반에 대한 과율과 공평을 잃게 된다고 생각합니다. 그러나 도 당국으로서는 29번 의원의 희망하는 취지에 대해서는 이후 경찰관의 개인용 자전거 수가 어느 정도인지를 조사하여 고려하고자 합니다.

29번(홍현덕(洪顯德)) : 지금 참여원의 답변은 잘 들었습니다. 경찰서, 주재소의 공용 자전거에 대해서는 세금을 부과하지 않는다는 말씀이셨습니다만, 인제(麟蹄) 같은 곳은 경찰서에도 주재소에도 공용 자전거가 구비되어 있지 않습니다. 이 방면의 경비를 늘려서 경찰서와 주재소에 충분하게 비치하면 어떻겠습니까?

참여원(세토(瀨戸) 재무부장) : 경찰서에 따로 공용 자전거 비치가 없다는 말씀이신데, 경찰관의 승용 자전거는 개인용을 공무집행상 사용하는 경우가 많으니 면제하는 것은 타당하지 않다고 생각합니다. 말씀하신 의견은 이후 경찰관 소유 자전거를 조사하여 이를 면제하기로 하고, 지방비 수입 재원에 지장이 있는지 없는지를 충분히 연구하도록 하겠습니다.

25번(김영우(金永右)) : 아까 30번 의원이 자동차세를 배가하는 게 좋다는 의견을 말씀하셨습니다. 자동차세도 쌀지도 모르지만 자전거는 교통상에서 보아 하등 관계없이 완전히 사치품입니다. 자동차는 교통상 꼭 필요한 것입니다. 조선만이 아니라 외국의 사례를 보아도, 사치품에는 세금을 매기는 관세에서도 그러합니다. 자전거는 사치품이므로 이를 감액하면 안되고 1대 3원으로 인상하고 싶습니다. 또 어떤 의원이 경찰관 소유 자전거세를 면제하자는 이야기를 했는데 만약 공무상 사용한다는 이유로 면제한다면 경찰관에 한해 면제하는 것은 불공평하므로 도(道) 전체의 관공리 소유 자전거에 대해 면제해야 한다고 생각합니다.

참여원(세토(瀨戶) 재무부장) : 지금 25번 의원이 자전거세를 1원 50전으로 저하한 것을 오히려 배가하고 싶다는 의견이셨습니다. 이 차량세 같은 것은 전 조선이 보조를 맞추고 있는 세율이고 예산 편성 때 각 도의 상황을 참작하여 편입한 것입니다. 현재 조선에서 13도 중 평안남도에서 1대에 대해 3원을 징수하고 있는 외에는 2원을 부과하고 있습니다. 그걸 일반 재원 불황에 따라 사회 정책적 견지에서 세민에게 부과하는 세금을 저감한다는 본부의 취지에 기반하여 본 도에서도 1대 50전을 감액한 것입니다.

또 경찰관에 대한 자전거세를 면제하면 일반 관공리에 대해서도 면제해야 한다는 희망이신데, 본 도의 현재 자전거 수는 예산안에 계상해놓은 것처럼 7,060대이고 그 중 관공리의 개인용 자전거가 꽤 많다고 생각되어서, 이를 면제하면 과세 수입 1만 590원은 극히 소액이 될 것이라 생각합니다. 이 점은 아까 19번 의원에게 말씀드린 대로 관공리 전부에 대한 면제는 지금 불가능하다고 생각합니다.

25번(김영우(金永右)) : 아까 말씀드린 것은 관공리 전부의 자전거세를 면제해달라는 희망은 아닙니다. 단지 경찰관만 면세하는 것은 불공평하니 면세한다면 전부 공평하게 해달라는 희망입니다.

24번(야마나카 유타로(山中友太郎)) : 자문 제2호부터 13호의 각 안은 모두 예산안에 따른 지엽적인 여러 안이고 이미 예산안도 가결되어 있으므로 저는 예산에 찬성합니다. 동시에 채결하기를 동의(動議)합니다.

(“찬성, 찬성”)

의장 : 24번 의원의 동의에 대해 정규 찬성자가 있고 동의가 성립했습니다. 따로 이의 없습니까?

("이의 없음")

그럼 자문 제2호부터 13호 안을 일괄해서 채결하겠습니다.

원안에 찬성하는 분은 기립해주십시오.

(전원 기립)

만장일치로 찬성입니다. 자문 제2호부터 13호 안은 전부 가결 확정했습니다. 오늘은 이것으로 산회하겠습니다.

2) 제2회 강원도회 회의록 발췌(1934년 3월 8일)

항 목	내 용
문 서 제 목	第二回江原道會會議錄拔萃
회 의 일	19340308
의 장	이범익(李範益)(도지사)
출 석 의 원	윤성한(尹星漢)(1) 등
결 석 의 원	
참 여 직 원	
회 의 書 記	
회 의 서 명 자 (검 수 자)	
의 안	제4호 의안 도비 기채의 건, 6호 1931년부터 1933년도 강원도 토목비 계속연기 및 지출방법 중 변경의 건, 7호 1931년부터 1933년도 강원도 권업비 계속 연기 및 지출방법 중 변경의 건, 8호 강원도비 기채조건 중 변경의 건, 9호 강원도 마약류 중독자 치료소 수가규칙을 정하는 건, 10호 강원도 기본재산 설치 및 관리규칙 제정 건, 11호 강원도 도세 부과규칙 중 개정 건, 12호 강원도 도세 징수규칙 중 개정 건, 13호 강원도 이원 퇴은료 퇴직급여금 사망급여금 유족부조료 규칙 중 개정 건, 14호 1933년도 강원도 일반회계 세입출 추가경정예산
문서번호(ID)	CJA0002949
철 명	도기채계속비의무부담소방비권리포기관계서류
건 명	제1차궁민구제사업계속연기및지출방법변경의건(강원도)(회의록첨부)
면 수	4
회의록시작페이지	1287
회의록끝페이지	1290
설 명 문	국가기록원 소장 '도기채계속비의무부담소방비권리포기관계서류'철에 포함된 1934년 3월 8일 강원도회 회의록

해 제

본 회의록(총 4면)은 국가기록원 소장 '도기채계속비의무부담소방비권리포기관계서류'철 '제1차궁민구제사업계속연기및지출방법변경의건(강원도)'에 포함된 1934년 3월 8일 강원도회 회의록이다. CJA0003011<도기채계속비의무부담소방비권리포기관계서류>철 <제1차궁민구제사업비기채변경의건-강원도> 576-577쪽, <강원도수산비계속비설정의건-강원도> 736-737쪽, CJA0003012<도기채계속비의무부담소방비권리포기관계서류>철 <제2차궁민구제사업비및공공단체대부금등기채의건(강원도)> 1251-1252쪽에 같은 날짜 회의록이 있다.

제6일의 회의록이며 발췌본이라 소략하다. 4호부터 13호 의안까지를 전부 만장일치로 통과시키고, 각 의원이 제출했던 85건 의견서를 11인의 심사위원에게 일임하여 심사하기로 했다. 심사위원은 고미야마 하치로(小宮山八郎)(철원), 이덕일(李德一)(철원), 최준집(崔準集)(강원), 야나이(矢內宗良)(영월), 최준용(崔駿鏞)(양구), 김동화(金東和)(화천), 박한표(朴漢杓)(홍천), 야마나카 유타로(山中友太郎)(춘천), 신태현(申台鉉)(춘천), 다나카 쓰루이치(田中鶴一)(강원), 박보양(朴普陽)(철원) 등이었다.[1]

이들은 의견서를 심사하여 85건 중 62건을 가결하고 23건을 부결 혹은 철회했다. 마지막 날인 회의 제7일, 3월 9일에는 심사회에서 가결된 62건의 의견서가 본회의에 제출되었다. 그중 주목되는 것은 횡성 신현만(申鉉晩)이 제출한, 초등교육 보급을 위해 보통학교 수업료를 철폐함으로써 세궁민 아동에게도 초등교육을 하라는 것과, 영월 야나

---

1) 『매일신보』 1934.3.11.

이(矢內宗良)가 제출한 도내 4,000~5,000명의 실업자를 채용하여 구제하라는 의견서이다. 그리고 금강산을 국립공원으로 지정되도록 수속할 것, 도에 광산 기술자 배치, 궁민구제토목사업 연장, 등외도로 시설비 보조 확장 등이 중요한 의견서들이었다.[2)]

그런데 위 『매일신보』와 『동아일보』의 내용은 『조선신문(朝鮮新聞)』과 차이가 있다. 『조선신문』에는 우선 회의 제6일이 3월 8일이 아니라 9일로 기재되어 있고, 제7일 최종일은 3월 10일로 되어 있다. 위원회에 넘겨져 심사한 건수도 차이가 있는데, 총 건수 48건 중 철회 15건, 부결 7건, 가결 26건이라고 위원회 의장인 박보양이 보고하고 있다.[3)]

도평의회에서 도회로 바뀐 후 두 번째 회의인 이 강원도회에서는 조선인 교장 채용, 사설강습소 허가, 교육비 보조 증가, 불공평한 임야세의 균형, 화전민 정리 문제, 도로 완성, 동해안 방파제 수축, 동해안 철도선 촉진, 관공리 봉급 차별 철폐, 삼척 무연탄광 개방 등 여러 논제가 나와 질문이 속출했으나 결국 원안 그대로 전부 가결되었다.

내 용

(1934년 3월 8일 오전 10시 45분 개회)

의장 : 의안 4호부터 14호까지 일괄해서 부의하겠습니다. 내용은 대체로 어제 예산 설명 때 참고원이 상세히 설명했으니 다시 설명은 생략하겠습니다. 의사 방법에 대해서는 독회를 생략하려고 하는데 이의 없습니까?

2) 『동아일보』 1934.3.13.

3) 『朝鮮新聞』 1934.3.14.

("이의 없음")

1번(윤성한(尹星漢)) : 지금 부의하신 제4호 의안부터 14호 의안은 1934년도 세입출예산에 관련한 것이라 모두 절차상 도회에 부의된 것이므로 의원 여러분도 그 내용은 이미 아실 것입니다. 다시 심의할 필요는 없다고 생각하니 본 의원은 제4호부터 14호 의안을 모두 채결할 것을 희망합니다.

("찬성")

의장 : 1번 의원의 의견에 다수 찬성이 있으니 곧장 채결하려고 합니다. 이의 없습니까?

("이의 없음")

의장 : 그러면 채결하겠습니다. 본안에 찬성하는 분은 기립해주십시오.

(전원 기립)

의장 : 만장일치로 가결 확정했습니다.

2. 경상남도회 회의록

1) 제2회 경상남도회 회의록(1933년 10월 30일)

항 목	내 용
문 서 제 목	第二回慶尙南道會會議錄
회 의 일	19331030
의 장	關水武(경상남도지사)
출 석 의 원	淸水佐太郞(32), 하준석(河駿錫)(34) 등
결 석 의 원	
참 여 직 원	松下(내무부장) 등
회 의 書 記	
회 의 서 명 자 (검 수 자)	
의 안	제1호 의안 재해복구비 기채의 건, 2호 낙동강 치수부담금 지변을 위해 차입한 읍면채 차체자금(借替資金) 대부를 위한 기채의 건, 3호 농량대부사업자금 대부를 위한 기채의 건, 4호 1933년도 경상남도 세입세출추가예산
문서번호(ID)	CJA0002949
철 명	도기채계속비의무부담소방비권리포기관계서류
건 명	재해복구비기채의건(경상남도)(회의록첨부)
면 수	2
회의록시작페이지	844
회의록끝페이지	845
설 명 문	국가기록원 소장 '도기채계속비의무부담소방비권리포기관계서류'철에 포함된 1933년 10월 30일 경상남도 도회 회의록

해 제

본 회의록(총 2면)은 국가기록원 소장 '도기채계속비의무부담소방비권리포기관계서류'철에 포함된 1933년 10월 30일 경상남도 도회 회의록이다. CJA0002949 〈도기채계속비의무부담소방비권리포기관계서류〉철 〈농량대부사업자금대부기채의건〉 856-858쪽에 같은 날짜 회의록이 있다.

회의록에서는 많이 생략이 되어 있어 내용을 제대로 알 수 없다. 이 회의는 재해복구에 관련하여 비상으로 소집된 제2회 경남도 임시도회이며 꽤 긴장감 속에 진행되었다. 『부산일보』를 통해 의원의 발언과 회의 내용을 살피면 다음과 같다.

최연무(崔演武)(사천) : 농량대부사업비 대부 이자는 낙동강 치수부담금 읍면채 차체자금과 마찬가지로 5푼 이내로 될 예정인가.

손(孫) 산업부장 : 농량대부자금의 읍면대부 이자는 무이자이다.

다니가키(谷垣關五郎)(창원) : 농량대부사업 내용을 상세히 알려달라.

김(金) 산업과장 : 농량대부사업은 본부의 방침에 의해 옛 사환미제도를 부활하여 본년도부터 실시하는 것이며 그 내용은 농민의 춘궁기에 있어서 농량미 대부 구제방법, 환곡계 설치, 쌀 2만석 매상 등이다.

박태홍(朴泰洪)(함양) : 현재 농촌 궁핍의 현황을 보면 단지 지금 설명처럼 한 개 면 당 대부 벼 수량 82석으로는 도저히 농량사업의 성과를 낼 수 없으니 200석 정도까지 수량을 증가하길 바란다.

김(金) 산업과장 : 본 사업은 본년도부터 처음 실시되고 춘궁기에 농량대부를 목적으로 해도 한정된 재원으로써는 이를 전반적으로 실시하긴 불가능하다. 즉 본 도 내에서 5반보 정도의 소작농 계급은 그 수가 10만인데 이 중 궁농에 대해서만 실시하고 1호 1인당 7두를 적당하다고 생각하고 있다. 이 대부 수량은 궁민 1호 1인당 소비량의 약 7할에 상당하는 것으로 충분히 그 효과를 거둘 수 있으리라 믿는다.

이규정(李圭正)(울산) : 농량사업 그 자체는 사실 훌륭한 정책이지만 농량의 다과보다도 중요한 것은 보관의 철저라고 생각한다. 완벽한 보관을 하려면 제1회 도회에서 요망한대로 각 읍면에 소규모 농업창고를 설치하여 농작물의 유리 판매의 길을 강구해야 하고 하루라도 빨리 읍면에 농업창고를 설치해야한다.

손(孫) 산업부장 : 농량미 보관은 농업창고를 설치해서 보관하라는 의견이지만 본 도에서는 본년도 구포와 거창의 2개소에 창고를 설치하고 이미 설치된 4개소를 합해 6개소가 있다. 그리고 그 설치에는 국고 보조, 도비 보조 기타 경비가 필요하므로 읍면비의 경비만으로는 경영이 곤란하다. 도에서는 금후 가능한 많은 농업창고를 설치할 방침이다. 또 농량미 보관법에 대해서는 만전을 기할 생각이다. 아까 농량미 수량을 증가하라는 말씀도 있었지만 농가에서 식량 자급자족이 불가능한 현재 이 제도를 실시하지 않을 수 없는 상태에 있으나 거도일치의 자력갱생, 농촌진흥운동의 보급 철저에 의해 장래 반드시 식량 자급자족을 도모할 수 있으리라 생각하므로 오히려 수량 증가보다도 감소하는 것이 긴요하다고 생각한다.

가나마루(金丸源一)(통영) : 요전 폭풍 재해에 의한 어선 피해는 실로 심대하다. 피해자는 거의 소어업자이다. 따라서 국비, 도비 보조에 의해 건조할 어선을 채권관계 등 때문에 매각 또는 차압하는 식으로 되지 않을까. 어선 건조에는 뭔가 조건이 있는가 아니면 무조건인가. 피해복구에 관해서는 공평을 기해야한다.

손(孫) 산업부장 : 본 도에 있어서 어선 피해수는 총 2, 594척이 넘고 그 중 현재까지 자력 복구된 것이 1, 048척이고 나머지는 아직 복구를 하지 못하고 있는데, 피해자 중 빈곤 때문에 달리 기댈 방도가 없는 1,280척이고 금액은 27만 8,207원이다. 그 3분의 2가 국고보조(도비 포함)를 바라고 신청 중이지만 아직 결정된 것은 없다. 또 나머지

3분의 1은 자력갱생시켜 3할을 자비, 7할을 어업조합에서 융통시킬 방침이다. 어선 건조에 대해서는 차압 또는 매각하지 않도록 어업조합 또는 금융조합 등의 출어관계 소유로서 반환 후에 소유권을 이전시키는 조건이다.

위와 같이 진행하고 휴회 후 오후 1시부터 재개하려 했으나 긴급동의가 제출되어 모두 이의 없이 찬성하고 오전 11시 반 세키미즈(關水) 의장이 휴식을 선언한 후 오후 1시부터 재개했다. 세키미즈(關水) 의장이 "본 예산안은 모두 재해복구에 대한 긴급 시설이지만 예산안 그 자체로서 지극히 간단한 것이니 오늘 중에 심의를 종료하고자 한다"라고 한 후 이장희(李章喜)(진주)는 재해복구와 구제에는 적극적 방법과 소극적 방법 두 가지가 있는데 자신은 정신적 방침의 구제에 대해 말하고 싶다고 전제한 후, 조선미의 차별 대우는 온당하지 않다고 주장했다. 이에 대해 의장은 예산에 관한 의견을 원한다고 주의를 주면서 "1면 1교 완성 후 학교 경영 문제와 6학급 실시 속진 및 부역제도의 철저 등등"을 장황히 연술했다. 다음으로 이규정(李圭正) 의원(울산)이 궁민구제사업과 재해복구공사 전부를 금후 도 직영으로 시공되어야 하며 농업창고 이용과 읍면에 소규모 창고를 설치하는 것, 장생포-울산 간 도로 개수 등을 역설하는 등의 언급이 있었다.[4)]

내 용

(제1일, 1933년 10월 30일)

지사 : 지금부터 제2회 경상남도회를 개회하겠습니다.

4) 『부산일보』 1933.10.31.

의장(지사) : 의원 총 43명, 출석의원 41명, 결석원 2명이며 정족수에 달했으니 회의는 성립했습니다.

(중략-원문)

의장(지사) : 제1호 의안부터 4호 의안의 제1독회를 열겠으니 참여원이 일단 설명을 드리겠습니다.

번외(마쓰시타(松下) 내무부장) : (제1호 의안부터 4호 의안까지 설명함)

(중략-원문)

34번(하준석(河駿錫)) : 의안에 대해 대체로 논의를 다 했으니 제2독회로 넘어가길 바랍니다.

("찬성"이라 소리치는 자 다수)

의장(지사) : 지금 34번 의원의 동의(動議)에 대해 2명 이상의 찬성자가 있으니 의제로서 자문하겠습니다.

("찬성"이라 소리치는 자 다수)

32번(시미즈 사타로(清水佐太郎)) : 동의(動議)를 제출합니다. 이 의안에 대해서는 독회를 생략하고 채결을 원합니다.

("찬성"이라 소리치는 자 다수)

의장(지사) : 34번 의원이 제2독회로 넘어가자는 동의를 제출했는데 이에 대해 찬성자가 상당히 있고 다시 32번 의원이 나아가 독회를 생략하고 곧장 채결에 들어가자는 동의를 냈는데 이에 대해서도 다수의 찬성자가 있습니다. 동의는 성립했고 회의규칙을 존중하여, 독회를 생략하고 곧장 채결하자는 32번의 동의를 먼저 결정하겠습니다. 32번 의원의 의견에 찬성하는 분은 기립해 주십시오.

(기립자 다수)

의장(지사) : 다수이므로 본안에 대해서는 모두 이의 없으시니 원안대로 가결 확정하겠습니다.

3. 경북도회 회의록

1) 제12회 도평의회 회의록 개황 적록(제3일, 1931년 2월 23일)

항 목	내 용
문서제목	第十二回道評議會會議錄概況摘錄
회의일	19310223
의장	
출석의원	30명
결석의원	7명
참여직원	
회의書記	
회의서명자(검수자)	
의안	1931년도 지방비 세입세출예산 제1독회
문서번호(ID)	CJA0002810
철명	궁민구제에관한읍면기채에관한건(전북전남경북경남)
건명	도지방비기채인가의건신청-제12회도평의회회의록첨부
면수	3
회의록시작페이지	508
회의록끝페이지	510
설명문	국가기록원 소장 '궁민구제에관한읍면기채에관한건(전북전남경북경남)'철에 포함된 1931년 2월 23일 경상북도 도평의회 회의록

해 제

본 회의록(총 3면)은 국가기록원 소장 '궁민구제에관한읍면기채에관한건(전북전남경북경남)'철 '도지방비기채인가의건신청-제12회도평의회

회의록첨부'건에 포함된 1931년 2월 23일 경상북도 도평의회 회의록이다.

경상북도 1931년도 지방비 세입세출예산 제1독회이다. 고령(高靈)의 정운석(鄭雲奭) 의원이 약 20분간에 걸쳐 궁민구제사업의 차입금 상환 방법에 대해 질문하고, 칠곡(漆谷)의 이리야마 노보루(入山昇)는 임업시험장과 곡물검사문제, 권업비 등에 대해 질의하고 있다. 영덕(盈德)의 문명기(文明琦)는 특별시장세 증세, 토목비 기부금 등의 내역 설명을 요구하고 있다. 영일(迎日)의 김두하(金斗河)는 항만 준설 장소와 농업창고 설치 장소를 질문하고 있다. 회의에 앞서 통역 폐지 문제가 대두하여 간담회를 열었으나 합의를 보지 못하고 유예되었다. 전원 37명 중 일본어를 모르는 자는 겨우 4명에 불과해서 통역을 폐지하자는 주장이 그 전 3월 21일부터 있어서 간담회를 열었으나 보류되었다.[5)]

내 용

1931년도 지방비 세입세출예산 제1독회

제3일 1931년 2월 23일(월) 오후 1시 12분 개의

출석 결석 의원 : 출석 30명 결석 7명

의장(지사) : 개회를 선포함. 출결의원 보고를 행하고 자문안 전부를 일괄해서 제1독회를 열겠다고 말함.

29번(정운석(鄭雲奭)) : 궁민구제사업으로 다액의 예산을 계상한 것은

5) 『釜山日報』 1931.2.24; 『朝鮮時報』 1931.2.25.

최근 드물었는데 인정(仁政)이라 할 만하다. 숫자를 보면 이미 도민이 소생하고 있어서 진실로 감사드린다. 그러나 순 지방비 부담으로 매년 20만 원 가까이 15년간 상환하면 이후 지방비 예산에 상당히 무리가 생기고 증세 등을 가져오지 않겠는가. 상환비에 대한 구체적 설명을 바란다.

번외(지방과장) : 기채 방법 조건 등을 설명한 후 상환 재원비에 대해 각 비목별 숫자를 열거하고 상세히 설명함. 상환이 안전하고 확실하며 또 지방비 재정에 누가 되지 않고 또 장래 신규사업도 상당히 계상할 수 있는 까닭을 말함.

29번(정운석(鄭雲奭)) : 자세한 설명에 만족한다. 그러나 본건은 궁민구제사업비 중 항만과 형산강 개수 등 지방 하나에게만 다액을 계상하여 구제의 목적을 거두려고 하는 듯하다. 아무래도 사업의 완성이 주된 것이고 궁민 구제는 부차적인 것 아닌가.

번외(지방과장) : 본건 사업의 목적은 임금을 산포하여 장래 빈궁을 막는 데 일조하려는 계획이다. 취지를 몰각하고 있지 않다.

번외(내무부장) : 지방과장의 답변에 부가해서 설명함. 일석이조의 고어를 인용하여 궁민구제와 아울러 본 도의 긴급사업을 시행하려는 것이며 특히 궁민구제인 점을 고려하여 유감이 없도록 노력한다는 뜻을 말함.

2번(이리야마 노보루(入山昇)) : 1. 수묘포비(樹苗圃費)를 도 임업시험장비로 변경했는데 이 사업 내용에 대해 설명 바란다.

2. 곡물검사원은 산업기수 중 가장 임금이 적은 상태인데 그 직무가 중대하니 평균 급여 83원으로 해서 검사원의 직무를 완전히 행할 수 있게 하면 어떤가. 또 여름에 한가할 때는 이들이 산미개량증식 쪽에서 일하면 어떤가.

3. 가마니검사 수수료의 저감은 매우 시의적절하다고 사료되나 새로 반출검사 수수료를 징수하는 것은 생산 장려상 지장을 가져오는 것 아닌가.
4. 산업기수의 급료를 매년 늘리지 않고 평균 급여로 하면 기술원의 능률이 떨어지지 않겠는가. 또 기술원이 조선어를 해득하지 못하면 뭔가 징계 방법을 강구하는 게 어떤가.
5. 실업학교는 졸업 후 직접 실업에 종사시킬 목적인가 아니면 월급쟁이를 양성한다는 목적인가.
6. 보통학교 신설 때 지방기부금 4,500원은 현재 물가가 하락하는 시기이니 감액하는 게 어떤가.

(위에 대해 산업부장, 산림과장, 농무과장, 학무과장이 각각 설명함)

5번(문명기(文明琦)) : 1. 특별시장세를 증세하는 게 어떤가.

2. 토목비 기부금 내역, 잡수입 중 하천 수입의 내역, 치수비 납부금 내역을 설명 바란다.

번외(세무과장, 지방과장으로부터 각각 답변있었음)

31번(김두하(金斗河)) : 세출 임시부 중 항만 준설비 1,100원을 계상했는데 준설 장소는 어디인가. 또 보조비 중 농업창고를 설치하는 곳을 설명 바란다.

번외(토목과장, 농무과장이 설명함)

13번(최윤(崔潤)) : 권업비 보조비 중 묘대(苗代) 개량 보조와 심경리(深耕犁 : 땅을 깊게 가는 쟁기-편자) 구입 보조를 예산에 계상하지 않은 이유는 무엇인가.

번외(농무과장) : 묘대 개량 보조는 예산에서 이를 계상하지 않아도 충분히 묘대 개량에 노력한다고 설명함. 심경리(深耕犁) 보조는 산업 장려대부금으로 재편성하여 구입자금의 대부로써 보급할 계획을 설명함.

21번(이토 기치사부로(伊藤吉三郎)) : 시간도 늦었으니 산회를 바란다.

의장(지사) : 오늘의 산회를 선포함.

(오후 5시 25분)

2) 제12회 도평의회 회의록 개황 적록(제4일, 1931년 2월 24일)

항 목	내 용
문서제목	第十二回道評議會會議錄概況摘錄
회의일	19310224
의장	
출석의원	24명
결석의원	3명
참여직원	
회의書記	
회의서명자(검수자)	
의안	1931년도 지방비 세입세출예산
문서번호(ID)	CJA0002810
철명	궁민구제에관한읍면기채에관한건(전북전남경북경남)
건명	도지방비기채인가의건신청-제12회도평의회회의록첨부
면수	4
회의록시작페이지	511
회의록끝페이지	514
설명문	국가기록원 소장 '궁민구제에관한읍면기채에관한건(전북전남경북경남)'철에 포함된 1931년 2월 24일 경상북도 도평의회 회의록

해 제

본 회의록(총 4면)은 국가기록원 소장 '궁민구제에관한읍면기채에관한건(전북전남경북경남)'철 '도지방비기채인가의건신청-제12회도평의회회의록첨부'건에 포함된 1931년 2월 24일 경상북도 도평의회 회의록이다. 전날에 이어 경상북도 1931년도 지방비 세입세출예산 제1독회를 계속하고 있다. 이날 회의 중반쯤인 오후 3시에 회의에 참석해있는 영천군 선출 도평의원 손병로(孫柄魯)에게 검사국으로부터 구인장이 발부되어 회의가 혼란에 빠졌다. 다수 의원은 도평의회 종료까지 구인을 연기해달라고 검사국에 요청했다. 사건 내용은 토지 매매와 관련한 사기 혐의로 전해졌다.[6)]

내 용

의안 : 1931년도 지방비 세입세출예산

제4일 1931년 2월 24일(화) 오후 1시 23분 개회

출석 24명 결석 3명

의장(지사) : 개회를 선포함. 출결 의원을 보고하고, 질문은 중복을 피하고 간명하게 할 것을 미리 요망함.

13번(최윤(崔潤)) : 보통학교 1면 1교의 완료까지는 기설 학교에서 학년 연장과 학급 증가가 필요하지 않는가. 종이의 원료인 닥나무의 식재비는 매년 2,000원 이상 증가 계상하기 곤란하다면 국고에서 보조금을 빌려 증액해서 장려 보급을 계획하길 희망한다. 국고 보조를 받을 예정은 없는가.

번외(내무부장, 산업과장이 각각 설명함)

3번(다케오 테조(武尾禎藏)) : 1. 보통학교 1면 1교 계획은 현재 어느 정도까지 실현되고 있는가. 금후 몇 개년이 필요한가. 대구에 보통학교를 1교 더 증설하는가.

2. 자동차 정책에 대한 당국 방침을 듣고 싶다.

6) 『朝鮮時報』 1931.2.26.

3. 나병환자의 격리 예방에 대한 당국의 계획을 듣고 싶다.

4. 경북산 누에고치의 수급 관계와 판매 제조의 개황을 듣고 싶다.

(번외 지사, 경찰부장, 위생과장, 산업부장이 각각 설명)

8번(권현섭(權賢燮)) : 궁민구제사업비는 동해안 방면에 중요성을 두고 산간지방의 군(郡)은 내버려두고 있지 않는가. 또 의학강습소는 장래 의학전문학교로 승격할 예정이 확실한가. 가마니 검사 수수료의 감액은 좋지만 한걸음 나아가 오히려 철폐하는 게 어떤가. 청소년 지도에 대한 당국의 계획을 듣고 싶다. 모르핀 환자 치료의 상황을 듣고 싶다. 궁민구제 사업은 청부인의 구제가 되기 쉬운데 실시 때 고려해주기 바란다. 사방공사와 도로개량공사가 시행되는 곳을 구체적으로 보여달라. 안동고등보통학교 설치 문제에 대해 당국의 계획은 어떠한가.

21번(이토 기치사부로(伊藤吉三郎)) : 논의한 일정에 기초해 질문은 오늘로써 끝내고 25일과 26일에 위원회를 열자. 그리고 위원회가 하루에 끝나면 26일은 위원회 보고와 건의안 등에 대해 의사를 진행하고 27, 28일, 3월 2일에는 희망 의견을 개진하고 싶다.

의장(지사) : 동의(動議)에 따라 전원 일치 결정함. 위원은 전원을 둘로 나누어 자문안을 구분해서 부탁함.

(8번 의원의 질문에 대해 번외 내무부장, 농무과장, 위생과장이 각각 답변함)

6번(이기승(李基承)) : 보통학교 설치 촉진을 위해 고급 교원을 정리하여 재원을 염출하는 게 어떤가. 여자를 교육하여 현재 조선인 가정의 상황에 맞추어 개선해야 하지 않는가.

(번외 지사가 설명함)

30번(강경희(姜敬熙)) : 보조비 중 부업비와 추잠(秋蠶) 장려비의 보조액이 지나치게 적지 않은가. 화전민 구제 시설에 대한 방침을 듣고 싶다.

(번외 농무과장, 산업과장, 산림과장이 각 설명함)

12번(오국영(吳國泳)) : 궁민구제사업비 중 도로개량공사비 중에 의성군 내에도 시행할 곳이 있는가. 수리공사에 중국인 노동자 사용을 생각하고 있음은 특정한 사정으로 인한 것인가. 자동차 영업자로부터의 기부금은 장래 세금으로 부과할 것인가.

(번외 토목과장, 지방과장이 설명함)

22번(조봉래(趙鳳來)) : 대구부의 시가 도로와 하수 개수 보조는 본년도 한정으로서 이를 삭제하고 권업비 보조로 바꾸면 어떤가. 면화 공동 판매에 대한 방침을 듣고 싶다.

(번외 토목과장, 농무과장이 설명함)

24번(모로가 히데오(諸鹿央雄)) : 궁민구제사업에 대해서는 장래 중국인 노동자는 한 명이라도 사용하지 않는 것을 고려해주시기 바란다. 이 자리에서 명확히 답변을 듣고 싶다.

번외(지사) : 외교 문제에 관한 것이라 답변을 피하고 싶다.

36번(김작(金焯)) : 궁민구제사업에서 사방도로를 시행하는 곳을 명시해주길 바란다.

번외(토목과장) : 아직 구체적으로 명시하기 힘든 이유를 설명함.

의장(지사) : 내일은 위원회로 넘어간다고 말하고 오늘 산회를 선포함.

(오후 6시 23분)

3) 제12회 도평의회 회의록 개황 적록(제5일, 1931년 2월 26일)

항 목	내 용
문 서 제 목	第十二回道評議會會議錄概況摘錄
회 의 일	19310226
의 장	
출 석 의 원	33명
결 석 의 원	4명
참 여 직 원	
회 의 書 記	
회 의 서 명 자 (검 수 자)	
의 안	1931년도 지방비 세입세출예산
문서번호(ID)	CJA0002810
철 명	궁민구제에관한읍면기채에관한건(전북전남경북경남)
건 명	도지방비기채인가의건신청-제12회도평의회회의록첨부
면 수	6
회의록시작페이지	514
회의록끝페이지	519
설 명 문	국가기록원 소장 '궁민구제에관한읍면기채에관한건(전북전남경북경남)'철에 포함된 1931년 2월 26일 경상북도 도평의회 회의록

해 제

본 회의록(총 6면)은 국가기록원 소장 '궁민구제에관한읍면기채에관한건(전북전남경북경남)'철 '도지방비기채인가의건신청-제12회도평의회회의록첨부'건에 포함된 1931년 2월 26일 경상북도 도평의회 회의록이다.

이 회의에서 의원들이 제시한 주요한 희망 의견은 다음과 같다.

1.미두검사 수수료를 장래 저감시키는 것 2.보통학교 수업료를 저감시키는 것 3.대구부에 보통학교 1교를 신설하는 것 4.대구공립고등여학교를 지방비로 이환(移換)하는 것 5.호세와 가옥세를 통일하고 또 잡종세를 설치하며 영업세 부가세를 설치하는 것 6.의무교육을 단행하고 내선공학을 실시하는 것 7.안동-영덕 간 철도 부설에 진력하는 것 8.향교재산 수입을 전부 교육비로 충당하는 것 9.미가대책에 기초한 저리자금 융통은 본년 6월까지로 되어 있으나 이를 장래 계속하여 융통하는 것 10.농업창고 보관료를 저감하는 것 11.안동읍 내 입구의 낙동강에 교량을 가설하는 것 12.면의 폐합을 실행하는 것 13.경북선 철도를 봉화까지 연장 14.자동차세 증가 15. 중등학교 수업료 저감 16.모르핀 중독환자에 대한 치료를 철저히 하는 것 17.양잠 종대금은 견의 하락에 비추어 크게 저감하는 것 18.화전민에게 경작지를 부여하는 것 19.사립교육기관에 대한 지방비보조를 증가 20.포항면에 도립의원을 설치 21.미곡취인시장법 개정의 건을 당국에 요망 22.포항에 농업창고 설치 23.의용소방조에 대해 지방비에서 보조.[7)]

내 용

의안 : 1931년도 지방비 세입세출예산

제5일 1931년 2월 26일(목) 오후 1시 17분 개의

출석 33명 결석 4명

의장(지사) : 개회를 선포하고 출결의원을 보고함. 위원장의 보고를 청함.

7) 「도지방비기채인가의건신청」, 『궁민구제에관한읍면기채에관한건(전북전남경북경남)』, 국가기록원 CJA0002810, 516~517쪽.

21번(이토 기치사부로(伊藤吉三郎)) : 위원회에 부탁한 자문 안건은 자문 제1호 중 토목, 교육위생비 전부 및 권업비 중 산림에 관한 사항의 세출경상부 임시부 및 자문 제6호부터 9호까지 사항으로 위원회에서는 신중히 심의한 결과 모두 적정하다고 생각하여 원안대로 하고 제2독회에 부치는 것으로 확정함.

34번(김재환(金在煥)) : 2부에 부탁한 의안은 1부에 부탁한 의안을 빼고 남은 전부다. 이를 심의할 때 각 의원의 열성적인 질문과 당국의 성의 있는 설명으로 자문안 내용을 상세하게 할 수 있었고 그 적정성을 인정하여 모두 원안대로 제2독회에 부치기로 전원일치 가결함.

27번(스기하라 조타로(杉原長太郎)) : 지금 제1부 제2부 위원장의 보고대로 위원회에서 의안 전부에 걸쳐 신중 심의하였으므로 곧장 독회를 생략하고 결정하길 희망함.

의장(지사) : 지금의 동의(動議)에 이의 없는가.

(일동 이의 없다고 말함)

의장(지사) : 이의 없으므로 자문안 제1호에서 11호까지 전부를 의제로 하여 결정하는데 이의 없는가.

(일동 이의 없다고 말함)

의장(지사) : 이의 없는 분은 기립해주시기 바람.

(일동 기립)

의장(지사) : 전 회원 일치 가결 확정함.

(오후 1시 29분)

의장(지사) : 건의안 심의에 들어가겠다고 말하고 서기로 하여금 낭독시킴.

건의안 1. 본도에 농사시험장의 지장(支場) 설치를 요망함

(제안자가 설명함. 독회 생략한 후 전원 일치 가결함)

건의안 2. 미곡 및 대두검사 수수료권 판매인을 그 지역의 곡물조합 또는 공공단체가 지정을 희망할 때는 지정하도록 함

(제안자가 설명함. 독회 생략하고 전원 일치 가결함)

건의안 3. 안동고등보통학교 설치의 건

(제안자가 설명함. 고등보통학교를 실업학교로 수정한 후 가결함)

의장(지사) : 산회를 선포함

(오후 3시 19분)

Ⅱ

부회 회의록

1. 대구부회 회의록

1) 부협의회 회의록(제2일, 1931년 3월 12일)

항 목	내 용
문 서 제 목	府協議會會議錄
회 의 일	19310312
의 장	桑原一郎(대구부윤)
출 석 의 원	한익동(韓翼東)(2), 배영덕(裵永悳)(3), 배국인(裵國仁)(5), 畑本儀平(6), 黑川圓治(7), 紫田千代吉(8), 한규용(韓奎鏞)(10), 武尾禎藏(13), 森淸吉(14), 山口榮吉(15), 이재용(李在用)(16), 大野庄三郎(17), 조주영(趙柱泳)(18), 山北光德(19), 立木要三(20)
결 석 의 원	小野元太(1), 손병영(孫炳楹)(4), 高田官吾(9), 大平德三郎(11), 小川德長(12)
참 여 직 원	번외 1번 庄司昌(내무과장, 부속), 2번 小野重人(재무과장, 부속), 3번 森芳介(서무계 주임, 부속), 4번 奧田順吉(부기사), 5번 片山重太郎(부서기), 6번 三吉岩吉(부서기), 7번 白水弁太郎(부서기)
회 의 書 記	吉村來治(부속), 三島活三(부서기)
회 의 서 명 자 (검 수 자)	
의 안	1.자문제6호 1931년도 대구부 세입출예산 편성의 건, 2.제7호 1931년도 대구부 특별회계 승합자동차비 세입출예산 편성의 건, 3.제8호 대구부 공회당 사용조례 설정의 건, 4.제9호 대구부 운동장 사용조례 설정의 건, 5.제10호 1929년부터 1932년까지 계속비 대구부 시가도로와 하수도 개수공사비 노선별 시공연도할액 변경의 건
문서번호(ID)	CJA0002818
철 명	대구부예산서철
건 명	소화6년도대구부일반회계특별회계세입출예산의건(회의록첨부)
면 수	36
회의록시작페이지	785

회의록끝페이지	820
설 명 문	국가기록원 소장 '대구부예산서철'에 포함된 1931년 3월 12일 대구부회 회의록

해 제

본 회의록(총 36면)은 국가기록원 소장 '대구부예산서철'의 '소화6년도대구부일반회계특별회계세입출예산의건'에 포함된 1931년 3월 12일 대구부협의회 회의록(제2일차)이다.

1931년 3월 11일부터 14일까지 열린 대구부협의회는 1931년 4월 1일부터 실시되는 지방제도 개정 전에 마지막 협의회로서 개최되었다. 첫날인 3월 11일에는 우선 부윤이 예산 편성 방침에 대해 설명하면서, 제도개정 후 의원들이 다시 부회의원으로서 협력해줄 것을 당부하고, 예산은 재정 불황과 총독부의 긴축 방침으로 가급적 절약한 예산 편성이라는 점을 말했다. 세입은 학교조합 학교비 사무 통일에 의해 회의비 및 사무비가 증가했으므로 그 경비를 호세로 구하기로 하여 호별세 약 1만여 원을 증가하고, 토지평수할 세율은 체감(遞減)했지만 시구개정 진행에 따라 세입 증가를 예상할 수 있다고 말했다. 세출에 대해서는 3단체 통일에 의해 사무비에서 1만 1,000여 원을 증가하고 공설운동장 3,000원을 증액하여 살수비로 하고, 정(町) 내에 살수를 늘리며, 경상부의 경비 절약에 여러 주의를 기울여 편성했다는 등 개략적인 내용을 설명했다. 다음으로 쇼지(庄司昌) 내무과장이 각 항목에 걸쳐 자세히 세입출예산을 설명하는 것만으로 이 첫째 날 회의는 끝났고, 다음날 오후 1시부터 회의를 속행하기로 하고 산회했다.[8]

제2일인 3월 12일 회의 첫머리에 조주영(趙柱泳)의원이 의사 진행

발언한 것이 회의록에서 삭제된 것을 신문기사를 통해 확인할 수 있다. 조주영의 말은 다음과 같다. “내년도 예산은 본년에 비해 1만 원 이상 증가를 보이고 부민은 이 불황 시대에 그 부담이 쉽지 않다. 부민의 수입은 5할 이상 감소하는 반면 호별세 부담은 증가하고 있다. 따라서 세입에서는 호별세를 인하하고 전주세(電柱稅)를 증세해야 한다. 우리 시민의 고혈에 의해 부당이익을 거두고 있는 전기회사에게 전가하는 것은 결코 불합리하지 않다. 대흥전기회사의 전등료는 대단히 높고 이를 인하하는 운동을 한 일은 아직 기억에 새로운 바이다. 둘째로 세출에서는 관리 감봉을 부르짖고 있는 현재 사무비가 격증한 것은 모순이다. 이원과 고원의 급여가 거액으로 증가하고 있다. 본회의를 중지하고 위원회를 열기 바란다.”[9] 이에 대해 의장은 1독회를 끝내고 2독회에서 하자고 하며 무마하는 것을 볼 수 있다.

조주영은 이미 1929년에 대구 전기문제기성회에 참여하여 부민대회를 개최했고 대구부협의회원들과 유지들은 전기부영간담회를 열고 부영 찬성을 결의한 바 있다.[10] 다른 부와 마찬가지로 전기 부영 문제가 대구의 현안 중 하나였기에 폭리를 취하는 전기회사로부터 세금을 더 걷고 부민의 호별세는 줄여야 한다고 주장하고 있다.

---

8) 〈府協議會會議錄〉(1931년 3월 11일), 소화6년도대구부일반회계특별회계세입출예산의건, 대구부예산서철, 국가기록원(CJA0002818); 『朝鮮民報』 1931.3.12; 『대구일보』 1931.3.12.

9) 『朝鮮民報』 1931.3.13; 『大邱日報』 1931.3.13.

10) 『朝鮮新聞』 1929.6.20; 7.11; 8.4.

내 용

의장(구와바라 이치로(桑原一郎))(대구부윤)) : 어제에 이어 개회하겠습니다.(오후 1시 10분)

번외 1번(쇼지(庄司昌) 부속) : 어제에 이어 제6호 자문안 세입에 대해 설명 드리겠습니다. 우선 세입경상부 부세를 설명하겠습니다. 전년도보다 7,857원이 증가했는데 주요한 이유는 제7항 호별할세이며 1만 54원 증가되어 있습니다. 이것은 제도 개정에 의해서 구 학교조합과 학교비 회의비 및 사무비의 합계 1만 1,630원 66전이 이 일반경제로 이동해온 것이므로 이 증액한 재원을 호별세로 구한 결과이며, 특별경제 쪽에서 같은 금액 정도의 부담이 줄어드는 것입니다. 다음은 제9항 특별영업세에서 1,502원 증가가 되어 있습니다. 이것은 국세인 영업세가 세령 개정의 결과 면세인 점을 인상한 것이며 이들 영업자가 본세에서 증가한 결과입니다.

다음은 제11항 특별토지평수할에서 3,779원 증가입니다. 본세는 최근 위원회에서 조령(條令) 개정안을 만들어 협의회 자문을 거쳐 현재 인가신청 수속 중입니다. 이로써 부담은 대부분 경감되지만 본 예산은 이 개정 조례에 의해 산출한 금액을 계상했습니다. 1931년도는 시가도로 개수공사비 증가에 의해 결국 이만큼의 부과금이 증가했습니다.

기타 각 세금도 약간씩 자연 증가 수입을 보이는데 제3항 영업세부가세는 재계 불황과 영업세령 개정에 의해서 본세가 감소한 결과 자연히 부가세도 감소한 것입니다. 이는 6,750원 줄고 있습니다.

다음은 제5항 가옥세 부가세입니다. 이 역시 840원이 감소한 것은, 전년도에 가옥 조사를 했는데 예산 편성 때 상당한 증가를 예상했으나 실제 조사 결과는 이 예정액에 도달하지 않아서 그 결과 이만큼의 감액을 본 것입니다.

이외 제2항 소득세 부가세도 약간 감소하고 있습니다. 부세(府稅) 전체를 보면 결국 7,857원 증가입니다. 당국은 어제 부윤이 설명한 것처럼 부담이 늘어나는 것을 피하고자 매우 노력하고 새로운 세금도 전혀 설치하지 않았습니다. 또 과율도 그대로 두고 감수(減收)로 된 것은 부담이 경감되도록 힘쓴 결과입니다.

다음은 제2항 사용료 및 수수료입니다. 전년도부터 2,524원 증가로 되어 있습니다. 그 이유는 제11항 공회당 사용료 1,011원을 새롭게 계상한 것과 제3항의 시장사용료에서 사용료 징수 방법의 개선에 따라 2,277원의 증가를 예상한 결과입니다. 기타 사용료는 모두 감액하고 있지만 전체적으로 보면 2,524원 증가가 되어있습니다.

다음은 제3항 수입증지 수입입니다. 일부 증가한 것도 있지만 결국 239원 증가에 그쳤습니다. (중략-편자)

의장(구와바라 이치로(桑原一郎) 대구부윤) : 본안의 제1독회를 열겠습니다.

18번(조주영(趙柱泳)) : 심의로 넘어가기 전에 한마디 의사진행에 관해 말씀드리고 싶습니다. 본안과 같이 중요한 안을 심의할 때 단순히 단편적으로 질문이나 의견 교환 정도로는 충실한 심의를 할 수 없으니, 제1독회에 들어가기 전에 위원에게 부탁하여 위원회에서 신중히 심의하길 바랍니다.

20번(다치키 요조(立木要三)) : 18번의 의견은 좋습니다만 일단 질문해서 이사자의 설명을 듣고 그 후 전원위원회에 부탁하는 쪽이 좋다고 생각합니다.

의장(구와바라 이치로(桑原一郎) 대구부윤) : 20번 의견처럼 1독회를 종료한 후 위원회로 넘어가는 게 어떻겠습니까. 그것 때문에 본안의 중요성을 잊는 것은 아니니 그렇게 하길 바랍니다.

18번(조주영(趙柱泳)): 순서는 어떻게 해도 지장 없지만 다수의 의견이 본안에 대해 고려가 필요하다면 오히려 원안을 정정하는 것이 좋다고 생각해서 동의(動議)를 낸 것입니다.

의장(구와바라 이치로(桑原一郎) 대구부윤) : 심의 순서는 세출부터 시작하기로 하고 우선 세출경상부 제1관 사무비부터 질문 바랍니다.

20번(다치키 요조(立木要三)) : 제6항 용인료에 대해 질문하겠습니다. 징세령서(徵稅令書) 송달원을 소사(小使)로 변경하게 되면 위로금이라도 지급할 필요는 없습니까?

번외 1번(쇼지(庄司昌) 내무과장, 부속) : 원래 지급하고 있습니다.

20번(다치키 요조(立木要三)) : 금고 제(諸) 비용에서 차가료의 월액 1원을 1일 80전으로 한 것은 무슨 이유입니까?

번외 2번(오노(小野重人) 재무과장, 부속) : 실질적으로는 하등 변한 게 없습니다. 종래에는 월액 1원이었던 것을 1일 80전으로 한 것인데 종래에도 월 1회였으므로 이를 1일로 고친 것이고 오히려 전보다 저하하고 있습니다. 장소는 임시출장소를 전보다 늘렸기 때문에, 일수는 증가하지만 이것은 현재 납세 성적이 좋지 않아서 여러 연구를 한 결과 출장 징수하는 게 편리하다고 생각했기 때문입니다.

20번(다치키 요조(立木要三)) : 1일 80전으로 하기보다는 1개월 80전으로 하면 어떻습니까?

구와바라 이치로(桑原一郎)(대구부윤) : 전년도 분은 1개월 1회였던 것을 생각해주시면 좋으리라 생각합니다.

3번(배영덕(裵永悳)) : 종래 학교조합·학교비의 회의비나 사무비가 일반경제 지변으로 이동했는데 단체별 사무 분담율은 동일합니까? 아니면 구별되어 있습니까?

번외 1번(쇼지(庄司昌) 부속) : 양 단체의 실제 지변액이 이동해온 것뿐이고 사무 분담에는 아무것도 변한 게 없습니다. 결국 양 단체 분이라 해도 공통으로 운용할 수 있는 것으로 되었을 뿐입니다.

3번(배영덕(裵永悳)) : 이상의 비용은 이전의 실적에 따라서 그대로 옮긴 것입니까?

번외 1번(쇼지(庄司昌) 부속) : 그렇습니다.

3번(배영덕(裵永悳)) : 부 이원 급료를 줄이려면 국비 지변의 직원을 늘리는 편이 좋다고 생각합니다.

번외 1번(쇼지(庄司昌) 부속) : 이는 지사가 부군도(府郡島)에 배치한 것이라 일정한 정원이 있으므로 지금 그것을 증가하는 것은 불가능합니다.

3번(배영덕(裵永悳)) : 부 이원 수는 일본인이 다수이고 조선인이 적은 것 같습니다.

번외 1번(쇼지(庄司昌) 부속) : 실제로는 그렇지만 정원은 예산에서 정하는 것으로 되어 있습니다.

17번(오노 쇼자부로(大野庄三郎)) : 사무비 증가는 설명을 들으니 대체로 알겠습니다. 그런데 학교조합과 학교비 예산의 제시가 없어서 잘 판단할 수 없습니다. 일반경제에서 증가한 부분은 특별경제에서 감하고 있는 것으로 보면 됩니까?

번외 1번(쇼지(庄司昌) 부속) : 그렇게 해석해도 지장 없습니다.

7번(구루카와(黑川圓治)) : 각 단체별 회의비 내용은 어떻게 되어 있습니까?

번외 1번(쇼지(庄司昌) 부속) : 학교조합 752원, 학교비 355원, 합계

1,107원입니다.

7번(구루카와(黑川圓治)) : 부 이원 증가는 학교조합에서 이동한 것입니까?

번외 1번(쇼지(庄司昌) 부속) : 그렇습니다.

2번(한익동(韓翼東)) : 고원 급여에서 평균 급여가 49원이고 임시 고원 급여가 하루 1원 50전으로 되어있는데, 채용할 때 평균 급여로써 채용합니까?

번외 1번(쇼지(庄司昌) 부속) : 적당히 지급하는 것이며 각각 지급액에 차이가 있습니다.

2번(한익동(韓翼東)) : 고원 급여의 최고액과 최저 지급액을 알고 싶습니다.

번외 3번(모리요시(森芳介) 서무계 주임, 부속) : 최고는 68원이고 최저 28원입니다. 그리고 본년도 일급자(日給者) 최고는 1원 80전, 최저는 80전입니다.

18번(조주영(趙柱泳)) : 부 이원 급여의 최고 최저를 알고 싶습니다.

번외 3번(모리요시(森芳介) 서무계 주임, 부속) : 최고는 3급봉으로 본봉이 115원, 가봉이 69원이고, 최저는 11급으로 본봉이 40원, 가봉이 24원입니다.

18번(조주영(趙柱泳)) : 최고는 몇 명입니까?

번외 3번(모리요시(森芳介) 서무계 주임, 부속) : 1명입니다. 그 다음이 6급봉으로 3명입니다. 부 이원 급여는 대체로 높다고 한다면 높을지도 모르지만, 3급이 1명 있을 뿐이고 전반적으로 보면 높다고 생각하지 않습니다.

18번(조주영(趙柱泳)) : 부 이원 급여에서 본년도 승급 예산액은 어느 정도입니까? 그리고 고급자(高級者)와 나이든 사람을 도태시킬 필요는 없습니까?

번외 1번(쇼지(庄司昌) 부속) : 승급 예정액은 27명에 대해 연액 192원입니다. 그리고 참고를 위해 다른 부(府)의 예를 말씀드리면, 경성은 이원 평균이 90원이고 고원이 51원, 부산은 이원 93원이며 고원 54원, 평양은 이원 91원이고 고원 52원, 인천은 이원 93원 20전이고 고원 45원 30전입니다. 이것은 1930년도 예산에 의한 것입니다. 이에 비해 대구는 이원이 89원, 고원이 48원 10전이고 평균 급여가 갑자기 오른 것은 학교조합과 학교비에서 고급자(高給者)가 전입해온 결과입니다. 그리고 고원 급여 증가 예정액은 38명에 대해서 연액 86원뿐입니다.

구와바라 이치로(桑原一郎)(대구부윤) : 18번에게 답하겠습니다. 우리 부의 이원 급여는 다른 부에 비해서 비교적 낮고 인원도 적으므로 자연히 융통성도 적습니다. 상당한 능력있는 자를 지금 도태시킬 생각은 없습니다.

3번(배영덕(裵永悳)) : 일본인과 조선인 직원 수를 비교하면 국비와 부비(府費) 전체에서 조선인은 겨우 총 직원의 3분의 1정도에 불과합니다. 이는 총 인구의 비율로 보아도 매우 적다고 느낍니다. 특정한 기능이 있는 사람은 토목사무에 종사하는 기술원처럼 조선인이 한 사람도 없는 것은 매우 유감입니다. 당국은 각 부(部)에 조선인을 증원할 필요를 생각하고 있지는 않습니까?

구와바라 이치로(桑原一郎)(대구부윤) : 부 이원은 인물 본위로 적재적소에 채용하는 것이고 본년도에 조선인 이원을 증가할 예정은 없습니다. 그리고 국비의 속(屬)은 도지사 권한에 속하므로 이는 어떻게 할 수 없습니다.

3번(배영덕(裵永悳)) : 인물 본위 채용은 당연하지만 조선인 기술원이

1명도 없는 것은 편중되어 있는 것 아닙니까? 종래 토목직원에 대해서 여러 좋지 못한 소문도 있었습니다. 숫자는 적어도 채용해주시길 바랍니다.

19번(야마키타 미쓰노리(山北光德)) : 공문 게재비 중에는 질옥의 전당표 망실(亡失) 공고 같은 것도 포함되어 있습니까? 만약 포함되어 있다면 이같이 경미한 사건까지 일일이 공고할 필요는 없다고 생각합니다.

번외 1번(쇼지(庄司昌) 부속) : 전당표 망실 공고는 조례 규정에 의해 일주일간 공고하기로 되어 있는데 현재는 신문 공고 1회로 그치고 그 뒤에는 부(府) 게시판에 공고하는 것으로 하고 있습니다. 그리고 공고비는 공문게재료에 포함되어 있습니다.

의장 : 다음은 제2관 토목비, 제3관 도서관비, 제4관 전염병 예방비, 제5관 회생병원비(回生病院費)에 대해 질문해주십시오.

20번(다치키 요조(立木要三)) : 제2관 토목비 수용비가 증가한 것은 무슨 이유입니까?

번외 1번(쇼지(庄司昌) 부속) : 트럭용의 가솔린 구입비가 전년도는 대단히 적게 견적을 냈는데 실제 사용 결과 부족했으므로 본년도는 실적(實績)에 의해 계상한 결과입니다.

20번(다치키 요조(立木要三)) : 제3관 도서관비 중 서기 급료가 계상되어 있습니다. 서기를 두면 자연히 숙사료를 지급해야 한다고 생각하는데 이것은 어떠한 이유로 계상되었습니까?

번외 1번(쇼지(庄司昌) 부속) : 도서관은 원래 사무원 2명을 두었는데, 사무원은 신분상 책임이 없으면서 상당한 사무를 하고 있으므로 서기를 두기로 했습니다. 숙사료도 물론 지급합니다. 급료는 대체로 현 급여 범위에서 지급하기로 했으므로 이는 증액하지 않습니다.

부가해서 말씀드리면 다른 부(府)의 예를 보아도 도서관에는 모두 상당한 신분의 사람을 두고 있습니다.

구와바라 이치로(桑原一郎)(대구부윤) : 독립해 있는 도서관에는 모두 신분 있는 자를 두고 있지만 우리 부는 원래 사무원이 있고 법률상 책임도 가볍습니다. 사서라는 새로운 제도를 두는 것도 하나의 방법인데 그러려면 직제 개정이 필요하므로 편의상 서기라 했습니다.

20번(다치키 요조(立木要三)) : 제4관 전염병예방비에서 촉탁의의 수당은 부의(府醫) 급여로 뭔가 고정시키는 방법은 없습니까?

구와바라 이치로(桑原一郎)(대구부윤) : 현재 방법이 별로 지장 없어서 지변비목별로 계상했습니다.

20번(다치키 요조(立木要三)) : 제4관 제3항의 종두 및 예방주사비에 대해 질문하겠습니다. 본 항에 계상된 간호부가 전염병을 도와주기도 합니까?

번외 1번(쇼지(庄司昌) 부속) : 종두 쪽에만 종사하고 전염병 쪽은 회생병원의 전임 간호부가 종사합니다.

14번(모리키요(森淸吉)) : 제2관 토목비 중 가로등비에 대해 질문하겠습니다. 이 전등료는 어떤 식으로 할인되어 있습니까?

번외 1번(쇼지(庄司昌) 부속) : 종전에는 5할인이었는데 전년도부터 3할인으로 했습니다. 이 요금 개정 때 가로등 할인은 내등(內燈) 요금과 동일하게 취급하기로 한 결과입니다. 요금 할인에 대해서 회사와도 다시 교섭했지만 회사도 더 이상 할인은 곤란한 모양입니다. 그래서 현재는 설비비에서 상당한 할인을 해주고 있는 것입니다.

14번(모리키요(森淸吉)) : 종래와 같이 5할인으로 조정할 예정은 없습니까?

번외 1번(쇼지(庄司昌) 부속) : 말씀드린 것처럼 곤란합니다.

3번(배영덕(裵永悳)) : 가로등은 비용이 적고 효과가 커서 아주 좋은 것인데 서부와 남부 등 도로가 불완전한 곳의 십자로나 삼각지에 좀 무리가 되어도 신설해주면 어떻겠습니까.

번외 1번(쇼지(庄司昌) 부속) : 예산이 허가하는 범위에서 그 이상 사무를 하려고 하므로 가능한 희망에 부합하도록 노력하겠습니다.

3번(배영덕(裵永悳)) : 부비 지변의 가로등 수와 정비(町費) 지변의 가로등 수 조사가 되어 있습니까?

번외 1번(쇼지(庄司昌) 부속) : 부비 부담은 200촉이 16개, 100촉이 42개, 50촉이 10개, 25촉이 12개이며 이상은 나무 전신주입니다. 철로 된 전신주는 25촉이 3개 붙은 것이 36개, 16촉 4개가 붙은 것이 8개, 16촉 3개 붙은 것이 46개이고 그 외에 10촉이 32개입니다. 합계 390개입니다. 다음으로 정비 부담은 정 자체가 설치한 것은 명확하지 않지만 부에 기부한 것은 현재 행정(幸町), 칠성정(七星町) 두 곳이고 금액은 204원입니다.

3번(배영덕(裵永悳)) : 큰 거리는 각 상점이 점등하고 있으니 그곳에 큰 촉광(燭光)을 사용할 필요는 없다고 생각합니다. 도로가 협소하고 수로도 없는 곳에 증설할 필요가 있다고 생각합니다. 이사자는 그 필요를 느끼지 않습니까?

번외 1번(쇼지(庄司昌) 부속) : 필요하다고는 생각하지만 경비가 충분치 않습니다. 이들 점에 대해 힘써서 희망에 부합하도록 하겠습니다.

3번(배영덕(裵永悳)) : 제2관 토목비 중 도로감시원은 어떤 직무를 합니까?

번외 1번(쇼지(庄司昌) 부속) : 9명의 수로공부(水路工夫)를 지휘 감독하고 노면 수리를 담당하며 일주일 1회 가로등이 파손된 곳을 조사를 합니다.

3번(배영덕(裵永悳)) : 도서관 수입은 이용자가 하루 평균 17인 정도로 적은 듯한데 한편 지출은 5,000여 원입니다. 이용자에 비해 경비가 많다고 생각합니다. 사무비를 줄일 생각은 없습니까?

번외 1번(쇼지(庄司昌) 부속) : 도서관의 성격상, 원래 수지의 균형을 기대할 수 없습니다. 직원은 현재 사무원 2명과 소사 1명이 있을 뿐이고 사무비를 줄일 생각은 없습니다.

3번(배영덕(裵永悳)) : 회생병원에 고원을 두는데, 고원은 급한 상황에 적합하지 않다고 생각합니다. 적은 봉급의 의사라도 둘 생각은 없습니까?

번외 1번(쇼지(庄司昌) 부속) : 그렇게 하는 것이 이상적이고 당국에서도 상당히 연구 중이지만 실현할 수 없어서 유감입니다. 그리고 고원은 병원 사무가 많아서 현재로는 상당한 성적을 올리고 있습니다. 이전에는 부청 내에 있었지만 작년부터 병원에서 근무하는데 결과는 말씀드린 것처럼 매우 양호합니다.

19번(야마키타 미쓰노리(山北光德)) : 회생병원의 고원에 대해서는 지금 3번 의원 질문에 대한 답변으로 잘 알겠습니다만 전속 의사가 지금처럼 1명이면 불편하지 않습니까?

번외 1번(쇼지(庄司昌) 부속) : 필요하다고는 생각하지만 극도로 불편한 것은 아닙니다.

의장 : 다음은 제6관 오물소제비, 제7관 살수비, 제8관 수도비에 대해 질문해주십시오.

2번(한익동(韓翼東)) : 제6관 오물소제비 중 용인료 부분에서 1,547원이 줄었는데, 이에 대해 빈외는 사업 합리화의 결과라고 말씀하셨습니다. 하지만 겨우 한 사람 평균 급여가 66전 정도인 것을 전년보다 7전이나 낮춘 것은 사회문제로서 상당히 고려할 필요가 있다고 생각합니다. 이렇게 하면 소위 위에는 후(厚)하고 아래로는 박(薄)한 결과가 될텐데 당국의 견해를 듣고 싶습니다.

번외 1번(쇼지(庄司昌) 부속) : 인부 임금을 줄인 것은 현재 정도의 금액이 필요하지 않아서 실제 지급액을 표준으로 하여 계상한 것입니다. 현재 오물소제에 종사하고 있는 인부는 120명이고 그 최고 임금은 80전, 최저는 60전입니다. 새로 고용하는 자는 현재 60전으로 고용하고 있습니다. 이 평균 임금이 66전 약(弱)에 상당하고, 당국은 불필요한 예산을 계상할 필요가 없어서 전년도보다 줄어든 것입니다. 결코 현재 지급하고 있는 것을 줄인다는 것은 아닙니다. 부(府) 직원도 이원(吏員)·고원(雇員)·용인(庸人) 모두 고급자(高級者)가 퇴직해서 후임자를 채용할 때는 언제나 저급자(低給者)를 채용하고 있습니다. 이러한 이유로 변하지 않은 것이니 그렇게 알아주시기 바랍니다.

18번(조주영(趙柱泳)) : 오물소제비의 서기 급여는 월액 8원이 증가했는데 용인료의 평균 임금을 저하하면서 이것만 늘릴 이유는 없다고 생각합니다. 이 점에서는 2번 의원 이야기와 동감입니다. 그리고 현재 종사원인 120명의 인부는 매일 일하고 있습니까?

번외 1번(쇼지(庄司昌) 부속) : 이는 상치적(常置的)인 것이므로 매일 사역하고 있습니다. 청결 검사를 하는 경우에는 임시로 고용합니다. 그리고 이원 급여를 월액 8원 증가한 것은 6급 봉급 이하는 1회의 승급액이 5원, 일본인은 가봉이 들어가니까 8원이 됩니다. 이만큼 증급하도록 되어 있고 현재 오물소제에 종사하고 있는 이원은 상당히 연수도 경과한 자이며 승급을 예상한 결과입니다. 더욱이 고급자(高給者)가 되면 승급(昇給) 연한도 순차적으로 늘어나지만 하급자(下級者)는 승급 연한도 짧습니다. 그러나 이 증급은 4월부터 곧장 실시할 것은 아닙니다.

7번(구루카와(黑川圓治)) : 분뇨 반출은 일정한 구역을 정해 적당한 기관을 만들어 위탁하는 등 뭔가 방법을 쓰고 부는 감독만 할 생각은 없습니까?

구와바라 이치로(桑原一郎)(대구부윤) : 확실한 기관이 있으면 반드시 부의 직영으로 해야 하는 것은 아니니 위탁하는 것도 하나의 방법이지만 부산에서 있었던 실례를 보면 대단히 곤란하다고 생각합니다. 가장 힘든 일이라 당국에서도 고려하고 있습니다.

17번(오노 쇼자부로(大野庄三郎)) : 오물소제비는 4만 몇천 원이라는 다액인데 부의 호수에 할당하면 1호 평균 2원 이상이 됩니다. 비료 수용기(需用期)에는 인원을 반감해도 좋지 않겠습니까? 물론 한산한 시기에는 인부도 필요하겠지만 수용이 많을 때는 농민이 자유롭게 가져가게 해도 지장없다고 생각합니다. 또 판매할 때에는 자동차로 먼 곳까지 운반해서 될 수 있는 대로 농민의 수고를 덜 수 있다면 좀 판매가 잘될 것 같은데 이 점도 질문 드립니다. 다음으로 마차로 하는 운반비용과 자동차로 하는 운반비용을 비교하신 게 있다면 듣고 싶습니다.

번외 1번(쇼지(庄司昌) 부속) : 수용 한산기 이외에 인부를 줄이는 것은 고려할 여지가 있다고 생각하지만, 그 결과가 어떨지는 중대한 문제이므로 당국이 잘 조사 연구해보려 합니다. 판매 방법에 대해서는 이를 먼 곳까지 반출하면 상당한 비용도 들고 또 이는 자동차가 아니면 불가능하므로 이것도 잘 연구해보겠습니다. 그리고 마차와 자동차와의 경비 비교는 뒤에 답변 드리겠습니다.

3번(배영덕(裵永悳)) : 오물소제비 중 수의(獸醫)는 유자격자입니까?

번외 1번(쇼지(庄司昌) 부속) : 그렇습니다.

3번(배영덕(裵永悳)) : 수의가 감독을 겸해서 일하면 안됩니까?

번외 1번(쇼지(庄司昌) 부속) : 수의에게는 겨우 월 15원의 수당을 지급하고 있을 뿐이라서 감독을 겸무시키는 것은 불가능하다고 생각합니다.

3번(배영덕(裵永悳)) : 분뇨 저류지(貯溜池)는 좀 먼 곳으로 확장할 필요가 있지 않습니까?

번외 1번(쇼지(庄司昌) 부속) : 지금으로서는 생각하지 않고 있습니다.

3번(배영덕(裵永悳)) : 제8관의 수도비에 대한 질문인데 상수협의회는 어떤 것입니까?

번외 1번(쇼지(庄司昌) 부속) : 도쿄에 있고 전국의 상수도를 경영하고 있는 각 도시가 가입해 있습니다. 수도에 관한 문제를 연구 조사합니다. 이 부담금은 가입 도시의 호수에 따라 할당하고 이를 도쿄의 협의회에 보냅니다.

8번(시바다 지요키치(紫田千代吉)) : 제7관 살수비에 대한 질문입니다. 살수자동차를 1대 줄이기로 한 것입니까? 정(町) 내의 자영(自營) 살수를 장려하게 되면 부가 직접 살수하는 도로는 일정합니까?

번외 1번(쇼지(庄司昌) 부속) : 2대가 되고 일정한 결정 노선에 의할 예정입니다.

8번(시바다 지요키치(紫田千代吉)) : 각 정이 알아서 살수를 하게 되면 아주 좋지만, 살수 우차(牛車) 준비는 있습니까?

번외 1번(쇼지(庄司昌) 부속) : 무제한으로는 아니지만 대체로 준비하고 있는 정도로 충분하다고 생각합니다. 지금 25대를 준비하고 있습니다.

8번(시바다 지요키치(紫田千代吉)) : 정(町) 내에 우물을 설치하는 경우는 부비에서 보조합니까?

번외 1번(쇼지(庄司昌) 부속) : 무제한으로는 할 수 없지만 본년도는 10개 분의 보조를 예정하고 있습니다. 현재 부에서 설치한 것이 10개소 정도이므로 신설한다고 해도 그렇게 많지는 않으리라 생각합니다.

8번(시바다 지요키치(紫田千代吉)) : 우물은 도로에 방해가 되지 않는 곳에 파면 괜찮은 것입니까?

번외 1번(쇼지(庄司昌) 부속) : 그 경우는 경찰 당국과 잘 협의해서 결정해주셔야 합니다.

번외 1번(쇼지(庄司昌) 부속) : 아까 17번 의원이 질문하신, 오물 반출에 대한 자동차와 마차 비교를 답변하겠습니다. 분뇨 1석당 운반비용은 마차가 7전 2리, 자동차는 8전 4리, 우차 19전이고 마차가 가장 경제적입니다.

의장 : 다음은 제9관 도장비(屠場費), 제10관 우피건조장비, 제11관 묘지 및 화장장비, 제12관 공원비, 제13관 권업비에 대해 질문 바랍니다.

20번(다치키 요조(立木要三)) : 제9관 도장비 중 수용비가 증가한 것은 돼지 도살 수가 증가한 결과인데 도살에 필요한 연료대는 종래 없었던 것입니까?

번외 1번(쇼지(庄司昌) 부속) : 종래에도 예산에는 있었지만 최근 돼지 도살 수가 현저히 증가한 결과입니다.

20번(다치키 요조(立木要三)) : 돼지 도살료 50전을 인상하면 어떻습니까?

번외 1번(쇼지(庄司昌) 부속) : 돼지는 큰 것이 90전, 작은 것이 50전으로 인상할 여지는 없습니다.

3번(배영덕(裵永悳)) : 제11관 묘지 및 화장장비 중 묘지비에 대해 질문하겠습니다. 현재 조선인 공동묘지는 산기슭까지 자동차로 가지만 그 위까지는 개인이 운반하고 있습니다. 산 위까지 운반비를 부에서 부담하는 것은 불가능합니까?

번외 1번(쇼지(庄司昌) 부속) : 그건 곤란합니다. 현재도 산기슭까지 가지 않으므로 다리를 가설하는 것으로 하고 있습니다.

3번(배영덕(裵永悳)) : 제12관 공원비 질문인데 감시인은 실제 효과가 있습니까?

번외 1번(쇼지(庄司昌) 부속) : 상당히 효과를 거두고 있다고 생각합니다.

3번(배영덕(裵永悳)) : 공원에는 통나무 벤치가 있는데 외관상 보기 좋은 벤치를 설치할 생각은 없습니까?

번외 1번(쇼지(庄司昌) 부속) : 현재 벤치는 나무를 이용해서 만든 것으로 외관이 좋지 않지만, 좋은 것을 만들어도 곧 파괴되거나 혹은 절도될 우려가 있어서 현재 감시인 1명으로는 충분히 관리하지 못하므로 곧장 증설할 생각은 갖고 있지 않습니다. 실례를 들면 철제 자전차 거치대와 벤치 등도 종래 계속 도둑맞은 상태입니다. 희망하시는 점은 충분히 고려하겠습니다.

3번(배영덕(裵永悳)) : 가능한 감시인을 독려해서 보기 좋은 벤치를 증설하길 희망합니다.

17번(오노 쇼자부로(大野庄三郎)) : 공원비 중 수목보식수입비(壽木補植手入費)가 계상되고 있는데 이는 유효하게 사용해야 할 것 같습니다. 현재 상황을 보면 충분히 손이 닿지 않은 곳이 보이는데 당국의 견해는 어떻습니까.

번외 1번(쇼지(庄司昌) 부속) : 공원 수목은 작년 '쓰츠지'를 심었는데 이는 현재 한 그루도 없습니다. 쑥은 상당히 성적을 보이고 있습니다. 감시인이 혼자서 충분히 돌아보고 있고 때로는 철야까지 하며 감시를 시켜보았지만 생각처럼 되지 않습니다. 범인도 경찰서에 의뢰해서 조사했는데 지금 판명되지 않았습니다. 희망하시는 점은 장래 충분히 주의할 것입니다.

17번(오노 쇼자부로(大野庄三郎)) : 감시인이 있는데 감시가 불가능한 것은 역할을 제대로 하지 않은 것이니 감시인을 충분히 독려해주시길 바랍니다.

18번(조주영(趙柱泳)) : 공원 미화를 그동안 계속 희망했는데 지금 실현되지 않은 것은 재정 관계도 있겠지만 당국의 복안은 없습니까? 그리고 1,000여 원의 공원비 중 감시인 급여가 대부분인 것은 타당하지 않다고 생각하는데 당국 견해는 어떻습니까.

번외 1번(쇼지(庄司昌) 부속) : 공원 미화는 동감이지만 이것도 재정 관계상 더 이상 시설이 불가능하므로 유감으로 생각합니다. 뒤에 질문하신 것에 대해서는 당국으로서는 타당성이 결여되어 있다고 생각하지는 않습니다.

의장 : 다음은 제14관 시장비, 제15관 사회사업비, 제16관 직업소개소비, 제17관 운동장비, 제18관 질옥비에 대해 질문해주십시오.

19번(야마키타 미쓰노리(山北光德)) : 제14관 시장비에 대한 질문인데 시장 사용료 징수 사무에 고원 2명이 필요합니까?

번외 1번(쇼지(庄司昌) 부속) : 징수 촉탁원을 감독하기 위해 둔 것으로 2명으로도 부족할 정도지만 이외에 속(屬) 1명에게도 시장 사무를 맡기고 있습니다.

19번(야마키타 미쓰노리(山北光德)) : 시장 사용료 징수 방법을 듣고 싶습니다.

번외 3번(모리요시(森芳介) 서무계 주임, 부속) : 종래 방법은 시장 출입이 많으니 아침, 점심, 저녁 3회 조사하는 것으로 했는데 이게 쉽지 않아서, 낫의 상태를 고원이 조사하고 그것에 의해 사용료를 징수하는 것으로 했습니다.

3번(배영덕(裵永悳)) : 현재 월견산(月見山) 신탄시장은 이용자가 적으니 이를 중앙에 적당한 장소를 구해서 이전할 생각은 없습니까.

번외 3번(모리요시(森芳介) 서무계 주임, 부속) : 현재 월견산 신탄시장은 동문시장 때문에 차지(借地)하고 있고 이를 두지 않으면 모두 정(町)으로 나와서 곤란하므로 현재 장소를 이전할 필요는 없습니다.

3번(배영덕(裵永悳)) : 공설시장 중 조선인 상점이 하나도 없는 것은 유감인데 증설할 필요는 생각하지 않습니까.

구와바라 이치로(桑原一郎)(대구부윤) : 그것은 재정상 곤란합니다.

3번(배영덕(裵永悳)) : 사회교화비는 종래 일본인만의 강연회에 충당되고 있는데 이는 오히려 문화 정도가 낮은 조선인 쪽에 이용하는 것이 적당하다고 생각합니다. 장래 조선어로 하는 강연회를 개최할 생각은 없습니까?

번외 1번(쇼지(庄司昌) 부속) : 종래에도 조선인 측을 위한 강연회를 하고 있습니다. 작년에도 연료절약을 위해 만경관에서 강연회를 열었는데 성적이 양호해서 장래도 개최할 의향이 있습니다. 이를 위해 본년도는 예산도 증액하고 있는 것입니다.

3번(배영덕(裵永悳)) : 질옥비에 대한 질문인데 현재 공익질옥은 조선인만 이용하고 있음에도 불구하고 취급자가 일본인인 것은 경영상에서 보아도 좋지 않다고 생각하는데 취급자를 조선인으로 대체할 생각은 없습니까.

구와바라 이치로(桑原一郎)(대구부윤) : 이는 적재적소주의로 부윤이 결정하는 것이므로 그 방면에 대해서는 일임해주시길 바랍니다. 현재 취급자를 퇴직시킬 생각은 없습니다.

20번(다치키 요조(立木要三)) : 공설시장 부지가 전년보다 감소한 이유는 무엇입니까?

번외 1번(쇼지(庄司昌) 부속) : 그것은 시장 부지를 개인이 차지(借地)하고 있는데 차지료를 지불하지 않은 결과 감소한 것입니다. 그리고 시장 부지의 차지료는 전년도까지 1평 1원 10전이었는데 지주로부터 자꾸 인상하라는 신청이 있었으므로 본년도부터 1평 1원 80전으로 증액했습니다.

20번(다치키 요조(立木要三)) : 수영장 전력료가 줄은 이유를 듣고 싶습니다.

번외 1번(쇼지(庄司昌) 부속) : 그것은 종래 15마력 예산을 보고 있었던 것을 10마력으로 변경한 결과이며 종래에도 예산에는 15마력이었지만 실제는 10마력을 사용하고 있었으므로 실제에 적합하도록 바꾼 것입니다.

5번(배국인(裵國仁)) : 시장 사용료 징수 촉탁원은 몇 명입니까?

번외 2번(오노(小野重人) 재무과장, 부속) : 지금은 15명 두고 있는데 내년에도 그럴 예정입니다.

5번(배국인(裵國仁)) : 15명 이상이 되는 것은 아닙니까?

번외 2번(오노(小野重人) 재무과장, 부속) : 촉탁을 받아들이는 것이 심부름꾼을 시키는 경우에는 증가하지만 그것은 부(府)와는 아무 관계도 없습니다.

5번(배국인(裵國仁)) : 촉탁원 이외의 사람이 부 직원 같은 얼굴을 하고서 조선인의 겨우 30전 50전 정도의 물품에 대해서까지 사용료를 취하고 있는 것은 가혹하다고 생각하므로 이 점은 잘 주의해주시기 바랍니다. 이런 일은 정총대에게 위탁하는 쪽이 가장 결과가 좋다고 생각하는데 당국은 그런 생각은 없습니까?

번외 3번(모리요시(森芳介) 서무계 주임, 부속) : 말씀과 같은 비난도 있어서 징수 방법을 고치는 것으로 했는데 장래는 그런 경우가 없도록 하려고 합니다. 정총대에게 위탁하는 것은 고려하고 있지 않습니다.

15번(야마구치 에키치(山口榮吉)) : 공익질옥비 중에 차입금 이자를 포함하고 있습니까?

번외 1번(쇼지(庄司昌) 부속) : 그것은 임시부의 부채에 계상하고 있습니다.

15번(야마구치 에키치(山口榮吉)) : 공익질옥사업의 1년간 결손액은 어느 정도입니까.

번외 1번(쇼지(庄司昌) 부속) : 예산 면에서 보면 결손액은 없습니다. 오히려 1,000원 정도의 잉여가 생긴 것으로 되어 있습니다. 결산에서는 1929년도 실적이 약간 결손이 되어 있는 정도이지만 이는 사업을 연도 중간부터 개시한 결과입니다. 이 사업에는 보조가 있으니 이 보조가 없으면 예산 면에서도 상당한 결손이 생기게 됩니다.

15번(야마구치 에키치(山口榮吉)) : 질옥은 반드시 두어야 하는 규정이라도 있습니까?

번외 1번(쇼지(庄司昌) 부속) : 규정이라 할 것은 없지만 이것은 사회정책상 견지에서 두는 것입니다.

15번(야마구치 에키치(山口榮吉)) : 질옥에 대해 여러 이용자들의 불만이 있다고 들었는데 그런 것은 폐지하는 게 어떻습니까.

번외 1번(쇼지(庄司昌) 부속) : 운용의 결함을 개선해서 설치 목적에 부합하게 하려고 합니다.

16번(이재용(李在用)) : 현재 공동세탁소는 몇 개입니까.

번외 1번(쇼지(庄司昌) 부속) : 2개입니다.

16번(이재용(李在用)) : 현재 전기회사 앞에 있습니다. 세탁소는 회사가 이전하면 이용이 불가능한데 다른 곳에 설치할 의향은 없습니까.

번외 1번(쇼지(庄司昌) 부속) : 전기회사 앞의 것은 부영이 아닙니다. 현재 덕산정(德山町)에 있는 것은 앞에 설명 드린 대로 퇴거를 요구하고 있으니 이는 현재 장소보다 약간 아래쪽의 국유지를 빌려서 그곳으로 이전할 의향입니다.

19번(야마키타 미쓰노리(山北光德)) : 부영 주택의 수입 성적은 어떤 상태입니까?

번외 1번(쇼지(庄司昌) 부속) : 수입 성적은 최근 크게 좋아지고 있습니다.

19번(야마키타 미쓰노리(山北光德)) : 예산에 대한 수입 비율은 어떻게 되어 있습니까?

번외 2번(오노(小野重人) 재무과장, 부속) : 본년 1월말 현재 조정액 4,716원 35전에 대한 수입이 3,900원 88전입니다.

19번(야마키타 미쓰노리(山北光德)) : 부영주택은 장래도 계속될 예정입니까?

구와바라 이치로(桑原一郎)(대구부윤) : 시중의 일반 집세를 이끌고 있기도 하니 존치할 예정입니다.

19번(야마키타 미쓰노리(山北光德)) : 직업소개소 부지는 결정했습니까?

번외 1번(쇼지(庄司昌) 부속) : 아직 결정하지 않았습니다.

19번(야마키타 미쓰노리(山北光德)) : 제17관 운동장 감시인은 항상 두는 것입니까?

번외 1번(쇼지(庄司昌) 부속) : 그렇습니다.

의장 : 질문이 없으면 다음 제19관 공회당비부터 제26관 예비비까지 질문을 바랍니다.

20번(다치키 요조(立木要三)) : 공회당비에 대한 질문인데 고원에게는 위로금을 지급할 필요가 없습니까?

번외 1번(쇼지(庄司昌) 부속) : 고원은 10월이 되어 채용할 예정이므로 1931년도는 위로금 지급할 필요는 없습니다.

20번(다치키 요조(立木要三)) : 구조비 중 기아 양육료를 신설했는데 이는 어떤 이유입니까?

번외 1번(쇼지(庄司昌) 부속) : 그것은 종래부터 계상했지만 항목을 따로 정리하는 게 적당하다고 생각해서 별항으로 계상한 것인데 이는 조체금(繰替金)이므로 부의 부담에는 관계없습니다.

20번(다치키 요조(立木要三)) : 경비비 중 의용소방 출동 회수가 2,000회인데 이것만으로 충분합니까.

번외 1번(쇼지(庄司昌) 부속) : 종래 실적에 의하면 3,917회가 되어 있어서 2,000회로는 부족합니다만 1931년도부터 지급 방법을 변경해서 출동해도 방수(放水)하지 않을 때는 수당을 반감하기로 경찰당국과 논의했습니다. 이 예산 범위에서 조달할 수 있다고 생각합니다.

20번(다치키 요조(立木要三)) : 경비비 잡급 중 회비(賄費)가 증가한 것은 무슨 이유입니까?

번외 1번(쇼지(庄司昌) 부속) : 그것은 종래 연습비에서 지변하던 것을 경리상 회비(賄費)로서 계상한 것이고 연습비 쪽은 그만큼 감소했습니다.

3번(배영덕(裵永悳)) : 공회당비 중 수용비의 주요한 것은 무엇입니까?

번외 1번(쇼지(庄司昌) 부속) : 그것은 소모품비와 전등료입니다. 소모품은 석탄대가 주된 것입니다.

3번(배영덕(裵永悳)) : 경비비에 대한 질문인데 현재 의용소방은 몇 명이고 조선인이 몇 명입니까?

번외 1번(쇼지(庄司昌) 부속) : 129명인데 조선인은 없습니다. 이에 대해서는 경찰당국과도 협의해서 조선인 의용소방을 두려고 이야기를 진행하고 있습니다.

3번(배영덕(裵永悳)) : 의용소방에 대한 출동 제한 방법을 듣고 싶습니다.

구와바라 이치로(桑原一郎)(대구부윤) : 그것은 경찰과도 협의했지만 좋은 계획이 없어서 곤란합니다. 당국으로서는 상비소방이 있으니 경종(警鐘)을 울릴 때 외에는 의용소방을 출동시키지 않으면 어떨지 상의했지만, 이에 대해 아직 경찰당국이 승인하지 않아서 번외가 설명한 방법으로 수당 지급을 제한하는 것으로 했습니다.

3번(배영덕(裵永悳)) : 소방 경비에 대해서는 규정을 둘 생각은 없습니까?

구와바라 이치로(桑原一郎)(대구부윤) : 법령으로 부의 부담으로 정해져 있어서 어떻게 할 수가 없습니다.

3번(배영덕(裵永悳)) : 매독 검사비는 병독의 전파를 방지하기 위해서도 증가해야 하는데 오히려 감소한 이유는 무엇입니까?

번외 1번(쇼지(庄司昌) 부속) : 예산에 계상한 것은 유곽의 창기에 대해서만 지출하는 것이고 이는 실적에 의해 계상하는 것입니다.

번외 1번(쇼지(庄司昌) 부속) : 참고하시라고 우리 부 10년간 화재 통계를 보고 드리겠습니다. 1920년부터 1929년까지 10년간 평균 화재 수는 합세 105회이고 그 중 조선인 가옥이 84회, 일본인 가옥이 21회입니다. 소실 호수는 109호이고 조선인 가옥이 86호, 일본인이 23호입니다. 이것은 반쯤 탄 것도 포함하고 있습니다. 손해액은 13만

4,328원이고 조선인 측이 2만 160원 80전, 일본인 측이 11만 4,168원 입니다.

7번(구루카와(黑川圓治)) : 경비비 중 피복비는 현품을 급여하는 것입니까?

번외 1번(쇼지(庄司昌) 부속) : 의용소방 간부들에게는 피복료로서 정액을 지급하지만 소방수 이하는 의용 상비로 전부 현품을 지급합니다.

14번(모리키요(森淸吉)) : 재산 관리비 중 수원함양임재해예방비(水源涵養林災害豫防費)는 어떤 방면에 사용합니까?

번외 1번(쇼지(庄司昌) 부속) : 화재가 났을 때 이재민에게 식량을 나누어주는 등 잡비에 사용합니다.

17번(오노 쇼자부로(大野庄三郎)) : 소방대의 망루를 옮기라는 요구가 있다고 들었는데 예산을 보면 이전비가 계상되어 있지 않습니다. 옮기지 않아도 되는 것입니까?

번외 1번(쇼지(庄司昌) 부속) : 예산 편성 때 경찰 당국과 협의한 결과 1931년도까지는 이전을 하기로 협의했습니다.

5번(배국인(裵國仁)) : 재산관리비 중 화재보험료 내용을 듣고 싶습니다.

번외 3번(모리요시(森芳介) 서무계 주임, 부속) : 보험료율은 건물에 따라 다르지만 최고가 1,000분의 7.5이고 최저는 1,000분의 2.2입니다. 최고는 회생병원 및 부속건물이고 최저는 공익질옥의 질고(質庫)와 질물(質物), 그리고 건물입니다. 그리고 총금액은 나중에 답변드리겠습니다.

2번(한익동(韓翼東)) : 잡지출 체납 처분비는 20원으로 해결됩니까?

번외 2번(오노(小野重人) 재무과장, 부속) : 체납 처분은 국비와 지방비를 합해서 집행하므로 이만큼으로 충분합니다.

2번(한익동(韓翼東)) : 잡지출 잡출의 정총대 위로비 등의 내용에 대해 듣고 싶습니다.

번외 1번(쇼지(庄司昌) 부속) : 정총대 위로회비가 240원, 행려병자 약품재료대가 380원, 제잡비가 360원인데 이 제잡비는 승용자동차와 자갈 운반용 트럭과 살수자동차 차고에 필요한 경비와 기타 잡비입니다.

18번(조주영(趙柱泳)) : 1931년도 예산 각 관에 계상되어 있는 전등료와 동력료는 총액이 얼마 정도입니까.

번외 1번(쇼지(庄司昌) 부속) : 조사한 후 답변 드리겠습니다.

의장 : 질문이 없으면 세출경상부는 이걸로 제1독회를 마치겠습니다. 오늘은 이만 산회하고 내일 오후 1시부터 개회하겠습니다.

(오후 5시)

2) 부협의회 회의록(제4일, 1931년 3월 14일)

항 목	내 용
문 서 제 목	府協議會會議錄
회 의 일	부협의회 회의록
의 장	桑原一郎(대구부윤)
출 석 의 원	한익동(韓翼東)(2), 배영덕(裵永悳)(3), 배국인(裵國仁)(5), 畑本儀平(6), 黑川圓治(7), 紫田千代吉(8), 武尾禎藏(13), 森淸吉(14), 山口榮吉(15), 이재용(李在用)(16), 大野庄三郎(17), 조주영(趙柱泳)(18), 山北光德(19), 立木要三(20)
결 석 의 원	小野元太(1), 손병영(孫炳楹)(4), 高田官吾(9), 한규용(韓奎鏞)(10), 大平德三郎(11), 小川德長(12)
참 여 직 원	庄司昌(내무과장, 부속), 小野重人(재무과장, 부속), 森芳介(서무계 주임, 부속), 奧田順吉(부기사), 片山重太郎(부서기), 三吉岩吉(부서기), 白水弁太郎(부서기)
회 의 書 記	吉村來治(부속), 三島活三(부서기)
회 의 서 명 자 (검 수 자)	桑原一郎(대구부윤), 畑本儀平(협의회원), 黑川圓治(협의회원)
의 안	1.자문제6호 1931년도 대구부 세입출예산 편성의 건, 2.제7호 1931년도 대구부 특별회계 승합자동차비 세입출예산 편성의 건, 3.제8호 대구부 공회당 사용조례 설정의 건, 4.제9호 대구부 운동장 사용조례 설정의 건, 5.제10호 1929년부터 1932년까지 계속비 대구부 시가도로와 하수도 개수공사비 노선별 시공연도할액 변경의 건
문서번호(ID)	CJA0002818
철 명	대구부예산서철
건 명	소화6년도대구부일반회계특별회계세입출예산의건(회의록첨부)
면 수	24
회의록시작페이지	836
회의록끝페이지	859
설 명 문	국가기록원 소장 '대구부예산서철'에 포함된 1931년 3월 14일 대구부회 회의록

해 제

본 회의록(총 24면)은 국가기록원 소장 '대구부예산서철'의 '소화6년도대구부일반회계특별회계세입출예산의건'에 포함된 1931년 3월 14일 대구부협의회 회의록(제4일차)이다.

전날 열린 전원위원회의 논의 내용을 전원위원회 위원장이 보고하면서 회의가 시작되었다. 대구부 일반예산의 일부 수정으로 여비, 수용비, 포장공사비, 경비비 등에서 1만 100원을 삭감하고 지정 기부에 2,025원을 증가하여 결국 8,075원을 감소시켜서 이걸로 호별세의 감세 재원에 충당하자는 것이었다. 이날 본회의에서는 만장일치로 위원회 수정안을 가결시켰다. 그 후 버스 세입 예산, 공회당 사용조례, 운동장 사용조례를 차례로 토의했다.

이렇게 대구부협의회에서 1931년도 예산안 삭감을 결의하자 도 당국이 그 내용을 검토하는 등 파문을 불러일으켰다. 사실 부협의회는 자문기관이므로 수정안을 전부 파기하거나 수정안의 일부를 수용하거나 원안 전부를 집행하거나 하는 것은 모두 부윤에게 달려있는 문제였다. 도 당국이 나선 것은 삭감 내용이 경찰 관계와 호별세에 속하는 문제이기 때문이었다. 그러나 도 당국은 대구부윤이 대부분 원안대로 집행할 것이라 본 것으로 파악된다.[11)]

내 용

의장 : 개회를 선포합니다. (오후 1시 23분)

---

11) 『매일신보』 1931.3.21.

의장 : 어제 위원에게 부탁한 제6호 자문안에 대해 오늘 위원장이 위원회가 종료했다고 보고했으므로 본회의 전에 위원장이 위원회 결과를 보고하기로 하겠습니다.

17번(오노 쇼자부로(大野庄三郎)) : 저는 어제 본회에서 위원 부탁으로 된 제6호 자문안에 대해서 위원장으로서 위원회 결과를 보고 드립니다. 본안에 대해서는 위원회에서 여러 의견도 있었지만 결국 원안의 일부를 수정하기로 의견 일치를 보았습니다. 그 이유는 올해는 일반적 재계 불황의 영향에 더해서 우리 부는 계속된 한해와 미가 폭등에 의해 부근 농가의 구매력이 현저히 감퇴하기 때문에 부내의 상공업은 극도로 부진하고 경영 곤란에 빠져있는 자가 적지 않습니다. 따라서 수년 전에 비해 부민의 부담력이 대단히 저하되어 있는 것이 사실입니다. 이 시기에 조금이라도 부민의 부담 경감을 도모하는 것이 가장 중요하므로, 이 방침하에 세입에서 호별세를 감하기로 했습니다. 이에 대신할 재원으로서는 전주(電柱)의 인상, 전기사업 부영 등 여러 연구를 했는데 그것들을 실시한다 해도 이미 연말이 얼마 남지 않아 신년도에 맞출 수 없으므로, 어쩔 수 없이 세출에서 사업 연기 또는 절약에 의해 세입 감소를 보충하기로 전 위원의 의견이 일치했습니다. 그리고 인건비에서 승급 예산 같은 것은 일체 인정하지 말자는 강경한 의견을 낸 위원도 있습니다. 관리 감봉의 목소리도 있는 시기이니 그 실현은 나중에 하기로 되었지만, 인사를 할 때 정실에 착목하지 말고 유능한 인물을 채용해서 사무 능률 증진을 기하길 희망합니다.

수정한 점에 대해 말씀드리면, 우선 세출경상부 제1관 사무비 제4항 여비 3,350원을 3,000원으로 수정하고, 동 제8항 수용비 9,643원을 9,143원으로 수정합니다. 그 결과로서 부기(附記)로 이동이 생기는 것은 그 수정을 이사자에게 일임하기로 했습니다.

다음은 제21관 경비비 제1항 잡급의 2만 855원을 2만 155원으로 수정하고, 부기(附記)의 회비(賄費) 1,684원을 984원으로 하고, 의용소방 출초식(出初式) 회비(賄費) 전부를 삭제하고, 동 연습 회비(賄費) 1인 90전을 1인 1원 30전으로 증액하고, 상비 소방수 회료(賄料)를 반감하기로 하고, 부기의 수정은 이사자에게 일임하기로 되었습니다.

다음은 세출임시부 토목비 제1항 도로교량비 1만 341원을 6,291원으로 수정하고 부기의 노면개량공사비 4,050원을 삭제했습니다.

다음은 동 임시부 제13관 경비비 제1항 수용비 4,500원을 삭제했습니다.

이상 수정의 결과로 세출 전체에서 1만 100원이 줄었고 이 금액을 세입에서 감하는 것으로 해서 우선 임시부 제5관 기부금의 2,229원을 204원으로 감하고, 부기의 노면 개량비 지정기부금 2,025원을 삭제합니다. 그리고 차액 나머지 8,075원을 경상부 제1관 부세 제7항 호별세의 8만 5,902원에서 감하는 것으로 합니다. 이상의 수정으로 예산 숫자에 이동이 생기는 것은 그 정리를 이사자에게 일임하는 것으로 결정했으니 양해 바랍니다.

의장 : 지금 보고하신 수정 의견은 위원회에서 만장일치 의견입니까?

17번(오노 쇼자부로(大野庄三郎)) : 그렇습니다.

의장 : 본안의 제2독회를 열겠습니다.

번외 1번(쇼지(庄司昌) 부속) : 지금 위원장이 보고하신 위원회의 수정 의견 중 경비비에 대해 경찰당국과 협의한 결과를 말씀드리고자 하는데, 그 전에 상비 소방수 회료(賄料)에 대해 약간 설명이 부족했던 점도 있으므로 이 기회에 보충하고자 합니다. 상비 소방수 경비는 횟수가 4,323회인데 그 내용은 화재 출동이 2,741회로 1인당 101회이며 과거 10년 평균 화재 수 109회에 가까운 숫자를 보이고 있습니다. 이외 비번 근무가 1,515회이고 1인당 56회이며 방화(防火) 선전 기타 경비 출동이 66회이고 월 평균 수입은 1인당 4원 정도입니다. 그리고 이 횟수는 과거 3년간 평균 실적이고 1930년도까지는 1회 40전을 지급했지만 1931년도부터 경찰당국의 양해를 얻어 1회 30전으로 인하한 것이며, 그 결과 종전 월 5원 여의 수입이 4원으로 줄어든 것입니다. 경찰 당국의 의견은 위 경비를 반감하면 상비 소방수의 수입이 현저히 감소하고, 소방조원의 대우 개선이 주장되는 현재 상당히 가혹한 것이므로 이것은 원안대로 승인해주시길 희망했습니다. 특히 현재 운전수를 겸하고 있는 자들은 기회만 있으면 다른 곳으로 전출하려고 하는 상태이므로, 이들을 남게 하기 위해서라도 이 대우를 나쁘게 하는 것은 생각해봐야 한다고 했습니다. 현재 상비 소방수의 대우에 대해서 주요한 다른 부의 예를 조사해보면, 경성은 논외로 하고 부산은 급료 평균액이 1인당 51원 68전이며 인원이 51명이지만 수당은 지급하고 있지 않습니다. 이는 급료가 높은 결과라고 생각합니다. 다음은 평양인데 이곳은 평균 급여가 38원 30전이고 인원이 46명입니다. 여러 수당은 출동 수당이 1회 25전, 비번 근무 수당이 20전, 숙직 회료(賄料)가 20전입니다. 인천은 평균 급여가 37원 6전이며 인원이 33명인데, 출근 수당은 없습니다만 비번 근무 수당 1회 25전이고 숙직 회료(賄料)가 15전입니다. 다음으로 우리 부의 예를 말씀드리면 평균 급여가 43원 50전이고 인원이 27명, 여러 수당은 출근 비번 근무 기타를 합해 회료(賄料)가 1회 30전이므로 다른 부에 비해 결코 대우가 좋다고 할 수 없습니다. 이상 말씀드린 급료는 일본인 조선인 및 소두(小頭) 소방수 전체에 대한 것이므로 양지하시기 바랍니다.

다음으로 임시부의 자동차 펌프 구입비에 대해서는 대체로 의견주신대로 이해했지만 이것도 1932년도에는 망루 이전과 함께 실현되도록 특별히 여러분이 양해해주시길 희망합니다.

부윤 : 지금 수정 의견이 나왔으니 일단 원안 유지를 위해 양해를 얻고자 합니다. 말씀하신 의견에 의한 부민 부담의 경감에 대해서는 당국도 충분히 고려하고 있습니다. 이미 여러 번 설명 드린 것처럼 영업세령의 개정에 따른 부가세 감수(減收) 또는 차량세 본세의 인하에 대해서도, 부가세의 과율은 그대로 하고 인상하지 않는 것으로 하고, 또 호별세도 3단체 전체에서 1,780원의 부담이 감소되었고 이를 전년도와 대조하면 부민의 부담은 현저히 줄어들고 있습니다. 현재 부민 부담이 가볍다고 생각하지는 않지만 부의 발전을 위해서는 상당한 시설이 필요하므로 어느 정도까지는 인내해주시길 바랍니다. 이외 부 이원 기타 급료 경리(經理)에 대해서도 여러분의 의견을 충분히 존중해서 앞으로 주의하겠지만, 완급을 기해야 한다는 점도 있으므로 수정 의견의 집행은 신중히 고려한 후 결정하겠습니다. 그리고 상비 소방수 회료(賄料)에 대해서는 현재 급여가 별로 좋지 않고 인원도 다른 부에 비해 적으므로 특별히 재고를 원합니다. 이상 원안 유지에 대해 고려해주시길 부탁드립니다.

2번(한익동(韓翼東)) : 1931년도 예산에 대해서는 우리가 믿는 바에 의한 최선의 심의를 다해서 수정 의견 결정을 본 것인데 당국 의견과 일치하지 않으면 어쩔 수 없는 것이라 생각하므로 본안은 독회를 생략하고 수정 의견대로 수정해서 가결하고 싶습니다.

부윤 : 상비 소방수 회료(賄料)는 횟수를 줄이는 것입니까, 아니면 1회의 금액을 줄이는 것입니까?

17번(오노 쇼자부로(大野庄三郎)) : 그 점은 이사자에게 일임하겠습니다.

의장 : 지금 2번 의원이 본안은 위원회의 수정 의견대로 수정하고 독회 생략하고 가결하자고 동의(動議)를 내셨는데 찬성하십니까?

("찬성, 찬성"이라 소리치는 자 다수)

의장 : 2번의 동의에 대해서는 찬성자가 다수이므로 본안은 독회를 생략하고 위원회의 수정 의견대로 수정하기로 가결 확정합니다.

의장 : 다음으로 제7호 자문안을 부의하겠습니다.

번외 1번(쇼지(庄司昌) 부속) : 제7호 자문안 설명에 앞서 일단 승합자동차 사업 상황을 보고 드립니다. 본 사업은 창업 이래 성적이 예상과 반대로 불량해서, 작년에 노선 변경 왕복권 발행 등 수회에 걸쳐 개선책을 강구해보았으나 모두 기대한 만큼 좋은 결과를 얻지 못해서 매우 유감입니다. 그러나 이 개선책에 의해서 조금이라도 사업 성적이 호전한 것은 사실입니다. 노선은 제쳐두고 우선 왕복권에 대해 말씀드리면 이 왕복권은 작년 8월 15일부터 실시했는데 이후 본년 2월까지 성적과 1929년의 8월부터 1930년 2월까지의 성적을 비교하면, 1차 1리 당 승차인원에서 후자의 2인 3분(分)에 대해 전자는 2인 6분으로 되어 있습니다. 그러나 이 성적 향상은 사실 미미한 것에 불과하고 사업 전체를 보면 여전히 불량한 상태입니다. 따라서 1931년도에도 결손이 생길 것으로 보이는데, 본 사업도 결손 보전의 조입(繰入)은 1931년도만이 아니므로 장래에 대해서는 한층 기우(杞憂)를 느끼는 것입니다. 어떻게든 지금 더 이용할 수 있는 방법을 강구하려고 당국은 밤낮으로 연구하고 있습니다.

다음으로 예산 설명에 들어가기 전에 세입경상부부터 말씀드리겠습니다. 제1관 사용료에서 471원을 감했는데 이는 종래 연인원(延

人員)으로써 계상했던 것을 본년도부터 1마일 당으로 계상한 것입니다. 전년도는 1마일 당 실적이 13전 9리여서 이를 15전 4리로 계상했습니다. 이 1마일 당 수입 증가는 승차 관습의 보급에 의한 자연 증가와 왕복권 발행 후 실적을 계산하여 전망한 것으로, 주행 마일도 전년도보다 상당히 증가하고 있습니다. 결국 전년도보다는 471원 감소로 되었습니다.

다음은 제2관 잡수입인데 이것은 전년도 실적에 의해 계상했고 결국 807원 감소로 되었습니다.

다음은 임시부 제1관 조월금입니다. 본년 2월말 현재 계산에 의해 차량의 감가상각 적립을 실행하지 않으면 이만큼 잉여가 생길 예정이므로 이렇게 계상했습니다.

다음은 제2관 조입금입니다. 이것은 기정 방침에 의해서 1931년도 조입액을 계상했습니다.

다음은 세출로 넘어가서 경상부 제1관 사무비는 총괄적으로 감소하고 있습니다. 고원 급여의 평균액을 인하했고 여비, 위로금, 잔여근무 수당의 감액 또는 삭제했습니다. 잡급(雜給)에서 640원을 감한 것은 수용비에서 비품과 소모품비의 절약에 의해 154원을 감해서 전체적으로는 794원의 감소가 되어 있습니다.

다음은 제2관 운수비입니다. 이것도 전년도보다 1,521원을 줄였습니다. 그 주된 이유는 잡급에서 위로금과 여러 수당, 그밖에 운수감독 급여, 운전수 급여, 차장 급여도 모두 정원이 감소했으니 감액했습니다. 한편 임시운수감독 급여, 임시운전수 급여, 임시차장 급여를 신규로 계상한 결과 차액 3,262원을 줄였습니다. 수용비에서는 소모품비와 수리 재료대 증가와 볼링 대(代)를 신규 계상하여 2,346원이 증가했는데, 유지비에서 보험계약 방법을 변경하여 종래 15대를

3분의 1인 5대로 줄인 결과 705원이 감소했습니다. 잡비에서 200원이 증가했는데 운수비 전체를 통해 보면 아까 말씀드린 대로 1,521원의 감소입니다.

다음은 제3관 잡지출입니다. 이것은 실적에 의해 전년도와 동액을 계상했습니다. 제4관 예비비는 종래 실적에 비추어 상당히 증액할 필요가 있어서 1,433원이 증가했습니다.

다음은 임시부로 넘어가서 제1관 차량감가상각적립금은 전년도보다 5,097원을 줄이고 있는데 이것은 종래 차량의 수명을 10만 마일로 예정하여 1년에 2만 마일을 주행하는 것으로 하고 5년 유지 계획이었는데, 실제 성적이나 다른 지방의 상태를 조사하여 보면 그 이상의 유지 능력을 갖고 있으므로, 연수를 늘려 상각율을 감소시킨 결과입니다.

다음은 제2관 부채비는 기정의 상환액을 계상한 것이므로 설명은 생략하겠습니다. 이상으로 세입출 전체 설명을 마쳤는데 상세한 것에 대해서는 질문에 답변하기로 하겠습니다.

의장 : 본안의 제1독회를 열겠습니다.

19번(야마키타 미쓰노리(山北光德)) : 요금을 내린 후의 성적은 어떻게 되어 있습니까?

번외 1번(쇼지(庄司昌) 부속) : 지금 설명 드린대로 작년 8월부터 올해 2월까지 성적은 작년 같은 기간 성적에 비해 인원은 3푼, 금액에서 1마일 당 6리의 증가를 보이고 있습니다.

19번(야마키타 미쓰노리(山北光德)) : 광고료는 750원을 계상했는데, 이는 민간에서 800원으로 인수한다고 들었습니다.

번외 1번(쇼지(庄司昌) 부속) : 그것은 종래의 것을 대신하는 것입니다.

19번(야마키타 미쓰노리(山北光德)) : 광고 직영의 결과 감소한 것은 아닙니까?

번외 7번(시로우즈 벤타로(白水弁太郎) 부서기)) : 광고료는 입찰 결과 750원으로 되었고 현재 구라부백분과 계약하고 있는 것이 750원이나 현재까지 수입은 650원이며, 이외 수입을 합하면 전체 800원 정도 수입을 올릴 예상이므로 입찰자 이상으로 도달하는 것으로 되어 있습니다.

19번(야마키타 미쓰노리(山北光德)) : 대구 주민 중에 750원까지의 희망자가 있음에도 불구하고 다른 쪽과 계약한 것은 무슨 이유입니까.

번외 7번(시로우즈 벤타로(白水弁太郎) 부서기)) : 입찰 결과가 예정액에 도달하지 않아서 직영하는 편이 좋다고 생각했습니다. 구라부백분에게는 부에서 권유했는데 이는 차량의 외부만이므로 내부 쪽은 아직 남아있습니다. 이는 권유를 하면 그만큼 증수를 얻게 될 것입니다.

5번(배국인(裵國仁)) : 운전수와 차장 급료는 일급(日給)입니까?

번외 1번(쇼지(庄司昌) 내무과장, 부속) : 그렇습니다.

5번(배국인(裵國仁)) : 일정한 기간이 경과하면 모두 승급합니까?

번외 1번(쇼지(庄司昌) 내무과장, 부속) : 성적이 양호한 자는 점차 승급시킵니다.

5번(배국인(裵國仁)) : 차장은 일급이 싸서 사직한다고 들었는데 일급을 인상해서 계속하게 하는 게 어떻습니까?

번외 1번(쇼지(庄司昌) 내무과장, 부속) : 말씀하신 점이 있을지도 모르지만 이는 주로 결혼 때문입니다.

3번(배영덕(裵永悳)) : 불용품 매각대가 소액인 것 같습니다.

번외 7번(시로우즈 벤타로(白水弁太郎) 부서기)) : 이것은 오래된 타이어만의 매각대이고 지금은 고무 값이 싸서 좀처럼 매각이 안됩니다.

3번(배영덕(裵永悳)) : 감가상각율을 낮추면 한편으로 유지비가 증가하므로 오히려 경제적이지 않다고 생각하는데 어떻습니까?

번외 7번(시로우즈 벤타로(白水弁太郎) 부서기)) : 길게 사용하면 유지비가 드니까 경제적이지 않지만 현재 사용하고 있는 차량처럼 고급차는 사용해도 예상외로 유지비가 필요하지 않습니다. 다른 지역과 비교해보아도 타 지방은 유지비가 1마일 당 5전 정도인데 우리 부는 2전 1리(厘) 1모(毛)입니다. 이 정도면 신차로 바꾸지 않아도 충분히 유지해갈 것이라 생각합니다.

3번(배영덕(裵永悳)) : 현재 차량 수는 몇 대입니까?

번외 1번(쇼지(庄司昌) 내무과장, 부속) : 15대입니다.

3번(배영덕(裵永悳)) : 전 차량을 매일 운전하고 있습니까?

번외 1번(쇼지(庄司昌) 내무과장, 부속) : 매일 운전하는 것은 14대입니다.

3번(배영덕(裵永悳)) : 현 차량은 일시에 갱신합니까 아니면 부분적으로 합니까?

번외 1번(쇼지(庄司昌) 내무과장, 부속) : 적립금을 실행하면 전부 일시에 갱신 가능하지만 지금으로는 어떻게 할지 확실히 말씀드릴 수 없습니다.

7번(구루카와(黑川圓治)) : 상각적립(償却積立)은 실시하고 있습니까?

번외 1번(쇼지(庄司昌) 내무과장, 부속) : 사업 성적이 나쁘기 때문에 실시하고 있지 않습니다.

5번(배국인(裵國仁)): 1931년도에는 새로운 노선 계획은 없습니까?

번외 1번(쇼지(庄司昌) 내무과장, 부속) : 시내는 현상 유지 방침입니다. 시외는 동촌선(東村線)을 운행할 생각입니다.

17번(오노 쇼자부로(大野庄三郎)) : 동촌 쪽은 다른 데에서 운전 계획이 있다고 들었는데 그렇게 되면 부(府)의 운행은 허가되지 않는 것 아닙니까?

번외 1번(쇼지(庄司昌) 내무과장, 부속) : 허용은 도(道) 당국의 의지에 따르는 것이므로 현재는 별로 생각하고 있지 않습니다.

15번(야마구치 에키치(山口榮吉)) : 버스는 교통 편리를 위해 경영되는 것입니까 아니면 영리를 목적으로 하는 것입니까?

번외 1번(쇼지(庄司昌) 내무과장, 부속) : 공영사업이므로 다수 부민의 편리를 목적으로 한 것입니다.

15번(야마구치 에키치(山口榮吉)) : 교통 편리를 위한다면 전년까지 금정(錦町) 쪽에 운전하던 것을 폐지할 이유는 없다고 생각하니, 이는 부활하여 금정의 종점까지 운전해주시길 바랍니다.

16번(이재용(李在用)) : 차장과 운전수 급여의 최고와 최저는 어떻게 되어 있습니까?

번외 1번(쇼지(庄司昌) 내무과장, 부속) : 운전수는 최고 일급 1원 70전, 최저 1원 20전이고, 차장은 최고 일급 63전, 최저 55전입니다.

16번(이재용(李在用)) : 시중의 공장에 근무하는 여공의 임금은 어느 정도입니까?

번외 1번(쇼지(庄司昌) 내무과장, 부속) : 전매국이나 제사공장 쪽에 일하고 있는 자는 대개 30전 정도입니다.

19번(야마키타 미쓰노리(山北光德)) : 버스 사업은 결손이 있으니 폐지해도 좋다고 생각하는데 이는 민간에게 보조금을 교부해서 경영시키면 어떻습니까?

구와바라 이치로(桑原一郎)(대구부윤) : 말씀은 잘 알겠으나 무조건 위임할 수는 없습니다. 조건을 붙이면 실행이 곤란하다고 생각하지만 만일 그런 희망자가 있으면 그때 고려하고자 합니다.

19번(야마키타 미쓰노리(山北光德)) : 본안은 질문도 다 한 것 같으니 독회 생략하고 원안대로 가결하고 싶습니다.

의장 : 19번 동의에 찬성하십니까?

("찬성, 찬성")

의장 : 모두 찬성하시니 본안은 독회를 생략하고 원안대로 가결 확정하겠습니다.

의장 : 잠시 휴식하겠습니다.(오후 3시)

의장 : 계속 개회하겠습니다.(오후 3시 7분)

의장 : 자문 제8호를 부의합니다.

번외 1번(쇼지(庄司昌) 내무과장, 부속) : 본안은 대체로 부산과 평양부에서 제정하고 있는 조례를 참작하여 우리 부 실상에 맞춰 입안한 것입니다. 요금 산정 기준은 공회당의 경상적 유지비를 지변하는데 족한 정도의 요금 수입을 얻고자 하는 방침하에, 종래 제1소학교 강당과 군인집회소 사용실적과, 경성과 부산의 사용 횟수 등을 참작해서 대체적으로 사용예정 회수를 정했습니다. 이에 의해 1년의 경상적 유지비 예정액의 약 반액을 제외하고 사용료 평균액을 구해 다시 이를 각 방의 넓이에 따라 적당히 안배한 것입니다. 전에 말씀드린 유지비의 약 반액은 식당이나 사무실 등의 정기 대부에 의해 수입을 올릴 예정입니다.(이하 부산 및 평양부의 예에 대해 상세 요금의 비교 설명을 함)

의장 : 본안 제1독회를 열겠습니다.

("질문 없음"이라 소리치는 자 많음)

의장 : 질문이나 의견 없으면 본안은 독회 생략하고 원안대로 가결하고자 하는데 이의 없습니까?

("이의 없음"이라 소리치는 자 많음)

의장 : 모두 이의 없으니 본안은 독회 생략하고 원안대로 가결 확정하겠습니다.

의장 : 다음은 제9호 자문안을 부의하겠습니다.

번외 1번(쇼지(庄司昌) 내무과장, 부속) : 본안은 공회당 사용조례와 마찬가지로, 부산과 경성부의 운동장 사용조례를 참작하여 우리 부의 실상에 비추어 입안한 것입니다. 요금은 조례에서는 최고액을 정하고 그 범위에서 적당히 운용할 수 있도록 규정했습니다. 이를 경성, 부산, 평양부의 예와 비교하면, 경성은 제2조의 요금이 대인 5전, 소인 2전, 부산은 대인 5전 소인 3전, 평양은 대인 2전 소인 1전으로 되어 있고, 우리 부는 조례에서 대인 5전 소인 3전의 각 범위로 되어 있는데, 실시할 때는 대인 5전 소인 2전으로 하고자 합니다. 다음으로 제3조 요금은, 경기용으로서 입장자로부터 관람료 기타 금전을 징수하지 않는 경우는 야구장이 1일에 경성 15원, 부산 7원, 평양 10원, 대구 10원으로 되어 있는데, 이것도 앞과 마찬가지로 실시할 때는 5원 정도로 할 예정입니다. 정구장은 하루에 경성이 5원, 부산 1원 50전, 평양 3원, 대구 2원 50전인데, 이 역시 실시할 때는 1원 50전 정도로 할 의향이 있습니다. 다음은 유료의 경우, 야구장은 경성 50원, 부산 25원, 평양 30원, 대구 20원인데, 실시는 7원 예정입니다. 정구장은 경성 15원, 부산 15원, 평양 5원, 대구 5원인데 실시는 3원 예정입니다. 다음으로 연습용에 대해서는 야구장이 경성 3원, 부산 1원, 평양 2원, 대구 2원인데 실시는 70전 정도 예정입니다. 정구장은 경성 1원 30전, 부산 50전, 평양 50전, 대구 50전인데 실시는 30전 내지 50전 예정입니다. 이상 말씀드린 대로인데 우리 부의 요금은 설비비 등도 고려해서 가능한 싸게 할 의향입니다.

의장 : 본안의 제1독회를 열겠습니다.

("질문 없음"이라 소리치는 자 많음)

의장 : 질문이나 의견 없으면 독회 생략 후 원안대로 가결하려고 하는데 이의 없습니까.

("이의 없음"이라 소리치는 자 많음)

의장 : 모두 이의 없으니 본안은 독회 생략하고 원안대로 가결 확정합니다.

의장 : 다음은 제10호 자문안을 부의하겠습니다.

번외 1번(쇼지(庄司昌) 내무과장, 부속) : 본안은 이유서와 같이 제3기 시가도로와 하수도 개수공사의 노선별 시공 연도를 변경하는 것입니다. 현재 총독부에서 계획 중인 우리 부 도시계획안을 결정하기까지 1931년도 시행 예정인 견정(堅町)-신정(新町) 노선 즉 5호선 공사를 1932년도까지 연기합니다. 그것을 대신하는 노선으로 1932년에 시공할 1호선의 남은 공사를 1931년도에 시공하고, 공사비 연도할에 잉여가 있는 경우는 제4호선 즉 팔중원정(八重垣町)-견정(堅町) 노선 공사를 가능한 만큼 1931년도에 시공하려고 총독부와 교섭이 있었습니다. 당국으로서는 종래 몇 번이나 노선 변경을 하고 있으므로 또 이를 변경하면 별로 좋지 않지만, 총독부와의 교섭도 있어서 어쩔 수 없는 사정이라 생각한 결과, 이렇게 변경하기로 했습니다.

의장 : 본안의 제1독회를 열겠습니다.

20번(다치키 요조(立木要三)) : 변경 노선은 1931년도에 반드시 실행합니까?

번외 1번 쇼지(庄司昌)(내무과장, 부속) : 그럴 계획입니다.

3번(배영덕(裵永悳)) : 견정-신정 선은 종전의 도시계획 중에는 없었습니까?

번외 1번 쇼지(庄司昌)(내무과장, 부속) : 종전 계획은 참고안이고 지금 총독부에서 직접 계획하고 있는 것은 다릅니다.

18번(조주영(趙柱泳)) : 1호선을 1931년도로 앞당기고 5호선을 1932년도로 미룬 것입니까?

번외 1번(쇼지(庄司昌) 내무과장, 부속) : 그렇습니다.

("질문 없음"이라 소리치는 자 다수)

의장 : 질문과 의견 없으면 본안도 독회 생략하고 원안대로 가결하고자 하는데 이의 없습니까?

("이의 없음"이라 소리치는 자 많음)

의장 : 모두 이의 없으니 본안은 독회 생략하고 원안대로 가결 확정합니다.

의장 : 다음으로 자문안 전부를 토의 완료했으니 이번 회의록 서명인을 6번과 7번으로 지명합니다.

18번(조주영(趙柱泳)) : 이 기회에 당국에게 한마디 희망을 말씀드리고자 합니다. 종래 부의 시설의 궤적을 보면 지방별로 되는 경향이 있는데 서부는 항상 방치되어서 심히 유감입니다. 동부가 서부에 비해 우월한 위치에 있다고 생각하지 않으니 장래에는 힘써 공평하게 일시동인적으로 모든 시설을 해주길 바랍니다. 그리고 3번 의원 의견처럼 부 직원 문제에 대해서도 조선인 직원은 총수의 3분의 1에도 못 미치는 상태인데, 인구 등의 점에서 보아도 조선인 직원을 많이 채용해도 좋다고 생각합니다. 현재 조선인 중 상당히 고등교육을 받고도 실업 상태에 있는 자가 많으니, 장래 부 직원을 채용할 경우 특히 이 점도 고려하시길 희망합니다.

의장 : 회의는 이것으로 종료합니다.(오후 3시 40분)

3) 대구부회 회의록(1932년 11월 7일)

항 목	내 용
문 서 제 목	大邱府會會議錄
회 의 일	19321107
의 장	多賀秀敏(대구부윤)
출 석 의 원	武尾禎藏(1), 江頭勝之助(2), 中平五郎(3), 서병화(徐炳和)(4), 黑川圓治(5), 김완섭(金完燮)(6), 山北光德(7), 高橋四郎(8), 眞木深一(9), 小川德長(10), 김정오(金正悟)(12), 塚原宇一(13), 松本誠一(14), 박창근(朴昌根)(16), 紫田千代吉(17), 곽진영(郭振瀅)(18), 임상조(林尙助)(19), 森淸吉(20), 伊藤吉三郎(22), 坂本俊資(23), 立木要三(24), 배영덕(裵永悳)(26), 高田官吾(28), 山口榮吉(29), 大場金藏(30), 古谷治輔(31), 허지(許智)(32), 小野元太(33)
결 석 의 원	허진(許瑨)(15), 大澤新三郎(25)
참 여 직 원	庄司昌 부속, 小野重人(부속), 堀川房吉(부서기)
회 의 書 記	松井尙一(부속), 三島活三(부서기)
회 의 서 명 자 (검 수 자)	
의 안	1.의안 제29호 동문시장 이전확장의 건, 2.제30호 동문시장 이전 확장비 기채의 건, 3.제31호 소방기구 개량 및 충실 자금 적립금 설치의 건, 4.제32호 사단 설치비 기부적립금 설치의 건, 5.제33호 1932년도 대구부 세입출예산 추가의 건
문서번호(ID)	CJA0002900
철 명	대구부예산서류
건 명	소화7년도대구부일반경제세입출추가경정예산의건(제7제8제9회)-회의록첨부
면 수	27
회의록시작페이지	547
회의록끝페이지	573
설 명 문	국가기록원 소장 '대구부예산서류'철에 포함된 1932년 11월 7일 대구부회 회의록

해 제

대구부회에서 2만 2,750평의 부지에 6만 5,000원의 기채로 동문시장을 이전 확장하기 위한 추가예산, 사단 설치비 기부적립금 설치, 소방기구 개량 충실 자금 적립금 설치 건을 논의하고 있다.

사단이 대구에 설치될 때 기부하기 위해 1932년부터 6년간 24만 원(이 중 4만 원은 소유지 매각대금)을 적립하자는 것인데, 사단 설치가 확정되지 않은 상태에서 넉넉지 못한 부비에서 적지 않은 20만 원을 적립하는 것에 대해 여러 질문이 있으나 가결되고 있다. 동문시장 이전 확장 건으로 장시간 질의응답을 하다가, 결국 위원회를 열어 위원들이 현장을 답사한 후 결의하기로 하고 폐회되었다.

내 용

의장(다가 히데요시(多賀秀敏) 대구부윤) : 출석 의원은 정수에 달했으니 지금부터 회의를 열겠습니다. 오늘 출석 의원은 26명이고 결석 의원은 15번 허진(許瑨), 25번 오사와 신사부로(大澤新三郎) 의원 등 두 명입니다. 이번 회의에 제출된 의안은

1. 의안 제29호 동문시장 이전확장의 건
2. 의안 제30호 동문시장 이전 확장비 기채의 건
3. 의안 제31호 소방기구 개량 및 충실 자금 적립금 설치의 건
4. 의안 제32호 사단 설치비 기부적립금 설치의 건
5. 의안 제33호 1932년도 대구부 세입출예산 추가의 건

이상 5건입니다. 심의 상황상 우선 의안 제31호 소방기구 개량 및 충실자금 적립금 설치 건을 의제로 상정하겠습니다.(오후 1시 51분)

번외(쇼지(庄司昌) 부속) : 본안을 제출한 이유는 매년 예산 편성 때이 소방기구 개량 충실에 대해 경찰 당국의 요망이 있고 당국에서도 그 필요성을 인정하고 있는데, 재정 상황이 여의치 않아 이들 신규 요구는 인정되지 않았습니다. 최근 부내 건축계의 상황을 보면 점차 고층 건축이 늘어나고 있고 이를 보아도 소방기구의 개선 충실은 더 기다릴 수 없는 문제입니다. 현재 소방기구 기계의 상황을 조사해보면 모두 상당히 연식이 오래되어 일부분은 가까운 장래에 갱신이 필요합니다. 참고하시라고 기구 기계의 현황을 말씀드리면, 1920년 구입한 돗치형 24마력 펌프자동차가 1대이고 같은 해에 구입한 같은 형의 수관(水管) 자동차가 1대, 1928년 구입한 허드슨형 펌프 자동차가 1대, 다음으로 1929년 구입한 오토바이 수관차가 1대, 1930년 구입한 웰스형 수관 자동차가 1대, 합쳐서 펌프자동차 2대와 수관자동차 2대이고 오토바이 수관차가 1대입니다. 이외에 수인(手引) 수관차가 3대 있는데 이것은 영구히 사용 가능한 것이라 문제가 되지 않습니다만, 방금 말씀드린 1920년 구입한 부분 즉 펌프자동차 1대와 수관자동차 1대는 모두 12년이나 경과했지만 새 것을 구입하려면 1대에 수천 원의 경비가 들어서 현재까지 계속 수리하면서 사용하고 있는 상태입니다. 이 2대는 수년 내에 여하튼 새 차로 바꿀 필요가 있지만 말씀드린 것처럼 이를 한꺼번에 구입하는 것은 재정 관계상 불가능합니다. 수년간 상당한 적립을 하여 이 축적금을 재원으로 하여 새 차를 구입하려고 생각합니다. 이상 말씀드린 이유에 의해 이번 적립금을 설치하는 것으로 했는데 이 적립금의 재원은 지정 기부금과 세계(歲計) 잉여금의 일부, 적립금에서 생기는 수입으로 충당하려고 합니다.

의장(다가 히데요시(多賀秀敏) 대구부윤) : 제31호 의안의 제1독회를 열겠습니다.

5번(구루카와(黑川圓治)) : 본안은 극히 간단하고 시의적절한 안이라 생각하니 독회를 생략하고 원안대로 가결하고 싶습니다.

22번(이토 기치사부로(伊藤吉三郎)) : 본안은 실로 훌륭한 안입니다만 기구 구입과 개선에 대해서 지금 좀 구체적으로, 예를 들면 몇 년간은 현재 그대로 경과하고 몇 년 후에 구입한다는 결정은 없습니까? 그냥 막연히 적립한다면 별로 좋지 않은 것 같습니다.

번외(쇼지(庄司昌) 부속) : 22번 의원의 질문은 지당하다고 생각합니다. 당국에서 그 점은 충분히 고려하고 있습니다만, 적립금 규정에는 일정한 목표를 규정하고 있지 않습니다. 그러나 현재 상황에서 보면 돌발적 사고가 발생하지 않는 한 대체로 4년째 정도에 일부를 갱신하고자 하므로 재원도 그 방침에서 축적해갈 생각입니다. 독지가가 있어서 기부라도 받으면 몰라도, 단지 지금 재원 상태로는 2,3년은 실현 불가능하므로, 아까 말씀드린 것처럼 이후 4년째 즉 1936년도 정도에 실현하려고 합니다. 그러나 돌발사고 때문에 현재 차량에 수리를 가해도 쓸 수 없는 때에는 예정 이전에 갱신해야 할지도 모릅니다.

28번(다카다(高田官吾)) : 세계(歲計) 잉여금 일부란 전년도 조월금의 의미입니까? 아니면 당해 연도의 세입출 결산 잔금입니까.

번외(쇼지(庄司昌) 부속): 그것은 결산잉여금이고 적립의 경우는 학교조합 당시는 세계잉여금 중에서 곧장 축적한 것인데 금후는 예산을 통해 적립하는 방침입니다.

20번(모리키요(森淸吉)) : 소요경비의 견적이 가능하면 미리 축적액을 정해두면 어떻습니까? 소방기구 구입에는 상당한 금액이 필요하니 미리 금액의 한도를 정하는 쪽이 좋다고 생각합니다.

번외(쇼지(庄司昌) 부속) : 지당한 의견이지만 이 적립은 1회성이 아니라 장래에도 계속해서 행할 방침이라서 축적액 한도는 정하지 않고, 어느 정도의 축적이 되면 경찰당국과 협의하여 완급을 조정하여 실시하려는 의향입니다. 따라서 한도를 설정하지 않았습니다.

부윤 : 우선 3년 정도 축적해서 그 돈으로 펌프를 1대 구입하고자 합니다.

10번(오가와 도쿠조(小川德長)) : 아까 설명에 1936년도쯤에 구입하고 싶다고 하셨는데 이 적립 규정은 그때까지의 것이고 그 후는 또 새로 만든다는 의향이십니까?

번외 쇼지(庄司昌) 부속) : 펌프자동차를 1936년도에 구입해도 적립 규정은 존치하고 계속 축적해갈 방침입니다.

10번(오가와 도쿠조(小川德長)) : 그렇다면 적립은 계속해가고 돌발적으로 필요한 경우는 일반 부비를 재원으로 해서 구입할 의향입니까?

번외(쇼지(庄司昌) 부속) : 임시 사고에 의해서 더 빨리 구입이 필요한 경우에 적립금이 소액이라 어쩔 수 없는 경우에는 다른 방법으로 구입해야 한다고 생각합니다. 그때는 예산을 다시 부의하게 됩니다.

부윤 : 본 건은 실시할 때 예산에 계상하니 그때가 되면 충분히 의견을 말씀하실 기회가 있으리라 생각합니다.

28번(다카다(高田官吾)) : 본안은 대체로 질문도 종료한 것 같으니 독회를 생략하고 원안대로 가결하길 희망합니다.

("찬성, 찬성"이라 소리치는 자 많음)

의장(다가 히데요시(多賀秀敏) 대구부윤) : 28번 의원의 동의는 찬성자가 다수이니 성립했습니다. 본안은 독회를 생략하고 원안대로 가결 확정하는 데 이의 없습니까?

(“이의 없음”이라 소리치는 자 많음)

의장(다가 히데요시(多賀秀敏) 대구부윤) : 만장일치로 찬성이니 본안은 28번 의원의 의견대로 가결 확정하겠습니다. 다음은 의안 제32호 사단설치비 기부적립금 설치의 건을 의제로 하겠습니다.

번외(쇼지(庄司昌) 부속) : 본안은 이미 아시는 것처럼 최근 부회 간담회에서 대체적인 축적 방법을 설정하여 그 방침에 기초해서 본년도 예산 내용에 그 일부를 계상했습니다. 7년이나 소요되는 적립사업이므로, 만일 관리의 이동이나 기타 사정에 의해 중도에 방침을 변경하거나 하는 일이 없도록, 정식으로 적립 결의를 해두는 것이 필요하다고 생각한 결과, 축적방법 기타를 규정한 것입니다. 전에 결정한 축적안과 이번의 축적안은 일부 다른 점이 있어서, 그 점을 설명드리겠습니다.

전회(前回)의 축적안은 갖고 계신 배포된 참고표의 2에 있는 대로, 축적 기간은 1932년부터 1937년까지 6년간 일반 부비에서 21만 원, 행정(幸町)의 부유지 매각대 4만 원, 합계 25만 원의 원금을 축적한다는 극히 대체적인 안이었습니다. 이번 안은 축적 기간을 1년 연장하여, 1932년부터 1938년까지 7년간으로 하고, 축적액도 일반부비에서 20만 원을 적립하고 그 외에 행정의 부유지 매각대금 4만 원을 예상하여 원금 적립은 합계 24만 원이 되어 있습니다만, 적립 기간 중 이자를 예정하면 합계는 26만 9,112원 7전이 됩니다. 이 기간을 연장한 것은 전회의 축적안을 결정한 당시와는 상당히 사정도 변화했고, 책임 있는 적립을 실행하려면 재정적 무리가 되지 않는 정도로 하는 것이 필요하다고 생각하여 본안처럼 변경한 것입니다. 그리고 행정(幸町)의 부유지 매각대금은 대체로 4만 원을 목표로 하고 있는데, 이 토지의 내용은 필지(筆地) 수가 11필로 그 면적은 합계 1,089평입니다.

의장(다가 히데요시(多賀秀敏) 대구부윤) : 본안의 제1독회를 열겠습니다.

10번(오가와 도쿠조(小川德長)) : 본안의 적립금 설치 취지는 찬성하지만, 전에 축적안을 설정했을 때는 사단이 반드시 대구부에 설치된다고 예상하여 결정한 것인데, 지금 상황을 보면 만몽문제가 해결되면 사단 이주는 결정되지 않는다는 식의 형세이고, 이에 대해서는 오구라(小倉) 기성회장도 그렇게 말씀을 했던 기억이 납니다. 정말 그렇다면 본안의 적립금 설치를 지금부터 정식으로 결정해두는 것은 좀 이르다는 감도 있는데, 이에 대해 뭔가 당국의 생각이 있는 것 같으니 일단 그 사정을 듣고 싶습니다. 필요하다면 비밀회를 해도 좋습니다.

24번(다치키 요조(立木要三)) : 20만 원은 일반 부비에서 조입하는 것입니까?

번외(쇼지(庄司昌) 부속) : 그렇습니다. 저번 안에서는 토지대금을 넣어서 25만 원이었는데, 토지대금 쪽은 매각한 결과가 아니라 과연 어느 정도로 매각될지 판단할 수 없으므로 금회의 안은 토지대금이 어느 정도라고 명확히 하지 않고, 매각해서 얻은 대금은 적립하는 것으로 했습니다.

24번(다치키 요조(立木要三)) : 적립금은 다액의 기부가 있는 때는 중단됩니까? 몇십만 원이 되어도 역시 적립을 계속하는 겁니까?

번외(쇼지(庄司昌) 부속) : 적립금은 목적을 달성하면 축적을 정지합니다. 즉 1,020만 원에 달하기까지 축적하는 것인데, 중도에 적립을 그만둘 사정이 발생하는 경우는 또 그때에 자문을 하기로 하겠습니다.

24번(다치키 요조(立木要三)) : 토지 대금은 어떤 식으로 됩니까. 또 기부자 등이 있는 경우에는 어떤 식으로 취급하게 됩니까?

번외(쇼지(庄司昌) 부속) : 토지 대금은 아까 말씀드린 20만 원의 외이므로 이것은 매각할 때마다 그 연도에 축적하는 것입니다. 다음으로 기부금은 규정에 의해 적립금으로 편입하기로 하고 있습니다. 결국 규정에 의해서 정한 이외의 것은 그때의 상황에 따라 결정하기로 하겠습니다.

부윤 : 아까 10번 의원의 질문에 대해 답하면, 사단 이주 그 후의 상황에 대해서는 뭐라고 말씀드리기 어렵지만 당국으로서는 사단이 설치되는 것으로 진행하는 것이 충실하다고 생각해서 본안을 제출한 것입니다.

22번(이토 기치사부로(伊藤吉三郎)) : 본안은 매우 적절한 안이니 반드시 실행되어야 할 문제인데, 사단 설치 기부금을 표면적으로 내는 것은 좀 좋지 않은 것 같습니다. 이에 대해 당국의 의향은 어떻습니까?

부윤 : 지금 상황으로는 표면적으로 내도 괜찮다고 생각합니다.

번외(쇼지(庄司昌) 부속) : 이것은 사무적으로도 1933년도 이후는 적당한 비목을 설치하여 계상할 것이라 생각하므로, 규정을 만들어두는 것이 필요하다고 생각하여 이런 방법을 채택했습니다. 그리고 규정은 지사의 인가 사항입니다. 종래 다른 지역과의 관계도 있어서 외부에 발표하는 것은 별로 좋지 않으니 유야무야 했지만, 언제까지나 이렇게 취급하면 사무적으로 보아도 별로 좋지 않으므로 오히려 표면화하는 게 적당하지 않을까 생각합니다.

부윤 : 현재 상황으로는 달리 경쟁지도 없으니 오히려 표면화하는 쪽이 좋다고 생각합니다.

28번(다카다(高田官吾)) : 사단 이주 문제는 만몽사건 때문에 좌절된 감이 있는데, 본 문제는 당 부 발전을 위해 반드시 실현되어야 할 문제이고 이를 위해서는 어떠한 희생이라도 치러야 한다고 생각합니다. 들은 바에 의하면 군부 쪽에서는 군혁(軍革) 문제를 만주사건 해결과 분리해서 기정 방침대로 진행하는 것 같으니 본안을 결정해 두면 사단 유치에 대단히 유리하다고 생각합니다. 본안은 매우 적절한 안이고 적립 규정도 지극히 간단하니 독회를 생략하고 원안에 찬성하길 바랍니다.

6번(김완섭(金完燮)) : 본안의 적립규정 제2안의 지정기부금과 제31호 의안의 적립금 규정 제2조의 지정기부금은 동일합니까?

번외(쇼지(庄司昌) 부속) : 본안의 지정기부금이란 사단 설치비에 대한 기부금이고 제31호 의안에서는 소방기구 개량 충실 자금으로서 기부하는 것을 말하는 것입니다.

허지(許智)(32) : 본안의 축적금은 만일 사단 이주가 실현되지 않은 경우는 어떤 식으로 처분됩니까? 이에 대해서는 아까 1부와 2부 사이에 여러 의견도 있었던 것으로 기억하는데 이 축적안을 결정한 이상 이런 경우에 대처하는 방법도 정해둘 필요가 있지 않겠습니까?

번외(쇼지(庄司昌) 부속) : 사단 이주가 실현되지 않는 경우에 축적금을 어떻게 처분할지는 이미 논의를 많이 했으니 그 문제가 닥치면 자문드리려고 합니다. 제1부 제2부에 대해서는 어떤 것인지는 모르지만 이것은 다른 기회에 하시면 어떻습니까?

의장(다가 히데요시(多賀秀敏) 대구부윤) : 질문 없습니까?

("질문 없음"이라고 말하는 자 다수)

의장(다가 히데요시(多賀秀敏) 대구부윤) : 질문이나 의견 없으면 본안은 독회를 생략하고 원안대로 가결 확정하려고 하는데 이의 없습니까?

("이의 없음"이라고 말하는 자 있음)

의장(다가 히데요시(多賀秀敏) 대구부윤) : 모두 이의 없으신 것 같으니 의안 제32호는 독회를 생략하고 원안대로 가결 확정하겠습니다. 다음은 의안 제29호·30호·33호, 이상 세 안을 일괄해서 의제로 하겠습니다.

번외(쇼지(庄司昌) 부속) : 우선 의안 제29호부터 설명 드리겠습니다. 본안은 동문시장 이전 확장의 근본 방침을 결정하려는 것입니다. 본 시장을 이전 확장하는 필요성은 최근 간담회에서 만장일치로 찬성을 얻은 것에 의해서도 명확한데, 정식으로 결정할 필요가 있어 본안을 제출했습니다. 1936년도까지 이전을 실시할 방침입니다. 그리고 본안과 관련하여 의안 제30호의 동문시장 이전 확장비 기채건과 의안 제33호의 추가예산은, 제안 이유와 예산이 설명서에 상세히 기재되어 있으므로 여기서는 편의상 설명을 생략하고 질문에 답변하는 것으로 하겠습니다.

의장(다가 히데요시(多賀秀敏) 대구부윤) : 의안 제29호, 30호, 33호를 일괄해서 1독회를 열겠습니다.

7번(야마키타 미쓰노리(山北光德)) : 동문시장 이전 확장에 대한 상세한 계획을 설명해주시기 바랍니다.

번외(쇼지(庄司昌) 부속) : 동문시장 이전 확장에 대해서 계획 내용을 설명 드리겠습니다. 우선 첫째, 경비 관계인데 제1기 사업은 총액 6만 5,000원이 필요하고 이는 전부 토지매수비와 지상 물건의 이전 보상비와 매수에 필요한 여러 경비에 충당합니다. 그리고 이 6만 5,000원은 재정 관계상 전액을 기채에 의해 지변할 생각이고, 기채 방법 등은 의안 제30호에 명시하고 있는 대로입니다. 다음 제2기 사업은 지균 공사와 시장 내의 통로공사, 변소 등 건축공사를 실시할 방침입니다. 이것은 현재 계획 중인 제4기의 시장 도로 개수 공사와도 관련이 있으므로 1933년도부터 1936년도까지 일시 또는 연차 계획에 의해 실시할 생각입니다. 제1기 사업비의 6만 5,000원은 현재 도당국에 간이보험자금 쪽에서 차입 방법을 강구하고 있습니다. 그리고 각 시장 위치 등에 대해서는 도면에 의해 상세히 설명 드리겠습니다.

(서기가 도면을 배부함)

(번외 쇼지(庄司昌) 부속이 도면에 의해 상세 설명을 함)

의장(부의장 다카다(高田官吾)) : 잠시 휴식하겠습니다.

(오후 2시 30분)

의장(다가 히데요시(多賀秀敏) 대구부윤) : 다시 열겠습니다. (오후 2시 53분) 계속해서 번외가 설명하겠습니다.

번외(쇼지(庄司昌) 부속) : 계속해서 이전 계획 개요를 설명 드리겠습니다. 지금 말씀드리는 것은 오늘 아침까지 다듬은 안이라서 이것을 시장규칙에 의해 정식으로 신청할 때까지 약간 변경이 있을지도 모르므로 미리 유념해주시기 바랍니다. 우선 이전하는 부지 면적은 2만 2,750평이고 이 중 제4기 시가도로 예정 부지로서 2,157평을 예정하고 있습니다. 이 예정 노선은 도면에 점선을 그어놓은 대로이고 역 앞을 기점으로 12간 도로의 연장과 동서를 통하는 8간 도로와 서쪽에서 남쪽으로 통하는 측후소가 있는 4간 도로를 만들 의향입니다. 이 4간 도로는 어쩌면 6간 도로로 변경할지도 모릅니다. 이상 세 개의 예정선의 궤지(潰地 : 공공시설 때문에 유효면적이 감소되는 토지-편자)가 아까 말씀드린 대로 2,157평이 됩니다. 다음으로 시장 내의 전용통로인데, 이것은 전체 4,945평입니다. 이 통로의 폭은 12간과 6간으로 되어 있습니다. 그리고 간선도로와 교차점 즉 12간 도로의 세 갈래 지점과 서쪽으로부터 오는 8간도로의 세 갈래 지점에는 광장을 만드는데, 각 구분된 광장의 출입구의 면적이 460평이고 모두 6간 폭입니다. 다음으로 노면에 면한 곳에 보통 점포 부지는 1,400평인데 이것은 상설 점포 예정 부지입니다. 결국 이만큼 여지를 둘 예정입니다. 다음으로 가건물 부지가 432평이고 이 상가는 부가 직접 경영합니다. 그 외 사무실이 12평, 경찰관 파출소가 85평, 변소가 24평, 이 3개소 부분입니다. 다음으로 연못은 전체 1,686평인데 이 중 1,006평을 매립할 계획이고 남은 680평은 연못 그대로 존치해둘 계획입니다. 이것도 여러분의 의견에 의해 매립하는 것으로 해도 좋다고 생각합니다. 기타 건물 근처의 3척(尺)을 존치할 방침이고 여기에 소요 평수가 1,083평이므로 이상 소요 면적을 제외하면 남는 땅이 1만 1,472평이고 이는 일반 광장 부지로서 취인에 이용할 수 있는 면적입니다. 그리고 이 광장 부지는 10개소 정도로 구분합니다. 이상을 합하면 2만 2,752평입니다. 이 광장의 유효 이용 면적 1만 1,000여 평을 현재 서문시장과 동문시장의 상황에서 보아서 이를 15종류의 각 업체별로 할당하면, 현재 장소로는 넓은 감도 있지만 장래를 예상하면 적당하지 않나 생각합니다. 현재 동문시장은 전부 차지(借地)이고 면적도 겨우 2,000평으로 문제가 되어 있으므로 대체로 서문시장을 표준으로 했는데, 서문시장은 약 1만 2,000평 정도의 면적을 갖고 있습니다.

그리고 새로운 계획은 가축시장을 설치하는 것인데, 부 재정에도 큰 도움을 줄 것이라 믿습니다. 이 가축시장은 현재는 달성군의 축산조합이 경영하고 있는데, 1개년에 취인하는 두수(頭數)는 과거 3년의 성적이 평균 9,282두에 달하고 있습니다. 이 가격은 43만 1,000원이므로 축산조합의 수입으로서는 중개 수수료가 100분의 3이니 1개년간 1만 3,142원에 달하고 있습니다. 그리고 한편 경비는 어떻게 하는가를 말씀드리면, 다소의 이동(異動)은 있지만, 1개년 3,160원이니 차인(差引) 약 1만 원의 수익을 거두는 상태입니다. 그래서 이번에 이전하는 동문시장에 이 가축시장을 설치하면 서문의 가축시장의 약 3분의 1정도는 이 동문시장 쪽으로 넘어온다고 생각합니다. 기타 신탄시장에 대해서는 현재 동문시장 상황에서 보아 이번에는 약 2,000평을 예정하고 있습니다. 그리고 위치는 동부 쪽에 선정했습니다. 이는 신탄은 주로 가창면(嘉昌面) 쪽에서 들어오므로 시장 입구에서 이를 거두어 취인을 하려는 방침에서 이렇게 결정했습니다. 그리고 어채시장은 북부 쪽에 위치를 선정했는데 이는 현재 서문시장의 개시는 2일, 7일이고 동문시장은 4일, 9일인데, 동문시장 쪽은 장날 이외에도 이용자가 있으므로 그 점을 고려해서 시가에 가장 가까운 쪽을 선정한 것입니다. 따라서 동문시장이 이전한 후의 수지도 그 점을 고려해서 계획하고 있습니다. 다음으로 우시장을 서부 쪽에 선정한 것은 위생과 취체를 고려해서입니다. 그리고 시장 내의 통로는 폭을 6간으로 했는데 통행의 혼잡을 막기 위해 이 정도의 폭은 필요하다고 생각합니다. 이용량이 가장 많은 곡물시장은 중앙으로 선정했습니다. 기타 직물류도 마찬가집니다. 그리고 면류,

과자류 등은 각 지방의 상황을 보아 적당히 배치했는데, 시장규칙에 의해 인가가 필요하므로 그 후에 전체 설비를 할 방침입니다. 다음으로 시장의 경제 관계에 대해 좀 설명 드리고자 합니다. 우선 시설에 필요한 경비는 제1기 사업비가 6만 5,000원이고 아까 말씀드린 것처럼 부지 매수비와 이전 물건의 보상비에 충당하는 것입니다. 제2기 사업비는 3만 3,500원 예정인데 이 용도는 지균비가 4,727원, 이것은 지균 면적을 1만 8,907평으로 보아 1평당 25전을 예정한 것입니다. 이것은 연못을 전부 매립하게 되면 이동이 생기는데, 연못은 아까 말씀드린 680평을 남겨둔다는 계산입니다. 다음으로 연못의 일부 매립비가 평당 1원 80전으로서 1,006평에 대해 1,811원이 되고 정지비(整地費)의 합계는 6,538원입니다. 다음은 시장 내 통로 축조비인데 이는 4,945평에 대해 1평당 평균 3원으로 보아서 1만 4,835원이 필요합니다. 다음은 건축비인데 우선 광장 가건물을 400평 예정하고 있으므로 이 건축비가 평당 20원으로 보아 8,000원이 필요합니다. 현재 동문시장의 가건물을 이전해서 이 비용이 32평분인데 1평당 10원으로 보아 320원, 변소가 세 곳으로 한 곳이 8평, 합계 24평이니 이를 평당 55원으로 보면 1,320원, 구 동문시장의 변소 이전비가 80원이 필요하니 합계 1,400원입니다. 다음으로 대기소가 12평이고 평당 50원으로 보아 600원이 필요합니다. 그 외 잡공사비 516원, 설계 감독비 1,291원 예정이므로 합계가 아까 말씀드린 것처럼 3만 3,500원입니다. 그리고 이 제2기 사업은 1933년도 이후 1936년까지 일시 또는 연차 계획에 의해 수행할 계획인데 재원은 부비 또는 기채에 의하려고 합니다.

다음은 수입 관계인데, 이전하는 첫해부터 기정 사용료를 취하는 것은 별로 좋지 않은 것 같고, 조례에 규정한 액수의 범위로 부윤이 결정하려고 합니다. 그리고 첫해는 가능한 한 싸게 하고 다음해, 그 다음해 점차 증액할 예정입니다. 우선 가건물 사용료는 건평 1평에 대해 1개월 50전으로 보아서 432평에 대한 10개월간 수입을 보면 2,160원이 됩니다. 현재 장날에 깔리는 가건물 사용료는 1평에 하루 12전이므로 이를 1개월간, 장날 6회로 하면 72전이 됩니다. 이를 첫해는 50전으로 낮추려고 하고 있습니다. 다음으로 광장 시장료인데 이는 1개년간 장날을 60일로 봐서 하루 1평 평균 1전으로 하면 1만 1,400평에 대해 1개년의 수입은 7,840원이 되지만 이는 단순히 장날만의 사용료이고, 장날 이외에도 이용되니까 그 이용일 수를 1개년 180일로 보아서 이용되는 면적을 2,300평 정도로 예정하면 하루 1평 평균 1전으로서 1개년 4,140원이 됩니다. 현재 광장 사용료는 쌀이 1평 6전, 고물과 음식점, 철물점 류가 1평 4전, 가축, 야채류가 3전, 소가 1짐에 3전, 품팔이꾼 기타는 1전입니다.
이상 외에 새로 가축시장을 설치한다면 현재 서문시장에서 취인되는 수량의 3분의 1이 동문시장으로 올 예상이라서 소 마리 수는 1년 약 3,000두 이상에 달합니다. 만약 3,000두라면 1두 평균 가격을 46원으로 보아서 13만 8,000원이 됩니다. 이에 대해서 100분의 3의 수수료를 취하면 1년 수입은 4,140원입니다. 이외 취인과 상관없이 입장한 소 1두에 대해 큰 것은 8전, 작은 것은 4전의 입장료를 받으므로, 큰 소를 5,500두, 작은 소를 2,300두로 보아서 532원의 수입을 얻습니다. 그리고 달성군의 축산조합은 상당한 설비를 하고 있는데 우리 부가 경영하는 것으로 하면 단순히 취인만 하면 되고 다른 시설이 필요하지 않고, 이 가축시장 설치에 대단히 유리한 사업입니다.
이상 말씀드린 것 외에 상설점포 사용료가 있는데 이는 점포 부지 사용료이고 점포 그 자체는 사용자가 설치합니다. 이 사용료가 1개월 1평 평균 14전이면, 1평 1개년 1원 40전이 되고, 전 면적의 1,400평에 대해 1,960원입니다. 이상은 계획안이므로 첫해, 다음해, 그 다음해에 점차 사용료를 가감할 필요가 있다고 생각합니다. 완성 후의 수입 합계는 1만 9,772원인데 이에 대해 지출은 일반 3,812원, 가축시장이 3,000원, 합계 6,812원이고 차인 1만 2,960원의 순이익을 상회합니다. 또 시장 이전 확장으로 여러 사무가 증가하니 직원 2명 정도 증원이 필요한데, 이는 전에 말씀드린 경비 중에 포함되어 있습니다. 그리고 가축시장은 기수 겸 서기 1명, 약간의 중개인이 필요한데 이런 경비로 약 3,000원이 필요합니다.

다음으로 제1기 사업비에 충당하기 위한 기채 6만 5,000원은 올해부터 1936년까지 5개년간 거치하고, 이 거치기간 중은 해당 연도의 이자만을 지불하며 1937년도부터는 원리의 균등 상환을 하고 이 균등 상환액은 1개년 9,439원입니다. 그러나 이 금액은 이율을 7푼 7리로 계산한 것이라서 간이보험자금의 차입이 가능하면 이쪽은 연 5푼 4리이므로 대부분 감소하게 됩니다. 모자란 점은 질문에 답변하는 것으로 하겠습니다.

23번(사카모토 슌스케(坂本俊資)) : 동문시장 이전 완성 후 수익은 지금 번외가 설명하신 것에 의하면 완성 후는 1만 2,965원의 순이익이라는 것인데, 현재 동문시장 수입은 어떤 상태입니까? 과거 3개년 평균 수입을 듣고 싶습니다.

쇼지(庄司昌) 부속 : 4,340원 85전입니다.

22번(이토 기치사부로(伊藤吉三郎)) : 도면을 보면 지역에 돌출된 곳이 있어서 복잡한데 이러한 지형으로 지장은 없습니까. 당국에서 뭔가 고려를 하고 있는 겁니까?

쇼지(庄司昌) 부속 : 매수된 부분은 전체 필지를 매수하게 되어 있어서 모양이 좋지 않은 부분은 매수 후 적당히 정리하려고 합니다.

22번(이토 기치사부로(伊藤吉三郎)) : 가축시장 설치가 종래 서문시장에서 취급하던 것을 양분하는 식이라면 별로 이익이 없을 것이라 생각합니다.

쇼지(庄司昌) 부속 : 시장 설비와 기타 방법에 의해 이전보다 취인은 성행할 것이라 생각합니다. 그리고 종래 서문시장 쪽은 단순히 입장료만 받고 있었지만 가축시장을 부에서 경영하면 중개 수수료를 받으므로 그만큼 수입은 증가하게 됩니다. 단 마리 수로 보면 서문시장 분을 동문시장 쪽이 어느 정도 취하는 것이므로 서문시장 부분은 감소하는 결과가 됩니다.

33번(오노 겐타(小野元太)) : 시장 내 점포와 기타 사용에 대해 일반적으로 대부하는 방침입니까? 그러면 빨리 신청하는 자들이 좋은 장소만 먼저 빌리는 것으로 되지 않겠습니까?

쇼지(庄司昌) 부속 : 이 시장 문제는 중요하므로 당국에서도 신중히 고려하고 그 대부 방법을 결정하려고 합니다. 대체로 현재 시장을 사용 중인 자 또는 새 시장 부지를 제공한 자 혹은 종래부터 시장 부근에 거주하던 자 등 소위 연고자에 대해서는 우선적으로 고려할 방침이고 남은 것을 일반적으로 대부할 생각입니다.

28번(다카다(高田官吾)) : 22번 의원에 대한 번외의 설명에 의하면 지형의 요철을 앞으로 정리한다고 하는데, 이 지역 내 토지소유자가 매수에 응하지 않는 경우는 수용령을 내릴 필요가 있다고 생각합니다. 그런데 수용한 토지를, 불용이 되었으니 매각한다고 하면 별로 좋지 않다고 생각하는데 이 점에 대해 연구하고 있습니까?

쇼지(庄司昌) 부속 : 불용지라 해도 양의 문제라고 생각합니다. 양이 적어서 존치할 필요가 없는 것을, 정리의 결과 교환 또는 매각하는 것은 지장 없다고 생각하고, 서문시장 때와 같은 상황은 없습니다. 이 점은 적당히 선처할 예정입니다.

의장(다가 히데요시(多賀秀敏) 대구부윤) : 현재는 필요하다고 생각하고 있으나 앞으로 불필요하게 되면 매각하는 경우가 있을지도 모르니 양해를 바랍니다.

28번(다카다(高田官吾)) : 현 동문시장의 역사는 아시는 것처럼 원래 달성군청의 소유인 것을 현재 장소로 이전한 것입니다. 이에 대해서는 이미 동운정(東雲町) 주민이 서문시장에 대해 동부에도 시장을 건설해달라, 동문시장을 이전하면 이를 동운정 지역으로 이전해 달라는 요망이 있었던 기억이 납니다. 그때 동운정 측의 주민이 시장을 이전해주면 부지의 일부 또는 전부를 제공한다는 말도 있었습니다. 그러나 인구 기타 관계에서 덕산정(德山町)을 선택하고 여기로 이전하기로 되었는데, 이번에 이 동문시장의 이전에 대해서는 동운정 주민은 아무 의사표시도 하지 않았지만, 가령 의사표시가 없다 해도 종래의 요망을 물리치고 덕산정으로 이전하는 이유를 듣고 싶습니다.

쇼지(庄司昌) 부속 : 동부에 시장을 건설하는 것은 별로 고려하고 있지 않습니다. 그러나 이전에 동운정 주민의 요망이 있었던 것은 사실입니다. 그러나 부의 실상으로서는 제4기의 시가도로계획에서 보아도 이를 남쪽으로 이전하는 것이 적당하다고 생각했을 뿐 아니라, 현재 시장 상인이나 부근 주민도 고려해야 하므로 이번 계획안처럼 결정한 것입니다. 그리고 동문시장 부지 결정을 발표하고 나서 동운정 주민은 아무것도 말하고 있지 않습니다.

23번(사카모토 슌스케(坂本俊資)) : 저는 다년간 조선인을 상대하고 있는데 장날은 옛날의 2,7일입니다. 현재 동문시장은, 서문시장이나 기타 지방의 큰 시장, 예를 들면 안동, 예천, 성주, 청도 등의 시장들은 모두 2,7일에 개시하고 있어서 이를 중심으로 각 시장 상인은 연락을 취하는데, 중간에 품절이 있으므로 이 중간 품절을 보충한다는 의미에서 동문시는 4,9일에 개시하는 것으로 되어 있고 말하자면 보조적인 시장입니다. 그러나 위치가 인구가 가장 조밀한 덕산정(德山町) 지역에 있으므로 점포도 보통의 상설점포와 마찬가지고 따라서 수입도 올리는 상태인데, 이 시장을 이전해서 과연 1만 9,772원의 수입이 있을 것이라고 계획하셨습니까? 설비 완성에 의해 다수가 모인다고 생각하십니까? 각종 큰 설비를 시설해도 과연 현재 동문시장처럼 이용되는 일이 있을지, 이 점에 대해 당국의 견해를 듣고 싶습니다.

쇼지(庄司昌) 부속 : 말씀대로 조선의 관습에서 말하면 행정구역의 명칭이 붙는 것은 2,7일의 장날입니다. 그러나 동문시장의 현상을 보면 서문시장과는 흡사 자매와도 같은 관계이고 현재 곡가가 하락해도 취인고(取引高)는 조금도 하락하지 않습니다. 도로가 있으면 그 도로까지 이용되고 있는 상태입니다. 이 추세에서 보면 이전 후에도 충분히 이용될 것이라 생각합니다. 우리 부의 지세(地勢)를 보아도 점차 남쪽으로 발전하는 경향이 있으므로, 본 시설도 현재는 이상에 불과하다는 의견도 있을지 모르지만, 장래를 예상하면 적당하다고 생각합니다. 현재 동문시장은 장날 이외에도 일용 필수품 취인이 행해지고 있는 상태이고, 이 점은 서문시장과는 사정이 다릅니다. 서문시장은 왕성할 때는 다수가 이용해도 보통 때는 공지(空地)가 많습니다. 이상의 상황을 보면 본 계획은 타당하지 않나 생각합니다.

23번(사카모토 슌스케(坂本俊資)) : 우리 부의 발전과 함께 동문시장도 점차 발전할 것이라 예상하여 모든 규모가 서문시장에 필적하도록 계획하고 있지만, 장날을 가리지 않고 이용하는 자는 적다고 생각합니다. 또 가건물 같은 것도 432평이라는 고정적 건물을 설비한다고 하지만, 이런 고정적 설비는 충분히 고려해서 실시해야 한다고 생각합니다. 이것을 특별히 희망합니다.

28번(다카다(高田官吾)) : 23번 의원의 질문에 대한 번외의 설명에 의하면 서문시장이 현재 상태로 그치고 있는 것은 지형상의 이점이 좋지 않고 동문시장은 지형상 이점을 얻는다는 것인데, 제가 보는 바로는 서문시장은 백의(白衣)로써 메워져 있지만 반드시 지세가 나쁘다고는 생각하지 않습니다. 이는 상설점포가 만들어졌기 때문에 쇠퇴한 것은 아닐까 생각합니다. 따라서 동문시장을 남부로 이전해도 과연 앞으로 발전할지 어떨지는 의문입니다. 그리고 시장 내에 상설점포를 설치해서 대여한다는 것은 일종의 상업 구역을 만드는 것과 동일한데, 시장 본래의 사명과는 모순적이라고 생각합니다. 결국 시장이라는 것은 다수의 사람이 집합해서 작은 가게 혹은 노점식으로 상업 취인을 하는 것이 좋다고 생각하므로, 이 점은 충분히 고려해주시기 바랍니다.

7번(야마키타 미쓰노리(山北光德)) : 도면에는 없는데, 693번지에서 709번지의 한편으로 도로가 관통하게 됩니까? 이는 간선도로입니까, 아니면 시장 내의 통로입니까? 지금 하나는 돌출한 부분인데 이는 적당히 정리하는 것은 불가능합니까?

쇼지(庄司昌) 부속 : 그것은 간선도로인데 역 앞을 기점으로 한 곳의 12간 도로는 697번지에서 끝나고 거기서부터 시장 통로가 됩니다. 그러나 이 통로를 장래 간선도로로 할지는 지금 결정하지 않았습니다. 그리고 동서를 가로지르는 8간 도로와 서에서 남으로 가는 4간

도로는 시가도로의 예정선이고 기타는 전부 시장 내 통로입니다. 다음으로 돌출 부분 정리에 대해서는 장래 적당히 처치할 계획입니다.

31번(후루야 지스케(古谷治輔)) : 시장 이전비의 기채는 사단 설치비 기부적립금에서 유용하면 안됩니까? 한편에서 적립하고 한편에서 시장 매수비를 차입하여 다액의 이자를 물기보다 이를 유용하는 편이 부 경제상 적당하다고 생각합니다.

의장(다가 히데요시(多賀秀敏) 대구부윤) : 그것은 곤란합니다.

5번(구루카와(黑川圓治)) : 아까 설명에 의하면 697번지까지 12간 도로가 이어지는데 현재 도면에서 보면 12간 도로는 정(丁)자 형입니다. 이대로 여기에서 끝까지 가는 건 좋지 않은 것 같습니다. 장래 이것은 남쪽으로 연장될 것이라 생각하는데 그렇다면 번잡한 중심 지대를 간선 도로가 관통하게 됩니다. 그 경우 교통에 지장은 없습니까? 이 점에 대해 당국이 고려하고 있는 것은 없습니까?

쇼지(庄司昌) 부속 : 697번지의 남쪽은 시장 통로입니다. 장래 어떻게 될지 판단할 수 없으므로 이렇게 해놨습니다. 이것을 12간 도로의 연장으로서 남쪽까지 관통시킬지 어쩔지는 제5기 혹은 그 이후 시장도로계획과 관련이 있으니 그때 가서 결정하고자 합니다. 다음으로 간선도로가 복잡한 중심지대를 통과해도 괜찮냐는 것인데, 원래 시장과 도로 연결은 밀접한 관계가 있고 단지 필요에 의해 넓고 좁은 구별이 있을 뿐입니다. 특히 여기서 넓은 도로를 선택한 것은 신탄시장을 이 지점에 설치하려고 하기 때문이고 이 신탄은 주로 가창면(嘉昌面) 쪽에서 오는 것을 이 도로에서 거두려는 취지인데, 상설점포도 설치되므로 번잡한 것은 자연히 완화되리라 생각합니다. 대체로 교통취체는 경찰당국이 하므로 부에서는 별로 엄중하게 취체하지 않습니다. 그래서 신시장 쪽은 그 점도 고려하여 광장이나 상설점포를 설치하는 것으로 했습니다.

5번(구루카와(黑川圓治)) : 제가 질문하고 싶은 것은 12간 도로를 연장할 필요가 있는가 하는 점, 만약 있다면 십자로가 되므로 그 경우를 고려하는 게 어떤가를 질문한 것입니다.

쇼지(庄司昌) 부속 : 가령 12간 도로를 관통하는 것으로 해도 하등 지장은 없다고 생각합니다.

(중략-편자)

22번(이토 기치사부로(伊藤吉三郎)) : 이 시장 이전 문제는 대단히 중대한 문제라 생각합니다. 간담회에서는 이전의 대체적인 방침에 대해 찬성했지만 그 중에는 이전 장소를 몰랐던 사람도 있으니 일단 실지를 시찰한 후 결정하는 것이 적당하지 않나 생각하는데 의안 제29호, 30호, 33호는 1독회 그대로 일단 전원위원회에 부탁하여 심의하면 좋겠습니다.

의장(다가 히데요시(多賀秀敏) 대구부윤) : 22번 의원의 동의에 찬성하는 분 없습니까?

("찬성, 찬성"이라고 말하는 자 다수)

의장(다가 히데요시(多賀秀敏) 대구부윤) : 22번 의원의 동의는 찬성자 다수로 성립했으니 본 동의를 의제로 하겠습니다. 의안 제29호, 30호, 33호를 일괄해서 전원위원회에 부탁하는 것에 이의 없습니까?

("이의 없음"이라 말하는 자 다수)

의장(다가 히데요시(多賀秀敏) 대구부윤) : 찬성이 많으니 22번 의원의 동의는 가결되었습니다. 의안 제29호, 30호, 33호는 일괄해서 전원 위원회에 부탁하는 것으로 하고, 위원회 종료까지 본 회의를 쉬는 것으로 하겠습니다.

의장(다가 히데요시(多賀秀敏) 대구부윤) : 오늘은 시간도 많이 경과했으니 이것으로 산회하고 내일 9일 오전 10시에 각 위원은 이 자리에 모이길 바라고 실지 시찰 후 위원회를 열어 위원회 종료 후 계속해서 본회의를 속행하겠습니다. (오후 4시 14분)

4) 대구부회 회의록(제6일, 1935년 3월 27일)

항 목	내 용
문 서 제 목	大邱府會會議錄(第六日)
회 의 일	19350327
의 장	門脇默一(대구부윤)
출 석 의 원	武尾禎藏(1), 江頭勝之助(2), 逵捨藏(3), 서병화(徐炳和)(4), 黑川圓治(5), 김완섭(金完燮)(6), 高橋四郎(8), 眞木深一(9), 小川德長(10), 김정오(金正悟)(12), 塚原宇一(13), 松本誠一(14), 池本猪三郎(16), 곽진영(郭振濚)(18), 임상조(林尙助)(19), 森淸吉(20), 배국인(裵國仁)(21), 坂本俊資(23), 立木要三(24), 大澤新三郎(25), 高田官吾(28), 大場金藏(30), 古谷治輔(31), 허지(許智)(32), 小野元太(33)
결 석 의 원	栗山兼吉(11), 허진(許瑨)(15), 紫田千代吉(17), 伊藤吉三郎(22), 배영덕(裵永悳)(26), 山口榮吉(29)
참 여 직 원	竹本利作(부속), 佐能安太郎(부속), 박용익(朴容益)(부속), 김재익(金在翊)(부속), 藤原萬助(부속), 岡田榮(부주사), 久保和七(부서기), 德森護(부서기), 宅間吏任(부서기), 日吉五郎(부기수), 桑原仁(부기수), 宮本宇平(부기수), 坂本仲吉(부기수)
회 의 書 記	三島活三(부서기), 原本守貞(부 고원)
회 의 서 명 자 (검 수 자)	
의 안	부영 와사사업 속진에 관한 건의
문서번호(ID)	CJA0003091
철 명	대구부세입출예산서류
건 명	대구부회회의록
면 수	36
회의록시작페이지	752
회의록끝페이지	787
설 명 문	국가기록원 소장 '대구부세입출예산서류'철의 '대구부회회의록' 건에 포함된 1935년 3월 27일 대구부회 회의록

해 제

본 회의록(총 36면)은 국가기록원 소장 '대구부세입출예산서류'철의 '대구부회회의록'건에 포함된 1935년 3월 27일(제6일) 대구부회 회의록이다. 오가와 도쿠조(小川德長) 등 3명이 부영 가스사업 속진에 대한 건의를 부윤에게 제출했고 이에 대해 반대하는 의견도 상당히 많다. 가스를 부영으로 하느냐, 민영으로 하느냐는 이전 부윤 때부터 계속 대구의 현안이었다. 부영으로 하면 처음 2,3년은 반드시 적자가 생긴다는 예상하에 부회의원들은 적자를 각오하면서까지 부영으로 할 필요는 없다는 주장과, 적자를 각오하고라도 부민의 편리를 위해 단행하자는 대립적 의견을 보이고 있다.

내 용

의장(가도와키(門脇默一) 부윤) : 지금부터 개회하겠습니다.(오후 1시 25분) 오가와(小川) 의원 외 2명의 찬성으로 지금 건의안이 제출되었습니다. 낭독하겠습니다.

(서기 낭독 : 부영 가스사업 속진에 관한 건의. 부윤이 부영가스사업 경영의 구체안을 속히 작성하여 현재 개회 중인 부회에 자문하고 속히 실행하게 되길 희망함. 위를 건의함. 1935년 3월 26일, 대구부회의원 오가와 도쿠조(小川德長), 이케모토 이사부로(池本猪三郎), 마쓰모토(松本誠一))

의장(가도와키(門脇默一) 부윤) : 본 건의안은 성규(成規)의 찬성자가 있으므로 의제로 하겠습니다. 설명을 부탁드립니다.

10번(오가와 도쿠조(小川德長)) : 지금 부윤에게 제출한 건의안에 대해 부연해서 여러분께 말씀드리겠습니다. 가스 문제는 지금 제가 다시 말씀드릴 것도 없이 모두 잘 아시는 것이므로 가스에 대해서는 별로 설명할 필요가 없다고 생각합니다. 그러나 본년도 예산 내에 가스 자체에 대해 아무런 제안이 없으므로, 지난번 회의 때 제가 부윤에게 질문을 했습니다. 그때 부윤의 설명은 여러분도 잘 아시리라 생각합니다. 부윤 답변은 가스는 유익하고 대구에 이를 부설해도 적자는 없다, 그러나 당국의 허가를 받지 못해서 이 예산에 제출할 수 없다는 설명입니다. 가스는 총독부 당국의 허가를 얻는 것이 가장 조건이 되어 있습니다. 본년도 예산을 토의하기에 앞서 가스를 선결해야 합니다. 포장공사 같은 시설은 가스 부설에 중대한 관계가 있습니다. 포장공사는 가스를 결정하지 않으면 시설할 여지가 없어서 저는 우려하고 있습니다. 그러므로 부윤이 부회 중에 그 안을 만들어 이 의회에 제출해서 그래서 만장일치 의결되어 그 운명을 곧장 결정해달라고 생각한 것입니다. 제 생각으로는 모두가 반드시 가결하시리라 생각합니다. 이는 지금 다시 조사해서 제안해야 하는 것이 아니라 이미 조사는 종료한 것이므로, 당국의 허가를 받아 이 부회에 제출되기를 희망한 것입니다. 모두 찬성해주시길 바랍니다.

30번(오바 긴조(大場金藏)) : 저는 지금 제안에 반대 의사를 노골적으로 표명합니다. 가스사업 경영에 대해서 우리는 의원으로서 대구부민에 대한 직책상 이를 상식적으로 또는 기술적으로 상당히 연구했습니다. 대구부회에서 작년도 예산에 의해서 부 이원을 다수 파견하여 조사시켰고, 그동안 간담회 석상에서 이에 대한 생계(生計) 검사 등에 대한 발표가 있었습니다. 그러나 이 채산표(採算表)를 기초로 한 것은 도저히 수긍하기 어렵고 철저히 이를 조사해야 한다고 생각합니다. 지금 가볍게 이 대구부 경비 다액을 들이면서 거액의 기채를 해야 할 시기는 아니라고 생각합니다. 대구의 권위있는 지역신문인 『대구일보』의 27일 기사에 "가스사업 문제는 통제를 요하지 않는 20여만 원에 의문이 있다, 총독부 당국의 검토"라는 것이 나와 있습니다. 그 내용을 말씀드리면 이를 20여만 원으로 완성한다는 것은 의문이고 30만 원 이상, 34~35만 원의 다액이 필요하며 이익도 5년 이상이 아니면 상식적으로 생각할 수 없다는 것입니다. 그리고 세부적으로 말씀드리지 않아도 간담회 석상에서도 말씀드렸는데 저는 민영으로 하는 것이 좋다고 생각합니다. 가스 경영은 대구의 자본가에게 시키는 게 좋다고 생각합니다. 일본 자본가라면 좋다고 생각합니다. 저는 지금 동의(動議)에 반대합니다.

31번(후루야 지스케(古谷治輔)) : 대체로 30번 의원의 의견에 동의합니다. 이 건의안 제출자인 오가와(小川) 의원의 설명에 의하면, 가스사업과 포장공사가 극히 밀접한 관련이 있는 것처럼 설명하셨지만, 저는 근본적으로 차이가 있다고 생각합니다. 가스사업은 부민의 경제적 시설이지만 포장공사는 사회 교통 시설이고 공중을 위해 일반 민중의 이익을 증진하는 것이라고 생각합니다. 가스사업과는 그 목적이 다릅니다. 가스사업은 가스사업, 포장공사는 포장공사, 이는 별개의 시설이라고 생각합니다. 특히 가스사업은 건의안을 제출하신 분들도 그 채산이 어떻게 될지를 연구하셨는지는 모르지만, 어제도 이사자가 그 내용을 보여주셨는데 이를 우리 의원이 맹목적으로 따를 수는 없습니다. 이 시설에 관해서는 우리 부의 경제를 고려해야 한다고 생각합니다. 그래서 저는 이에 대해서는 절대로 반대하는 것은 아니지만 좀 시기상조라고 생각합니다. 이번 건의안은 보류해주시길 바랍니다.

30번(오바 긴조(大場金藏)) : 제가 드린 말씀이 불충분했지만 간단히 제 의견을 말씀드린 것입니다. 그런데 회의장 한 구석이 소란한데, 그 소리를 잘 들어보면, 매수되는 것 아니냐, 대흥전기에 매수되는 것 아니냐는 소리가 들립니다. 가소롭습니다. 신념을 갖고 말씀드리면, 저는 오쿠라 다케노스케(小倉武之助)에 예속되지 않는 경향이 있습니다. 이는 제 신념입니다. 그래서 기독교 쪽인 배국인 의원이 이러쿵저러쿵 말하는 것이고 18번 의원은 크게 화내는 것입니다. 자기 마음에 없는 것을 말하면 성낸다, 그건 결코 말로 표현할 길이 없습니다. 저는 그렇게는 생각하지 않습니다.

28번(다카다(高田官吾)) : 지금 그 18번 의원 말은 제 귀에도 들렸는데, 정말 매수되는 것 아닌가 하고 발언했습니까? 경솔하게 사적인 언동을 신성한 부회에서 하는 것은 매우 좋지 못합니다. ("옳소, 옳소" 라고 말하는 자 있음) 앞으로 조심해주시길 바랍니다. 저는 10번 의원의 건의에 대해 찬부(贊否)를 표현하기 전에, 우선 부 당국에게 질문하고자 합니다. 지금 30번 의원과 31번 의원은 반대 의견이었습니다. 제가 반대 혹은 찬성을 표하기 전에 묻고 싶은 것은, 작년 이 계획을 세운 당시에는 철(鐵) 재료는 대단히 싸서 100원 내외였지만, 이후 대단히 철재가 등귀해서 현재는 지금 30번 의원이 말한 신문에 나온 것처럼 혹은 30만, 34만 정도가 필요합니다. 그래서 그 후 상당한 조사를 진행하셨는지 아닌지, 처음에는 20만 내지 22만 원이었는데, 현재는 어떻게 진행하고 있습니까?

(18번 곽진영(郭振滎), 발언을 구함)

가도와키(門脇默一) 부윤 : 지금 철재는 일본에서 제철업을 통제하는 관계상 통제 전 가격에 비해 통제 후 가격은 당연히 등귀하고 있는 것이 사실입니다. 부가 조사한 가격은 좀 지금보다 전의 것이지만, 통제 후의 가격으로 계산을 했습니다. 그 후 부쩍 오르지는 않았지만 조금은 올랐다고 생각합니다. 애초에 임시비에 22만 원을 잡아 놨는데 이 22만 원에는 철관 대금으로 8만 원 정도가 포함되어 있습니다. 그것은 지금 말씀드린 좀전의 시가를 표준으로 한 가격입니다. 그 후 조금은 등귀하고 있다고 생각합니다.

18번(곽진영(郭振濚)) : 지금 18번 곽진영이 매수되는 거 아닌가 하고 사적인 말을 한 것에 불과하다, 그것을 일일이 문제 삼아 공격하는 것은 매우 유감입니다. 저는 악감정을 갖고 정말로 매수되었다고 명언((明言)한 것이 아닙니다. 그것을 다카다 의원이 문제 삼는 것은 유감입니다.

가도와키(門脇默一) 부윤 : 지금 18번 의원의 변명이 있었습니다. 지금 농담하신 것이 시기가 부적절하다고 생각합니다. 부디 18번도 주의해주시고 오해를 일으키지 마시길 바랍니다.

(20번, 32번, 23번 발언 구함)

20번(森淸吉(모리 기요키치)) : 지금 18번 의원의 해명 발언이 있었지만, 그때 저희도 온당하지 못하다고 생각하여 주의를 촉구했는데, 계속 발언을 하셔서 저희가 참지 못하고 큰 소리를 냈습니다. 누가 매수했는가, 이런 것이었습니다. 말이 신중하지 못했는데, 제 입으로 말한 것은 아닙니다. 이 가스 문제는 대(大)대구에 있어서 큰 장래의 문제이므로 하루아침에, 1시간 12시간 내에 급하게 결정해서는 안됩니다. 긴급동의로써 결정해야 할 문제가 아닙니다. 왜냐하면 저번 간담회에서 보여주신 세입세출예산을 열람하면 단지 단순한 사업 회사의 계획표에 불과합니다. (중략-편역자)

부영사업으로서 할지 안할지는 잘 고려할 필요가 있다고 생각합니다. 이러한 의미에서 저는 11만 부민의 대표의 한 사람이므로 적어도 각 의원이 정말 철저하게 이해할 때까지 조사하고, 가령 1개월로 안되면 3개월이라도 충분한 조사를 한다면 - 그리고 그것보다도 각 부민이 어디까지 이해하고 있는가에 의심을 갖고 있습니다. 이 건의안의 서명 수가 20여 명이고 의원 수에서 보면 상당히 다수이지만, 11만 부민 입장에서 말하면 결코 다수라고는… ("누가 대표자인가"라고 소리치는 자 있음) 조용하세요. 발언 중에 떠들지 마세요. 신성한 회의장에서. ("동감"이라고 소리치는 자 있음) 부민의 대표자인 의원이 왜 회의장의 신성함을 생각하지 않습니까?("그렇다"라고 말하는 자 있음) 언행을 삼가주시길 바랍니다.

의장(가도와키(門脇默一) 부윤) : 정숙하시기 바랍니다.

20번(모리키요(森淸吉)) : 이 부영이 얼마나 이익이 있습니까? 일반 부민의 부담이 많아져도 할 만한 것인지, 그 점이 걱정됩니다. 그런 의미에서 지금 동의(動議)에는 유감이지만 찬성할 수 없습니다.

(22번, 28번, 18번이 발언을 구함)

23번(사카모토 슌스케(坂本俊資)) : 저는 10번 의원의 동의에 찬성합니다. 이유는 지금 20번 의원이 누누이 말씀하셨지만 이 가스 문제는 3년 전인 다가(多賀) 부윤 때부터 연구에 연구를 거듭했습니다. 그 후 현명한 가도와키(門脇) 부윤을 맞이하여 일본의 여러 지역을 연구하고, 우리 의원도 각지를 시찰하여 연구에 연구를 거듭했습니다. 그래서 저번 간담회에서 경영에 대한 내용을 보았는데, 그야말로 내부적인 견적이었습니다. 부의 제안은 100원 이상 봉급자는 가스를 취한다든가, 혹은 수도 사용자에 대한 1할은 취한다든가 하는 식입니다. 자취를 하는 사람이나 일일 근로자들에 대해서는 가스가 필요해도 인정하지 않습니다. 그것은 부의 제안이 엉성하지 않고 견실한 계획하에 만들어져 있는 것을 증명하는 것입니다. 저는 모든 의안에 대해 부 이사자를 신뢰하면서 회의에서 결정합니다. 만약 이 제안된 안이 20번 의원 말처럼 회사의 손익 여하에 따라 만들어진 계획이라면 절대 반대합니다. 다대한 경비를 들여 3년간, 2대째의 부윤을 모시면서 조사한 안이 타당한 것이라 믿어 의심치 않습니다.

("옳소, 옳소"라고 말하는 자 있음)

또 신문을 본 것이 있습니다. 30번이 지금 말한 것처럼 사업 경영 내부까지 꿰뚫어 보았다고 통절하게 느낍니다. 대구의 앞길을 생각해서 집 하나라도 철관을 부설하려면 100만 원도 모자랍니다. 가스 사업은 특별경제 사업이기 때문에 부에서 적자까지 내면서 수용이 적은 곳에 부설할 생각은 아닌 것입니다. 수도도 그렇습니다. 수요가 있는 집에 수도전을 부설하면 결코 적자는 나지 않습니다. 저도 11만 부민 중 한 사람입니다. 부의 재정 상황을 타개하려면 무엇으로써 타개할 것인가. 다른 사람에게 달콤한 즙을 먹이고 자신은 손가락을 빨고 있으면 안됩니다. 저는 적어도 이걸 경영해서 적자가 난다면 훌륭하게 책임을 지겠습니다. ("찬성, 찬성" "옳소") 그것은 절대로 의원 전체는 아니겠지만, 18만 4,088원의 종합운동장 건설은 무엇입니까. 그 때문에 큰 비용이 들어서… ("긴장, 긴장"이라고 말하는 자 있음) 야구나 정구를 하는 사람은 11만 명 중 몇 사람일까요. 이 부채는 부의 일반재정에서 상환하고, 그래서 11만 부민 중 가는 사람이 몇 명입니까? ("쓸데없다"라고 말하는 자 있음) 저는 이 방면에서 보아도 한층 더 진행해야 하는 가스 사업이 20만 원 될까 말까인데 종합운동장에 18만 원이라는 돈을 사용하는 것을 생각하면, 본건에 대해서는 걱정하지 않는 것입니다. 가스로 실패하면 제가 책임질 각오입니다.

(18번 "동감"이라고 말함)

의장(가도와키(門脇默一) 부윤) : 가능한 사적인 말은 자제해 주십시오.

23번(사카모토 슌스케(坂本俊資)) : 저는 항상 회의장의 신성함을 희망하고, 어제도 그것에 대해 희망하는 말씀을 드렸던 적이 있습니다. 오늘 30번 의원의 발언 중 18번 의원이 가스 문제에 대해 매수한다는 혼잣말을 하고, 그것을 20번 의원이 듣고서 발언 중에 그러는 것은 좋지 못하다고 일어났습니다. 저는 그런 것은 말하지 않는 것이 좋다고 생각합니다. 저는 그때 "좋아 좋아"라고 말했지만, 다른 사람 발언 중에 말하면 안되니, 20번 의원을 만나 그런 것은 아주 좋지 못하다고 말했습니다. 20번 의원은 제가 가장 경애하는 선배입니다. 가령 18번 의원이 사적인 말을 해도 회의장을 곧장 소란스럽게 하는 것은 아주 좋지 못한 것입니다. 이후 그런 것은 삼가해야 한다고 생각합니다. 다음으로 또 의장에게 바라는 것은, 항상 그런 분위기를 원하고 있습니다만, 의원 발언 중 사적인 말 등은 잘 통제해주시길 바랍니다.

28번(다카다(高田官吾)) : 10번 의원 말에 찬부(贊否)를 표하기 전에 의장(議長)을 통해서 10번 의원에게 묻고 싶은 것이 있습니다. 지금 건의안은 본 부회 중에 제안한 것인데, 빨리 이 문제 해결로 나아가자는 의미입니까? 만약 부회 중에 해결하자는 것이라면 부회는 앞으로 며칠밖에 안 남았습니다. 지금 부의 의견을 들어본다고 하면 아직 철(鐵) 문제 등에 대해서 충분히 조사가 되지 않은 것 같습니다. 만약 조사가 되지 않은 것이라면 본 부회 중에 제안하는 것은 사실 무리가 아닐까 생각되므로, 이 점을 의장을 통해 10번 의원에게 묻습니다.

10번(오가와 도쿠조(小川德長)) : 저는 부윤이 가능한 의회 중에 제안해달라고 하여 이 건의안을 냈습니다. 하지만 부윤의 자유를 여기서 구속할 힘은 없으므로 적당할 때 부윤이 해결해주시길 믿습니다.

(중략-편자)

(24번(다키치 요조(立木要三)) : 종합운동장에 대해 질문하겠습니다. 12만 5,000원을 들여 만든 운동장을 앞으로 어떻게 이용하는지, 앞서 간담회에서 내시(內示)한 안처럼 공원 지대를 구성한다는 생각입니까?

가도와키(門脇默一) 부윤 : 전에 보신 금액 18만 몇천 원은 인근 지대를 매수해서 공원 설비를 아울러서 경영한다는 의미에서 열람하시게 한 것입니다. 이 12만 5,000원은 완전히 운동장 설비에 필요한 토지 매수와 설비에 관한 공사금이고, 인근 지대까지 미치는 것은 불가능하게 되어 6만 몇천 원을 감액한 것입니다.

24번(다키치 요조(立木要三)) : 장래 공원 지대로 만들 생각은 없습니까?

가도와키(門脇默一) 부윤 : 인근 지대를 매수하길 매우 바라지만 지금은 재정상 이 정도 해둘 수밖에 없습니다.

13번(쓰카하라 우이치(塚原宇一)) : 그럼 장래에도 만들지 안 만들지 판단할 수 없다는 것입니까?

가도와키(門脇默一) 부윤 : 그렇게 생각합니다.

13번(쓰카하라 우이치(塚原宇一)) : 그럼 운동장 이전비 예산은 감소하는데, 이전의 대봉정(大鳳町)의 이케다(池田) 씨로부터 구입한 곳만으로 정구장을 만드는 것이라면 비용은 필요하지 않은데, 야구장과

정구장 평수는 어느 정도 필요합니까?

("어제 설명했다"고 말하는 자 있음)

번외(다케모토 리사쿠(竹本利作) 속) : 답변하겠습니다. 야구장 면적 5,700평, 육상경기장 8,700평, 정구장 2,000평, 합계 1만 6,400평입니다. 이걸 1구획으로 하면 여하튼 2만 평이 필요합니다.

32번(허지(許智)) : 저는 긴급동의를 제출하겠습니다. 이 종합운동장 문제는 안팎에서 대단히 주목을 끌고 있습니다. 또 의원들도 의견이 다르다고 생각합니다. 그리고 어제 잘못된 계산 때문에 오늘 또 예산을 변경한 상황이라, 우리 심의하는 의원들도 이에 답변하는 이사자도 다소 서로 입장 차이가 있다고 생각합니다. 이 7항 문제는 일단 추가예산으로 해놓고, 그 사이에 의원과 이사자가 간담회라도 해서 나중에 결정했으면 합니다. 의장이 이를 철회하는 것에 대해 동의(動議)를 냅니다. 다른 의원들도 이에 찬성해주시길 바랍니다.

의장(가도와키(門脇默一) 부윤) : 좀 질문하는데, 제1독회 진행 중인데 원안에 대해서 철회의 동의를 내셨습니다. 이를 제2독회로 옮기지 말자는 의미로 생각되는데, 완전히 이 원안을 제거해달라는 말씀입니까?

32번(허지(許智)) : 그렇습니다.

의장(가도와키(門脇默一) 부윤) : 찬성자 없습니까?

("2독회가 좋다"라고 말하는 자 있음)

18번(곽진영(郭振濚)) : 여하튼 이 문제는 분규가 있는데, 철회 동의(動議)가 성립하기 전에 부 이사자는 원안을 내지 않은 식으로 하면 어떻습니까?

의장(가도와키(門脇默一) 부윤) : 다시 말씀드립니다. 지금 건의안은 부윤에게 원안 철회를 바란다는 건의안입니다.

5번(구루카와(黑川圓治)) : 저는 32번의 동의에 찬성합니다.

23번(사카모토 슌스케(坂本俊資)) : 종합운동장 문제에 대해 여러 의견이 있고 중대 문제이므로 32번 동의에 찬성하고, 철회를 바랍니다.

28번(다카다(高田官吾)) : 취지는 찬성하지만 의사 형식상, 제1독회에서 의안 심의를 하고 제2독회에서 논의하는 것인데 만일 철회를 요구하는 동의가 성립하면 앞으로 모든 사항에 대해 2독회를 열기 전에 항상 이러한 문제가 일어나지 않을까 하는 걱정이 있습니다. 이는 신중히 고려한 후 결의하길 바랍니다.

(중략-편자)

32번(허지(許智)): 7항 종합운동장 철회 동의를 제가 냈는데 이를 취소합니다.

(박수)

의장(가도와키(門脇默一) 부윤) : 지금 긴급동의는 제안자가 철회했습니다. 다른 질문 없습니까? ("없음" "진행"이라고 말하는 자 있음) 그러면 질의 없으니 세입출 제2독회를 열겠습니다. 이의 없습니까? ("이의 없음") 이의 없으니 세입출 전부의 제2독회를 열겠습니다.

28번(다카다(高田官吾)) : 저는 지금의 운동장 문제에 대해 의견을 말씀드리고 싶습니다. 이 문제는 물론 대구라는 도시에서 하나의 문화시설로서 다년간 문제이고, 물론 대구에 종합운동장이 필요한 점은 이론의 여지가 없습니다. 단 이 문제는 처음에 이케다(池田) 씨의 토지를 인수받았을 때에는 반드시 종합운동장으로 한다고 결정했고, 종합운동장 예정지라는 것은 부당국이 고려하여 이미 조사 연구되어 있었습니다. 그러나 원안의 대명동 쪽으로 변해서 연대(聯隊) 앞 천안(川岸)으로 이동하여, 운동장으로서 다소 공작을 시도하고 싶다는 식으로, 하루아침에 대명동으로 변했던 것입니다. 이후

의원 개개인의 의견은 공원의 참배길, 신천동(新川洞) 등 여러 이야기도 있는 것입니다. 각 의원의 여러 의론이 많습니다. 12만 5,000원의 자금으로 대구에 영구적인 시설을 하는데 토지 선정에 충분히 고려를 해야 한다고 생각합니다. 그러므로 이것은 물론 필요하지만 이 문제는 부결하고, 다시 충분히 신중하게 조사해서 제안하길 바랍니다. 물론 금액은 다소 증감이 있을지 모릅니다. 이 경우는 근처에 유원지 등을 만드는 것도 하나의 방책입니다. 다시 신중히 심의해서 후일 추가예산으로 하길 바랍니다. 그리고 12만 5,000원은 기채에 의한 것이니 경리상 하등 관계가 없다고 생각하므로, 지금은 유감이지만 찬성할 수 없습니다.

24번(다키치 요조(立木要三)) : 저도 종합운동장에 대해 한 말씀 드립니다. 저는 이에 반대합니다. 그러나 지금 회의장 분위기와는 좀 다른 견지에서 반대합니다. 제 생각은 부가 근본적으로 확립한 방침이 어디에 있는지, 운동장만 만드는 방침하에 이 예산을 편성했는지 아니면 운동장에 부속하는 공원 시설도 만든다는 방침인지가 매우 명료하지 않다고 생각합니다. 큰 의미에서 공원 지대로서 운동장을 만든다는 생각이라면 돈이 부족하다고 생각하고, 만약 운동장이라면 이 예산을 계상해서 대명동에까지 가져가서 주위의 높은 산에서 내려다보이는 장소를 선정할 필요는 없고, 그러한 검토를 충분히 해서 입안할 방침이라는 점을 확정해서 다시 원안을 만들어 부회에 제안하기를 희망합니다. 이 예산 삭제에 찬성합니다.

그리고 또 하나, 제2 수영장입니다. 8항의 제2 수영장 건설비 문제입니다. 수영장을 만든다는 근본 방침에는 찬성하지만, 예산에 계상되어 있는 장소에 대해서는 유감이고 찬성하지 않습니다. 왜냐하면 이 예정된 장소를 보고 또 그것에 대한 번외의 설명에 의하면,

유감스럽게도 음료에 적절하지 않은 수질인 염분이 170밀리미터나 있는 동부(東部) 수영장은 살균 장치가 되어 있지 않은데 여기는 살균 장치를 해서 안심이라는 방침입니다. 결국 이들 여러 점을 종합하면 결국 그 물은 비위생적인 수질이라는 것으로 귀착하는 것입니다. 단순히 의원들과 서부 쪽 요망을 받아들이기 위해 수영장을 만든다면 결국 이 수영장에서 하루아침에 전염병 등이 발생한다든가 해서 문제를 일으킬 것입니다. 한편으로 생각하면 그런 점이 명확한 장소를 찬성하는 것은 의원의 책임에서 말해도 여기에 동의할 까닭은 없습니다. 그러므로 이 수영장비는 이번에 부결하고 다시 적당한 장소를 조사하여 제안하길 희망합니다.

6번(김완섭(金完燮)) : 지금 두 개의 삭제안이 나왔는데, 저는 이에 대해 질문은 아니지만 의문점이 있습니다. 28번은 단순히 종합운동장, 24번은 종합운동장에 더해서 수영장이라는 조건을 더하고 있는데, 두 분 다 대구에 종합운동장을 만들어야 한다는 점은 말하고 있습니다. 또 24번은 수영장을 만드는 것 자체에는 동의하고 있습니다. 그렇다면 이 설명에 장소라는 것은 나와 있지만 예산 심의일 뿐 지금의 장소가 절대적 조건이 아니라고 믿습니다. 대구의 일반경제관계, 도시 진흥, 기타 방면에서 관찰해서 이만큼의 금액으로 상당한 수영장, 운동장이 필요하다는 것은 우리가 충분히 결의 가능합니다. 단 이에 상당하는 금액의 운동장 또는 수영장을 어디에 둘 것인가는 이사자의 상식 문제입니다. 그런데 운동장과 수영장의 필요를 역설하면서도 장소 때문에 안을 부결하고 삭제하는 것은 좀 이해되지 않습니다. 환언하면, 적당한 장소를 조건으로서 이 원안을 가결한다는 의미와, 종합운동장은 필요하지만 이를 삭제하는 것이 좀 불명확한 느낌이 있습니다. 조건부 가결이라는 것과 부결이라는 것은 문제가 다릅니다. 이 점을 명확히 해야 합니다. 상식적으로 보았을 때 이 금액에 상당하는 운동장이 필요하다는 점을 정하여 이 금액에 따라서 이번에 이 장소를 선정하는 것이 맞습니다. 대체적인 금액을 결정하고 거기에 맞는 토지를 선정한다는 것이 이 예산의 원칙입니다. 지금 그렇게 진행되지 않고 있으니 이를 명확히 해 주시기 바랍니다.

23번(사카모토 슌스케(坂本俊資)) : 저는 종합운동장 문제에 대해 말씀드립니다. 12만 5,000원이나 들여 현재 그 필요를 부르짖고 있는 시기인데, 이는 지금 좀 연구해서 적당한 토지를 선정해서 대구의 종합운동장으로서, 아까 이사자의 설명한 대로 2만 평 정도 있으면 충분하니 이는 꼭 설치해야 한다고 생각합니다. 그러나 12만 5,000원 투자해서 적당한지, 현재 부로서는 시설이 산더미같이 쌓여있음에도 불구하고 이 종합운동장을 기채까지 해서 만드는 것에 대해 저는 상당한 의견을 갖고 있습니다. 지금 28번 의원 말처럼 철회하고 다시 추가예산으로서 적당한 토지를 선정해서 심의하고 싶습니다. 그리고 공원비에 대해 말씀드리겠습니다. 어제 혼례가 있었는데 한 시간쯤 여유가 생겨서 공원을 산보해보았습니다. 부의 계획에 이 공원도 추가되었다고 생각하는데, 공원은 우리가 십여 년 전부터 사비(私費)와 정비(町費)를 들여 손질한 것입니다. 한때는 상당한 설비가 있었지만, 최근에는 거의 황폐한 상태입니다. 거의 공원으로서 산보할 수 없는 상황입니다. 그런데 부는 다시 종합운동장을 기회로 공원을 시설하는데 막대한 돈을 투자하지 않으면 공원을 시설해도 의미가 없습니다. 지금 달성공원조차도 수목을 심으려면 몇만 원이 필요합니다. 달성공원도 방임 상태인데 다시 다른 곳에 공원을 만든다 해도 무슨 가치가 있겠습니까. 그보다 지금 좀 인건비에 주의해서, 이렇게 고급 감독자를 둘 필요는 없고, 20원, 15원 정도의 사람을 세 명 정도 고용하면 충분합니다. 감독에 적당한 사람이 보이지 않는다고 말씀하시면 제가 책임지고 올리겠습니다. 그와 동시에 좀 공원의 수입을 낫게 하려면 공원비도 증액해서 기분 좋은 공원을 만드는 것을 첫째 목표로 세워주시길 바랍니다.

30번(오바 긴조(大場金藏)) : 대체적으로 6번 의원 말씀에 찬성합니다. 지금 23번은 종합운동장은 시기상조라고 말하는데 이는 견해가 다르고 대단히 잘못된 것입니다. 11만 부민의 자제들의 체력 양성, 체육 사상 향상, 스포츠정신 함양은 이 운동장 완성으로 비로소 실현될 수 있습니다. 가스 같은 것은 1,000명 정도의 것이지만, 종합운동장에 12만 5,000원을 들이면 대구 11만 부민이 정신적으로 향상합니다. 우열을 비교해 봐도 어긋나는 문제가 아닙니다. 이것이 필요하지 않다고 한다면 머리가 이상한 것이라고 생각합니다. 따라서 장소 문제가 각 의원의 의중에 깔려있고, 이 신암동(新岩洞)이 좋은지 나쁜지가 다 마음 속에 내재되어 있다고 생각합니다. 그래서 부 이사자가 앞으로 고려하길 바라고, 이 12만 5,000원을 시인하고자 합니다.

("그렇다, 그렇다"라고 말하는 자 있음)

그리고 장소는 실제적인 입장에서 이를 연구해서 선정하길 바라면서 저는 원안에 찬성합니다.

21번(배국인(裵國仁)) : 종합운동장에 대해 한 말씀 드리겠습니다. 저는 원안에 찬성하는데, 바라는 것이 있습니다. 장소 문제는 여러 사람들이 다양하게 의견을 냈지만, 제가 보는 범위에서는 요전에 이사자와 모두가 함께 본 3개소 중에서 저는 대명동이 운동장으로서 이상적이라고 생각합니다. 그 이유는 한편에 큰 연못이 있고 그 아래쪽에 논이 있고 밭이 있습니다. 또 작은 산이 있어서 여기에 간단한 공원 혹은 유원지 정도를 만들어 부민을 위해 편의를 제공할 계획이라면 진심으로 찬성합니다. 여러분 모두 아시는 대로 달성공원은 공원으로서 가치가 없어져 신사(神社) 본위로 되어 왔습니다. (“그렇다, 그렇다”라 말하는 자 있음) 장래 대(大)대구 건설에 있어서, 북쪽에 공원이 하나도 없습니다. 그래서 종합운동장을 하루빨리 설계하길 바랍니다. 원안대로 실행하는 것이 제 희망입니다. 일부 토지 매수에서 평당 2원 50전 예산인데 현재 시세로 1원 30전, 2원으로 연못까지 매입해서 시설하면 훌륭한 유원지가 될 것입니다. (중략-편자)

16번(이케모토 이사부로(池本猪三郎)) : 종합운동장과 관련해서 여러분의 의견을 듣다보니, 저는 이 운동장과 공원에 대한 방침을 듣고 싶습니다. 운동장과 분리해서 짠 예산이라면 지금의 철회 의견에 찬성합니다. 그러나 장래 대(大)대구에 또 하나의 공원을 만들어보고 싶다는 생각이라면, 위치 문제는 별로 불찬성은 아닙니다. 그러나 지금 운동장 매수비 액수에는 반대합니다. 왜냐하면 장소가 2원 50전 혹은 최고 4원인데 너무 고가입니다. 거기에 단순히 운동장만이라면 이는 적당한 위치로 옮기는 게 맞지 않을까, 매수비를 싸게 견적 내어 공원을 그 지대에 만든다는 방침이라면, 장소는 적당하다고 생각합니다. 단순히 운동장이라면 지금 부결을 주장한 분들에게 찬성합니다. 부당국의 방침을 일단 들어보고 싶습니다.

8번(다카하시 시로(高橋四郎)) : 의론이 아주 혼잡한데 결국 문제의 중점은 임시부의 신영비라고 생각합니다. 저는 간단히 제 의견을 말씀드리겠습니다. 종합운동장은 운동장에 경험이 많은 사람과 상담해서 적당한 장소를 선택해서 만든다는 양해가 있다면 찬성합니다.

그러나 만약 돈이 부족한 경우, 추가예산으로 지금 사업을 완성한다면 좋으리라 생각합니다. 동운정(東雲町)에 만든다면 토지 매수비가 부족할지도 모릅니다. 이 경우는 추가예산을 내서 완전한 운동장을 만들고 싶습니다. 그리고 수영장은 다년간의 요망이고 작년에 만장일치로 실현을 희망한 것이므로 이 역시 찬성합니다. 그 물이 좋은지 어떤지는 부당국자가 책임져야 한다고 생각하므로 저는 원안에 찬성합니다. 그리고 포장도로 문제는 시험적으로 해본다는 의미에서 찬성합니다. 가스 문제와 연결해서 도로 문제를 부결해서는 안되고, 가스 문제는 가스 문제로, 도로 포장 문제는 도로 포장 문제로서 취급해야 합니다. 따라서 이 포장도로 문제는 시험적으로 해본다… ("손해가 된다"고 말하는 자 있음) 다른 것은 모두 큰 논의가 아니라고 생각하니 모두 원안에 찬성합니다.

의장(가도와키(門脇默一) 부윤) : 잠시 휴식하겠습니다. (오후 4시 16분)

의장(가도와키(門脇默一) 부윤) : 계속해서 개회하겠습니다. (오후 4시 30분) 지금 제2독회 개회 중인데, 말씀하시는 것을 보면 제2관 신영비 중 종합운동장에 대해 여러 의견이 있으신 듯합니다. 특히 본건에 대해서는 장소에 대해 여러 의견이 있습니다. 본안을 제출한 장소는 대명동으로 정하여 협찬을 원한 것입니다. 이사자의 생각으로는 현재 재정에서 이 이상의 돈을 지출하는 것은 곤란하다고 생각합니다. 운동장을 중지한다 해도 어쩔 수 없는 사정 때문입니다. 본안의 협찬을 바란 것은 이러한 생각에서였습니다. 장소에 대해서 더 연구가 필요하다는 의견이라면, 다시 전원위원회를 열어 여러분의 자문을 얻어 결정해도 지장없다고 생각합니다.

그리고 수영장에 크롬이 다소 많다는 이유로 본안에 찬성을 주저하시는 의견이 있으나, 이 크롬은 보조 수도의 수질보다 적은 정도이고 3회째의 시험에서 검출된 것입니다. 현재 상황으로는 신체에 영향을 주지 않으니 찬성해주시길 바랍니다.

또 도로포장비에 대해 시기상조라는 의견이 있었지만, 번외가 설명한 것처럼 현재 대구부에서 항상 모래로 수리를 거듭하고 있는 상황이므로 시기상조는 아니라고 생각합니다. 찬성해주시길 희망합니다.

(24번, 19번 발언 구함)

19번(임상조(林尙助)) : 아까 저의 긴급동의는 어떻게 되었습니까?

의장(가도와키(門脇默一) 부윤) : 계속 그것을 원하십니까?

19번(임상조(林尙助)) : 시간을 허비해서 월말까지 이 회의가 끝날지 안 끝날지 모르겠습니다.

(3번, 24번 발언을 구함)

24번(다치키 요조(立木要三)) : 저는 수정의견에 대해서, 종합운동장에 대해서는 의원 여러분들의 의견에 찬성하지만, 수영장에 대해서는 유감스럽지만 그 장소에 설치하는 것을 반대합니다. 이 비위생적인 수질은 수영장에 적당하지 않다고 생각합니다. 반드시 전염병을 야기하리라 생각합니다.

3번(쓰지 스테조(逵捨藏)) : 종합운동장 문제는 당국이 처음부터 확고한 신념과 방침이 없어서 답변이 구구하다고 생각합니다. 지난번 간담회에서 18만 얼마인가를 계상한 것이 짧은 시간만에 12만 얼마로 곧장 감액되었습니다. 제 생각에는 18만 원도 적습니다. 종합운동장을 만들 때 다른 유원지와 연결되면 일거양득이고 일석이조의 효과가 있다고 확신합니다. 도시가 점점 발전함에 따라 공원 설비도 크게 필요조건이 됩니다. 각 도시에서는 상당한 공원 설비를 하고 있습니다. 미국은 1인당 10평을 이상적으로 보고 있고, 베를린도 그런 식입니다. 도쿄는 겨우 1인당 3푼 5리, 나고야는 10평 이상이라고 들었습니다. 일본처럼 자연과 녹지의 혜택이 있는 곳에서조차 이미 상당한 설비가 있지만, 조선은 수목의 혜택이 없고 황량하고 비참합니다. 기분까지 황량해지는 것은 어쩔 수 없는 것이라 생각합니다. 대구에서는 지금 공원 설비가 거의 없고 그것을 1인당으로 한다면 그 평수는 보잘 것 없습니다. 이제 어떻게 공원 문제를 해결할까를 고려한다면, 상당히 큰 설비를 해서 이상적인 도시에 상응하는 설비를 원합니다. 1인당 1평 정도로 해서 11만 명이면 11만 평 정도의 설비라면 도시라는 면목이 서는 데 적어도 이견이 없으리라 생각합니다. 그러나 원안에서는 운동장에 2만 평, 12만 5,000원으로 운동장만 만들고 그 평당 단가는 2원 50전으로 되어 있습니다. 이를 다른 곳에 만든다면, 저는 반드시 달성공원 쪽을 고집하는 것은 아니지만, 평당 1원 이하로 다수의 평수를 매입할 수 있다고 생각합니다. 뿐만 아니라 달성공원과 대구신사와 연결해서 공원을 만들면 경신사상의 함양과 교육적으로도 정신적 위안을 얻을 수 있는 가장 좋은 조건이 구비되어 있다고 생각합니다. 그리고 특히 스포츠정신이라는 방면을 생각해보면, 신사에 참배하고 나서 선수가 운동장에 나서고, 또 구경꾼도 참배하고 운동장에 가면, 운동을 관람한다는 목적 외에 대단히 정신적으로 얻는 바가 적지 않으리라 생각합니다. 결국 여러 의미에서 당국이 이상적 공원과 운동장을 아울러 설비하는 것이 대구 백년대계를 위해 가장 좋다고 믿습니다.

("동감"이라고 말하는 자 있음)

그런 의미에서 부당국도 엉성한 안을 만들지 말고 확고한 정신하에 대장부다운 안을 수립해서 그것을 우리에게 자문을 바란다면 의원은 기쁘게 찬성하리라 예상합니다. 12만 5,000원이라는 원안은 가령 인정된다 하더라도, 좀전에 부윤 말씀으로는 이 한도에서 운동장을 만든다면서 금액에 하나의 조건을 달고 있지만, 이는 기채에 의해서 하는 일이고 20만 원, 30만 원을 빌리는 것이 부의 경제에 큰 지장을 가져오리라고는 생각하지 않습니다. 예산을 짤 때 고식적이거나 불완전하게 하지 말고 완전한 원안을 내서 우리와 상담하길 바랍니다.

(중략-편자)

2번(에가시라 가쓰노스케(江頭勝之助)) : 종합운동장 안 자체에 대해서는 조금도 반대하지 않습니다. 단지 운동장으로서 대명동을 지정한 이유, 기술자의 의견으로서 다른 어떤 후보지보다도 설비비가 싸고 지가도 싸고 정지비도 싸다는 조건하에 이 예산을 짠 것 자체에 반대합니다. 부윤은 나중에 전원위원회에서 적당한 땅이 있으면 의견에 따르겠다는 생각이라면, 저는 이 원안의 가격은 인정하고 이 예산안에 찬성함에도, 기술자의 의견에 대해선 반대하고 의심을 갖고 있습니다. 1933년 부회에서 제1후보지로 대봉정이 정해지고 2년이 경과했고 2만 평 이상의 토지를 매수했습니다. 그런데 지금 와서 정지비(整地費)가 비싸서 안되니까 대명동으로 결정했다는 것입니다. 가장 적당하다고 결정한 사람은 기술자이고 또 대명동이 가장 좋은 후보지라고 결정한 것도 기술자이고, 고등여학교의 외벽에 6,000원의 손해를 입힌 것도 기술자입니다. 이 예산액에 대해서 저는 대단히 의심하고 그래서 반대한 것입니다. 부윤이 충분히 연구를 한다면 찬성하고 싶습니다. 그리고 수영장 문제는 몇몇 분이 대단히 수질을 걱정하고 있는 것 같은데 지금 이사자가 충분히 설명했으니 이것은 넘어가겠습니다.

그리고 또 하나 말씀드리고 싶은 것은, 이 부분에 금액이 너무 적습니다. 기아가 많은 대구에서는 그 아동을 경북구제회에서 기르고 있습니다. 겨우 3,4명이, 그것도 다른 사람의 자녀를 거두어서 더위도 추위도 잊고 마치 신과 같이 봉사심으로써 기르는 상황입니다. 눈물 없이는 보기 힘듭니다. ("동감"이라고 말하는 자 있음) 더구나 기아는 아시는 것처럼 매년 증가하고 1919년도에는 3,300원의 보조가 현재는 배액인 6,267원으로 증가했습니다. 그런데 부의 구제회에 대한 보조금 500원을 360원으로 깎은 것은 피도 눈물도 없는 것이라 생각합니다. 이번 부윤은 인정(人情) 부윤이라고 듣고 있습니다. 그래서 저는 이 수정동의를 냅니다. 수정동의를 내지 않아도 적어도 이전 금액으로 늘리는 것이 당연하다고 생각합니다.

19번(임상조(林尙助)) : 부사 편찬비 예산을 보면 이 금액으로 권위자를 구할 수 있을지 의문입니다. 부사를 편찬하려면 상당히 지식이 있는 권위자에게 의뢰해야 합니다. 지금 예산에 나온 인건비만으로는 제대로 된 사람을 고용하는 것이 불가능하다고 생각합니다. 좀 더 예산을 늘려서 120~130원 정도라도 되어야 합니다. 100원 정도는 큰 것은 아닙니다.

의장(가도와키(門脇默一) 부윤) : 오늘은 이것으로 산회하겠습니다. 계속해서 내일 오후 1시부터 제2독회를 열겠습니다.(오후 4시 57분)

5) 대구부회 회의록(1935년 9월 6일)

항목	내용
문서제목	大邱府會會議錄
회의일	19350906
의장	門脇默一(대구부윤)
출석의원	逵捨藏(1), 小西裕(2), 本多良綠(3), 小野英勇(4), 黑川圓治(5), 김완섭(金完燮)(6), 小野元太(7), 田中弘眞(8), 內山喜一(9), 소진무(蘇鎭武)(10), 白井義三郎(11), 배정기(裵鼎基)(12), 배병열(裵炳列)(13), 坂本俊資(14), 靑木勝(15), 塚原宇一(16), 松本誠一(17), 배국인(裵國仁)(18), 허지(許智)(19), 정운용(鄭雲用)(20), 추병섭(秋秉涉)(21), 山北光德(22), 진희태(秦喜泰)(23), 주병환(朱秉煥)(25), 高田官吾(26), 島田金四郎(27), 池本猪三郎(29), 임상조(林尙助)(30), 古谷治輔(31), 윤병은(尹炳殷)(32), 大場金藏(33)
결석의원	立木要三(24), 大澤新三郎(28)
참여직원	竹本利作(부속), 佐能安太郎(부속), 吉村來治(부속), 박용익(朴容益)(부속), 多羅尾增男(부속), 김재익(金在翊)(부속), 速水隆三(부주사), 宅間史任(부서기)
회의書記	三島活三(부서기), 原本守貞(부 고원)
회의서명자(검수자)	
의안	제24호 부유지 매각의 건
문서번호(ID)	CJA0003091
철명	대구부세입출예산서류
건명	소화10년도대구부특별회계승합자동차비세입출추가경정예산(제2회)-대구부회회의록 소화10년도대구부세입출추가예산(제5회)-대구부회회의록
면수	8
회의록시작페이지	1037
회의록끝페이지	1094
설명문	국가기록원 소장 '대구부세입출예산서류'철의 '소화10년도대구부특별회계승합자동차비세입출추가경정예산(제2회)' '소화10년도대구부세입출추가예산(제5회)-대구부회회의록'건에 포함된 1935년 9월 6일 대구부회 회의록

해 제

본 회의록(총 8면)은 국가기록원 소장 '대구부세입출예산서류'철의 '소화10년도대구부특별회계승합자동차비세입출추가경정예산(제2회)' '소화10년도대구부세입출추가예산(제5회)-대구부회회의록'건에 포함된 1935년 9월 6일 대구부회 회의록이다.

가스사업 경영에 따른 예산안과 대구 종합운동장 장소 결정 문제를 논의하고 있다. 종합운동장 위치는 부당국이 제출한 원안인 대명동 안을 지지하는 파와 비산동 안을 지지하는 파 간에 갑론을박이 있어 결정을 보지 못했다. 결국 원안을 보류하고 9일에 실제 지역을 답사한 후 다시 논의하기로 하고 산회했다.

내 용

(상략-편자)

의장(가도와키(門脇默一) 부윤) : 다음으로 의안 제27호 일반예산추가경정에 관한 건은 의안 제28호 가스사업 예산과 관련이 있는데 편의상 제27호 의안을 상정합니다.

번외(다케모토 리사쿠(竹本利作) 속) : 27호 의안 추가경정예산입니다. 세입 관 임시부 조월금에 1,083원을 증액했습니다. 이는 일반 증가 조체금 중에서 세출의 하천부담금의 지출에 충당하고자 계상한 것입니다.

다음 4관 기부금으로 200원을 계상했습니다. 이는 서문시장에 우시장이 있는데 거기에 달성군 농회의 중개소가 있습니다. 달성군 농회로부터 우시장의 하수구의 수선비로 200원 지정기부가 있었습니다. 이를 받아들여 그것을 수선하려고 계상했습니다.

다음으로 5관 작년도 수입의 부세의 11월 제1종 소득세 추가세로 17원을 새로 계상했습니다. (중략-편자)

다음 8관 부채 4항 종합운동장 건설비입니다. 기정 예산의 12만 5,000원을 8만 원으로 감액했습니다. 본 건은 7월 3일 부회 간담회에서, 12만 5,000원을 기채하고자 해서 인가 신청 중이었던 것을 8만 원으로 감액했습니다. 그래서 8만 원으로써 이 일을 생각해야 한다고 그때 설명 드렸습니다. 부 재정 상황에서 기채는 8만 원으로 그치고 이 한도에서 계획하여 다시 차년도 이후에 재원 관계를 고려하자는 취지에서 감액한 것인데, 어쩔 수 없는 사정이라 생각하여 감액으로 결정했습니다. (중략-편자)

세출임시부 제2관 신영비 7항 운동장 경비입니다. 아까 말씀드린 것처럼 12만 5,000원은 8만 원으로 경정해서 8만 원으로 일을 해야 하는 사정이 생겼으므로 8만 원 한도에서 야구장, 정구장을 우선 완성하고 트랙은 부지만 구하고 그 나머지 공사는 나중으로 넘기려 합니다. 우선 부지만 사서 대강 지균을 하고 이용 가능한 정도로 만들려고 생각해서 각기 경비를 계상했습니다. 위치에 대해서는 나중에 말씀드리겠습니다.(중략-편자)

운동장 위치에 대해 말씀드리겠습니다. 아시는 대로 지난 7월 3일 간담회에서 8만 원으로 감액했으므로 다시 새롭게 생각해야 한다, 적당한 곳이 있다면 찾아보길 원한다고 부윤이 설명한 것은 아시는 바와 같습니다. 부청에서는 신중히 연구를 하여 새롭게 후보지도 생각해서 여러 점에 대해 연구했습니다. 즉 운동장으로서 제반 조건을 갖춘 적지인지, 또 재정적 견지에서도 공비가 싼 장소인지, 두 가지에 중점을 두고 신중히 연구한 결과, 대명동 13번지의 논을 중심으로 해서 2만 6,000여 평을, 도로까지 더하면 2만 8,000평입니다. 그 토지가 지금 말씀드린 이유에 따라 적당해서, 예산의 기초로 하여 이번 심의를 원하여 제출한 것입니다. 이 운동장 문제는 상당히 길게 끌어와서 현재에 이르렀습니다. 우리 이사자들도 이 점을 유감으로 생각합니다만, 장래를 위해 후회를 남기지 않으려는 생각에서 현재까지 이른 것이고, 이 점 양해를 바랍니다.

의장(가도와키(門脇默一) 부윤) : 지금부터 제1독회를 열겠습니다.

32번(윤병은(尹炳殷)) : 좀 두세 가지 질문하겠습니다. 세입임시부 과년도 수입 17원 외에 과년도 미수입액이 상당히 있다고 생각합니다. 이 액수는 어느 정도이고 이후 어떻게 조치해서 수입의 길을 도모할지 그것을 우선 듣고 싶습니다. 세출임시부 신영비의 종합운동장 8만 원에 대해서, 이것은 4만 5,000원 감액되어 있습니다. 이전에 간담회에서 번외가 대구부의 재정 상태를 고려해서 4만 5,000원을 감액했다고 말씀하셨지만, 사실 생각해보면 단지 부의 재정 상태만이 아니라 부가 확고한 신념으로 예산을 만들지 않고 그래서 총독부가 삭제한 것 아닐까 생각합니다. 그 이유는 연 5푼으로 8만 원의 이자는 4,000원, 12만 5,000원은 6,000원의 이자밖에 안됩니다. 대구에 6,000원의 이자를 지변할 만큼의 능력이 없는 건 아니라고 생각합니다. 그렇다 해도 이전 부회에서 종합운동장 예산만 통과해주고 위치 문제는 나중에 부회에서 자문한다는 언질을 주어서, 부가 기채 인가를 얻을 때에는 아직 위치를 정하지 않고 12만 5,000원 범위에서 종합운동장을 만들고자 했는데, 총독부는 그것은 산출의 기초가 아니라고 생각해서 없앤 것이라 생각합니다. 이러한 기채 사업에서 부가 확고한 신념이 없기 때문에 총독부에서 없앤 것이라면 이후 대구부의 장래를 위해 바람직하지 않은 결과를 초래하지 않을까 생각합니다. 그 점에 대해 책임 있는 답변을 원합니다.

번외(다케모토 리사쿠(竹本利作) 부속) : 답변 드리겠습니다. 12만 5,000원 예산은 편성 당시의 예산이었고 그 후 위치에 대해서는 더 고려의 여지가 있으므로 나중에 선정하기로 되었던 것입니다만, 대체로 운동장을 만드는 데 평수가 2만 평 이상이고 야구장을 어디로 할까 정도, 정구장이 어느 정도라는 것을 결정하고, 이에 기초하여 신청을 하는 것이지 결코 아무 근거도 없이 신청하는 것은 불가능합니다. 총독부의 의견은 우리 부의 기채 상황을 볼 때 기채를 조금 해서 재원으로 삼으면 좋지만, 일단 어느 정도의 재원을 사용하여 기채에 의하지 않아도 우선 희망하는 범위 내에서 하면 어떤가 하는 것이었습니다. 어쩔 수 없이 이를 받아들인 것입니다.

(중략-편자)

30번(임상조(林尙助)) : 세출 신영비의 종합운동장에 대해 좀 듣고 싶습니다. 이 운동장 위치 문제는 최근 부회에서 12만 5,000원 예산을 심의했을 때 대명동에 대해 여러 의론이 있었기 때문에 위치는 부회에 자문하는 것으로 해서 예산만 심의한 것으로 되어 있습니다. 위치는 추후에 부회에 자문하는 것이라면 - 대명동은 여러 비난 또는 각 의원들이 여러 논의가 있었기 때문에 그렇게 되었다고 생각합니다. 그렇게 보면 오늘은 용지의 비교를 해야 하지 않을까 생각합니다. 그런데 오늘 대명동 안을 종전대로 원안으로 제출한 것입니까? 달성공원 뒤 비산동 후보지는 조금도 가치가 없다고 생각하는 것인지, 어떠한 이유인지 이 점을 좀 답변해주십시오.

13번(배병열(裵炳列)) : 제가 한 마디 더하겠습니다. 이전 간담회에서 저는 부윤에게 바란 것이 있습니다. 종합운동장은 여러 외부 관계도 있으니 비교안을 같이 내달라, 지금 한편만을 좋다 나쁘다를 결정할 수 없고 대조물이 없으면 판가름 낼 수 없다는 점을 간담회에서 말했던 적이 있습니다. 그 당시 부윤은 그렇게 하겠다고 말씀하셨습니다. 그런데 오늘 보면 대명동만 낸 것은 무엇입니까.

부윤 : 정말 그런 약속을 했다면 의안에 게시하는 게 마땅합니다.

번외(하야미 류조(速水隆三) 기사) : 제가 비산동 위치에 대해서 구체적 설계를 수립한 내용에 대해서 대명동과 비교해서 숫자로 답변드리겠습니다. 비산동 운동장 위치는 달성공원 뒤부터 약 300미터 서쪽에 있는 용수지의 일부를 집어넣은 그 남쪽에 해당합니다. 약 2만 2,000평 정도의 용지에 운동장을 만드는 것으로 조사 설계를 해보았습니다. 우선 공비의 점에서 말씀드리면, 비산동의 운동장 예정지는 유지(溜池)의 남쪽에 해당하여 일부 구릉지가 있고 일부에 상당히 기복이 있습니다. 또 구릉지에는 땅에서 1척, 2척의 바위가 노출된 곳도 있어서 공사하기 곤란한 장소입니다. 거기에 야구장이나 정구장을 완성하고 육상경기장을 만든다고 하면 총 공비가 약 13만 6,000원입니다. 이는 용지 매수비도 포함한 것입니다. 용지는 지역의 여러분으로부터 알선받아 싸게 구입한다는 점을 말씀하셨지만, 용지 매수비도 싸게 생각해서 13만 6,000원 듭니다.

한편 대명동은 병영 뒷문의 서쪽에 해당하여 약 600미터 들어간 곳으로 역시 용수지가 있고 이 남쪽 한 모퉁이에 종합운동장을 만든다는 것입니다. 비산동과 비교하면 대체로 평평한 논이고 곤란한 공사가 없어서 총공비가 10만 4,000원 정도 들 것입니다. 이미 총경비에서 3만 2,000원이 대명동 쪽이 싸게 가능합니다. 또 운동장과 시가지의 연결을 생각해보면, 비산동 쪽은 달성공원 뒤에서 현재 버스 도로 달성공원 입구부터 서부시장인데 그곳을 통하는 버스길에서 약 1,000미터 안으로 들어가 있기 때문에 현재는 겨우 1간이나

1간 반 정도의 도로밖에 안되어서 도로를 새로 뚫어야 합니다. 암반을 굴착해서 도로를 만들어야 해서 상당한 돈이 듭니다. 한편 대명동은 병영의 뒷문부터 겨우 100미터 정도로 공사도 쉬워서 거의 비교가 되지 않고, 적은 돈으로 가능할 것이라는 점을 다양하게 연구해보면, 비산동에 비해서 운동장 위치로서는 적지라고 생각하여 그쪽으로 계획을 진행했습니다.

33번(오바 긴조(大場金藏)) : 아까 제가 말씀드린 질문에 관련해서 다시 한번 반복합니다. 부윤의 지금 답변으로는 대구부가 가스사업을 하는 것에 대해 3월부터 돈이 드니 그때까지의 돈은 같은 돈지갑이 아닌가, 다른 데서 빌리지 않고 일반회계에서 가져오는 것이 여하튼 타당하다고 말씀하셨습니다. 그러나 그것은 작은 마을의 재정 즉 읍이라든가 군이라든가 시골의 재정이라면 괜찮겠지만, 연 100만 원의 대재정을 처리하는 대구부에서 그런 것을 고려한다면 매우 잘못된 것입니다. 대구부의 재정을 어렵게 이끌어 곤란을 만드는 것이라 해도 좋을 것입니다. 그것을 이론적으로 말하면 사단축적금을 가져와서 눈앞에 놓인 가스 문제에 사용하면 어떻겠습니까. 저는 부윤이 그런 계획이라면 사단축적금을 가져와서, 나는 가스사업에 불찬성이므로 - 종합운동장으로 가져가면 어떨까, 그런 계획이시라면…

30번(임상조(林尙助)) : 운동장에 설치하는 도로 신설공사비 1,250원은 어떤 도로인지 상세한 설명 부탁드립니다.

번외(하야미 류조(速水隆三) 기사) : 아까 설명드린 도로는 폭 12미터로 장래 차도와 포장도로를 구별할 수 있는 도로로 하려고 합니다. 1,250원은 그 비용입니다.

30번(임상조(林尙助)) : 그럼 병영 뒤에 만드는 도로입니까?

번외(하야미 류조(速水隆三) 기사) : 그렇습니다.

30번(임상조(林尙助)) : 그렇다면 그 도로는 자동차 도로이니 일반은 좋을지 모르지만 걸어가는 사람보다 자동차로 가는 사람이 많다고 생각합니다. 여자고등보통학교의 저쪽으로 가면 자동차길은 꽤 거리가 멀어지는 것 아닙니까? 장래 도로를 만들 생각입니까, 운동장 때문에 지금 이 도로를 설치하는 게 좋다는 생각이십니까. 그 점을 설명해주십시오.

번외(하야미 류조(速水隆三) 기사) : 지금은 운동장 연결 도로라는 것은 생각하고 있지 않습니다. 장래의 것은 시가지 계획령과 연계하여 그 지역만이 아니라 인접지를 포함해서 대대구 건설의 목표에 따라 만드려고 합니다.

30번(임상조 林尙助) : 계속해서 질문합니다. 아까 부의 계획에서는 운동장 용지매수비로 1만 8,000원이 계상되어 있었습니다. 그런데 이번에는 같은 장소이면서 매수비를 4만 3,142원 계상하고 있고, 이전의 2만 8,000원의 평수와 이번의 평수는 다른데 이번의 평수는 어느 정도입니까?

번외(하야미 류조(速水隆三) 기사) : 2만 8,000원이라 말씀하셨는데 2만 8,000평입니다.

번외(다케모토 리사쿠(竹本利作) 속) : 비교표를 제출했을 때 잘 설명했다고 생각하는데, 비산동이건 대명동이건 대체로 소요 평수는 2만 평으로서, 비교하면 2만 8,000원이고 비산동의 경비는 4만 4,000원이라는 비교를 보여드렸습니다.

30번(임상조(林尙助)) : 그때는 2만 평으로 예정했는데 이번에는 2만 평으로는 부족해서 4만 3,142원이 된 것입니까?

번외(다케모토 리사쿠(竹本利作) 속) : 그 당시는 대략 계산한 것이고 지금은 현지를 실측한 뒤 증가한 것입니다.

부윤 : 지금 33번 오바 긴조(大場金藏) 씨가 질의하신 요지는 가스사업을 할 때 일반회계 돈을 사용하는 것은 매우 잘못된 것이고 사업에 일반회계를 사용하면 안된다는 말씀이신 것 같습니다. 조입금을 1원 계상한 것은 아까 번외가 답했듯이 3월까지의 준비금이 필요하기 때문에 이를 계상한 것이고, 그 준비금의 성립은 지금이 아닙니다. 그러나 3월이 지나면 소요경비를 지출할 수 있으므로 그동안에 불안이 있지 않을까 하는 점은, 기채가 불인가된다면 물론 안되겠지만, 기채 인가가 있는 이상은 변제에 부족함은 없습니다. 그렇다면 일반회계를 특별회계에 융통하는 것이 좋은지 나쁜지는, 그 불안이 있는지 없는지로 결정하는 것이 아닐까 생각합니다. 그런 생각에서 보면 형이 아우의 돈지갑을 융통한다는 것으로 장래의 불안을 단언할 수는 없다고 생각합니다. 이렇게 생각하면 단순히 이론으로 말씀드린 것이 아니라 또 실제에 적합하다고 생각합니다.

33번(오바 긴조(大場金藏)) : 제 질문에 대해 좀 오해가 있으십니다. 이론상에서 그렇지 않다는 것을 말씀드렸습니다. 이론적으로 용인된다면 사단축적금 12만 원을 종합운동장의 8만 원으로 사용하는 것이 용인되는지, 이론적으로 용인되는지 어떤지를 장래를 위해 부윤의 책임 있는 답변을 듣고 싶습니다.

부윤 : 12만 원은 일정한 목적이 있고, 그 목적이 변경되면 사용해도 좋다고 생각합니다.

33번(오바 긴조(大場金藏)) : 일반회계의 돈도 역시 일반회계에 충당할 훌륭한 목적을 갖고 있고 가스사업 같은 목적은 조금도 포함하고 있지 않다, 그렇게 말씀하시는 것은 이해가 안됩니다.

부윤 : 일반회계의 용도를 잃은 돈은 사용하지 않지만 조월금 - 목적이 있는 돈을 분리해서 사용하는 것은 아닙니다.

1번(쓰지 스테조(逵捨藏)) : 저는 종합운동장의 위치 문제에 대해 질문하겠습니다. 이는 누누이 반복된 것이지만 그 위치는 의원의 재량에 맡긴다는 식으로 확실하게 이야기되었음에도 불구하고, 지금 원안에 대명동만 나왔습니다. 사실 부가 부회에 제출하는 경우에는 두 개의 원안을 내는 것은 불가능하므로 하나의 원안이어야 합니다, 이는 상식적으로 용인되지 않고, 또 비산동은 어떻게 경비가 드는지 그 내용이라도 제시하는 것이 친절하며, 그럴 의무가 있다고 생각합니다.

("옳소"라고 하는 자 있음)

또 이 예산안을 보면 좀 거친 데가 많은데 대명동의 어디가 몇 평이고 그것을 평당 얼마에 샀다는 것이 써 있지 않고 이후 부 예산은 매우 엉성한 데가 많은 것 같습니다.

("옳소" "가스사업도 그래"라 소리치는 자 있음)

운동장 문제는 조사를 진행함에 따라 금액이 줄어드는 사실을 보이고 있습니다. 만약 우리 의원이 부 원안에 찬성했다면 부에 크나큰 결손이 되었으리라 생각합니다. 다행히 의원은 원안에 찬성하지 않고 검토를 거듭해서 싸게 되었습니다. 상황을 보면 과연 당국은 어떤 책임을 지는지, 점점 싸지는 그 상황을 보고 과연 어떤 양심을 갖고 있는지, 당국은 부민에 대해 조금이라도 양심에 걸리는 것 없습니까? 저는 지금 내놓은 이 대명동 원안을 보고 아직 이보다 좋은 안이 있다, 좋은 곳이 있다고 확신합니다. 그래서 이런 거친 안을 내시고 더구나 우리와의 약속을 무시하고 독단적으로 대명동을 제출하신 것에 대해 매우 불만인 것입니다. 그저 관료식으로 모든 원안은 부의 이사자가 만들어 원안대로 하자는, 소위 자치라는 것을 몰각한, 전제주의적인 관료식이 심히 농후한 것처럼 보입니다. 우선 듣고 싶은 것은 이 4만 3,142원의 매수비입니다. 이는 몇 평에 해당하는지, 그리고 그 평수를 반드시 그 값으로 살지 어쩔지, 소학교 신축에 대해 부지의 매매가 예산안에서 5원 50전이었는데 실제 매수는 6원 6,70전입니다. 원안을 정직하게 써두면 매수에 곤란하니까 적게 속여서 매수에 편하게 하기 위한 편법입니다. 그러한 눈속임이 있으므로 부에서 말하는 가격은 그럭저럭 열려있으니까 끈질기게 매수에 응하지 않는 것에 대한 우려도 있었습니다. 이 4만 3,142원은 부지 매수가 가능한 책임 있는 가격입니까? 비산동은 평균 1원이라는 가격에 사도록 유지가 힘을 썼습니다. 매수에 응하지 않은 자가 있으면 나중에 수용령에 의해 해결하자고까지 구체적으로 이야기가 진전하고 있습니다. 그런데 이쪽은 확실히 2원 이상이 아니면 사지 않는다고 합니다. 그것은 좀 싼 견적이라고 생각됩니다. 전에도 1원 10전으로 해서 예산에 계상되었는데 이번에는 얼마로 계상하고 있는지, 실은 그것보다 비싸게 되어 있는지, 우선 이런 것에 대해 구체적이고 책임 있는 답변을 원합니다. 그리고나서 순차적으로 제 질문을 계속하겠습니다.

번외(다케모토 리사쿠(竹本利作) 속) : 대명동 예정지의 땅을 이 예산으로 살 수 있다는 확신이 있냐고 질문하신 것 같습니다. 이는 종래 또 현재 매매의 실제 예 등을 조사하여, 살 수 있다는 확신을 갖고 계상한 것입니다. 부의 예산 집행에 대해서 소학교의 예를 들으셨는데 소학교의 경우는 아시는 것처럼 그때 위치는 결정하고 있지 않았습니다. 대체로 우리 생각으로는 예정지가 있었는데, 여러 연구한 결과 우리가 당초 생각한 곳과 다른 곳을 어쩔 수 없이 선택하게 되었습니다. 면적을 넓게 단가를 낮추어 계상하여 적당히 집행한다고 말씀하셨지만 절대 그런 것은 아닙니다. 그리고 운동장 부지의 평균 평당 가격은 1원 43전입니다.

26번(다카다(高田官吾)) : 저는 지금 1번이 질문한 것과 대략 같은 것을 묻습니다. 매수비로 4만 몇천 원을 예산에 계상하고 있습니다. 평수도 처음에는 2만 평이라 들었는데 지금 번외의 설명에 의하면 2만 6,000평 즉 6,000평의 차이가 있습니다. 이는 종합운동장에 필요한 것이라면 매수해야 한다는 것으로 해석됩니다. 그러나 1번이 질문한 것처럼 단가 1원 43전으로 되어있고, 평수를 여분으로 보아 실제 매수할 때 다소 단가를 높여 4만 몇천 원으로 공급한다는 대체적인 견적에서 만든 것이라 생각합니다. 그런데 1번이 질문한 것처럼 소학교는 5원 50전이었던 것을 1원 이상이나 비싸게 매입하는 것입니다. 그것은 매우 좋지 않습니다. 운동장으로 2만 평이 필요하다면, 그만큼 계상해서 예산을 편성하는 것이 부(府)가 할 예산 편성의 방법이라 생각합니다. 그래서 2만 6,000평을 확실히 사서 - 이 가격으로 확실히 살 수 있을지를 답변해주십시오.

1번(쓰지 스테조(逵捨藏)) : 이 돈으로 살 수 없는 경우에는 책임지고 그때 사람들이 개인 돈을 내서 사주는지, 이 점을 명확히 해주십시오.

번외(다케모토 리사쿠(竹本利作) 속) : 아까 말씀드린 것을 반복하는데 지나지 않습니다. 운동장 부지 2만 6,000평과 도로 용지 2,000평, 그래서 2만 8,000평을 계상한 것이고 살 수 있다는 자신이 있어서 계상했습니다. 만약 살 수 없는 경우는 개인 돈이라도 내서 사냐고 말씀하셨는데 이건 처음 듣는 말입니다. 어떤 예산이라도 모두 각각 단가가 있습니다. 만약 제출 예산의 금액대로 살 수 없으면 개인 돈이라도 내냐는 말씀은 분명 우리를 신뢰하지 않아서 나온 말이므로 유감스럽게 생각합니다. 이런 것은 약속할 수 없습니다.

14번(사카모토 슌스케(坂本俊資)) : 종합운동장 문제는 처음에 부의 제안에 의해 12만 5,000원 예산이 계상되었습니다. 그 당시 대구신사 뒤를 제2후보지로 하고 예산을 짜도록 요구했습니다. 그런데 그때 부는 다시 3개소의 부지를 선정했습니다. 다시 또 예산을 만들어 10만 원으로 제출했습니다. 그때 달성공원 부근이 4만 4,000원의 견적이고 대명동이 2만 8,000원으로 나왔는데, 저는 대구 사람들은 반대로 토지 가격을 본다고 말씀드렸습니다. 부의 인식이 매우 안일합니다. 무릇 토지 가격은 그 토지의 정황에 의해 가격을 인식하는 것이 당연합니다. 그런데 매매가 비싸게 나왔으니까 비싼 가격으로써 견적내는 것은, 부가 토지를 매수하는 인식이 없다는 것을 보여줍니다. 운동장 문제에서 처음부터 내가 말씀드린 것은 2만 원도 싸다, 또 서부의 유지가 달성공원 뒤로 운동장을 가져가려고 운동한다는 것이었습니다. 나는 그때 공인으로서 간여하지 않고 충분히 연구해달라고 해두었습니다. 그러나 12만 5,000원 예산으로 총독부에 기채를 요구했는데 총독부에서 8만 원으로 감액했습니다. 저는 이것을 존중합니다. 왜냐하면 대구의 현재 시설에서 종합운동장이 필요하다 해도, 수입이 없는 시설을 하는 데 방대한 부의 예산을 사용하면 곤란해지는 점은 당연하다고 생각합니다. 그래서 이번에 달성공원 뒤편에, 모두가 충분히 연구하고 노력하여 설계한 것에 의하면, 지금 토목기사는 달성공원 뒤에 13만 6,000원이 든다고 말씀하셨습니다. 이는 현명하게 조사해서 제출된 것이라 생각합니다. 이전 12만 5,000원으로 불가능한 것이, 보다 가까운 곳에서 10만 원으로 서부의 적당한 권위자가 설계를 하게 해서 10만 원으로써 종합운동장 해결이 되는 것을, 지금 13만 6,000원 든다고 합니다. 그것을 대조하면 3만 원이라는 큰 차액이 생깁니다. 이는 기술이나 지식에서의 차이라서 어쩔 수 없다 해도 큰 차이입니다. 비산동 토지는 2만 1,000평을 1원 평균으로써 제공하면 대부분 지주가 조인해서 양해하고 있으므로, 일부 응하지 않는 사람에게는 수용령을 내려서 1원의 표준액을 결정하고 있습니다. 그런데 공비가 비싸서 불가능하다면, 이 설계는 정말 불쾌하다고 생각합니다. 결국 달성공원이 적당하고 부적당하고는 별문제이고 여기에 만들 의지가 없으니 여러 설계 방법에 의해 비싸게 본 것이라 저는 생각합니다. 오늘 제안된 대명동은 이전 부회의원들이 자문해서 그렇게 한 두 개의 토지를 들어 결정하기로 약속되어 있는 것입니다. 그런데 오늘 제안된 것은 절대적으로 대명동으로 결정하는 것으로 되어 있고 또 달성공원은 가격이 싸도 부적당하니 안된다는 생각이신데, 대명동 토지를 이 금액으로 어떠한 경우라도 매입하는 것입니까. 매입 가격이 비싼 경우 평수를 줄이는 방식으로 가서는 안된다고 생각합니다. 평수도 그렇고 대명동보다 달성공원이 싸다면, 수입이 없는 종합운동장이므로 조금 멀긴 하지만 대구 경제 상황에서도, 신사 숭경을 증진시키는 데 있어서도, 달성공원에 운동장을 만드는 것이 결코 나쁘지 않습니다. 대명동보다도 달성공원 뒤편이 적지임에도 불구하고 - 또 달성공원 위 도로를 넓혀 뒷산을 통해 운동장으로 가면 길은 꽤 가까워집니다. 그렇게 하면 대단히 유효하게 신사에서 숭배의 념을 증진시킬 수 있어서 운동상으로도 결코 나쁜 토지라고 말할 수 없습니다. 그래서 기술자 한 사람의 생각만 듣지 말고 다른 기술자가 싸게 설계가 가능하다면, 더 지식이 있는 사람이 있다면 신중히 대조해서 이 장소를 결정하고 싶습니다.

27번(시마다 가네시로(島田金四郎)) : 이 예산 편성은 서부 쪽에서 이전에 8만 원 이내로 운동장을 만든다고 부 쪽에 통지했기 때문에 8만 원으로 계상한 것 아닙니까? 12만 5,000원이 몇 개월 만에 4만

5,000원의 차이가 생긴 것은 부민에게 의혹을 불러일으키는 것 아닌가 생각합니다. 부민을 납득시키는 것은 좀처럼 쉽지 않고, 저도 그 중의 한 사람입니다. 서부에서 8만 원으로 가능하다고 해서 여기에 8만 원을 낸 것 아닙니까.

(29번 이케모토 이사부로(池本猪三郎)와 30번 임상조(林尙助)가 발언을 구함)

번외(다케모토 리사쿠(竹本利作) 속) : 처음 12만 5,000원으로 만들 예정이었던 것을 8만 원으로 총독부에서 감액 경정했기 때문에 부는 이 범위 내에서 경영할 안을 세운 것입니다. 말씀하신 것 같은 사정에서 나온 것이 아닙니다. 당초 12만 5,000원을 계상했을 때 다수 의원은 잘 알고 있으시지만 위치는 영선지(靈仙池) 아래쪽이었는데 다른 의견이 있어 다시 각 장소를 연구한 결과 영선지 위쪽으로 변경한 것입니다. 또 8만 원으로 완성한다는 것은 아닙니다. 이 금액으로 제1차 사업을 하고, 이용 가능한 정도로 계획을 완성하려면 10만 7,000원이 필요합니다. 계획지가 다르다는 점을 생각해주십시오.

다음으로 14번 사카모토 슌스케(坂本俊資) 씨 질문에 대해 답변드리겠습니다. 위치는 누차 말씀드린 것처럼 완전히 백지였고 신중한 연구를 거듭한 결과 이곳이 적당하다고 생각해서 결정한 것입니다. 그동안 어떤 공작도 없었다는 점을 알아주십시오. 다음으로 계상한 가격으로, 계상한 평수를 반드시 책임지고 사야 한다는 취지는 경청했지만, 이는 가정의 문제이므로 이미 원안도 나와 있고 이 가정의 문제에 대해서는 답변 드리기 어렵습니다.

(30번 임상조(林尙助)와 6번 김완섭(金完燮)이 발언을 구함)

30번(임상조(林尙助)) : 1번 의원 질문에서 부의 제안은 상당히 엉성하고 토지 매입 예정액은 가장 엉성하기 때문에 나는 믿을 수 없다,

반드시 책임 있는 안을 내어달라, 만약 책임 있는 제안을 해서 이 책임액으로 매입 불가능하면 자기 돈이라도 내라고 했습니다. 그때 내무과장은 불신 운운하셨는데, 지금까지 예산 때에 만약 매입 예정액으로 매입이 불가능하면 자기 돈이라도 내라는 말은 처음 들은 말일 것이니 동정하는 바입니다. 그러나 1번 의원 질문이 결코 엉터리 질문은 아니라고 생각합니다. 그 일례를 들어보면 지난번 대명동과 비산동의 용지를 비교하여 안을 만들 때 비산동에서 2만 평에 4만 4,000원, 대명동이 2만 8,000원을 계상했습니다. 그 당시 견적이 거꾸로 된 것 아니냐, 4만 4,000원이 대명동이고 비산동이 2만 8,000원 아니냐고 질문했으나 역시 4만 4,000원이 비산동이라는 것입니다. 이번에 서부 유지들이 지주에게 여러 교섭을 거듭했는데 2원 20전, 평균 1원으로 매입하는 것입니다. 그러면 부의 원안의 예정액은 서부 유지회에서 설계한 것과 비교하면 반분(半分)입니다. 여기서 추론해보아도 부의 안을 우리는 결코 믿을 수 없습니다. 위치는 다소 다를지 모르지만 비산동은 더 싸게 60, 70전으로 매입하지 않을까 생각합니다. 한편 대명동 쪽은 1원 40전~43전으로 되어 있습니다만, 지금은 2원 이상으로 하지 않으면 매입 불가능한 상태라서 반대입니다. 그러면 부의 원안에 생각이 미치는 것입니다. 대명동을 1원 40전으로 매입할 수 있을지, 제 생각으로는 2원 40전이나 그 이상 들지 않으면 안됩니다. 그러한 안을 내고 그 안으로 불가능하면 개인이 내라고 하는 것은 당연합니다. 더 신중히 책임 있는 답변을 원합니다.

("동감"이라 소리치는 자 있음)

번외(다케모토 리사쿠(竹本利作) 속) : 지금 질문에 답변 드립니다. 질문의 요지는 알겠습니다. 근본적으로 오류가 있다는 점을 말씀드립니다. 아시는 것처럼 달성공원을 중심으로 해서 운동장을 생각해달라는 요망이 있었습니다. 달성공원을 살아나게 하기 위해서는 공원에 접근한 토지가 좋으므로 이 토지로 해서 계획한 것입니다. 지금 질문에 나온 비교 장소는 완전히 다릅니다. 평당 2원 20전의 토지는 달성공원의 신사 옆의 토지인데, 지금 문제가 되어 있는 토지는 연못 위의 곳이므로 가격 비교는 잘못되었다는 점을 알아주시기 바랍니다. 비교의 근거가 다른 것에 대해 답변드리기는 어렵습니다.

(6번 김완섭(金完燮)와 1번 쓰지 스테조(逵捨藏)가 발언을 구함)

6번(김완섭(金完燮)) : 오늘 종합운동장에 대해 여러 질문에 자신의 의견을 더하고 있는 것 같은데 우리는 이미 수개월간 이것을 연구하고 또 이 의회에서도 대명동에 대한 의안 전부를 삭제하려는 험악한 분위기이고 다시 부회에 자문하라고 문제가 되어 있습니다. 그런데 부에서는 또 대명동에 미련을 갖고 있고, 서부 쪽이나 몇몇 부회의원은 비산동을 지지하여 서로 의견이 교환되고 있습니다. 저는 반드시 비산동이어야 한다고는 생각하지 않고, 대명동만이 반드시 좋은 안이라고 생각하지도 않습니다. 수개월간 단지 질문의 형식으로 계속 다투어서 얻는 게 과연 무엇인지 걱정됩니다. 만약 지금과 같은 논의를 하려면 확실히 2독회로 넘어가서 논의해서, 이게 정말 대명동이 좋은지 나쁜지, 나쁘다면 그만두고 좋다면 결정하고 싶습니다. 바꿔 말하면 2독회로 넘어가자는 동의를 제출하는 것입니다.

25번(주병환(朱秉煥)) : 비산동 안이 나와 있습니까 아니면 안 나와 있습니까. 나와 있다면 일단 참고로 배포해주십시오.

(서류를 배포함)

6번(김완섭(金完燮)) : 종합운동장 부지 선정으로서 이렇게 많이 나와 있는데 이것은 장소로 말하면 - 적지주의(適地主義)로 말하면 어느 쪽이라도 좋은 것입니다. 비산동이 장소가 좋지 않으면 말할 것이 없지만, 비산동이 적지라면 경제적으로 봤을 때 거기에 만들어야 한다고 생각합니다.

8번(다나카(田中弘眞)) : 부(府)는 대명동이 절대적으로 적당하다고 생각하지만, 유감스럽게도 저는 부회의 책임있는 8번 의원으로서 대명동이 적절하지 않다고 단언합니다. ("옳소"라고 외치는 자 있음) 왜 대명동이 적당하지 않은지 말씀드리겠습니다. 모두 잘 들어주십시오. 조금 전부터 좀 시시한 잡담이 있는 듯합니다. 이 귀중한 시간을 허비하고 있습니다. 제 말을 들어주십시오. 조금 전부터 부 이사자는 대명동이 적지이고 비산동은 여하튼 적지가 아니라고 말하지만, 대명동과 비산동을 비교해서 비산동이 적당한 위치라고 저는 생각합니다.

의장(가도와키(門脇默一) 부윤) : 8번 의원은 질문을 주로 논해주십시오.

8번(다나카(田中弘眞)) : 질문들은 다양하게 있었고, 저는 비산동이 적지인 이유를 말씀드리고 싶습니다. ("2독회에서"라고 말하는 자 있음) 2독회로 넘겨도 좋지만 길지 않습니다.(웃음소리) 비산동이 좋은 이유는 첫째로 대신궁(大神宮)이 있습니다. ("휴식합시다" "질문이 아니다"라 말하는 자 있음) 의견에 의해서 질문하는 것이니 지금 논하는 게 좋겠습니다. ("2독회에서"라 외치는 자 있음)

우선 비산동이 좋은 이유는, 12만 부민의 높은 신뢰를 받고 있는 대신궁이 지금 어떻습니까. 그 부근은 쇠락했습니다. 대구는 5대 도시로서 일본인과 외국인이 많이 시찰하러 오지만, 달성공원에 있는 숭고한 대신궁이 빈약해서 대구를 대표할 수가 없습니다. 둘째로, 어린이가 많아지면 국가정신을 발휘하는 데에도 이 대신궁 뒤편이 가장 적당합니다. 여러 가지를 상세하게 말하면 길어지니까 이 정도로 그칩니다. 그리고 부회의원은 백년의 계획을 정하는 사람이니까 말씀드리는데, 대구부민이 우리 부회의원에게 기대하는 것은 대신궁 본위로 쭉 나아가서 대발전을 이루는 것입니다. 이것이 가장 필요합니다. 제가 뭔가를 샀다든가 하는 소문을 듣지만 저는 그런 사람이 아닙니다. ("절대 아니야"라고 말하는 자 있음) 이것이 엄연한 제8번 의원으로서, 제 이름을 걸고 비산동이 완벽하게 좋다고 말하는 이유입니다.

1번(쓰지 스테조(逵捨藏)) : 조금 전 참여원의 설명 중에, 예정액보다 비싸게 사지 않는 경우 자기 개인 돈은 내지 않겠다, 잘 경청했습니다. 제가 주장하는 것은 결코 빈약한 개인 돈을 내달라는 게 본뜻이 아닙니다. 결국 책임을 지는가 하는 것입니다. 대체로 현재의 관리는 옛날 무사와 유사해서, 부민이 의혹을 가져도, 즉 자기들이 안을 세워서 그 안이 엉성해서 부민이 의혹을 가지면 성가셔하는 주의가 있다 - 즉 운동장 안이 변경되어 2만 평이 2만 6,000평으로 된 것처럼, 확고한 신념 없이 제출한 것입니다. 그래서 원안을 우리가 신용하려 해도 신용할 수가 없습니다. 이 안에 대해서, 마음에서 우러나오는 신념을 충분히 명확히 해달라는 의미입니다. 그리고 대신궁 앞의 설계는 떨어져있어서 공원으로서 관계없다는 식으로 말씀하셨는데, 저는 그 설명을 듣고, 대구부 100만 원 예산을 처리하면서 소학교 토론회 정도의 시시한 답변에 대해 유감으로 생각합니다. 대신궁과 1정(町), 2정 정도 떨어져있는 곳인데 위치가 다르므로 거기는 운동장으로서 가치가 없다고 말하는 것은 상식적으로 이해하기 어렵습니다. 이미 도쿄에는 명치신궁 바깥 정원이 있고 경성에도 그런 식의 운동장이 신궁에 붙어있습니다. 물질에 집착하는 현재에도 운동 정신이 물질을 초월하는 좋은 점이 있다고 생각합니다. 운동장을 만드는 목적과 효과에 대해 의장이 생각하시는 것을 구체적으로 듣고 싶습니다. 이만큼의 경비를 부민이 부담해서 운동장을 만들어야 하는 목적과 효과에 대해 당국의 답을 원합니다.

부윤 : 말씀 드리겠습니다. 운동상의 관점에서 어떤 장소가 좋은가의 문제는 제가 말씀드리는 것보다 운동가에게 묻는 게 적당한 의견을 들을 수 있겠지만, 우선 거리가 가까운 곳, 그리고 운동할 때 조건이 적합할 것, 그리고 교통이 편리할 것, 돈이 많이 들지 않을 것, 체제가 좋을 것, 시가미(市街美)를 조건으로 든다면 아직 두세 개 더 있지만 우선 대체적으로 이렇습니다.

그리고 처음의 대명동 원안에 대해서 더 좋은 곳이 있다면 새롭게 신청을 원합니다. 반드시 원안을 고집하는 건 아닙니다. 그러나 당시 12만 5,000원 예산이 성립하고 그 후 후보지를 조사할 때 여러 신청이 있었고 계원이 실지 조사했습니다. 그 중 서부의 달성공원 부지, 전의 부지에서 떨어져있는 곳의 신청이 있어서 조사했는데, 14만 원 정도가 들어서 좀 지나치게 비쌌습니다. 그러나 신사를 좋게 하는 것에는 대단히 찬성이라고 말씀드렸습니다. 그 후 또 멀어서 좋지 않으면 좀 더 앞 호수의 위쪽이나 아래쪽은 어떠냐는 이야기도 있었습니다. 그 당시는 호수 위 아래는 생각해보지 않았기 때문에 조사를 안했습니다. 그런데 한편 사무적으로는 기채가 8만 원으로 감소하고, 12만 5,000원의 예산을 성립하면 사용할 수가 없게 되어, 이번에 8만 원 예산으로 제안한 것입니다. 대명동 위치와 현재 서부 쪽이 주장하시는 위치를 정밀하게 비교해보면 각자 장단점이 있습니다. 신사에 관해서는 역시 비산동은 좀 떨어져있어도 좋은 영향을 주겠지만, 대명동은 신사에 관계가 없으므로 완전히 운동에 좋은 위치인지 아닌지를 결정한 데 불과합니다. 그리고 거리를 보면 달성공원 앞은 도로를 10정(町)이나 가야 하는데, 대명동은 6정밖에 안됩니다. 한편 돈 관계를 보면 8만 원 정도로 공사를 해야 합니다. 만약 비산동으로 결정하면 가운데에 수로를 만들어야 하기 때문에 거기에 1만 원이 필요하고 도로도 달성공원 앞부터 만들어야 합니다. 그 돈이 약 1만 원이 필요합니다. 그런 면에서는 대명동은 많은 돈이 들지 않습니다. 또 교통상으로도, 버스를 타야 하는데 달성공원 안에는 버스가 매일 운행하지 않으면 갈 수 없습니다. 그러나 대명동은 매일 연대의 안에서부터 순회하는 것이 가능합니다. 사실 신사를 좋게 하는 목적을 달성한다는 면에서는 훌륭하지만, 실례에 비추면 운동장을 실제로 이용하는 자는 비교적 적을 것입니다. 또 공비는 지금 말씀드린 대로입니다.

서쪽과 동쪽의 환경을 비교하면, 지금 비산동의 연못 위로 가져가면 거의 서쪽에 바짝 붙어있습니다. 동쪽 끝으로 가져가면 거의 동등합니다. 그런데 대명동은 12간 도로의 연결점이므로 거의 중앙이라고 말씀드릴 수 있습니다. 우선 공비의 점에서 토지대가 좀 싸게 견적되어 있습니다. 즉 대명동을 싸게 견적하고 비산동을 높게 견적한 것 아닌가 하시지만, 대명동이 1원 40전인 것은 실제 매매 가격을 보고 제안한 것입니다. 확언할 수 없지만 이렇게 할 수 있다고 믿습니다.

이상 종합해서 생각할 때 적지인지 부적지인지는 각자 보는 바가 다르고, 현재 제안한 것은 실제를 참고해보니 대명동이 좋을 것 같아서 내었습니다. 지금까지 서부 달성공원에 만들자는 염원으로 대단히 열성적으로 의견을 말씀하셨다고 생각되는데 저도 처음부터 그런 생각을 했던 것입니다. 이 점에 경의를 표합니다. 심의를 잘 부탁드립니다.

("운동의 효과에 대해서"라고 말하는 자 있음)

29번(이케모토 이사부로(池本猪三郎)) : 1독회를 끝내고 2독회로 넘어갑시다.

의장(가도와키(門脇默一) 부윤) : 질문 없으면 제2독회로 넘어가겠습니다.

30번(임상조(林尙助)) : 질문하고 싶은 게 있습니다. 아까 부윤 답변 중에 운동장의 조건으로서 운동장이 가까운 것도 그 하나라고 들었는데, 그 가깝다는 것은 무엇을 표준으로 합니까?

부윤 : 시외에 두면 머니까 될 수 있는 대로 시내의 중앙이 좋다고 생각합니다.

30번(임상조(林尙助)) : 부의 중앙이라는 것은 어떤 곳을 말합니까? 무엇을 표준으로 해서 가깝다는 것인지 그 점을…

부윤 : 원안에는 도청으로 되어 있습니다.

30번(임상조(林尙助)) : 도청을 중심으로 한 거리(距離)는 비산동보다 대명동이 멉니다.

부윤 : 가까운 쪽이 좋습니다.

30번(임상조(林尙助)) : 그럼 비산동이 좋네.

14번(사카모토 슌스케(坂本俊資)) : 지금 30번 임상조(林尙助)의 가깝다 멀다 하는 이야기가 있었습니다. 부윤은 12간 도로의 조선은행을 가리킨 것인데 가깝다든가 멀다든가 하는 것은 보는 바에 따라 다를 것입니다. 저는 비산동으로 하면 가깝지만 대명동은 대단히 멀다고 봅니다. 중등학교가 동부에 가까우니 가급적 이와 가까운 곳을 구하면 장래 종합운동장을 설치한다는 이유가 성립한다고 생각하지만, 대구의 전 시가지를 볼 필요는 없다고 생각합니다. 중요한 문제는 소학교나 중등학교가 종합운동장에서 운동을 하는지 여부입니다. 야구나 테니스 같은 것은 오히려 직접 하러 가는 것보다 구경하러 가는 사람이 많습니다. 그런 운동을 하는 사람은 대구에서 소수입니다. 오히려 관람자의 정신을 높이는 것이 가장 필요하다고 생각합니다.

그리고 공사비는, 결국 건축물도 아니고 재료의 좋고 나쁨도 아니고, 단지 돌이나 시멘트로 굳히는 것이니 실로 단순한 공사라고 생각합니다. 상당한 기술은 필요하지만 공사로서는 극히 간단합니다. 그런데 지균(地均)에 3만 5,000원 대 6만 756원, 비산동이 거의 배액으로 나와 있습니다. 기술자가 열심히 연구했겠지만, 과연 이렇게 비용을 요하는지 아닌지 그 근거를 보여주시면 금액을 판단하겠습니다. 육상경기장이나 정구장의 지균에 5~6만 원이나 든다는 것은, 비산동 상태와 대명동의 상태가 그렇게까지 차이난다는 것은, 어떻게든 대명동으로 가져가기 위해 설계한 것이고 실제의 설계가 아닐 것이라 우리는 지금 의심할 수밖에 없습니다.

("옳소 옳소"라 소리치는 자 있음)

대명동도 좋을 것입니다. 제 생각에는 달성공원 왼쪽에 길을 절개해서 그 뒤를 통해서 공원의 중앙에 들어가면 극히 가깝습니다. 그 아래는 연못이므로, 그렇게 하면 지금 부윤이 말씀하신, 신사와 떨어진 곳에 설치해도 신사에 참배하고 운동장에 들어오는 것이 가능합니다. 또 학교에 있어서는, 1일과 15일에 학교로부터 참배하러 오는 것은 문제가 아닙니다. 신사를 보다 훌륭하게 이용해서 국민정신을 공고히 하면서 운동할 수 있는 땅입니다.

설계를 보면, 설계자의 수완에 따라서 동일한 것이 싸게 가능하다면, 저는 대명동이 아니고 신사 쪽으로 가져가는 것이 당연하다고 생각합니다. 설계대로 보면 이만큼 비싸게 하면 도저히 어렵다고 생각하는데, 산을 절개해도 5만 원, 6만 원이나 더 들 이유는 없다고 생각합니다. 이 설계는 훌륭한 설계이고 부윤은 이만큼 들 것이라 생각하여 내놓은 것이겠지만, 우리 서부 쪽에서 낸 것은 공사비를 보아도 겨우 정지비가 2만 4,400원입니다. 그런 것을 보아도 이 설계한 분이 머리가 나쁜 건지, 부의 기술자의 머리가 부족한 건지, 문제는 어느 쪽을 믿으면 좋을지에 대해 우리가 대단히 주저하게 된다는 것입니다.

부윤 : 질문 중에 지당한 부분이 있습니다. 기술에 대해서는 서로 깊게 알지는 못한다고 생각하고, 비전문가의 눈으로 보았을 때 비산동 정지비 3만 원, 대명동 1만 2천 원 - 대체 2만 원의 차이는 어디에서 나왔는가 했을 때, 기술자의 머리가 좋고 나쁜 것은 아니라고 생각합니다. 결국 수로비(水路費)로 영구적인 것을 만들어야 완전한 것입니다. 어느 기술자가 해도 영구적인 것을 만들어야 한다는 점은 일치한다고 생각합니다. 그리고 다른 점은 도로입니다. 대명동은 1,000원도 들지 않는데 한편은 1만 원의 다액을 잡아먹습니다. 이는 기술의 숙련과 미숙련 문제가 아니라 오히려 실정에 기반한 것입니다. 그리고 지세의 측면에서 보아 대명동 쪽은 양쪽에 산이 있어서 정구나 야구를 하기에 대단히 좋습니다.

의장(가도와키(門脇默一) 부윤) : 본안을 제2독회로 넘기는 데 이의 없습니까?

(“이의 없음”이라 말하는 자 있음)

그럼 제2독회로 넘어갑니다. 잠시 휴식하겠습니다.(오후 4시 5분)

의장(가도와키(門脇默一) 부윤) : 계속해서 개회하겠습니다. (오후 4시

35분) 지금부터 본안의 제2독회를 열겠습니다.

29번(이케모토 이사부로(池本猪三郎)) : 1독회에서 각 의원의 질문과 여러 의견도 잘 들었습니다. 이 운동장은 일반 부민이 주목하고 있고 우리 의원은 이를 잘 해결해야 합니다. 예산의 위치 문제에 대해서 대단히 호기심을 갖고 있다고 생각하는데, 우리 의원으로서는 서부라든가 동부라든가 중앙이라든가 이런 것은 구애되지 않습니다. 대(大)대구를 건설하는 의미가 첫째라고 저는 믿습니다. 각 의원 여러분도 그런 의미에서 그 태도를 명확히 해야 한다고 생각합니다. 부 당국으로서는 이것이 최근 문제가 아닙니다. 우리 같은 비전문가가 아닌 전문가가 장소와 설계에 연구를 거듭하여 이 원안을 제출했다고 생각합니다. 우리는 단지 자신의 감정에서 서부에 시설이 없으니까 서부로 가져간다거나 혹은 남부에 시설이 없으니까 가져간다, 대구의 운동장은 조선은 말할 것도 없고 일본 각 도시에서도 선수가 오므로 전 조선에 자랑할 만한 종합운동장을 설치하려면 어떤 곳에 설치하고 싶다고 말합니다. 소위 웃음거리는 되지 말아야 한다고 전 생각합니다. 그러한 견지에서 저는 부 당국의 연구를 신뢰하고 일임하는 한 사람입니다. 장소는 우리로서는 판단할 수 없으니 전문가의 연구에 기대야 할 것이고 부당국은 충분히 연구하신 것이므로 부윤에게 일임해서 원안에 찬성합니다. 그 위치를 서부라든가 혹은 대명동이라든가, 그런 것에 대해서는 저는 의견은 있지만 저 한 사람의 의견이고 이런 것을 결정할 만한 것은 아니라고 생각하고, 원안을 찬성합니다. 위치는 부윤을 신뢰하고 맡기고 싶습니다. 여러분이 제 말에 찬성하시길 바랍니다.

("찬성, 찬성" "반대"라고 말하는 자 있음)

31번(후루야 지스케(古谷治輔)) : 본안에 대해서는 이사자 당국은 최초

18만 원 정도 예산을 결정하고 또 두 번째로 12만 원 정도 예산을 계상했지만, 지금 8만 원으로 감액된 것은 대단히 이사자 당국의 고심의 결과라고 생각합니다. 이 문제에 대해서 아까부터 1독회에서 왕성한 토론이 있었고 성의 있는 질문에 저는 만족합니다. 또 위치 결정에 대해서 이사자는 부회에 자문한다고 언질을 주고 있습니다. 이 언질이란 것은 이사자가 위치 결정에 대해 단순히 성의를 보인 것이라 저는 생각합니다. 위치 결정에 대해서 갑론을박을 할 것도 없다고 생각합니다. 위치 문제는 서부니 동부니 여러 방면에서 상당히 격렬한 유치운동이 있는 것으로 보입니다. 그래서 여하튼 본 문제 때문에 이사자는 대단히 곤란하게 되었다고 생각합니다. 우리가 위치를 강조하는 것은 좋지만, 이것이 이사자의 입장을 곤란하게 한다는 점을 우리 의원이 잘 고려해야 한다고 생각합니다. 오직 대구부가 전 조선에서도 훌륭한 운동장을 시설하는 것이 우리 11만 부민의 목적이라고 생각합니다. 또 공비 문제에서 여러 질문이 있었습니다. 세출의 기초에 따라 다소 차이도 있을 것이라 생각하지만, 의장도 우리 질문자들도 비전문가이니까, 그런 것을 말해봤자 좀처럼 사업은 진행되지 않는다고 생각합니다. 우리로서는 이걸로 좋다고 믿고 공명하고, 이사자는 사업을 수행하는 것이 임무라고 생각합니다. 원안에 찬성하고, 위치 문제에 대해서는 모두 열심히 질문했으니 이사자에게 일임하고 싶습니다.

("찬성, 찬성" "반대, 반대"라고 말하는 자 있음)

30번(임상조(林尙助)) : 저는 운동장의 원안에 대해 절대 반대하는 사람 중 하나입니다. 불찬성자 중에 끼어 갑론을박하는 그런 건 아닙니다. 서부이니까 서부 입장을 대변하고 동부는 동부 입장을 대변하는 그런 관점을 가진 사람은 조금도 부회의원 자격이 없다고 믿습니다. 우리는 공인으로서 공명한 태도로써 임해야 합니다. 이 대구 백년 대계획하에 대(大)대구 건설 정신을 잊지 않는 것이 의원의 본래 임무입니다. 반대의 이유와, 원안의 계획이 상당히 엉성하다는 점은 아까 1독회에서 이미 다 말씀드렸습니다. 단지 일례를 들면 비산동 안(案)에서 2원 20전 계상한 것이 현재에는 1원으로 산다고 하는, 절대 가능한 안으로 나와 있습니다. 그 안에 대해서 부윤의 답변은 그때와 지금은 장소가 다르다, 2원 20전 때는 달성공원에 더 접근한 곳이므로 훨씬 비싸다, 지금 장소는 떨어져 있어서 싸다고 말합니다. 이로써 견해의 차이 혹은 부 당국이 이 부근 지가를 모른다는 점이 판명됩니다. 접근한 곳과 조금 떨어진 곳 중 어느 쪽이 비싼가 하면, 오히려 연못 근처가 비싸고 달성공원에 접근한 곳이 쌉니다. 부윤은 그런 점을 모르지만 우리는 직접 관계가 있으니 충분히 알고 있습니다. 지금 29번 의원은 대구의 체면상, 일본에서 시찰 오는 사람도 있는데 달성공원은 안된다고 말했지만, 결코 그렇지 않습니다. 달성공원 안쪽은 지금 좀 빈민굴이고 나병환자가 거주하는 곳이 되어 있지 않나 생각합니다. 가장 존경을 표해야 하고 받들어야 하는 곳인 대신궁, 달성공원 부근을 나병환자가 배회하는 빈민굴로 만들어놓고, 다른 지역에서 시찰왔을 때 나병환자가 달성공원에 있으면 명예로울지 어떨지, 우리의 책임상 가장 고려하지 않으면 안됩니다. 왜 대명동으로 가져가는지, 이론은 뒷전으로 돌리고, 오직 대명동 원안을 계속 주장하는 것은 우리 의원으로서 자못 유감을 금치 않을 수 없습니다. 여러 이유를 말씀드리면 내일 모레까지 말해도 되겠지만 다른 분들도 하고 싶은 말씀이 있을 테니 또 뒤에 말씀드리는 것으로 하고 이렇게 일례를 들어 원안에 반대합니다.

의장(가도와키(門脇默一) 부윤) : 원안 반대하는 것은 예산을 어떻게 할지의 것입니까?

30번(임상조(林尙助)) : 위치 문제입니다.

의장(가도와키(門脇默一) 부윤) : 본안은 예산인데 -

30번(임상조(林尙助)) : 12만 원 예산으로 만들려고 했을 때 장소 문제는 추가로 다음 의회에서 자문한다고 했고, 그때 위치 문제에 대해 여러 비난이 있었기 때문에 지금 이렇게 된 것이라 생각합니다. 그런데 지금 대명동 안만 내고 다른 쪽을 하나도 내고 있지 않으니 이 원안이 틀린 것입니다.

의장(가도와키(門脇默一) 부윤): 원안의 예산을 어떻게 생각합니까. 인정합니까, 인정하지 않습니까?

30번(임상조(林尙助)) : 예산을 인정할지 반려할지의 문제라면, 이대로는 인정할 수 없습니다.

의장(가도와키(門脇默一) 부윤) : 지금 경정예산이므로- 원(原) 예산은 성립해있으니, 성립한 예산은 인정하지만 이 예산은 인정하지 않는다면 좀 -

14번(사카모토 슌스케(坂本俊資)) : 본 문제는 중요 문제이고 또 근래에 방청자도 다수라서 의원 여러분들이 둘로 나뉜 것으로 보입니다. 부윤은 전에 12만 5,000원 예산을 결정할 때, 장소에 대해서는 다시 연구해서 상담해서 결정한다고 말했음에도 불구하고, 오늘 이 제출된 예산에 장소까지 결정되어 있는 것은 약속 위반이고 또 대구부민으로서 대단히 주목하는 것입니다. 우선 총액 8만 원 예산을 생각하고, 장소에 대해서는 지금 좀 부 이사자가 실지(實地)에 대해서 설명을 해주시고 후일에 이 안을 결정하자는 동의(動議)를 냅니다.

(“예산을 전에 인정했다면” “찬성, 찬성”이라 말하는 자 있음)

22번(야마키타 미쓰노리(山北光德)) : 저는 원안 예산에 대해 찬성하는 한 사람입니다. 예산은 찬성하지만 장소 선정에 대해서는 위원을 천거해서 연구했으면 합니다. 이렇게 말씀드리는 것은 첫째로 아까부터 여러 질문도 나와있지만 당초 이 종합운동장 설치를 위해 작년에 연대 앞 토지를 사서, 대구 상황에서 보았을 때 필요하고 거기가 가장 유리한 땅이라고 이사자가 설명했고, 당시 저는 시설에 반대했습니다. 그러나 당시 다수의 찬성으로써 인정되고 그것을 매입했지만 그대로입니다. 당시 설명하신 것도 정말 지당한 말씀이었지만 현재 또 그런 상태이므로, 부(府)의 선정이 과연 지당하다는 관념을 가질 필요가 있다고 생각합니다. 아까부터 부의 설명도 있었지만 대체로 남부에 찬성합니다. 그러나 종합운동장의 이용 가치, 교통 관계 및 보건상에서 보아도 총체적인 방면에서 연구할 필요가 있다고 생각합니다.

("옳소, 옳소"라고 소리치는 자 있음)

단지 실지를 보지 않고 여기에 만든다면- 또 질문자 중에는 나병의 집단지로 가져가자는 의견도 있고, 만약 나병 집단지로 가져가는 것으로 하면 반대합니다. 또 서부 의원은 서부 쪽에 힘을 쏟고 있습니다. 이 예산은 두세 명의 의원이 찬성하고 있는데 저는 원안에 찬성합니다. 이미 12만 원 정도는 조건부로 인가된 것입니다. 그리고 총독부에 기채를 신청했지만 대구의 상태에서 보아 8만 원으로 하라고 하여, 이에 경정 예산이 제출된 것이고, 이 경정예산은 당연히 인정해야 합니다. 이러한 의미에서 예산에 찬성하고 시행권은 부윤의 권한이지만 두세 명의 위원과 협의해서 선처하길 희망합니다.

의장(가도와키(門脇默一) 부윤) : 보류하자는 동의(動議)가 나왔는데 찬성하시는 분 없습니까? ("찬성"이라 소리치는 사람 있음) (26번 발언을 구함) 보류에 대해 찬성 없습니까?

32번(윤병은(尹炳殷)) : 14번의 보류 의견에 찬성합니다.

1번(쓰지 스테조(辻捨藏)) : 조금 전 야마키타 미쓰노리(山北光德) 의원이 말씀하신 것처럼, 종합운동장은 처음에 대봉정으로 결정했지만 대명동으로 변경된 것은 그동안 대단히 좋지 못한 책동이 있어서 그 때문에 결국 대명동으로 장소를 변경했다, 이에 대해서는 상당히 말이 많고 오바 긴조(大場金藏) 의원도 지난번 회의에서 그 소문의 일단을 설명했고 저도 그때 그런 소문이 있다는 증명을 했습니다. 대명동을 부 이사자가 고집하는 것은 그 이면에 뭔가 수상한 점이 있을지도 모른다는 의심이 있습니다. 부윤이 충분히 조사하지 않은 것 아닌가 하는 의심도 일어나는 것입니다. 대명동을 고집한다는 증거는 대명동 쪽을 사실 싸게 견적내고, 거기에 대항하는 곳인 비산동은 비교적 다액으로 견적한 것입니다. 우리가 부의 대명동 안에 반대하는 이유는 거기에 있습니다. 그리고 부의 원안이 잘못되었다는 정체를 폭로한 상태이고, 단순히 하나의 예산으로서 고려가 필요할 뿐만 아니라 부의 확청(廓淸)의 의미에서도 원안에 반대할 수밖에 없습니다. 여하튼 대명동을 고집하는 이면에는 이상한 냄새가 납니다. 저는 반드시 비산동을 고집하는 것이 아니고 비산동보다 좋은 곳이 있으면 찬성합니다. 결국 대명동을 고집하는 여러 책동을 하고 호별 방문을 하면서 납득시키는 상태를 생각해도 역시 유쾌하지 않은, 명랑을 결여한 혐의가 있다고 생각합니다. 그리고 저는 이 8만 원으로 삭감한 것은 - 12만 원을 기채를 해서 실행하려는 부윤의 안에 찬성했지만, 그 안이 8만 원으로 감액된 것은 심각하게 생각하지 않으면 안됩니다. 당당히 논의한 것을 총독부가 삭제해버렸습니다. 그에 대해 저는 도(道) 간부에게, 도에서는 예산을 경정해야 하는 예가 있냐고 질문했는데, 도 간부는 그렇게 서투른 일은 하지 않는다, 적어도 원안을 제출해서 결의를 구한 안(案)은 상당히 원안을 갈고 닦아서 총독부의 양해를 얻는, 그 안 자체에 대해 검토할 가치가 있어서 부의 진면목을 인정하는 것이 가능한데, 부회가 결정한 기채인 12만 5,000원이 8만 원으로 감액된 것은 곧 부의 당시 사람의 머리가 잘못되었다는 하나의 증거다, 이런 경우 보통 그 책임을 물어야 한다는 것입니다. 이는 단순히 기채 문제에 대해 논한 것이지만, 최초의 안대로 우리가 부 원안을 찬성했다면, 그대로 실행되었다면 대구부는 그 때문에 몇만 원이라는 손해를 입었을 것입니다. 그런데 우리가 반대했으므로 그 손해를 막을 수 있었습니다. 정말 그 신념이 어떻게 귀결되었는지를 그저 부당국은 모른척하는 것입니까. 이번 봄 12만 5,000원의 원안을 가결할 때 이 일에 대한 답변도 주춤거리며 어떻게 말해야 할지 몰랐던, 실로 극한 추태가 있었습니다. 그때 부에게 성의를 갖고 다시 완전한 내용의 훌륭한 원안을 가져오라고 하고 예산만 인정했는데, 지금도 역시 엉터리의 것을 보인다면, 이 때문에 부민은 당사자에게 부정(府政)을 맡겨두는 것을 대단히 불안하게 느끼는 것입니다. 이러한 의미에서 저는 단순히 운동장 문제만이 아니라 부의 관기 숙정을 도모하기 위해서라도 본안에 반대할 수밖에 없습니다. 이상 말씀드린 이유에 기반해서 다시 종래의 행태를 생각해보고 대명동 안에 대해서는 다시 연구를 하길 바라며 저는 사카모토(坂本) 의원의 보류설에 찬성하고, 보다 좋은 곳을 발견해서 거기로 결정하자고 주장합니다.

(33번 오바 긴조(大場金藏) 발언을 구함)

번외(다케모토 리사쿠(竹本利作) 속) : 지금 1번은 본부의 허가 내용에 대해, 모처럼 의결했는데 본부에서 4만 원을 삭감한 것은 엉터리를 넘어 무정견(無定見)하다는 식으로 논하셨지만, 우리가 생각한 바에 의하면 4만 원 삭감된 것은 트랙(track)을 중지하라는 의미입니다. 좀 의미가 다른 것입니다.

33번(오바 긴조(大場金藏)) : 저는 원안에 찬성하고 그 위치는 부윤에게 일임하자는 이케모토(池本) 씨의 의견에 찬성합니다. 대체로 이 종합운동장이 이렇게 된 상태를 생각하면, 그것은 역시 1번 의원이 말한 것처럼 부의 큰 책임이겠지만, 그러나 내용을 연구해보면 여러 가지 얽혀있고 비산동이 거의 언급되지 않는 이면이 있습니다. 요전에 제가 말씀드린, 대명동에 심하게 구린 데가 있다는 것은 사실입니다. 저는 정직하니 확실하게 지금 말씀드리는데, 그것을 역이용해서 대명동의 구린 데만 발표하고 비산동의 구린 데는 덮고 있습니다. 저는 사실을 말씀드린 것입니다. 대명동에 최근 대구에서 지위가 높은 고급 간부가 토지를 갖고 있는 것은 사실입니다. 그렇다면 비산동은 깨끗한가 하면 그렇지 않고 진짜 더럽습니다. 지난번 선거에서 낙선한 모 의원이 있는 것은 모두 알고 있습니다. 이렇게 내부에 존재했던 것이 현재 종합운동장 문제에서 분규로 나타나고 있습니다. 지난번 22명이 12만 5,000원 예산을 심의하고 그 위치는 조만간 부회 간담회 석상에서 결정한다고- 저는 연판장이라고 말했는데, 의견서에 도장을 찍어 단숨에 해치워버리려고 한 것이 분규를 만들어냈습니다. 서부 유지가 지역의 여론을 부에 제출했습니다. 의원이 부회에서 간담하자고 결정했음에도, 예고도 없이 연판장을 내민 것이 악화한 원인입니다. 저는 연판장 내용에 대해 좀 애매하다고 생각하는 점이 있습니다. 사카모토(坂本) 씨였습니까, 사카모토(坂本) 씨는 이전 간담회 석상에서, 기록에 실려있는지는 모르겠는데, 별로 의지는 없었고 그저 부가 뭔가 좀 해봤다, 그런 생각으로 종합운동장을 취급한다면 대구부민은 완전히 허망합니다. 그런 인식하에서의 운동장은 절대 반대합니다. 부윤에게 말씀드리는데, 좀 실례되긴 하지만 '슬로우모션'입니다. 이 문제에 대해서 원안은 가령 부결되어도 단호히 신념하에 나아갈 것을 희망합니다. 따라서 저는 29번 이야기에 찬성합니다.

14번(사카모토 슌스케(坂本俊資)) : 지금 33번 오바 긴조(大場金藏) 의원은 어떤 생각인지 모르겠지만 저에 대한 말이 있으니 사실을 설명 드립니다. 부는 12만 5,000원 예산으로써 종합운동장을 만든다고 부회에 제시했습니다. 우리는 오바(大場) 씨가 말한 것처럼 장소는 어디로 결정할지 판단하지 않았습니다. 여하튼 12만 5,000원은 대단히 의문이 있고 이는 여하튼 철회하지 않는다는 생각이었습니다. 그래서 22명이 결속하여 이 연판장을 부에 건의안으로 제출한 것입니다.

의장 : 좀 시간을 연장하겠습니다.

14번(사카모토 슌스케(坂本俊資)) : 제출 후 부도 달성공원 안쪽 땅을 적당한 곳이라고 보아 그 예산을 작성했습니다. 그 후 2만 원이나 싸게 해서 부가 예산의 수정안을 낸 것은 바로 우리 22명의 연판장이 효과가 있었기 때문입니다. 만약 연판장을 내지 않았다면 2만 원 정도를 뒤에서 몰래 득을 보았겠지만, 이 연판장이 있었기 때문에 그만큼 싸게 된 것임을 설명드립니다.

33번(오바 긴조(大場金藏)) : 생각하는 것이 있는데 사카모토(坂本) 씨에게는 답하지 않겠습니다. 제가 도장 찍고 나서 12만 5,000원이 8만 원이 되었다고 들었는데 그런 식으로면 답하시면 옳지 않습니다. 말씀드린 것 중에 빠뜨린 것이 있습니다. 제가 말하는 것은 대명동이 좋은 곳이라면 아무리 나쁜 소문이 있어도 토지 자체가 좋은 것이니 단호하게 한다, 작년에 4호선 문제로 기강의 숙정을 부르짖었기 때문에 부당국에게 폐를 끼쳤지만, 공인으로서 바르지 않을 때에는 어디까지나 부딪히지 않으면 안됩니다. 내용을 적발해서 이를 혁신하는 것을 말했던 것입니다. 공인으로서 일반적으로 확실히 생각해서 일해야 한다는 점을 말씀드립니다.

26번(다카다(高田官吾)) : 저는 29번 의원의 부윤에게 일임하자는 이야기에 찬성합니다. 저는 부회의원으로서 심히 무책임하다는 질타를 받을지도 모릅니다. 사실 운동장에 대해서는 완전히 백지입니다. 왜냐하면 저는 운동한 적도 없고 운동장이 어디가 좋은지도 모릅니다. 상식적으로 생각해서 운동장은 운동가에게 가장 적합하고 또 관중의 관람에 편한 곳, 그리고 각 학교가 운동하는 데 편한 곳이 첫째라고 생각합니다. 금전 문제는 둘째라고 생각합니다. 돈이 싸게 들어도 사람이 가지 않으면 문제이고, 운동하는 데 적절한 곳을 선택하는 것이 첫째입니다. 다음으로 부의 경제력을 생각해서 적당히 알맞게 가는 것은 상식적인 사고방식입니다. 이 문제에 대해 분분한 의론을 거듭해서 대명동이 좋다 비산동이 좋다는 것은 오늘 더 듣고 싶지 않습니다. 저는 이 이상 말씀드릴 지식이 없습니다. 또 예산 편성에 대해서도 1번 의원은 부 당국의 아픈 점을 찌르고 있는데, 그러나 그 사정을 잘 들어보면 8만 원으로 대구의 종합운동장을 완성하고자 하고 우선 토지만 사서 야구장과 정구장을 완성하고 점차 재정이 완화되는 시기에 육상경기장을 완성한다는 이야기입니다. 여기에 총체적으로 약 10만 7,000원 든다, 그것을 보고 총독부에서도 삭감한 것이라 생각합니다. 그래서 저는 원안을 한도로 하고 다시 충분히 조사 검토를 해서 부윤에게 일임하는 29번 말에 찬성합니다.

의장 : 14번의 보류설은 성립했습니다.

16번(쓰카하라 우이치(塚原宇一)) : 본안은 오랫동안 현안이고 여러 가지가 얽혀있는 문제이므로, 부에서 어떻게 이 일을 선처할지 입장을 말해주시면 문제 해결의 지침으로 하고 싶습니다. 본 문제는 전 부윤 때에 나온 것이고 대봉정 2만 평을 사서 장래 종합운동장을 설치한다는 것이며 원칙적으로 말하면 장소는 거기로 해야 한다고 생각합니다. 그러나 여러 사정으로 장소가 변경되었습니다. 저는 그 당시 그 이유가 박약했기 때문에 반대한 한 사람입니다. 왜냐하면, 반대하지 않으면 부적당한 토지를 산 그 불명확한 책임을 부민에게 져야 하기 때문에, 대명동으로 이전 문제에 반대했습니다. 그 후 듣기로 변경된 이유는 지역이 흔쾌히 승락을 하지 않는다든가 혹은 배수 설비가 불완전하다든가 하는 것들이 가장 컸습니다. 그러나 이를 운동가에게 물어보면, 합리적인 시설을 하면 배수에 의해 지반을 굳힐 수 있고 작은 돌을 넣어서 하면 이상적인 장소는 그쪽이라는 말을 들었습니다. 그러나 저는 그 당시는 단지 막연히 그곳이 좋다고 해서 찬성해서, 지층이 어떻게 되어있는지 등을 염두에 두지 않고 그쪽으로 결정했다는 것을 나중에야 생각한 것입니다. 바람부는 방향이 야구나 정구에 부적당한 이유도 성립했습니다. 그러한 불명확한 것이 판명되었으므로 그렇다면 적당한 토지가 있으면 변경해도 좋을 것이라 하여 찬성한 것입니다. 그러나 대명동 토지에는 아까부터 각 의원이 말씀하신 것처럼 불순한 사람이 있고, 뒤에서 원안을 인정해달라, 장소는 의원이 선정해서 결정한다, 이런 분위기였다고 저는 기억합니다. 그렇다면 본 예산 심의에 대해서도, 역시 그 예산을 인정하고 실제로 적합한지 아닌지의 문제를 검토하면, 그렇게 떠들썩하지 않고 분규없이 끝내지 않을까 생각합니다. 대명동 토지를 총괄적으로 보아 전망이 좋고 공기가 적당하다는 게 하나의 이유이지만 그런 이유로 운동장이 결정되는 것은 과연 정당한지 아닌지, 제가 항상 품고 있는 신념에서 말하면, 경기라는 이름을 붙이지 말고 일본 정신의 신기장(神技場)을 대구에 건설하는 것이라면 이런 분규가 없을 것입니다. 갑의 토지에 할 것이냐 을의 토지에 할 것이냐의 문제에 부딪힌다면 아마 달성공원으로 결정할 것입니다. 신기장으로서 접근한다면 우리 11만 부민은 예산에 구애되지 말고 오히려 더 크고 높은 곳에 세워서 이것을 하는 게 맞지 않습니까. 예산만 인정하고 장소는 다시 고려하는 것이 낫습니다. 부 이사자는 정말 신중한 태도로써 의원의 말을 경청하고 결정한다고 말하기도 했습니다. 찬성과 불찬성이 이전에 있었지만 이번에는 전부 백지로 제안했으니 참고할 의견이 있으면 발표해 달라고 하므로 저는 발표합니다. 저는 신기(神技)라는 것에 대해 고려하실 것을 요구합니다.

7번(오노 겐타(小野元太)) : 저는 좀 몸이 안좋아 지금까지 조용히 논의를 듣고 있었습니다만, 오바(大場) 씨의 말에 찬성합니다. 이는 결국 부윤에게 일임해야 합니다. 수상한 것이 있지만 그것은 적당히 제재할 수 있습니다. 대명동으로 하건 비산동으로 하건 수상한 것은 적당한 처치가 가능합니다. 적지에 가장 중요성을 두고 당국에게 일임하는 게 제일 좋습니다. 사카모토(坂本) 씨가 말한 보류로 하면 또 분규가 되풀이되니까 부윤에게 일임하는 방법으로 하고 싶습니다.

("채결, 채결"이라 소리치는 자 있음) (4번, 21번 발언 구함)

21번(추병섭(秋秉涉)) : 저는 여러 의원 말씀을 듣고 또 부당국의 말씀도 들었지만 결국 부윤에게 일임할지 아닐지의 문제로 되었다고 생각합니다. 좀 거꾸로 된 것 같지만 듣고 싶은 것은, 의원이 예산에 협찬을 하지만 장소를 선정하는 권한도 있는지 없는지를 듣고 싶은데, 그런 것은 있습니까.

부윤 : 의안의 성격에 따라, 장소가 주된 성격인 의안은 장소가 의결의 중요 조건이 됩니다. 앞에 제안한 종합운동장은 예산 의결을 구한 것이고 장소는 앞의 순서상 말씀드렸습니다. 그러나 원안에 장소는 붙어있습니다. 원안에 붙어있는 장소를 반드시 고집하는 것은 아니라고 선언했고, 좋은 장소를 내주시면 반드시 원안을 고집하지 않는다고 말씀드렸습니다. 이 경우에 장소가 절대 요건이 되는 경우와 그렇지 않은 경우 둘 다에 의해서 예산을 의결해야 한다고 봅니다. 그것은 법리적 설명입니다. 앞에 12만 5,000원은 1935년도 일반회계에 들어가 있는 종합운동장비이고, 지금 이 사항을 부결하면 예산 일부분이 아니라 전체 예산을 부결하는 것이 됩니다. 좋은 장소가 있으면 말씀하시고 자문한다는 식으로 된 것입니다.

21번(추병섭(秋秉涉)) : 비산동을 주장하는 사람도 대구를 위해서이고 또 부당국도 대구부를 위한다고 생각합니다. 저는 물론 운동장에 관해서 지금 여기에서 도면을 본 정도입니다. 그것을 보고 의원 중에는 다소 연구한 사람도 있겠지만 대체로 반 정도는 도면을 보고 의견을 말했으리라 생각합니다. 이것이 좋은지 나쁜지, 도저히 저로서는 이 자리에서 찬성할지 안할지를 결정할 수 없습니다. 물론 부당국은 연구에 연구를 거듭했겠지만 아직 비산동이 좋다는 분도 있습니다. 아까 14번 말처럼 장소 문제는 보류하는 게 좋다고 생각합니다.

13번(배병열(裵炳列)) : 지금 7번 의원이 뭔가 수상하다고 말하면서 수상하다고 해도 사후 제재를 가할 수 있다고 했지만 이를 미연에 방지할 필요가 있지 않나 생각합니다. 사후에 그걸 제재하는 것은 도덕상, 감정상에서 고려한 것이라 생각합니다. 대구부 11만 부민이 신뢰하는 정직하고 현명한 부윤이 어떤 방면으로부터 사기당하고 있지 않나 생각합니다. 현재 대명동은 전에 대구에 사단을 설치하느니 마느니 했던 장소이고, 지금 의안에서 제출된 것처럼 무덕전(武德殿)을 대구부민이 5,000원 남짓 부담해서 이전해야 하는 상태가 되어 있습니다. 당시 무덕전을 건축할 때는 제거해야 할 사정은 없었지만, 이제는 없애야 하는 상황이 된 것입니다. 또 하나는, 누군지는 모르겠지만 부 당국자가 부회의원 집을 방문했다, 혹은 서부 진흥회 간부 집을 방문했다, 이걸 좋게 생각하면 지나친 친절입니다. 그러나 이를 뒤집어 생각해 보면 부가 정정당당하게 한다면 더 명확하게 행동했을 것 같습니다. 저는 당시 좀더 연구할 여지가 있지 않았나 생각합니다. 따라서 보류설을 저는 찬성합니다.

("채결, 채결"이라고 말하는 자 있음)

12번(배정기(裵鼎基)) : 이 운동장은 말할 것도 없이 운동장으로서 적당한지 부적당한지가 장소 선정상 가장 중요 문제라 생각합니다. 의장과 참여원의 이야기에 의하면 각각 장단점이 있고 일률적으로 적당과 부적당을 말할 수 없는 점이 있습니다. 결국 운동장의 가치는 갑을의 차이가 아니라고 저는 생각합니다. 단 경비에 있어서, 대명동은 10만 4,000원이고 비산동이 13만 6,000원인 것에 대해 모든 사람이 이구동성으로 잘못되었다고 말하는데, 이는 원안을 결정하기 전에 비산동을 대단히 불리하게 견적한 게 아닐까 생각합니다. 적지주의라는 관점에서는 둘 사이에 차이가 없고 경비에서 3만 2,000원 차이가 나오는 것입니다. 그 3만 2,000원은 도로 설치비입니다. 도로는 인접지를 도시에 편입하는 그런 때에 필요하다고 생각합니다. 운동장만이 아니라 이를 별개로 보아도 장래 유망한 도로가 되므로 설치도로비인 1만 7천 원은 문제가 되지 않습니다. 결국 정지비의 차액입니다. 서부를 설계한 분은 상당히 권위자라고 하고, 부에서도 이를 상세히 조사했다고 생각하는데, 이만큼의 차이가 왜 나는지를 저는 모릅니다. 지금 2독회 중이니 이를 설명해달라고 하진 않겠지만, 후에 기회가 있으면 좀 설명해주시길 바랍니다. 적지주의에서 보아도 경제적으로 보아도 큰 차이가 없다면, 결국 어디에 만들어도 좋다는 이야기가 됩니다. 서부 쪽은 부 바깥이지만 도시 확장을 하면 부에 편입되는데, 운동장을 만들면 그 여파를 받아서 발전해갈 것입니다. 대구 시가지는 남부로 발전성이 있어서 아무것도 없어도 자연히 발전이 가능할 것이라 생각합니다.

("명론(名論)"이라고 말하는 자 있음)

그것은 제 생각만이 아닙니다. 저는 남부에 살고 있어서 제 경우는 운동상에서 보면 대명동이 좋지만, 저 자신을 떠나 전체 대구를 위해서는 적지주의라는 관점에서 큰 차이가 없다면, 또 도시의 균형을 위해서도 비산동에 만드는 쪽이 옳다고 생각합니다.

29번(이케모토 이사부로(池本猪三郎)) : 지금 12번은 비산동이 대명동과 같은 것처럼 들었다고 말씀했는데, 저는 부당국에게 듣기로 그런 식으로 듣지 않았습니다. 어떤 점에서 보아도 운동장의 가치는 대명동에 있다고 들었는데, 그렇지 않았다는 겁니까?

번외(하야미 류조(速水隆三) 기사) : 공사비에 대해 간단히 설명드리겠습니다. 공비를 비교해서 보면, 우선 정지비로 2만 900원 정도 비산동이 더 듭니다. 주된 이유는 비산동은 구릉지 - 산이 있어서 토지의 고저가 있기 때문에 지균할 토지가 5만 2,900㎥나 있는 까닭입니다. 게다가 약 7할이 암석입니다. 그리고 대명동 쪽은 부지가 평야여서 이를 지균하면 3만 9,000m^3로, 이미 1만 3,000m^3 차이가 나고, 한쪽은 땅 뿐인데 한쪽은 암석이 들어가 있어서 1평당 공비가 더 들어 2만 900원 필요합니다. 부윤이 말씀하셨지만, 비산동의 운동장 예정지로 10만 평의 인접지가 있는데 그 인접지에서 나오는 물을 당연히 지세 관계상 예정지의 아래쪽 연못으로 떨어뜨려야 하고 거기에 1만 1,000원의 암거(暗渠)를 만들어야 합니다. 그 암거는 현재 역 근처에 있는 것과 같은 것으로 하면 충분한데, 그러려면 1만 1,000원 정도로 돈이 듭니다. 실제로 공사비에 그만큼 차이가 있다고 비산동이 좋지 않다는 선입견이 있는 것은 아닙니다.

제가 기술적 견지에서 운동장을 어디에 선정하면 좋을까를 말씀드리면, 운동장은 일반 다수 시민이 이용하기에 가장 편리한 곳이 좋고, 다음으로 상당히 큰 면적이 필요하기 때문에 토지가 싼 곳, 토지는 싸도 공사비가 들지 않는 곳, 산에 들어간다든가 물을 건넌다든가 하면 지가(地價)는 쌀지도 모르지만 이에 필요한 공비가 상당히 들게 됩니다. 또 하나는 공공단체가 설치하는 운동장이니 어린이도 노인도 체력을 단련해야 하며, 현재 선진 도시에서는 운동장 옆에 유원지를 만들어 일요일이나 토요일에 가서 일광욕을 하거나 놀 수 있게 하고, 또 도시계획상으로도 지진이나 대화재가 일어났을 때 이것을 시민 피난지로 한다는 관점에서, 대명동이 비산동보다는 주위 환경과 이용하는 시민 수에서 보아 가치가 있습니다.

또 한 말씀 드리면 가령 대명동을 중심으로 해서 2,000m의 원을 그려보면, 그 안에는 법원 관사 부근부터 도립병원, 남산정(南山町)부터 이번에 새로 만든 남산정 보통학교까지 들어갑니다. 그 안에는 각 중등학교, 소학교, 조선민보사 등을 상당히 포함하고 있습니다.

한편 비산동의 2,000m 내를 보면 원정(元町) 1정목의 미나카이(三中井), 그리고 도청 앞을 통해 경정(京町) 2정목을 건너 남산정 부근을 가는 선입니다. 그 안에 있는 주요 관청은 전매국, 도청, 우편국 등입니다. 그런 점에서 보아도 결국 위치는 대명동 위치가 더 적합하다고 생각합니다.

12번(배정기(裵鼎基)) : 지금 잘 들었고 경비 문제는 대체로 알겠습니다. 저는 원래 종합운동장은 적지주의를 채택하여 좋은 장소에 만드는 게 좋다는 생각인데, 아까 여러 말씀하신 바는 어느 곳도 우열을 말할 수 없는 식으로 말씀하셨지만, 만약 대명동이 대단히 좋고 비산동보다 우수한 것이 확실하다면, 좋은 곳에 만드는 것에 찬성합니다. 그런데 단순히 어디가 좋고 어디가 나쁜가는 이렇게 책상 앞에서는 판단할 수 없으니, 지금 14번 의원 말처럼 예산 경정이니까 예산만 오늘 결정하고 장소는 실지를 좀 연구해서 후일 결정하자는 동의(動議)에 찬성합니다.

27번(시마다 가네시로(島田金四郎)) : 아까 33번 오바 긴조(大場金藏) 의원이 말씀했지만 서부 쪽에 대해 오해가 있어 제가 말씀드립니다. 전에 예산 8만 원 이내에서 하자는 이야기가 있어서 - 사실 저는 서쪽에 살고 있고 서부 의원으로 보여지는 의원이지만, 토지를 하나도 갖고 있지 않습니다. 8만 원 이내에서 운동장을 만들기로 하고 상당한 기술자들이 설계를 해서 진행한 것인데, 대명동은 그때까지 12만 5,000원이라 들었을 뿐 그것을 8만 원 이내에서 만든다는 것은 저는 꿈에도 생각지 않았습니다. 그쪽에 토지를 갖고 있는 분이 다소 있겠지만 평당 1원으로 제공했다면 제공한 토지에 대해서는 시가에 비교해서 득이 되었으리라 생각합니다. 이런 상태로 그때까지는, 부 이사자에게 말씀드리기 어려운 점인데, 서부에 그러한 경위가 있고 견해가 다를지도 모르지만, 부의 조사에서는 13만 6,000원으로 되었고 서부에서는 10만 2,600원으로 가능하다고 말하고 있으므로, 아까 14번 사카모토 씨가 말한 것처럼 안(案)은 찬성하지만 그 외는 좀더 연구하면 장래 원만히 되지 않을까 생각합니다.

부윤 : 경비는 설치도로와 배수로의 차이 아닙니까.

27번(시마다 가네시로(島田金四郎)) : 서부는 10만 2,600원이고 부는 그걸로 될지 안될지는 확실히 모르지만, 적어도 그런 것이 나왔으니 장소는 어디로 하든 좀 고려를 해주면 좋지 않겠는가 하는 의미입니다. 장소가 좋지 않다면 이의는 없습니다.

29번(이케모토 이사부로(池本猪三郎)) : 60%는 이쪽이 좋고 40%는 저쪽이 좋고…

의장 : 자문하는 표준이 없어서 주관이 다른 것입니다. 그래도 확실히 구분되는 것은 경비입니다.

29번(이케모토 이사부로(池本猪三郎)) : 운동가가 보는 위치는 어디입니까?

의장 : 잠시 휴식하겠습니다. (오후 5시 48분)

의장 : 계속 개회하겠습니다.(6시 23분)

22번(야마키타 미쓰노리(山北光德)) : 아까부터 이 문제에 대해서 계속 의견이 분분한데, 제가 보기로는 이사자가 말하는 것이 자신없어 보입니다. 번외 기사의 설명에 의하면 사용 가치에 있어서 어느 쪽이 좋은지 알 수 없는 부분이 있었습니다. 설명에 신념이 없다고나 할까요. 토목기사의 설명을 믿는다면 저는 대명동이 최적지라고 들었습니다만, 부윤은 경비 때문에 어디에라도 만든다는 - 이는 단순히 경비 문제가 아니라고 생각합니다. 토목기사의 설명을 믿는다면 대명동이 좋다고 생각되고, 대명동에 불순한 소문이 있는데 그것은 소문일 뿐이라고 생각합니다. 저는 서부에 살고 있지만, 원안 예산으로 설치하고 일임하자는 말씀도 있었는데, 저는 사실은 위원을 두는 것을 고집하지 않습니다. 부윤에게 일임이 좋습니다. 이 예산을 가결하고 싶습니다.

1번(쓰지 스테조(逵捨藏)) : 조금 전 부 기사의 설명 중에 대명동이 최적지라는 식으로 답했는데 저는 반대 의견을 말하고 싶습니다. 지금 야마키타(山北) 의원이 부 기사가 말한 것을 신용한다고 말했지만 저는 그에 대해 반대 의견을 갖고 있습니다. 전에 부윤 설명처럼 위치는 주관적이고 자기들이 좋은 곳을 주장하니 일률적으로 말할 수 없습니다. 부지에 대한 논의를 빼고 의사 진행하길 바랍니다.

의장(가도와키(門脇默一) 부윤) : 14번 의원 발언에서, 실지를 보지 않은 사람도 있으므로 실지를 본 후 이 의안의 가부를 결정하고 싶다는 의견이 나왔는데 거기에 상당히 찬성자가 있고, 지금 부지는 부윤에게 일임하고 원안대로 가결하자는 설도 있습니다. 두 가지 설이 있는데 이를 채결해서 숫자에 의해 결정하면 물론 확실히 하는 것이겠지만 뭐로 하면 좋은지, 지금 아직 실지를 보지 않은 사람이 보는 것도 필요하다고 생각합니다만 어떻게 생각하십니까?

(30번 임상조(林尙助), 19번 허지(許智)가 발언을 구함)

19번(허지(許智)) : 저의 의견으로서는 안 본 분들에게는 충분히 보여주고 예산안만 확정해두고, 실행 때는 위원과 이사자가 상담하기로 하면 어떻습니까.

("동의"라고 말하는 자 있음)

30번(임상조(林尙助)) : 어떠한 사항에 대해서도 마구 채결을 하는 것은 안된다고 생각합니다. 우리 부회 회의는 가장 명랑한 회의이고 가장 원만히 자문하는 것이 우리 생각입니다. 아까 의장 말씀처럼 이 예산은 현장을 보지 않은 사람도 있으니 보고나서 예산을 심의하자는 이야기는 가장 원만한 이야기이고 찬성합니다.

("찬성"이라고 말하는 자 있음)

26번(다카다(高田官吾)) : 지금까지 보류하자는 이야기가 많았습니다만 그 보류가 심히 불명료하게 들립니다. 예산만 통과해두고 위치는 다시 부회에서 자문한다는 보류라고 생각되는데, 보류하고 자문한다는 게 어떤 의미입니까. 부회의원에게 결정권을 주어 회의에서 위치를 결정하고 채결하는 것인지, 무엇에 의한 보류인지, 단지 자문이라는 가벼운 해석을 해서 운동장을 보지 않은 사람을 안내해서 상담하려는 것인지, 그 해석이 힘듭니다. 아직 보지 않은 사람을 단지 보게 하는 것뿐이라면 잘못된 것 아닙니까. 설계까지 해서 더 신중하게 연구해서 그 후 예산 심의를 하는 것에 찬성합니다.

32번(윤병은(尹炳殷)) : 저는 14번 의원의 동의(動議)에 찬성합니다. 실지를 보고나서 예산을 다시 심의하자는 동의입니다.

26번(다카다(高田官吾)) : 위치 결정권은 결코 의원에게 없지만-

부윤 : 의안 제출권은 부윤에게 있습니다. 그러나 전례에 의해 자문하는 것입니다.

26번(고전관오) : 결정한다는 것입니까.

부윤 : 좋은 장소가 있으면 의안으로 채용합니다.

1번(쓰지 스테조(逵捨藏)) : 총의(總意)에 의한다는 것이겠죠.

부윤 : 그렇습니다.

33번(오바 긴조(大場金藏)) : 지금 질문 중 중대한 사항이 하나 포함되어 있다고 생각합니다. 아까 답변과 달리 의원이 위치에 대한 의결권을 갖고 있다는, 그것을 채용한다는 식으로 말씀하셨는데 그렇게 되면 중대한 결과를 가져옵니다.

부윤 : 이 안은 자문한다고 하는 것이니까.

33번(오바 긴조(大場金藏)) : 자문인가.

부윤 : 소학교 위치를 결정하는 것과는 달리, 예산 금액 의결을 받을 때에 장소까지 말해서 그 찬성을 구하는 것으로 처음부터 되어 있다는 의미입니다.

33번(오바 긴조(大場金藏)) : 다음 부회에서 비산동으로 결정된다면 당신은 결정합니까?

부윤 : 원안이 채용되지 않으면, 아마 그렇지는 않겠지만, 제출권 중에 넣지 않으면-

33번(오바 긴조(大場金藏)) : 부윤은 단지 예산 금액에 따른다는 말씀인데 -

부윤 : 그건 아닙니다.

29번(이케모토 이사부로(池本猪三郎)) : 예산이 적은 곳에 만드는 것은 운동 정신이 아닙니다. 운동상에서 보아 다소 비싼 돈이 들어도 적당한 곳으로 가져가야 합니다.

("그렇다"고 말하는 자 있음)

이는 대명동이 최적지라는 것에서 나왔다고 믿습니다. 그럼에도 불구하고 부윤은 금액에 의한 차이를 말씀하고 있습니다.

부윤 : 그것은 주관에 따라 다양합니다.

의장(가도와키(門脇默一) 부윤) : 어떻게 할까요. 실지를 보지 않은 사람이 있어서 보고 싶다는 말이 나와 있는데 이는 맞다고 생각합니다. 부의 제안이 나쁘다든가 양보라든가 하는 의미가 아니고, 보는 것은 좋다고 생각하므로 그렇게 하면 어떻습니까.

("찬성, 찬성"이라고 말하는 자 있음)

어떻습니까. 14번 의원의 보류하자는 것이 아니고, 실지를 본 후 원안을 결정한다는 의미에서 모두들 어떻습니까.

("이의 없음"이라고 말하는 자 있음)

그럼 본안은 보류합니다. 월요일 오전 중에 보기로 하고, 본회는 오후 1시부터 심의하기로 하고 준비는 차차 모두에게 통지하겠습니다. 그동안 본회는 휴회하겠습니다.(박수)

오늘은 이걸로 산회합니다.(오후 6시 45분)

6) 대구부회 회의록(제2일, 1935년 9월 9일)

항 목	내 용
문서제목	大邱府會會議錄(第二日)
회의일	19350909
의장	門脇默一(대구부윤)
출석의원	逵捨藏(1), 小西裕(2), 本多良綠(3), 小野英勇(4), 黑川圓治(5), 小野元太(7), 田中弘眞(8), 內山喜一(9), 소진무(蘇鎭武)(10), 白井義三郎(11), 배정기(裵鼎基)(12), 배병열(裵炳列)(13), 坂本俊資(14), 靑木勝(15), 塚原宇一(16), 松本誠一(17), 배국인(裵國仁)(18), 허지(許智)(19), 정운용(鄭雲用)(20), 추병섭(秋秉涉)(21), 山北光德(22), 진희태(秦喜泰)(23), 주병환(朱秉煥)(25), 高田官吾(26), 島田金四郎(27), 池本猪三郎(29), 임상조(林尙助)(30), 古谷治輔(31), 윤병은(尹炳殷)(32), 大場金藏(33)
결석의원	김완섭(金完燮)(6), 立木要三(24), 大澤新三郎(28)
참여직원	竹本利作(부속), 佐能安太郎(부속), 吉村來治(부속), 多羅尾增男(부속), 김재익(金在翊)(부속), 岡田榮(부주사), 宅間史任(부서기), 速水隆三(부주사)
회의書記	三島活三(부서기), 原本守貞(부 고원)
회의서명자(검수자)	
의안	사단 설치, 종합운동장 설치에 관한 건
문서번호(ID)	CJA0003091
철명	대구부세입출예산서류
건명	소화10년도대구부특별회계승합자동차비세입출추가경정예산(제2회)-대구부회회의록 소화10년도대구부세입출추가예산(제5회)-대구부회회의록
면수	29
회의록시작페이지	1095
회의록끝페이지	1123
설명문	국가기록원 소장 '대구부세입출예산서류'철에 포함된 1935년 9월 9일 대구부회 회의록

해제

본 회의록(총 29면)은 국가기록원 소장 '대구부세입출예산서류'철 '소화10년도대구부특별회계승합자동차비세입출추가경정예산(제2회)' '소화10년도대구부세입출추가예산(제5회)'건에 포함된 1935년 9월 9일(제2일) 대구부회 회의록이다.

종합운동장 위치 문제를 결정하기 위해 오전에 부의원 임상조, 윤병은 등 16명과 부 관계자 일행이 하야미 류조(速水隆三) 기사의 안내로 비산동 대명동 양 후보지를 답사한 후 오후 2시부터 부립도서관에서 부회를 열어 오랫동안 문제를 거듭하던 종합운동장 위치문제를 최후로 토의했다. 비산동을 주장하는 서부진흥회 등 관계자까지 물밀듯 들어와서 장내가 입추의 여지없이 초만 원을 이루어 삼엄한 가운데 서로 대립하여 논의가 속출했다. 결국 무기명 투표하였는데 예산안은 28표 대 2표로 원안 가결되고, 운동장 위치는 부의 원안인 대명동에 대해 가부를 투표한 결과 출석 30인 중 1표는 백표이고 1표는 입회자가 서로 의견을 달리하여 가인지 부인지 불분명하다 하여 의장이 무효로 인정했다. 결과는 대명동안에 찬성하는 것이 14표, 대명동안에 반대하는 것이 14표의 동수였는데, 의장은 원안대로 대명동으로 결정했다. 장내가 수라장으로 변하여 "부민의 총의를 무시하는 부윤의 횡폭"이라는 목소리가 여기저기에서 터져나왔다. 원안을 반대하는 측 의원들은 폐회도 하기 전에 퇴장을 시작했고, 투표지를 조사하니 '대명동 불'이라고 씌어있는 것을 의장은 '가'인지 '불'인지 불분명하다는 애매한 이유로 1표를 무효로 처리했던 것이었다.[12]

12) 『매일신보』 1935.9.11; 『조선중앙일보』 1935.9.11.

부윤이 무리하게 부의 원안을 가결시킨 이유는 대명동에 이미 80연대가 들어와 있고 장차 사단이 설치될 것이라는 예정하에서, 사단 옆에 운동장을 설치하고자 하는 의도를 관철시킨 것이었다. 신문기사에서는 운동장과 사단 설치 관계에 대해 일반의 감정을 의식해서인지 그다지 언급하고 있지 않고 기존 연구[13]도 이 점을 놓치고 있으나, 종합운동장 부지 문제는 대구에 사단을 설치하는 문제와 깊게 관련되어 있음을 이 회의록 외에도 여러 대구부회 회의록을 통해 알 수 있다.

내 용

의장(가도와키(門脇默一) 부윤) : 전회에 이어 지금부터 개회하겠습니다. 의안 제27호의 2독회를 이어서 열겠습니다.

31번(후루야 지스케(古谷治輔)) : 좀 질문이 있습니다. 운동장의 위치 결정에 대해 지난 회의에서 상당히 파문을 일으켰다고 생각합니다. 의장은 이 위치 결정에 대해 부회의원의 다수로써 결정하는 것입니까 아니면 의장의 집행권을 행사하는 것입니까. 이를 명확히 간단명료하게 답해주십시오.

의장(가도와키(門脇默一) 부윤) : 최근 부회에서 답변 드린대로 종합운동장 위치는 원안보다 좋은 곳이라면 그 좋은 곳을 채용한다고 말씀드렸는데, 달리 좋은 장소가 있으면 그 장소를 일단 원안으로서 취급하지 않으면 안됩니다. 원안으로서 취급하기 위해서는 물론 이사자로서 찬성을 표하지 않으면 원안에 넣지 않습니다. 원안을 벗어나 다수로써 결정하는 것은 문제가 되지 않습니다.

13) 조명근, 「일제시기 대구부 도시개발과 부(협의)회의 활동」, 『민족문화논총』 71, 2019.

1번(쓰지 스테조(逵捨藏)) : 저는 어제 종합운동장 제2독회에서의 의견 보충을 하고 싶습니다. 우선 대구에 사단을 설치할 수 있는 가능성이 있는지 없는지의 문제부터 시작하고 싶습니다. 최근 대구에서는 사단이 금방이라도 생길 것 같은 분위기였지만 지금은 거의 보이지 않는 것처럼, 이 문제에 대해서는 불을 끄는 것 같은 상태가 되어있습니다. 만몽문제가 발흥했기 때문에 군부는 조선에 두는 병력을 만주방면으로 돌려야 해서, 조선에 사단을 증치하는 것을 어쩔 수 없이 일시 연기한 것으로 보입니다. 그러나 정말 조선에는 이 사단을 증설할 가능성이 있는지 하는 점을 고려해봐야 한다고 생각합니다. 일본에서는 이미 16개 사단과 근위사단이 전부 설치되었지만, 조선에는 2개 사단 육군이 설치되어있을 뿐입니다. 이를 고려할 때 조선에 2개 사단으로 과연 만족할 수 있는지, 또 장래 그 이상 증치할 예정이 있는지 없는지를 상상할 경우에, 아마도 만주에 접근하여 러시아에 가까운 곳인 이 조선에서 겨우 2개 사단의 군비에 의해 만족하지 않고 필시 가까운 장래에 군비를 확장하게 될 것입니다. 가령 최소한 2개 사단을 조선에 증설하는 경우를 상상해볼 때, 반드시 남선에 1개 사단을 두는 될 경우 대구에 설치된다는 것은 조선 사정을 알고 있는 자는 이를 믿어 의심치 않으리라 생각합니다. 정말 그렇다면 이 사단 증설이라는 것은 반드시 가까운 장래에 실현되리라 보는 것이 상식입니다. 그래서 사단 증치를 할 경우 대구에서 어느 쪽이 적당할지를 고려에 들어가야 한다고 생각합니다. 우리 조선과 일본을 병합한 당시 명치대제는 일시동인이라는 것을 따랐습니다. 즉 조선과 일본은 겉으로 보기에는 나라가 나뉘어 있지만 같은 볏의 민(民)으로서 일본인도 조선인도 일시동인이라는 점을 따르고 있습니다. 그 큰 뜻에서 생각해보아 조선에 역시 일본과 마찬가지로 징병제도를 선포할 것은 상식적으로 의심의 여지가 없습니다. 조선인이니까 징병제도의 의무를 갖지 않아도 좋다는 것은 과도기의 시대에 있어서는 용납되지만, 조선이 일본과 같이 일시동인으로 발달하는 이상 반드시 징병제도는 실현되리라 확신합니다.

또 조선을 일본의 연장이라고 칭하고 있는데 이 의미에서 생각해보면 반드시 조선에서도 대의사가 나올 것은 상식이라고 생각합니다. 장래 조선에서 대의사가 나오고 또 징병제도가 선포되는 것은 상상하기에 어렵지 않습니다. 조선에 징병제도가 선포된다면 반드시 2개 사단의 증설이 아니라 더 많은 사단 증설이 될 것입니다.

여하튼 대구의 당면 문제로서 이 종합운동장 설치에 대해 부윤의 안은 대명동(大明洞) 쪽으로 되어 있는데 대명동은 사단 설치에 대해서 가장 필요한 관계를 가진 장소라고 생각됩니다. 저는 사단 설치는 2,3년 후가 아니어도 적어도 10년 후에는 실현되리라 예상하고 있습니다. 이렇게 쉬운 것을 도외시하고 군사상 중요한 곳에 운동장을 설치한다면 명확히 선견지명이 결여된 것입니다. 무덕전(武德殿) 같은 것도 10년 전에는 지금 위치에 설치해야 한다는 사람이 많았기 때문에 실현된 것인데, 현재는 무덕전도 외부로 이전해야 한다는 여론이 있습니다. 무덕전 설치 당시 위정자와 공직자에게 선견지명이 없었기 때문이라고 생각합니다. 이 무덕전을 생각해봐도, 2만 평이라는 비싼 곳을 구해서 운동장을 만들면, 사단을 설치할 경우 이것이 장애가 될 수 있습니다. 저는 부의 백년지대계라는 점에서 겨우 10년 앞을 판단하지 못하는 시설을 하고자 하는 당국의 생각에 대해 심히 불안을 느끼고 있습니다. 사단 증설에 대해 누가 의심하겠습니까. 반드시 사단 증설은 될 것입니다. 이를 근거로 해서 예상하면, 대구의 장래를 생각하고 대구 지세를 고려하는 자는 머리를 어떻게 써야할지 명확할 것이라 믿습니다.

("옳소, 옳소"라고 말하는 자 있음)

사단 증설이 반드시 가까운 장래에 실현되고 적어도 10년 이내에 가능성이 있다면, 굳이 애써 그 사단 증설의 근거가 될 만한 장소에 운동장을 유지해갈 필요가 어디에 있습니까. 눈앞의 것만 생각하지 말고 조금이라도 장래를 볼 필요가 있습니다. 멀리 내다보고 생각하는 것은 비전문가는 무리이지만 10년 앞을 생각하지 않으면 안됩니다. 따라서 이 사단이 반드시 생기니까 그 증설할 지역을 남겨두고 부의 공공시설을 만들 필요가 있습니다.
특히 저번 본회의에서 야마키타 미쓰노리(山北光德) 의원은 장래 대구는 남쪽으로 발전할 것이라 말했는데 저도 동감하고, 남쪽으로 발전하고 또 동쪽으로 발전해 갈 것이라 저는 말하고 싶습니다. 즉 동남쪽으로 대구가 발전한다고 말하고 싶습니다. 즉 동남쪽으로 대구는 발전해가고 현재 주택지도 동남쪽에 생기고 지가도 폭등해가고 있습니다. 이걸 보면 장래 주택지로서도 적당하다고 예견할 수 있는 발전성이 있는 곳에 운동장을 만들어 10정보(町步) 가까이를 운동장이 차지해버린다면, 훌륭한 토지를 무의미하게 사용해버리는 것이 아닐까 생각합니다.
또 대구의 북쪽은 아마도 공장지대가 되어 많은 발전의 여지가 있지만, 서쪽으로는 막혀있습니다. 이를 타개할 방법 중 하나는 대신궁(大神宮)이라는, 우리 일본인으로서 제국국민으로서 가장 숭배하는 중심이 있다는 점입니다. 국민정신을 작흥하는 중심인 대신궁 가까이에 운동장을 만든 많은 예가 있습니다. 이것이 간접적으로 그 지방 발전을 조금이라도 조장한다면 소위 부산물로서 크게 환영해야 합니다. 왜 힘들여서 운동장 같은 시설을 서부보다 좋은 지역에 만들어서, 남쪽의 발전을 저해합니까. 저의 상식으로 생각하면 남부 분들은 운동장 같은 것을 훌륭한 토지에 시설하지 않고 오히려 시설에 반대하는 진정을 할 것이라 생각합니다. 저는 결코 서부만을 고집하는 것은 아니고 대구 장래 발전을 생각하고 사단 증설을 고려에 넣어서 절대적으로 대명동에 반대합니다.

다음으로 저는 전에 운동장을 설치하는 목적 및 효과에 대해 부윤이 당사자로서 책임 있는 설명을 해주시길 바랬는데, 부윤이 답변한 기회를 잃은 매우 한심한 상황이 있었습니다. 대체로 야구나 정구 같은 것은 구미에서 직수입한 운동 경기이고 여기에는 일본 정신이 결여되어 있다고 생각합니다. 비근한 예로는 대구에서 야구부장을 하는 사람이 파산해서 후임자를 물색하는데 되도록이면 돈을 낼 사람이 좋겠다고 하여 시마다 가네시로(島田金四郎) 씨를 물색하고 있다고 합니다.(웃음소리) 운동정신 그 자체는 물질을 초월할 때 가치가 있지만 물질에 얽매이면 운동정신 그 자체에도 어긋나고 국민정신의 부패가 되는 것입니다. (중략-편자)

우리나라는 재정적으로도 정신적으로도 비상시입니다. 그러나 저는 물질적인 것보다 정신적인 쪽이 중요하다고 생각합니다. 운동 경기도 그 경기 자체보다 정신적으로 큰 효과가 있어야 합니다. 그 효과가 있기 위해서는 우선 정신적으로 운동을 지도해갈 환경을 만들어야 합니다. 그래서 대신궁 옆에 운동장을 설치하는 것은 당연합니다. 좀 돈이 들어도 이쪽에 만든다는 생각이 없으면 위정자로서 자격이 없다고 생각합니다. 운동장을 만든다면 국민정신을 작흥할 수 있는 환경에 두는 것이 당연합니다. 이 환경을 도외시하고 적은 돈으로 오히려 이쪽에 두기 위해 싼 견적을 비싸게 견적하여 가능한 신궁에서 떨어지려는 태도를 가지는 것에 대해 저는 의혹을 갖고 있습니다.

(“확실히 해” “뒤가 있다”라고 말하는 자 있음)

이미 각 주재소에서도 대신궁을 받들고 각 관청에도 대신궁을 받들고 크게 국민정신 작흥에 힘쓰고 있다고 들었습니다. 이 운동정신을 만드는 것에 있어서도 대신궁을 고려하는 것이 가장 합리적이고 부민을 위해 가장 친절한 것이라 생각합니다. 즉 건전한 신체에 건전한 정신이 깃드는데 저는 물질에만 착목하는 종합운동장 시설을 배격해서 정신을 주로 한 대신궁 부근에 그 시설을 하길 주장합니다. 마지막으로 저는 종합운동장 매수에 대해 말씀드리고 싶습니다. 이번에 신설된 동운정(東雲町) 쪽 소학교 부지가, 우리에게 제시된 원안은 평당 5원 50전인데 6원 70전 평균으로 산다고 합니다. 또 서쪽에 신설되는 보통학교도 평당 3원 50전인 것을 5원 내외로 사고 있는 사실이 있습니다. 이런 식으로 예상해보면 이번에 대명동을 평당 1원 40전으로 사는 것으로 되어 있지만 이는 아마 제가 들은 바로는 2원 50전이라는 것입니다. 대명동 방면에 운동장이 생긴다고 하면 아마 3원이나 4원으로 폭등할 것이고 이 경우 이 지가 폭등에 의해 예산이 배 가까이 손실될 것입니다. (중략-편자) 만약 대명동에 운동장을 설치하게 되어서 토지를 비싸게 사게 되면 여기에 책임문제가 일어납니다. (중략-편자) 저는 요컨대 대명동에 운동장을 설치하는 것은, 사단 설치가 되면 그 방면으로 더욱 발전할 가능성이 있음에도 운동장을 만든다는 것은 사치스런 일이고, 다른 목적을 생각하면 경제적 방면으로 뻗어나가는 것이 가능하므로 원안은 부결하는 것이 타당하다고 확신합니다.

18번(배국인(裵國仁)) : 제가 드릴 말씀은 별로 길지 않지만 발음이 부정확해서 여러분이 듣기에 거북한 점도 있으리라 생각합니다. 이 점을 미리 양해 부탁드립니다. 정치는 정직하게만 말하는 게 정치가 아니고 허구를 섞어서 하는 것도 있는데 대구의 부정(府政)은 너무 정직한 편이라서 때때로 경우에 따라서는 시끄러운 문제가 있습니다. 그래서 대구부 일은 물론 대구부민에게 이해관계가 있고, 부이원은 우리 이상으로 걱정하고 있는 것은 사실입니다만, 지금 운동장 문제에 대해 우리가 부회의원의 직책을 떠나 제3자 입장에서 이 문제를 냉정히 생각해보는 것은 헛된 일은 아니라고 생각합니다. 저는 올해 본 회의 때 조건부로 원안에 찬성했습니다. 그때 조건이라는 것은 예산이 12만 5,000원이니 그 근처의 부지를 매입해서 여러 시설을 해도 돈은 여유가 있을 것이니 앞의 연못을 사고 싶다는 조건을 붙였습니다. 이는 최근 염려하시는 것과 관련이 있는데, 대구부는 전국에서도 더운 곳이고 물이 적은 곳입니다. 그 연못을 여름에는 수영장으로 이용하고 겨울에는 스케이트가 가능합니다. 그래서 한편에 연못이 있고 한편에 운동장이 있으면 남쪽에 간단히 유원지가 만들어집니다. 서부는 수영장이 있어서 비교적 유리한 지위에 있습니다. 제가 남쪽에 살고 있어서 남쪽의 이익을 당국에 원하는 것은 아니지만, 어제 온 비 때문에 508번지부터 679번지에 이르는 부근은 매우 더럽고 대소변이 그대로 하수에 흐르는 상황입니다. 이 더러운 하수를 간선 하수를 통해 금호강에 흘리는 식입니다. 대구에는 물이 없기 때문에 연못을 부가 사두면 더운 여름철 비가 내릴 때에 더러운 하수를 연못물을 사용해 그때마다 흘려야 합니다. 오사카는 요도가와(淀川)를 사용해 4,5일 걸려 하수가 씻기고 있는 상태입니다. 대도시를 흉내 내자는 것은 아니지만 이 물을 여러 방면으로 대구부가 이용 가능하다고 생각합니다. 이렇게 전제 조건을 말했습니다. 그 후 장소에 대해서 여러 문제가 있었는데, 공설운동장을 어디에 시설할까 하는 것을 들은 게 41건입니다. 그 중 31건은 운동하는 사람을 표준으로 해서 만들자는 것이고 기타는 운동 이익과 이 두 번째 이익을 도모해서 시설하자는 것입니다. 그렇다면 비산동(飛山洞)도 좋지만 운동하는 사람을 표준으로 해서 운동장을 설치하는 것이 가장 필요합니다.

("논의 공정"이라고 말하는 자 있음)

여러분도 아시는 것처럼 중등학교 생도는 3,000명입니다. 대구부의 비상시에 제일선에 서는 것은 생도가 아닙니까. 그 생도가 모이기에 가장 편리한 곳이 좋습니다. 아까 쓰지 스테조(逵捨藏) 의원 말씀에 부(府)가 선견지명이 없어서 대명동에 운동장을 설치한다고 하셨는데, 저는 부가 선견지명이 있으니 여기에 설치한다고 생각합니다.

("옳소, 옳소" "간단히"라고 말하는 자 있음)

대구에 가까운 장래에 사단이 생긴다고 듣고 있습니다. 전에는 군부는 특별한 단체라 생각했으나 최근에는 군부와 관리와 국민, 이 셋이 하나가 되어 헌신하고 있습니다. 3년 전 하야시(林) 육군대신이 군인도 정치를 연구해야 한다고 말했습니다. 군민일치하여 움직여야 한다는 말입니다. 말할 것도 없지만 육군 기념일에는 80연대로 가는 것은 잘 아는 상황입니다. 근래에는 중등학교 생도까지 자주 80연대에 가서 숙식하며 군대 생활을 하고 있는 상태는 군민일치의 현재 모습입니다. 그래서 80연대 부근에 운동장이 있으면 좋으리라 생각합니다. 그리고 토지 이해관계를 떠나 운동가 본위로서도 대명동 쪽에 설치하면 좋을 것이라 말씀드립니다. (박수)

허지(許智)(19) : 부내의 정(町) 조합장이 부회 앞으로 진정서를 7일에 보내어 제가 갖고 있으니 지금 낭독하여 여러분께 알려드리겠습니다.

진정서

대구종합운동장은 다음 이유에 의해 비산동(달성공원 옆)에 설치하는 것이 가장 적당하다고 믿고 부가 특별히 배려해주시기 바라며 이에 부민총의를 대표하여 연서로 진정합니다.

1. 우리 대구 11만 부민이 가장 숭배하는 신사는 바로 대일본제국의 국민정신을 발양함으로써 국가 비상시에 있어서 심전개발의 근원이므로, 존엄한 신사를 중심으로 운동장을 설치하는 것은 실로 우리 11만 부민의 경신 사상을 함양하는 것이다.
2. 대구부의 발전 시설은 항상 서부에 대해서 그 균형을 잃고 있으므로 시설 발전의 균형을 도모하는 것은 우리 대구부의 백년대계이다. 이상.

1935년 9월 일 대구 각 정조합장

대구부회 귀중

원정(元町) 1정목 제6구 마쓰노 류지(松野隆治)

동(同) 제5구 오쿠이 도요쿠라(奥井豊藏)

동(同) 제4구 니시 도메키치(西井留吉)

동(同) 제7구 미키 지쓰지로(三木實治郎)

이하 64명 연서로 되어 있습니다.

31번(후루야 지스케(古谷治輔)) : 다시 질문하는데 아까 제 질문에 대한 답변이 좀 이해가 어렵습니다. 오늘 회의는 위치 결정이라 생각하는데 의장은 부회 다수에 의해 원안을 결정한다고 저는 들었습니다만, 그 원안이라는 것은 위치의 원안이라는 의미입니까?

부윤 : 원안이라 함은 제출된 원안을 의미합니다.

31번(후루야 지스케(古谷治輔)) : 원안의 성격은 위치입니까, 돈입니까?

부윤 : 이 경우는 돈과 위치가 붙어있으므로 함께 의제가 됩니다. 그러나 위치가 주요 부분이 아닌 경우는 돈만이 의결 대상입니다.

31번(후루야 지스케(古谷治輔)) : 그러면 돈만 원안이라는 것인데, 돈에 대해서는 지금 심의하지 않는 것처럼 저는 생각합니다. 위치 문제가 주안인 것으로 해석하고 있습니다만.

부윤 : 그것은 전에 약속했기 때문에 위치도 합해서 의제가 될 수 있는 것입니다.

31번(후루야 지스케(古谷治輔)) : 그러면 위치 결정도 부회의원 다수에 의해 결정한다는 생각입니까?

부윤 : 그 위치를 옳다고 인정해서 원안으로서 채용하지 않으면 안됩니다. 새로운 위치를 아무리 바란다 해도 곧장 원안이 되는 것은 아닙니다.

31번(후루야 지스케(古谷治輔)) : 위치의 원안은 수개 소입니까.

부윤 : 수개 소인지 아닌지는 말하지 않으면 알 수 없지만, 지금은 1개

입니다.

31번(후루야 지스케(古谷治輔)) : 여하튼 그 부분 해석이 힘듭니다.

부윤 : 말하자면 비산동이 다수이고 이사자도 거기가 좋다고 한다면, 비산동에 만들 때 필요한 경비도 이 예산상에 있어야 합니다.

31번(후루야 지스케(古谷治輔)) : 가령 찬부를 자문하여 의원 다수가 결정하면 그것을 참고하시는지, 그것을 확실히 해주십시오.

부윤 : 원안에 나온 이상 다수결로 결정하는데, 원안으로 되기까지에는 다수라든가 소수라든가 하는 것은 없습니다. 아직 표에 나오지 않았으므로 원안이 되어 있지 않습니다.

31번(후루야 지스케(古谷治輔)) : 알겠습니다.

부윤 : 그럼 이해하셨습니까.

30번(임상조(林尙助)) : 운동장 위치 문제는 요전에도 각 의원을 비롯해 저도 여러 의견을 말했으니 지금 다시 계속 말씀드리지는 않겠습니다. 우리 대구부에 명랑한 부정을 펴기 위해서는 부에 어떤 직권과 생각이 있어도 우선 부민 여론을 생각하지 않으면 안됩니다. 부민 없이 부라는 것은 성립할 수 없습니다. 부민이 있어서 비로소 부가 생기는 것입니다. 지금 우선 대구 11만 부민의 희망은 어디에 있는가, 또 여론은 어떠한 분위기인가를 생각하지 않으면 일이 간단하게 끝나지 않을 것이라 생각합니다. 아까 20번 의원입니까, 허지(許智)의원이군요.

("19번이요"라고 말하는 자 있음)

19번입니까. 정충대의 진정서를 읽으셨는데 이 정충대는 누구입니까. 100명 내외입니다. 그 중 64명이 국민정신 작흥의 의미에서 대구신사 옆에 운동장을 만드는 것이 가장 적당하다는 진정서를 냈습니다. 그것은 정명(町名)을 내건 것이므로, 정(町)의 총의이고 또 좀 크게 말하면 부(府)의 총의이며 요망이라 말할 수 있습니다. 이렇게 11만 부민의 여론이자 요망을 거들떠보지도 않고 대명동을 지지함은 금후 어떠한 부정(府政)이 펴질지, 부민의 여론과 요망을 무시하면 장래가 어둡다고 생각합니다. 부윤은 부민의 요망과 여론을 주시하여 생각해주시길 바랍니다. 더 이상 따로 긴말을 하지 않겠습니다. 단지 부민의 요망과 여론을 그 자체로 중시한다면 훌륭하리라 생각합니다.

14번(사카모토 슌스케(坂本俊資)) : 종합운동장 문제는 전임 부윤과 현 부윤 2대째에 걸친 문제입니다. 지금 그저께부터 논쟁을 거듭하고 있습니다. 장소가 문제인데 저는 12만 5,000원이 걸린 이 큰 종합운동장에는 처음부터 절대 반대한 사람 중 하나입니다. 필요하긴 하지만 대구 경제상에서 보면 다른 부(府)보다 여러 시설이 대단히 지체되어 있습니다. 저는 동운정(東雲町)에 살고 있는데, 비가 내리면 배수가 되지 않아 마루 아래가 거의 하수가 되어 곤란합니다. 여러 시설이 있음에도 불구하고 대구의 현황에서 경성, 부산 등 대도시의 계획을 모방해서 단지 얼굴에 백분만 칠하는 식으로 내면은 남루하고 표면만 장식하는 것은 시기상조라고 부르짖었던 것입니다. 기채 승인을 얻은 이상 목적을 달성한다는 것인데, 우리는 사단 설치 목적으로 연 4만 원을 축적하여 3년간이나 계속 축적하고 있습니다. 또 비행장 설치도 다대한 희생을 지불하여 운동하여 총독부도 이를 이해했습니다. 이같이 우리 부민은 사단 유치를 위해 4만 원이 축적되어 있고 또 비행장 설치도 이 축적한 사단 설치의 돈을 1년이나 2년 조연해서 일시 유용해서 그 목적을 달성해가고 있습니다. 이 사단 설치금은 대구부민이 매년 잉여금으로써 하고 있는 것이 아닙니다. 다대한 희생, 다대한 부담이 되어 있습니다. 그리고 위생상 문제, 하수도 문제, 포장 문제도 다른 부에 비해 지체되는 것을 감내하며 생활하고 있습니다. 이것으로 얼마나 한편으로 손해를 입고 있습니까. 전염병예방, 좋지 못한 도로 등 총체적인 점에서 다대한 희생을 지불하고 있습니다. 그러니까 장래 반드시 대구에는 사단이 올 것이라 우리는 확신하고 있습니다. 그래서 4만 원 부담을 감내하면서 시설에 힘쓰고 있는 것은 말할 것도 없습니다. 그렇다면 현재 이 운동장 설치에 대해서 가장 필요한 토대인 대명동에 설치하지 않으면 안된다는 것은 아까 쓰지 스테조(逵捨藏) 의원이 말한 것처럼 무덕전(武德殿)의 이전 문제를 반복하는 것과 같다고 생각합니다. 부 당국에서는 사단 유치 축적금을 장래 무언가로 대체할 계획을 세워 축적한다면 속히 중지하고, 지금 대구 시설이 다른 4대 도시에 비해 뒤처지지 않으려고 몇십만 기채를 내어 속히 시설이 생기고 있습니다. 대구 12만 부민을 위해 경하할 만한 일입니다. 사단이 반드시 5년이나 7년 안에 온다고 저희는 확신하고 축적하는 데 이론(異論)은 없지만, 그 의지가 없이 단순히 사단 유치에 중요한 토지에 운동장을 만들고 사단이 생겨서 옮기게 된다면 부당국은 어떻게 합니까. 사단이 오지 않는다면 대구부민 12만은 어떻게 생각하겠습니까. 저는 그저께 마산에 갔는데 마산에는 훌륭한 항만이 있고 기후도 좋은 곳이지만 좀처럼 발전하지 않기 때문에 마산항을 조망하는 다리를 22만 원 돈을 들여 설치합니다. 이는 올해 중에 완성됩니다. 다리가 만들어지면 물자는 반드시 배를 통해 마산으로 운반됩니다. 배로써 곡물을 마산에 두고 부산으로 나갑니다. 이것은 참고할 만합니다. (중략-편자) 대구도 이를 본받아

운동장을 만든다는 계획인데 대구에 운동장을 지어도 결코 세대 수가 늘어나는 것은 아닙니다. 그러나 문화생활로서는 필요합니다. 우리 경제를 생각해서 지역 발전 도모에 필요한 것을 점차 준비해 간다는 정신에 있어서는 저는 이 시설에 정말 동감합니다. 그러나 만약 사단이 왔을 때에는 8만 원, 10만 원이나 들여서 공사한 것을 부수고 다른 곳에 옮기는 것인지를 질문하고 싶습니다.

4번(오노 에유(小野英勇) : 저는 29번 의원의 말에 찬성하고 대명동이 최적지라고 생각합니다. 오늘 실지를 보았는데, 여러 의원이 다양한 의견을 말했지만, 사단은 가까운 장래에는 설치되리라 생각합니다. 또 대구부민도 남선의 각 주민도 이것을 요망하고 있는데, 현재 부 이사자의 설계에 나온 위치는 면적에서 보면 귀퉁이에 불과합니다. 만일 사단이 설치되어도 영선지(靈仙池) 부근까지는 시설되지 않으리라 생각합니다. 정말 이렇게 된다면 남부 일대는 하등 시설이 없는 결과가 됩니다. 그리고 아직 반대 이유를 말하고 있는 쪽은 대구신사가 달성공원에 있다고 경신 사상과 연결짓고 있는데 이는 훌륭합니다. 이론상 긍정할 점이 있지만, 반드시 신사 부근이어야 경신사상을 발전시킬 수 있는 것은 아니라고 생각합니다. 때때로 대구 신사의 신원(神苑)에서 운동을 하는데, 경신소(敬神所)가 신성한 신을 모독하는 경향이 있었던 실례도 있었습니다. 심전개발해서 국민정신을 작흥해야 한다고 모두들 거론하는 지금, 반드시 종합운동장이 신사 부근에 있어야 한다고 말할 수는 없습니다. 물질에만 집착한다는 것도 아닙니다. 정신적으로 별로 해가 되는 게 아니라면 경비가 싼 것을 선택해야 합니다. 경비상으로는 역시 대명동이 싸게 할 수 있습니다. 그리고 이 시설 후에도 그 부근에 기타 시설을 만들 수 있습니다. 저는 이상의 점을 종합해서 대명동을 채택하는 원안을 찬성합니다.

7번(오노 겐타(小野元太)) : 7일 이후 여러분의 의론이 상당히 나왔고 다양한 설명도 있었습니다. 요컨대 제가 부윤의 심리를 생각하면 가능한 원만히 하기 위해 현재까지 지체되었다고 생각합니다. 회의장에서 여러 의론으로 싸워도 이것이 곧장 원안이 되지 않는다는 것이 부윤 설명으로 판명되었으니, 저는 간담회를 열어 원만히 해결하는 것이 적당하다고 생각합니다. 서부 분들이 말씀하셔도 이것은 원안이 되지 않으니, 20분 정도 간담회를 열어 원만히 진행하고 싶습니다.

("원안 부결"이라고 말하는 자 있음)

33번(오바 긴조(大場金藏)) : 저는 지난번부터 이 문제에 대해서 원안에 찬성하고 그 이유는 이미 말씀드렸습니다. 따라서 새로운 이유는 말씀드리지 않겠습니다. 오늘 여러 반대론을 말씀하셨는데 1번 쓰지 스테조(辻捨藏) 의원의 말씀이 핵심을 관통하고 있다고 생각합니다. 아마 의원은 반대자로 간주됩니다. 저는 제 신념에서 쓰지 의원에게 한 마디 반대의견을 말하겠습니다. 쓰지 의원은 달성공원 쪽으로 가져가는 것에 대해 대구신사의 존재와 경신사상의 발휘라는 점을 엮어서, 운동장을 그쪽에 두는 것이 필요하다고 합니다. 저는 우스꽝스럽게 생각합니다. 그것은 쓰지 의원에게 말하는 것이 아닙니다. 평소 경신관념이 제로인 사람이 신사 부근에 있는 종합운동장에 온다고 크게 경신사상이 발현된다고는 말할 수 없습니다. 저는 대구신사 총대입니다. 실제 예를 알고 있습니다. 서부 발전을 위한 이유라든가 극히 일부적인 것을 의원 입으로 말할 것은 아닙니다. 적어도 대구부회의원입니다. 심하게는 나병 퇴치의 도구로 저 종합운동장을 만든다든가, 어제도 어떤 사람이 말했지만 신을 경외하고 싶다고 말했는데, 나병은 퇴치되지 않습니다. 나병 퇴치에 결부시켜 말하는 것은 대구신사를 모독하고 경신사상에 반하는 것이라 생각합니다. 그리고 대명동에 사단을 설치하게 되면 운동장이 크게 장애가 될 것이라고 말하지만, 좀 교외에 나가 시찰해보시기 바랍니다. 대구는 평야입니다. 사단이 두 개나 세 개 들어와도 조금도 곤란하지 않습니다. 2만 평 정도의 것으로 사단에 영향은 없을 것이라 단언합니다.

("이해 안돼"라고 말하는 자 있음)

또 하나 이유로서 운동장을 대명동에 만들면 스포츠정신에 군인정신을 결부시킬 수 있습니다. 사상 악화하는 젊은이, 유약한 사상을 가진 자를 군대에 수용하여 군인 정신에 아울러 스포츠정신을 함양한다면 그거야말로 금상첨화입니다. 군대 소재지인 대명동에 운동장을 설치하는 것은 백년대계라 생각합니다. 쓰지 스테조(逵捨藏)씨의 말에 전연 반대합니다. 이게 분규가 된 근원은 실례지만 당국이 매우 우유부단해서 이렇게 된 것입니다. 단호히 원안을 실행하자고 말씀드립니다.

30번(임상조(林尙助)) : 아까 7번 의원이 원만한 해결이라는 말을 했는데 그것에 대해 좀 더 제가 부가해서 말씀드리고자 합니다. 운동장의 위치를 부민의 총의에 의해 만드는 것 외에 원만한 해결의 길은 없습니다. 각 정총대가 정민을 대표하여 진정하고 있습니다. 즉 정민의 요망과 11만 부민의 대의에 의해 제출된 것이라 생각합니다.

7번의 원만한 해결이라는 것은 부민의 총의에 의하지 않으면 해결의 길이 없다고 생각합니다. 또 4번은 심전개발을 하는 데에는 반드시 대구신사가 아니어도 좋다고 했는데, 운동장 위치의 첫째 조건은 국민정신 작흥에 중요성이 있습니다. 경성의 종합운동장도 그렇고, 인천의 종합운동장도 인천신사 옆에 있습니다. 반드시 신사 옆이 아니어도 좋다는 것은 다시 생각하지 않으면 안됩니다.(웃음소리) 원만한 해결에 신사가 필요하다는 것을 부가해서 말씀드립니다.(중략-편자)

1번(쓰지 스테조(辻捨藏)) : 아까 33번은 공격적 말투로 말씀하셨는데, 사단 설치에 대해서 저 쪽은 망망한 평야라는 식의 독단적 견해로써 자기가 인수해도 좋다는 식의 폭력적인 논의를 토로했다고 생각합니다. 이런 무가치한 폭력적 논의를 반박할 용기는 없습니다. 그리고 제가 신사를 참배하지 않아도 제 논의가 성립하지 않는 것은 아니라고 생각합니다. 제가 참배하지 않는다 해도 저는 신사 숭배의 신념으로써 말하고 있습니다. 신사를 소홀히 하는 것을 저희는 통절히 느끼고 있습니다. 대신궁을 배척하면 신이 노여워할지도 모릅니다. 저는 회의장의 광경을 보면서 신이 반드시 이길 것이라 믿고 있습니다.

13번(배병열(裵炳列)) : 제가 한 말씀 드리겠습니다. 겉보기와 다른 것을 말씀드려서 어폐가 있을지도 모르지만, 그 점 양해 부탁드립니다. 무릇 사회생활을 할 때는 각자 주의 사상이 있고 주의 주장이 있습니다. 예상하지 못한 사태가 일어나도 어떤 공명하는 점이 나오고 공통성을 발견합니다. 그 공명하는 점 또는 공통성을 발견하는 것을 고의로 무시하거나 혹은 사적인 감정에 끌려서는 안됩니다. 국가 사회에서도 별 탈 없는 날이 없고 항상 불안하고 치안을 유지하기도 버겁다고 저는 생각합니다. 그리고 저는 이 의석을 떠날 날이 얼마 안 남았습니다.

일찍이 가스 문제, 비행장 문제로 다양한 의견을 내면서 심의했고, 의원들 사이에 여러 주의 주장이 있는 것 같습니다. 갑의 주장이 정통이어도 을이 반대하고, 을의 주장이 정통이어도 갑의 생각에 반대합니다. 결국 당사자 사이에서는 자연히 단체를 만들게 됩니다. 갑을 배척하기 위해 을에 찬성하는 것은 공인으로서 금물입니다. 이런 예를 들면 우스꽝스럽지만 이번에 만철 총재가 된 마쓰오카(松岡) 씨가 전권대사로서 국제연맹에서 당당히 논하고 귀국해서는 기성정당의 폐해를 논하고 해부하자고 스스로 부르짖고 정우회를 탈당하여 야인이 되었습니다. 대구의 운동장도 어느 한 사람의 운동장이 아닌, 대구의 종합운동장입니다. 그 종합운동장은 우리 33명의 의원이 운동하여 서로 원만하게 노력해야 한다고 생각합니다. 부 이사자에게도 한 말씀 드립니다. 최근 이 문제는 11만 부민 사이에 다양한 풍설이 떠돌고 있습니다. 부 이사자는 틀림없이 공명정대하다고 생각합니다만, 여론 그 자체가, 한 사람이라면 몰라도 소위 여론이므로, 의미없는 여론은 아니라고 생각합니다. 또 운동장에 대해서는 좀 확정적이라고는 생각하지 않지만, 지금 64명의 정총대의 진정서도 있습니다. 부에서 원안 집행에만 머리를 쓰면 뜻밖의 사고가 일어나지 않을까 생각합니다. 11만 부민의 과반수 여론을 무시하고 원안을 집행하면 장래 아름답지도, 유쾌하지도 않을 것이라 생각합니다. 이 점을 부 이사자는 물론이고 우리 의원도 자신의 입장을 생각해서 노력해서 진행해주시길 바랍니다. 원만한 해결을 부르짖지만, 33명 의원이 뭔가 잘못 생각하는 바가 있다면 바로잡고, 자신의 주의 주장이 정통이라면 비로소 해결되는 게 아닐까 생각합니다. 지금 말씀드린 대로 갑을 공격하려고 을에 찬성한다면 아무리 시간이 지나도 원만한 해결은 어렵습니다. (박수)

3번(혼다(本多良緣)) : 본안을 내기까지 부 이사자가 상당히 연구에 연구를 거듭하여 비로소 이 원안이 나왔다고 믿습니다. 또 이전 부회 이후 부윤도 이 문제에 대해 상당히 고려하셨을 것으로 추측합니다. 부윤이 상당히 연구와 조사를 거듭하여 본안이 나왔으리라 믿으므로, 예산을 인정해서 원안에 찬성하고 부윤에게 일임하고 싶습니다. 아무리 분규를 거듭해도 단호하게 소신대로 나가야 합니다. 당시 예산에 나타난 공사비나 잡비도 이 경비의 사용처에 대해 항간에 일찍이 전해진 것처럼 복마전과 같은 아픈 일이 없도록, 부민이 명랑하게 인정할 수 있도록 감독과 노력을 원합니다. 거듭 말씀드리지만 소신대로 부 이사자는 단호히 매진하길 희망합니다.

(“부민 총의에 어긋난다” “기개가 있다”라 소리치는 자 있음)

의장(가도와키(門脇默一) 부윤) : 잠시 휴게하겠습니다.(오후 3시 16분)

의장(가도와키(門脇默一) 부윤) : 계속 개회하겠습니다. 아직 의견 있습니까.(오후 4시)

16번(쓰카하라 우이치(塚原宇一)) : 본안은 지난번에도 말씀드린 것처럼 대단히 작은 문제이면서도 관계하는 것은 대단히 크다는 점을 어제 말씀드렸습니다. 그걸 결정하는 데에는 하루를 해도 이틀을 해도 논의가 끝나지 않으리라 생각합니다. 그럼 귀착하는 바는 무엇인가 하는 문제에 대해 제 의견을 말씀드리고 의원 여러분의 찬동을 원합니다. 우리 동양 민족의 사상체계의 근저에 보살행(菩薩行)이 있습니다. 대구신사를 숭경하는 것을 근본으로 해서 대구신사에 가서 보살행을 하는 것입니다. 천조황대신(天照皇大神)부터 신무천황(神武天皇)을 거쳐 몇십 대를 통해 국민 도덕의 기준이 되어 있습니다. 그리고 우리에게 운동경기가 어떠한 영향을 주고 있는가 하면, 오사카마이니치신문과 요미우리신문은 일본의 야구계를 리드하고 있는 신문인데, 그 신문에서 하세가와 뇨제칸(長谷川如是閑)은 당당히 반박하고 있습니다. 즉 일본의 65세 이상의 사망률은 의술의 진보에 의해 감소하고 있음에도 불구하고, 15세부터 27,28세는 사망률이 증가하고 있다, 이것은 국가를 위해 심각한 일이다, 당국은 이를 어떻게 생각하고 있는가, 이렇게 말하고 있습니다. 하세가와 뇨제칸은 요미우리의 수필평론의 일인자입니다. 여기서 우리는, 어린이가 비참한 상황을 겪어도 괜찮을까 하는 점을 생각하게 됩니다. 종합운동장 문제에서 저는 시설을 한다면 이러한 방향으로 진행하는 편이 좋다고 주장합니다. 하세가와 뇨제칸의 말에 대해 생각하면 야구나 정구가 국민 발전을 저해하는 것이 큽니다. 그러나 지금 풍조가 그러한 분위기라서 어쩔 수 없으므로 시일에 맡기면 좋으리라 생각합니다. 대구종합운동장은 모두가 연습하는 시설이므로 이 시설을 어떻게 선처할까의 문제입니다. 그런데 저는 지금까지 들었던 적 없는 유쾌한 말을 들어 기쁨을 느꼈습니다. 즉 종합운동장에 심전개발의 취지 혹은 국민정신을 결부시킨 것을 이 회의장에서 들어서 매우 통쾌했습니다. 부디 여러분도 특히 이 생각을 근거에 두고 고려해주셨으면 좋겠습니다. 저는 정말 자유로운 입장이고 대명동으로 가건 비산동으로 가건 하등 이해관계가 없습니다. 이해관계가 없으니까 이 회의장에서 국민정신을 작흥해간다는 생각이 나타난 것을 유쾌하게 느끼는 것입니다. 여러분도 아까 13번 배병렬 군의 정말 질서정연하고 핵심을 찌르는 의론을 잘 들으셨습니다. 허심탄회하게 이 문제를 진행하고 싶습니다. 보살행을 가기에는 달성공원에 설치하길 원합니다. 여러분도 완전히 배병렬 군이 말한 것처럼 허심탄회하게 선처하시길 바랍니다.

19번(허지(許智)) : 저는 여러 의원의 의견을 배청하고 상당히 긴 시간 논의도 들었으므로 이제 의론을 끝내고 토론 종결하자는 동의를 제출합니다. 깨끗이 결말을 내는 게 현명할 것이라 생각합니다. 토론을 끝내고 채결하는 동의를 냅니다.

(“찬성, 찬성”이라고 말하는 자 있음)

그리고 한 마디 더합니다. 부윤이 말씀한대로 예산과 장소를 하나로 한다면 대단히 좋다고 생각하지만, 만일 이에 대해 의원들에게 이견이 있으면 예산만 우선 결정하고 장소는 따로 의결해도 좋다는 의견을 부가해둡니다.

29번(이케모토 이사부로(池本猪三郎)) : 저는 7일의 회의에서 제 의견을 이미 발표했습니다. 저의 신념은 원안이 무의미한 것은 아니다, 대구 백년대계를 생각해서 부당국이 최적지라고 생각한 원안이므로, 원안에 찬성합니다. 이 원안을 낸 의미에 있어서 이를 예산과 분리한다는 것은 불합리하지 않나 생각합니다만, 다수가 원안과 장소를 분리하자고 말씀하신다면 어쩔 수 없습니다. 저는 장소가 있고나서 원안이 나온 것이라면 이 원안의 가부를 묻는 것이 아닐까 생각합니다. 좀 제 의견을 말씀드렸습니다.

18번(배국인(裵國仁)) : 아까 19번 허지 의원의 동의에 저는 찬성합니다.

26번(다카다(高田官吾)) : 저는 마지막으로, 앞에 한 말을 반복해서 말씀드립니다. 그저께 이후 본 문제에 대해서는 상당히 모든 분의 탁론을 들었습니다. 또 아까 1번 의원은 원안에 반대하여 거의 원안을 철저히 공격하는 말씀이 있었습니다. 이에 저는 어느 정도 경의를 표합니다. 이 문제가 지금까지 분규한 것은 1번 의원 말처럼 부 당국에게 시설에 대한 일관된 신념이 없었기 때문이라고 말할 수밖에 없습니다. 우선 장소에 대해서 말하면, 대봉정 혹은 배수지, 비산동 또 대명동 등 경솔했고, 또 경제적 방면에서 말하면 18만 원 혹은 12만 5,000원 혹은 8만 원 등, 결코 좋은 경과를 보여주지 않았고 이 또한 원인이라고 생각합니다. 그러나 과거는 과거로 묻고 요컨대 이 원안은 바로 전 원안이 아니고, 이전 12만 5,000원 예산의 수정입니다. 그러니까 이를 부결하는 것은 유감이므로, 저는 8만 원의 세부 항목은 잠시 놔두고 8만 원으로써 종합운동장을 만드는 원안에 찬성합니다. 단 장소는 다시 검토를 원합니다. 저는 이를 부윤에게 일임하고 싶습니다. 이를 부윤에게 일임한다는 것은 곧 부윤이 원안을 집행하는 것이라 생각하는 분도 있겠지만, 지금까지의 결론에서 생각해볼 때 다시 검토할 여지가 있다, 비산동도 아니고 대명동도 아니고 또 적당한 땅이 있을지도 모르므로, 다시 권위 있는 사람이 검토하여 이 8만 원 범위에서 11만 부민에게 가장 적당한 곳을 선택해달라고 하는 것, 이걸 부윤에게 일임하고 싶습니다.

의장(가도와키(門脇默一) 부윤) : 지금 논의가 다된 것 같으니 곧장 제3독회를 열겠습니다. 채결을 원합니다. 부에서는 앞서 말씀드린 것처럼 예산안 금액을 지금 결의하길 원합니다. 장소가 갑, 을, 병 등 다양하게 나뉘어 있지만, 원안의 8만 원의 기초는 대명동으로써 기초를 한 것이므로, 예산액 결의의 금액은 대명동을 결의하는 것이라 말씀드리지 않을 수 없습니다. 그러나 장소만은 다시 심의할 필요가 있다는 의견을 갖고 있는 분도 있다고 생각합니다. 이러한 경우는 우선 제안한 대명동의 가부를 자문한다는 생각입니다. 따라서 예산의 결의를 원하고, 그리고나서 대명동 장소에 대해 결의를 원합니다. 이론의 일관성이 결여된 바가 있지만 그 방법이 편리하리라 생각합니다. 이의 없으시면 이렇게 자문하겠습니다.

25번(주병환(朱秉煥)) : 잘 들었습니다만 만약 장소 문제에서 부(否)가 된다 - 아직 결의 안한 것이지만 만약 다행인지 불행인지 부결되는 경우, 다시 현재의 대명동을 내지 않기를 원합니다. 이전 12만 5,000원 때에도 확실히 대명동을 기초로 해서 냈는데, 그때도 예산액은 통과되고 장소는 뒤에 남겼지만, 지금 또 이 예산에도 대명동이 나왔습니다. 장소는 다소 변하고 있는데 나온 것입니다. 지금 장소가 부결되어도 또 후에 나오지 않는다는 보장이 없습니다.

의장(문협) : 원안 제출은 나중의 일입니다만.

25번(주병환) : 이 장소라면 하지 않겠다는 의미도 포함하고 있으니까.

의장(가도와키(門脇默一) 부윤) : 일단 알겠는데, 장소는 나중에 어떻게 될지 모릅니다.

25번(주병환) : 만약을 위해 질문해 둡니다.

의장(가도와키(門脇默一) 부윤) : 그럼 채결 방법은 무기명투표로 하고자 합니다.

("찬성"이라고 말하는 자 있음)

우선 처음에는 예산안에 대한 가부를 채결하겠습니다.

1번(쓰지 스테조(逵捨藏)) : 무기명투표라고요. 좀 이 문제에 대해 지금까지 한 것처럼 당당히 조문에 따라 기립으로 찬부를 결정하고 싶습니다. 그것이 운동장에 상응하는 바의 가장 확실한 태도라고 생각합니다.

("찬성"이라고 말하는 자 있음)

33번(오바 긴조(大場金藏)) : 1번 의원에게 유감이고 반대합니다. 종합운동장 문제가 나온 이래 여러 분규가 있고 매우 좋지 못한 운동이 더해져서 모 의원이 마지못해 도장을 찍었다고 공언한 사람도 있습니다. 이런 분위기에서 지금 기립으로 물으면 마지못해 기립하는 사람이 있을지도 모릅니다.

("말도 안돼"라고 말하는 자 있음)

무기명으로 하는 게 제일 좋습니다.

("찬성", "불찬성"이라고 말하는 자 있음)

32번(윤병은(尹炳殷)) : 33번의 무기명투표에 반대합니다. 회의 규칙 제15조에, "채결 방법은 기립으로 한다. 단 의장의 의견 또는 의결에 의해 투표로써 채결할 수 있다"고 되어 있습니다. 첫째 조건은 기립으로써 하지 않으면 안됩니다. 또 일반의 의견이 기립으로써 해야 한다는 경향이 있음에도 의장의 단독 의견으로 투표에 의해 결정하는 것은 매우 좋지 않습니다. 이 종합운동장 문제는 대구부민이 주시하고 있고 여러 의원이 부에 매수된 것이냐는 소문도 있는 시기입니다. 이때 무기명으로 하면 회색분자를 더욱 더 그르치게 만드는 전제입니다. 기립에 의해 채결하는 것에 찬성합니다.

("찬성", "명론탁설(名論卓說)"이라고 말하는 자 있음)

의장(가도와키(門脇默一) 부윤) : 찬부(贊否) 양론인데 투표를 생략하고 기립으로 묻자는 설과, 지금 의장이 선언한 투표에 의한 설이 있습니다. 기립에 의해 결정하는 의견을 가진 분은 기립해주십시오. 기립자 14명입니다. 그럼 기립자는 소수이므로 지금부터 투표하겠습니다.

(투표용지 배부)

(투표용지 모집)

의장(가도와키(門脇默一) 부윤) : 죄송하지만 양쪽 가장자리에 있는 분(1번, 33번)에게 입회를 부탁합니다.

투표 누락은 있습니까, 없습니까.

투표 누락은 없다고 생각하고 지금부터 개표하겠습니다.

(투표용지 점검)

의장(가도와키(門脇默一) 부윤) : 지금 보고하겠습니다.

투표 총수 29표

출석의원 수 30명 내 기권 1표

가(可) 27표, 부(否) 1표입니다.

32번(윤병은(尹炳殷)) : 지금 투표는 무효입니다. 왜냐하면 부회규칙 15조에 "출석의원은 표결의 수(數)에 참가해야 한다"고 되어 있습니다.

의장(가도와키(門脇默一) 부윤) : 32번 발언에 이유 있다고 생각하므로 다시 한번 하겠습니다.

(투표용지 배부)

(투표용지 모집)

의장(가도와키(門脇默一) 부윤) : 투표 누락 없습니까.

(투표용지 점검)

의장(가도와키(門脇默一) 부윤) : 보고합니다. 출석의원 30명, 투표 총수 30표, 이 중 본안을 가(可)라고 한 것이 28표, 부(否)라고 한 것이 1표, 백표가 1표입니다. 예산안은 원안대로 가결 확정했습니다.(박수) 다음으로 대명동을 가(可) 또는 부(否)로 하는 것을 투표하겠습니다.

(투표용지 배부)

(투표 개시)

투표 누락 없습니까. 없으면 지금부터 개표하겠습니다.

(투표용지 점검)

의장(가도와키(門脇默一) 부윤) : 점검 결과 부족하므로 - 가져오지 않은 사람이 있어서 다시 하겠습니다.

30번(임상조(林尙助)) : 두 번이나 투표가 무효로 된 것은 부회 시작하고 나서 일찍이 본 적이 없습니다. 이는 명예로운 부회의 모습이 아니라고 생각합니다. 기립으로 채결하면 이런 일은 전혀 없을 것입니다. 고집하지 말고 이번엔 기립으로 채결하자는 동의를 냅니다. 긴급동의로서 제출합니다.

25번(주병환(朱秉煥)) : 지금 30번 의원 말은 맞습니다. 이렇게 무효가 두 번이나 반복되는 것은 기립으로 묻지 않아서일지도 모릅니다. 그러나 저는 그 정신에 반대합니다. 방법이 결정된 이상 그 방법에 따르는 것이 공인으로서 의원으로서 취할 태도라고 생각합니다.

("그렇다", "경신사상이 없어"라고 말하는 자 있음)

두 번이나 무효가 된 것은 상당히 의원으로서 취할 태도가 아니라고 생각합니다.

("진지하지 않다"라고 말하는 자 있음)

의장(가도와키(門脇默一) 부윤) : 투표해주시기 바랍니다.

(투표용지 배부)

(투표용지 모집)

의장(가도와키(門脇默一) 부윤) : 투표 누락 없습니까.

(투표용지 점검)

의장(가도와키(門脇默一) 부윤) : 그러면 투표 누락 없으니 지금부터 개표합니다.

가(可)라고도 부(否)라고도 읽히는 것이 있어서 이것은 무효로 하겠습니다.

("다시 한번 하면 어떻습니까"라고 말하는 자 있음)

12번(배정기(裵鼎基)) : 가(可)와 부(否)는 상당히 다릅니다만.

의장(가도와키(門脇默一) 부윤) : 그것에 대해서는 어느 쪽으로도 취하지 않으므로 무효로 합니다.

33번(오바 긴조(大場金藏)) : 입회인의 의견을 존중해주십시오.

의장(가도와키(門脇默一) 부윤) : 이것은 여하튼 가(可)로도 읽히고 부(不)로도 읽히므로 중재로서 무효로 취급합니다. 지금부터 개표 결과를 보고합니다.

출석인원 30명

투표총수 30명

원안에 찬성하는 것. 원안은 대명동을 의미합니다.

찬성 14표

부(否) 14표

백지(白紙) 1표

무효 1표

가부(可否) 동수입니다. 투표는 가부 동수이므로 의사규칙에 따라 의장이 이를 결정하겠습니다.

대명동으로 결정합니다.(박수 일어남)

("의장 횡폭", "횡폭", 기타 소곤거림 많음)

의장(가도와키(門脇默一) 부윤) : 그럼 이것으로 산회하고 내일 오후 1시부터 개회하겠습니다. (오후 5시 0분)

7) 대구부회 회의록(제3일, 1935년 9월 10일)

항 목	내 용
문 서 제 목	大邱府會會議錄(第三日)
회 의 일	19350910
의 장	門脇默一(대구부윤)
출 석 의 원	逵捨藏(1), 小西裕(2), 本多良綠(3), 小野英勇(4), 黑川圓治(5), 김완섭(金完燮)(6), 小野元太(7), 田中弘眞(8), 內山喜一(9), 소진무(蘇鎭武)(10), 白井義三郎(11), 배정기(裵鼎基)(12), 배병열(裵炳列)(13), 坂本俊資(14), 青木勝(15), 塚原宇一(16), 松本誠一(17), 배국인(裵國仁)(18), 허지(許智)(19), 정운용(鄭雲用)(20), 추병섭(秋秉涉)(21), 山北光德(22), 진희태(秦喜泰)(23), 주병환(朱秉煥)(25), 高田官吾(26), 島田金四郎(27), 池本猪三郎(29), 임상조(林尙助)(30), 古谷治輔(31), 윤병은(尹炳殷)(32), 大場金藏(33)
결 석 의 원	立木要三(24), 大澤新三郎(28)
참 여 직 원	竹本利作(부속), 佐能安太郎(부속), 吉村來治(부속), 多羅尾增男(부속), 김재익(金在翊)(부속), 岡田榮(부주사), 速水隆三(부주사)
회 의 書 記	三島活三(부서기), 原本守貞(부 고원)
회 의 서 명 자 (검 수 자)	
의 안	제28호 와사사업비 계속비 설정의 건
문 서 번 호 (I D)	CJA0003091
철 명	대구부세입출예산서류
건 명	소화10년도대구부특별회계승합자동차비세입출추가경정예산(제2회)-대구부회회의록 소화10년도대구부세입출추가예산(제5회)-대구부회회의록
면 수	25
회의록시작페이지	1124
회의록끝페이지	1148
설 명 문	국가기록원 소장 '대구부세입출예산서류'철의 '소화10년도대구부특별회계승합자동차비세입출추가경정예산(제2회)-대구부회회의록'건 '소화10년도대구부세입출추가예산(제5회)-대구부회회의록'에 포함된 1935년 9월 10일 대구부회 회의록

해 제

본 회의록(총 25면)은 국가기록원 소장 '대구부세입출예산서류'철의 '소화10년도대구부특별회계승합자동차비세입출추가경정예산(제2회)-대구부회회의록'건 '소화10년도대구부세입출추가예산(제5회)-대구부회회의록'에 포함된 1935년 9월 10일 대구부회 회의록이다. 부윤은 가스사업비 계속비 설정 제1독회를 상정하였으나, 의원 일부가 그 전날 종합운동장 부지를 결정한 투표의 무효를 주장하면서 부회의원들 사이에서, 또 부윤과 부회의원 사이에서 극심한 논전을 벌이고 있다.

내 용

의장(가도와키(門脇默一) 부윤) : 어제에 이어 회의를 열겠습니다.(오후 1시 45분) 의안 28호 가스사업비 계속비 설정 건을 의제로 하겠습니다. 제1독회를 엽니다.

(11번, 33번, 발언을 구함)

11번(시라이 기사부로(白井義三郎)) : 회의에 들어가기 전에 제 소감을 말씀드리고 싶습니다.

의장(가도와키(門脇默一) 부윤) : 지금 좀 기다려 주십시오.

33번(오바 긴조(大場金藏)) : 좀 머리가 아파서, 틀릴지도 모르지만, 어제 심의한 사항은 의안 제27호의 임시부 세입에서 특히 제8관 종합운동장 건설비 문제만 3독회에 들어가서 가결 확정을 했는데, 기타 조항은 아직 1독회라고 생각합니다. 그래서 저는 질문하고 싶은데 의장 생각은 어떻습니까. 세출 부(部)가 아직 남아서-

의장(가도와키(門脇默一) 부윤) : 제1독회 제2독회 모두 의안 전체를 의미하고 있으므로, 어쩌다 논의가 운동장에 들어갔지만, 예산 전체로 이해해 주십시오.

33번(오바 긴조(大場金藏)) : 그러면 속기록을 조사한 후에-

의장(가도와키(門脇默一) 부윤) : 지금 곧장 심의에 들어가기 전에 조사해서 이 문제를 해결짓고 다음 문제로 넘어가고자 합니다. 잠시 휴식하겠습니다. (오후 1시 50분)

의장(가도와키(門脇默一) 부윤) : 계속해서 개회하겠습니다. (오후 1시 52분) 지금 33번의 질문에 대해 속기록을 번역한 것을 낭독하겠습니다.

(서기 낭독 : 논의도 끝났다고 생각합니다. 지금부터 곧장 제3독회를 열어 채결하겠습니다. 예산안의 금액을 이제 결의해주시기 바랍니다.)

33번(오바 긴조(大場金藏)) : 그것은 결론 부분이고 사실이 아닙니다. 처음 선언할 때의 속기록을 보여주십시오.

의장(가도와키(門脇默一) 부윤) : 예산안을 부분적으로 독회를 열지 않고 전체에 걸쳐 있습니다.

33번(오바 긴조(大場金藏)) : 이것은 제1독회에서 여쭈었지만 이 중요한 사항에 대해서는 저는 3독회에 들어가기 전에 발언하고 싶습니다.

의장(가도와키(門脇默一) 부윤) : 이 의안에도 들어가 있으니 28호 의안에서 질문하시면 어떻겠습니까.

11번(시라이 기사부로(白井義三郎)) : 회의에 들어가기 전에 의장의 생각을 성가시게 한다고 생각합니다. 저는 이번에 처음으로 부회에 참가한 사람 중 하나입니다. 그래서 매회 저는 출석해서 여러분의 열의있는 의론에 호의를 갖고 있습니다. 십인십색의 사람들이 선거 결과 다양한 방면으로부터 와있어도 대구부의 안녕과 진보 발전을 위해 기여한다는 정신은 모두 비슷하리라 믿습니다. 종래 회의장 상황을 제가 본 바에 의하면 너무 열심히 하는 결과, 말씀이 의안 이외에까지 걸쳐있거나 혹은 너무 국부적으로 들어가서 근본에 다다르지 못하는 듯한 의구심이 드는 경우가 있습니다. 솔직히 말씀드리면 귀를 막고 싶을 때도 있습니다. 우리의 태도는 대구를 사랑하고 발전을 도모하는 것이 목적이라고 생각합니다. 십인십색의 사람들이 모여서 논의하니, 대구를 사랑하는 마음은 모두 같아도, 의견 대립은 어쩔 수 없다고 생각합니다. 의견 대립이 있어야 거기에 진보 발전이 있습니다. 그러나 자기의 신념에 반하는 경우, 다른 사람의 말을 방해하는 것은 매우 듣기 힘듭니다. 제 희망은 타인의 의견을 경청할 의무가 있다, 자기 의견만 말하고 타인의 의견을 경청하는 아량이 없는 것을 심히 유감으로 생각합니다. 모든 것에 대해 대구부를 일순위로 놓고 경제적 기타 모든 방면에 걸쳐 고려 계획하는 것이 당연합니다. 의장에게도 바라는 것은, 의사 질문을 좀 주체적으로 채택하길 바랍니다. 결론적으로, 너무 열렬한 나머지 의론이 개인 신상에까지 나아갈 필요는 없습니다. 제국의회에서도 의회의 숙정에 관한 건의안이 나오고 있습니다. 그러므로 의장은 이 회의를 정리하고 통제할 책임이 있습니다. 의장이 책임 있는 태도로써 진행하면 다소 밝고 화합하게 되지 않을까 생각합니다. 제가 말씀드리는 것은 이것뿐입니다. 요지는 대(大)대구로 만들고 부민의 증진을 도모하기 위해 평화롭게 진행하고 싶다는 말입니다.

의장(가도와키(門脇默一) 부윤) : 지금 말씀하신 것은 의사진행에 관한 숙정의 의견이라고 생각합니다. 저의 서투름이 더해져서 여러 분규를 일으킨 점은 저의 부덕의 소치입니다. 이후 노력해서 이러한 일이 없도록 하겠습니다. 여러분도 지금 11번 의원의 발의에 분명 동의하시리라 생각합니다. 부디 이 취지에 맞게 원만히 회의가 진행되길 바랍니다.

1번(쓰지 스테조(逵捨藏)) : 저는 긴급 질문을 하기 전에 어제 투표 입회인으로서 의장으로부터 지명 받은 책임상 그 내용에 대해 일단 여러분에게 보고할 의무가 있다고 믿습니다. 그래서 그 보고를 하고 난 뒤 긴급 질문을 하는 순서로 하겠습니다. 어제 투표 입회인으로서 오바(大場) 의원과 함께 30표의 투표에 대해 내용을 조사했습니다. 저는 입회인이라는 책임을 통감하기 때문에 오바(大場) 씨가 가(可)라고 하는, 즉 저와 완전 반대 입장에 있는 표를 조사해보았습니다. 그런데 그 투표 안에서, 불(不)이라는 명확한 자획으로 '대명동 불(不)'이라는 표를 발견했습니다. 이에 저는 불(不)은 부(否)와 같은 의미이므로 부결 쪽으로 넣는 것이 당연하다고 주장했습니다. 그런데 오바(大場) 의원은 이는 가(可)라는 글자라고 해석했고, 그 옆에 있던 내무과장도 오바 의원에게 맞장구를 치며 가(可)와 비슷하다고 말하고 부윤도 이를 수용하여 가(可)와 비슷하다고 주장하셨는데, 저는 어디까지나 이는 불(不)이고 불(不)은 불찬성이므로 부결에 속한다고 주장했습니다. 그런데 부윤은 그 자획을 바르게 인식하고, 처음에는 가(可)라고 말했지만 나중에 불(不)이라고 인식하게 되어, 투표를 하기 전에 부결의 부(否)와 가결의 가(可), 둘 중 하나를 쓰게 되어 있으므로 불(不)은 무효라고 말하고, 14표 대 14표의 동수가 되어 의장의 권한으로 채결한 것입니다. 저는 이때 이 문제에 대해 이미 우리 외에 부민 다수의 대의자라 생각할만한 정총대의 과반수가 연판을 하여 진정하고 있었던 상황이 있었으므로, 그런 괴상한 표가 인정되는 것이라 다시 하는 게 당연하다고 주장했지만, 불행히 채용되지 않고 소위 의장의 직권 남용 결과 어제 채결을 본 것입니다. 이에 저는 이 난폭한 의장의 처치에 대해 아연실

색했고, 우선 오늘 이만 돌아가고 나중에 대책을 강구하고자 합니다. 그 후 이 투표에 대해 여러 사정을 물어봤는데 불(不)이라 쓴 것은 추병섭 의원이고 불찬성의 의미로 쓴 것이 명료했습니다. 또 투표 중에는 '원안 반대'라고 쓴 것도 있고 '찬성'이라고 쓴 것도 있었던 것으로 기억합니다. 따라서 불(不)이라는 글자가 무효로 취급된다면, '원안 반대'라는 표도 똑같이 무효로 취급되는 것이 옳고 당사자의 의무이며 책임이라고 생각합니다. 부윤이 흰 것을 검다고 해석한다면 의장의 자격이 의심됩니다. 솔직하게 사과할 의지는 없는지, 이게 저의 긴급질문입니다.

30번(임상조(林尙助)) : 저는 감기가 들어 좀 목소리가 좋지 않은데 제가 별로 경험하지 않았던 사건이라서 긴급질문으로 묻습니다. 의사규칙 제15조에 출석의원은 표결의 수(數)에 참가해야한다고 나와 있습니다. 그렇다면 만약 투표 내에 백지가 들어간 경우 즉 백표가 들어간 경우, 그 출석의원 내에 포함됩니까? 그걸 확실히 제가 인식 불가능해서 답을 원합니다. 그리고 답변을 듣고 나서 재차-

의장(가도와키(門脇默一) 부윤) : 지금 1번이 어제 27호 의안에 대한 최후 채결에 관해서, 채결방법으로 투표를 했는데 그 투표 중 불(不)자를 쓴 것이 있었고 그 불(不)자를 가(可)라고 의장이 취급한 것처럼 말했습니다. 더구나 그 불인지 가인지 판단하는 권한은 의장에게 없고 의장이 판단하는 것이 아니고 뭔가 다른 문제로 반대하는 것처럼 논하고, 백(白)을 흑(黑)이라고 말했다고, 이렇게 말씀하셨는데, 그 근거가 무엇인지 보여주시길 바랍니다. 일단 채결 상황을 말씀드려서 답변하고자 합니다. 불(不)자의 1표는 정말 읽으면 불(不)로도 읽히고 또 가(可)로도 읽힙니다. 채결은 가부(可否)를 써달라고 되어 있습니다. 이 글자만으로는 의미를 알 수 없습니다. 그래서 당시 입회인 두 사람의 의견을 들었는데 둘 다 의견이 달라서 한분은 가(可)라고 읽고 한 분은 불(不)이라고 하여 이 또한 확실하지 않았습니다. 그래서 확실하지 않은 투표를 무효로 한 것입니다. 그러므로 흰 것을 검다고 했다는 근거를 1번 의원에게 제가 묻습니다. 그리고 또 30번의 질문은, 백표 행위는 어떠한 법률상 의미를 갖고 있는가라는 질문입니다. 백표도 투표 행위를 한 것이라 인정하고 있습니다.

1번(쓰지 스테조(逵捨藏)) : 의장은 대수롭지 않게 저의 질문이 도리에 어긋난 것처럼 말하고 있는데 그것은 심히 의장으로서의 지침이 없다고 의심할 수밖에 없습니다. 확실히 의장은 처음에 이것은 가(可)라고 말씀하셨지만 나중에는 불(不)자라고 하고, 불(不)은 부(否)도 가(可)도 아니므로 이를 무효로 하겠다고 공공연히 말했습니다. 이것은 가(可)인지 불(不)인지 판가름할 수 없는 문자가 아닙니다. 그 문자는 달필로 쓰여져 있어 자획도 매우 바르고 결코 가(可)자로 틀리게 볼 서체가 아닙니다. 그러니 의원 여러분 모두에게 그 투표용지를 보여주어 불(不)이라 읽는 게 맞는지 가(可)라 읽는 게 맞는지 판단을 받았으면 좋겠습니다. 그리고 들은 바에 의하면 불(不)자 아래에 가(可)자를 또 보태 써넣은 것도 있다고 하는데 과연 그런 사실이 있다면 이것 또한 큰일이고 우리 직원의 책임이고 투표를 모독한 것이며 또 감독자도 책임을 져야 한다고 생각합니다. 제가 요망하는 것은, 우선 의장 말처럼 불(不)인지 가(可)인지 확실하지 않은 글씨체인지, 그것을 일반 의원들에게 실제로 보여주라는 것입니다. 본인인 추병섭 씨는 확실히 불(不)이라는 글자를 썼다고 말하고 있습니다. 불(不)은 불찬성이라는 의미로 해석되므로, 이 사실을 생각하면 어제 투표 채결은 완전히 불합리하고 확실히 이는 무효입니다. 이것은 불법적인 채결이라고 생각합니다. 그래서 이 채결을 다시 하는 것을 동의로서 제출합니다. 이 동의를 제출하지만 우선 그 전에 일반 의원 여러분에게 그 투표용지를 보여주어 그래서 인식을 확실히 하고 과연 제 주장이 맞는지 아니면 이에 반대하는 쪽의 주장이 맞는지, 이를 명확히 하는 것이 지금 가장 필요합니다. 의장(議長)이 입장을 명료히 하고나서 의원들에게 이 투표를 감정해달라고 해야 합니다.

의장(가도와키(門脇默一) 부윤) : 지금 제가 질문하지 않은 것에 대해 답변이 있습니다. 제가 귀가 나빠서 못 들었을지도 모르겠지만, 의장이 흰 것을 검은 것으로 채결했다고 하는 것의 근거가 무엇이냐를 질문했습니다. 그 답이 단지 불(不)자를 처음에는 가(可)라고 말했다가 그 후 불(不)자로 말하고 그래서 흰 것을 검다고 한다, 그러한 답변처럼 들립니다. 처음에 가(可)라고 판단했다가 나중에 불(不)로 판단한 것은, 어떻게도 읽히는 서체에 대해서는 무엇으로 결정할지 곤란합니다. 그래서 무효로 한 것인데, 그 판단이 잘못되었고 백을 흑이라고 했다는 논거가 지금 어디에 있는지 저는 모르겠습니다. 가령 백보를 양보하여 불(不)을 적정하다고 하여 채용하는 것도 역시 식자의 태도는 아닙니다. 그래서 지금 동의를 내셨지만 이것은 어제 결정한 것이고 이 의결은 끝났기 때문에 동의를 채용할 수 없습니다.

6번(김완섭(金完燮)) : 1번 의원의 긴급 질문에 대해 추가하고 싶습니다. 저는 의장이 조선에 대한 인식이 부족하지 않은가 생각하는데, 왜냐하면 지금 불(不)자는 '불'이고 이 '불'은 거의 관용적 용어로 되어 있습니다. 지금 저는 1번 의원이 인식 부족 혹은 백을 흑이라 했다 해도 이것으로 감독권을 촉구할 하등의 이유가 없다고 믿으므로 감히 이 질문은 하지 않습니다. 단지 아까 30번 의원 질문에 대해 백표를 낸 것을 투표로 했다는 것인데, 이는 중대한 문제로서 과거는 물론 장래에 대한 우리 12만 부민을 위해 중대한 것이라 한마디 질문합니다. 완전 백지를 내어도 투표로 된다면, 투표에 유효와 무효가 있고 그 유효 중에는 불찬성과 찬성이 있는데, 무엇으로 채택되는 것인지 그것을 질문합니다.

의장(문협) : 백표는 투표 행위라고 인정합니다. 그리고 그 효과는 무효라고 생각합니다.

6번(김완섭(金完燮)) : 질문드립니다. 지금 15조에서 의결 수라고 되어 있는데 의결의 수에 무효 수가 있는지 없는지 하는 것을 듣고 싶습니다. 다음으로 우리 부회의원은 사직하지 않는 한, 이 자리에 있는 한 부가 제출한 의안에는 의결을 해야 하는 의무를 갖고 있습니다. (박수) 이것은 법이 명령하는 바이고 부제 제13조에 명확히 써 있습니다. 부회의원은 자신의 권한으로 의결을 하는 것으로 되어 있습니다. 의결 내용에는 많은 방법이 있고 이걸 가결할지 부결할지 또는 수정할지 이 세 가지 방법이 있습니다. 부결인지 찬성인지, 찬성도 아니고 불찬성도 아닌 어중간한 것은 적어도 수정안으로 이를 끝낸다고 법에서 명하고 있습니다. 수정도 아니고 부결도 아니고 가결도 아니고 흔들흔들해서 어떻게 부회의원이 되겠습니까. 어떻게 책임을 이해한 것이라 하겠습니까. 이는 법이 용서하지 않습니다. 또 15조 2항을 둔 것은, 어중간하면 곤란하다는 것입니다. 13조에 의결 수(數)에 있어야 한다고 되어 있습니다. 무효 투표를 의장은 투표라 생각하지만 자기 의사를 표시하지 않은 백표가 어떤 의사를 표시하는지, 무에서 유가 생기지 않는 것이 철학상 원칙입니다. 무엇을 근거로 무효라는 것이 가능한지, 이렇게 명확한 사실이 있는데, 의장은 투표가 의지 표시라는 점을 완전히 몰각한 말씀을 하는데 실로 천만의 말씀입니다. 저는 이 의미에서 지난번 결의는 당연히 무효라 믿습니다. (중략-편자) 지난번 결과는 법률로 해석하면 위법이라 생각합니다. 이 의미에서 무효이고 백년 천년 지나도 무효이며 당연히 다시 해야 합니다. 이로써 아까 다시 투표하자는 동의(動議)와 이유는 다른 것이지만, 찬성합니다.

의장(가도와키(門脇默一) 부윤) : 지금 6번이 투표의 효력에 대해 백표는 의지 표시가 아니므로 투표 전체가 무효다, 이런 법률론을 말씀하셨습니다. 저는 6번의 말씀에 경의를 표하는 부분이 없지는 않습니다. 즉 의원이 의석에서 투표를 행하는 경우 기권을 금하는 것이 일반적입니다. 그것을 가결을 바라는지 부결을 바라는지 또는 수정을 하는지, 세 가지의 하나를 선택하여 자신의 의지를 표시해야 한다는 책무가 있다는 그 말씀에는 경의를 표합니다. 그러나 그것을 행사하는 경우, 백표를 던졌다고 전체 투표의 효력이 없고 1표의 백표가 전체의 효력을 사라지게 만든다는 것은 생각이 다릅니다.

("그렇다"라 소리치는 자 있음)

현재 선포된 법률로 규정한 각종 의원 선거에서도, 단순히 무효 투표가 있다는 이유로 선거 그 자체를 무효로 하지 않습니다. 1표 혹은 몇 개 표의 백지가 의미 없다는 이유로 그 투표 전체가 무효라는 것은 어떤 근거가 있습니까. 또 백표를 던진 것은 투표행위가 아니라는 논거에 대해서는, 이렇게 생각합니다. 의원이 부여된 문제에 대해 가부 어느 쪽도 결정하기 곤란한 경우에는 어쩔 수 없이 백표를 던지는 것도, 가부 어느 쪽으로도 결정하기 곤란한 하나의 의지 표시로 볼 만하고, 이것이 투표행위가 아니라는 이유는 아니라고 생각합니다. 투표행위를 했지만 가부 의지표시가 없는 것이므로,

이를 무효로 하는 것은 당연합니다. 결국 의지표시가 없는 경우는 어느 쪽에도 붙이기 어렵습니다. 즉 100퍼센트 책임인가 10퍼센트 책임인가라는 퍼센트의 차이이고, 백표를 던진 것은 의원의 직책에 충실한 것이라고 할 수는 없지만, 이로써 곧장 그 투표행위가 오류라고 논할 수는 없고 백표도 투표행위에 준해야 한다고 생각합니다. 따라서 지금 6번이 말씀하신 점을 다시 듣고 싶습니다.

6번(김완섭(金完燮)) : 제가 말한 것을 완전히 오해하고 있습니다. 1표 백표가 있으나 이 1표의 백표 정도는 상관없다, 그것을 극단으로 밀어붙이면 가령 30인 투표해서 그중 29표가 백표고 1표가 유효투표였다면, 의장의 논법으로 하면 이를 가결해야 하는데, 저는 그렇게 생각하지 않습니다. 이 경우는 당연히 투표를 다시 해야 한다고 생각합니다. 그럼 아까 말씀드린 것처럼 1표의 무효가 있어도 그 투표는 다시 하는 것이 맞지 않습니까. 투표의 효력은 1표건 몇 표건 무효가 된다는 의론은 같습니다. 여하튼 우리의 의결은 전부에 대해서 완전한 의결을 하지 않으면 안됩니다. 전 의원이 의결을 해야 합니다. 의장에게 질문합니다. 29표였고 1표 부족했는데 왜 다시 합니까. 100퍼센트 행사하고 있는지 10퍼센트 행사하고 있는지 모르지만 의지 표시를 하지 않은 것은 투표권을 행사하지 않은 것과 하등 다를 것이 없습니다. 그래서 의장의 논의에 모순이 있다는 겁니다. 종이[紙]를 바라는 것이 아니라 이 의지를 바라는 것이고, 1매의 가치가 없는 종이를 바라기 위해 투표하는 것이 아닙니다. 이 투표 종이에 어떤 의지가 나타나는지를 알고 싶은 것입니다. 1매 부족했을 때 투표 전체를 무효로 했고, 의지 표시가 없는 경우도 이와 동일하다고 믿습니다. 소위 이 의결 수(數)에 참가해야 한다는 것은, 의결 수에 참가하지 않으면 이 의결은 적법하지 않은 것으로 될 수밖에 없습니다. 그렇다면 의결 수에 참가해야 한다는 의미는, 완전히 의원 전부의 의지를 알고 정치를 한다는 것입니다. 이것이 이 법문을 둔 가장 큰 취지이고, 일부 사람이 반대하는지 어쩌는지 애매한 정치는 하지 않는다는 것이 근본정신입니다.

또 하나 말씀드리고 싶은 것은 의장은 의사규칙에 대해 거의 무관심합니다. 왜냐하면 이 부제시행규칙에는 과반수로 결정하는 것으로 되어 있습니다. 이 해석을 적용하면, 앞서의 투표는 문제의 2표를 인정하지 않으면 28표이고 가부 각 동수였으므로 30인의 출석의원에 대해서 둘 다 과반수에 해당하지 않습니다. 그걸 무슨 이유로 직권을 행사하면서까지 할 필요가 있습니까. 이는 소위 백표가 어떤 것인지, 의결 수에 참가해야 한다는 것을 과연 온당하게 했는지, 이런 것이 의문입니다.

의장 : 다시 백표에 대한 질문인데, 6번의 논의 근거는 백표는 의지가 없으므로 1표로 해선 안되며 만약 그렇다면 전체가 안된다는 논거인 것 같습니다. 의지 표시라는 것은 적확하게 의지 표시를 구하는 것인데, 인간이므로 의지 표시가 없는 경우도 있습니다. 어느 쪽도 아닌 의지 표시를 한 것이 있는 현재, 가부를 쓰라고 해도 쓰지 않고, 의지 표시를 해야 한다고 법에서 요구하고 있지만 하지 않은 경우 어떻게 취급할 것인가를 생각하면 이해되는 것입니다. 30인이 있고 29인이 백표를 내면 어떻게 하냐는 예를 드신 것은 이 점을 생각할 여지가 없는 것입니다. 이렇게 판단해주시길 바랍니다.

6번(김완섭(金完燮)) : 15조 제2항의 입법 정신을 묻고 싶습니다. 법률을 무기로 말하려면 다소 머리가 아프고 혹은 바보같을지도 모르지만 어쩔 수 없습니다. 법률은 입법 정신으로서 지키는 원칙입니다. 그렇다면 이 원칙을 인정하고 냉정하게 생각하여 왜 15조를 두었는지 질문했는데 전혀 이에 답변하지 않으셨습니다.

의장 : 법에는 표결 수에 참가해야 한다고 결정되어 있습니다. 표결을 채택하는 경우에는 항상 의회가 성립하고 있어야 합니다. 이 의회가 성립하고 있는 이상 출석의원은 표결에 가담해야 한다, 그걸 규정한 것입니다. 한 사람이라도 결석했으니 그 회의는 완전히 제로다, 이건 아닙니다.

6번(김완섭(金完燮)) 그러나 백지를 내지 않았다면 어떤 의지를 갖고 있는지, 내지 않으면 안되지만, 쓰지 않은 것을 내고 판가름한다는 것은 견해의 차이일 것입니다. 내지 않으면 어떠한 의지를 갖고 있는지 판별할 수 없고, 아무것도 쓰지 않은 백지를 냈다면 어떠한 의지를 갖고 있는지에 대한 해석입니다. 저는 아까의 동의에 찬성하고 본 문제는 단지 이걸로 끝낼 문제가 아닙니다. 이 종합운동장 문제는 저번 의회부터 다투어온 것이고 수개월이나 걸린 문제입니다. 이런 중대 문제를 결정하는데 일반이 의문을 가질 만한 취급을 하는 것은 유감으로 생각합니다. 본래 무기명투표는 투표 수와 출석의원 수가 일치하는 것이 원칙입니다. 출석의원이 의결 수에 가담하는 것은 당연합니다. 출석하고 투표에 가담하지 않으면 소위 기권이고 법이 허락하지 않는 것입니다. 따라서 백지를 냈으면 이것도 기권입니다. 말씀하신 것처럼 의사규칙이 없어도 의사를 진행해 가는 식으로 하고 싶다는 것은 전연 동감이지만, 규칙이 있는 이상 이를 지켜야 합니다. 대구종합운동장 문제는 아까 말씀드린 것처럼 중대한데 이 문제는 전 조선에 영향을 주는 것입니다. 이 문제를 잘못된 태도로 진행한다면 천하의 수치입니다. 만약 대구부회 회의록이 천하에 공표되면 대구에서의 전례는 어디까지나 반대를 받는 것이 됩니다. 이는 큰 문제라고 생각합니다. 이는 일반 여론에 맡기고 저는 그 이상 논의를 하지 않겠습니다.

1번(쓰지 스테조(逵捨藏)) : 이미 어제 끝난 일이니 제가 지금 동의를 내도 채용하는 분위기는 되지 않겠지만, 저는 어제 의결은 무효라고 생각합니다. 무효이므로 이 동의를 내는 것입니다. 무엇이 무효인가, 즉 불(不)이라는 글자가 무효로 되었습니다. 반대라든가 찬성 등등 다른 문자를 쓴 것도 무효라고 해야 함에도 불구하고, 단지 불(不) 글자만 무효로 하고 다른 것은 무효가 아니라고 하는 것은 의장으로서 도리가 아니라고 생각합니다. 즉 어제 투표 내용은, 불(不)을 무효로 한다면 다른 무효로 할 만한 많은 표가 있습니다. 따라서 어제 투표는 바르지 않고 불법이므로 무효라고 해석합니다. 정말 무효라면 상식상 다시 하는 것을 수용해야 하고 이를 억지로 통과시킨 것은 횡폭이었습니다. 부윤 스스로 의회의 원만을 도모하기 위해 자진해서 어제 투표는 무효로 하고 투표를 다시 할 양심이 있습니까, 없습니까. 저는 어디까지나 무효를 주장합니다. 이 의미에서 긴급동의로서 지금 투표를 다시 할 것을 주장합니다. 의장은 부디 자진하여 자신이 한 과오를 생각하여 의회의 원만을 위해 다시 투표를 하길 희망합니다.

25번(주병환(朱秉煥)) : 저는 지난번 종합운동장에 대해서 여러 의론이 있었지만 아직 이 문제의 내용과 사실에 대해 별로 이렇다 할 의견을 내지 않았습니다. 저는 처음에 여러 선배와 부 이사자의 이야기를 듣고 사정을 알지 못했으므로 자중하여 침묵을 지켰습니다. 그런데 지금 들으면 이 문제는 운동장 그 자체의 내용보다, 의사규칙과 관련하여 표결의 효력 여하, 조문 해석으로 되고 있습니다. 단순히 대구부의 운동장 문제를 떠나, 조선 전체의 의사(議事) 관념에 미치는 영향이 매우 중대하므로 한마디 의견을 말하고 싶습니다.

제15조 제2항에서 출석의원은 표결 수에 가담해야 한다고 되어 있습니다. 어제 회의에서 표가 부족했습니다. 30인의 출석의원이 있음에도 불구하고 29표가 되기도 하고 때로는 27표가 되었습니다. 여하튼 출석의원 수와 맞지 않는 수가 나왔으므로 이를 무효로 하고 부윤이 다시 투표를 진행했습니다. 대체로 1인 혹은 3인이 투표를 하지 않았으므로 이를 무효로 해서 다시 한 정신은 어디에 있는가 하는 점을 생각해봐야 합니다. 이는 앞서 6번 등의 말씀과 마찬가지로, 단지 1매의 종이를 얻은 것인지 아닌지, 즉 출석의원의 의지 표시가 어디에 있는가를 보는 것입니다. 투표를 하지 않거나, 또 투표를 했음에도 아무것도 쓰지 않은 경우는 아무 의지 표시가 없는 것으로 생각됩니다. 또 그것이 맞다고 생각합니다. 그런데 지금 부윤 설명에 의하면, 아무것도 쓰지 않아도 여하튼 표가 나왔다면 그것으로 좋고, 표가 나오지 않았다면 위법이니까 다시 한다고 해석합니다. 그러나 이는 지나치게 형식적입니다. 아까 6번 의원 말처럼 종이 한 장을 회수하는 것이 목적이 아니고 뭔가의 의지가 있는지를 보는 것에 중점을 두어야 한다고 생각합니다. 그래서 저는 이사자 측을 비난하는 것은 아니지만, 의사에 참가한 지 얼마 되지 않았고 처음으로 부회에 의석을 얻은 새로운 의원으로서, 표결에 대한 의사규칙을 뒷전으로 내동댕이친 방식이 아닌가 생각합니다. 지난 일은 일일이 말하지 않겠습니다. 한편으로 가볍게 보이지만 상당히 큰 문제이고 경솔하다고 생각합니다. 이 일의 결과에 지나치게 초조해하는 경향이 있습니다. 시행규칙 제33조에, 부회의 의사는 과반수로써 결정한다고 되어 있습니다. 이 과반수는 무엇의 과반수인지가 확실히 이 조문에 있습니다. 즉 출석의원의 과반수라고 생각합니다. 의사규칙의 순서는 부결을 먼저 하고, 그 후 수정, 그 다

음에 원안을 채결하는 것이고, 그래서 채결할 때 결정 수가 16표 있으면 일이 끝납니다. 지금은 1표의 효력이 있는지 없는지를 부르짖고 있습니다. 제가 들은 바에 의하면 문자가 불(不)인지 어느 쪽인지 판가름 나지 않은 글자라는 것인데, 이 1표의 영향은 중대합니다. 무리하게 의장의 권한으로 어제 그 상태를 연출한 것은 매우 의사규칙을 무시한 것이라고 믿습니다. 저는 1번 의원이 말하는 것처럼 투표는 완전 무효이고 다시 하는 것에 찬성합니다.

31번(후루야 지스케(古谷治輔)) : 공인으로서의 감각과 심정을 좀 말씀드리겠습니다. 1917년부터 공직생활을 해서 지금까지 십몇 년 해왔습니다. 올해는 부회 총선거가 있었는데, 이런 것에는 수년전부터 나오지 않겠다고 느꼈던 것을 좀 참고로 말씀드립니다. 공인으로서 무엇이 가장 큰일인가 하는 것을 말씀드리고 싶습니다. 말할 것도 없이 예산회의가 가장 큰일이라고 생각합니다. 과거 십몇 년간 제 경험에서 보면 예산회의에서 신중하게 심의 검토하는 것은 공인으로서 저는 처음인데, 항상 추상적인 말이 많다고 느꼈습니다. 작년부터 이런 것에는 끼지 않고 또 그릇도 되지 않는다고 자각하고 있었습니다. 그런데 불행히 여러분의 추천에 의해 이 자리에 있습니다만, 이번 운동장에 대해서는 공인으로서 어느 정도까지는 이사자에게 맡기는 것이 타당하다고 생각합니다. 그래서 아까도 1번 의원이나 혹은 6번 의원이 운동장에 대해 말씀했지만 저는 대단히 경청할 가치가 있는 것이라 생각합니다. 그런데 이사자를 대단히 책망하면서도 자신의 일에 책임을 다하지 않는 것은 심히 유감으로 생각합니다. 6번 의원은 어제 가장 중대한 회의에서 결석한 것은 무엇입니까. 또 백표를 낸 사람은 누군지 모르지만 이들이 공인으로서 책임을 다한 것입니까. 그럼에도 불구하고 이사자만을 책하는 것은 좋지 않습니다. 6번 의원이 직책을 다했다면 이렇게 분규는 생기지 않았다고 생각합니다. 또 운동장 결정 때 만약 백표가 있어도 가령 대명동이 부결이 되었다면, 승산을 얻었다고 생각해서 박수갈채가 있었을 것입니다.

("아니야 아니야"라고 말하는 자 있음)

여하튼 지장을 주지 않은 백표가 몇 번 있었습니다. 백표에 대해 논구된 것은 오늘이 처음입니다. 대구부에 운동장이 생기는 것을 바란다면, 가령 동서남북 어디에 있어도 그렇게 큰 문제는 아닙니다. 그 이상의 중대 문제는 무엇입니까. 이는 예산이다. 이것이 우리가 할 첫째 일입니다.

32번(윤병은(尹炳殷)) : 저는 1번과 6번 의원의 긴급동의에 대해 한마디하고 싶습니다. 33조에 부회의 의사는 과반수로써 결정하고, 가부동수일 때는 의장이 결정하는 바에 의한다고 나와있습니다. 부회의 의사는 과반수라는 것은 무엇을 의미합니까. 출석의원의 과반수입니까, 의원 정수의 과반수입니까. 일본의 행정판례에 의하면 법문에는 단순히 과반수로써 출석의원의 과반수이지만, 회의에 출석해도 표결권을 갖지 않은 자 예를 들면 시제(市制) 54조 정촌제(町村制) 제50조의 단서에 해당하는 것 등은 제외하고 있습니다. 따라서 출석의원의 표결권을 가진 자의 과반수라고 해석해야 합니다. 표결권을 가진 자의 과반수가 아니면 채결이 불가능한 것입니다. 어제 의결은 30명이 표결권을 가졌습니다. 의장 말처럼 백표가 있었다 해도 표결한 것입니다. 30표 투표하면 과반수 15표인데, 14표 대 14표로 의장은 채결한 것입니다. 어제 채결은 무효입니다. 다시 채결하자는 동의(動議)를 냅니다.

의장(가도와키(門脇默一) 부윤) : 32번이 말한 14표 대 14표를 출석의원의 반분이라 생각하면 안됩니다. 30표는 전체 투표수이고 거기에서 많은 쪽이 좋은 것입니다.

("정치는 법률만으로 행하지 않아"라고 말하는 자 있음)

19번(허지(許智)) : 규칙 해석으로 논의가 되어 있는데 제가 좀 말씀드립니다. 어제 투표에서 6번 의원은 한 사람이라도 투표하지 않으면 이 투표는 무효라고 해석했는데 저는 정반대입니다. 13조에는 부에 관한 사건을 의결한다, 부회라는 것은 하나의 법인이고 결코 의원 한 사람이 이를 투표하지 않은 것으로 부회가 의결하지 않았다고 해석하지 않습니다. 부회와 부회의원의 구별을 6번 의원은 명확히 설명해주십시오.

의장(가도와키(門脇默一) 부윤) : 19번은 백표가 전체에 어떠한 영향을 미치는지의 의미를 질문했다고 생각하는데 그 영향은 제가 누누이 이미 말씀드렸습니다. 어제 의회에서 1표의 백표는 명확히 투표권을 행사한 것입니다. 그리고 가령 그 중 어떤 것이 써 있어도 - 의지 표시가 아니고 다른 것을 기입하고 있어도 역시 투표권을 행사한 것이라 생각합니다. 적법하고 명료한 것을 취해서 다수이면 적법한 의결입니다. 그렇다면 백표는 어떤가, 백표도 투표 행사입니다. 그렇다면 다른 것을 기입하는 경우 예를 들면 '오늘 흐림'이라고 써도 무효 투표입니다. 이 점 의심치 않습니다. 아까 29번이었습니까, 제 설명으로 판단이 되었다고 생각합니다.

19번(허지(許智)) : 지금 부윤 말씀은 어제의 문제입니다. 저의 13조 해석은, 부회와 부회의원의 관계에서, 일단 부회가 성립하고 의원이 투표할 때 그 중 한두 명이 투표를 안해도 부회 그 자체는 법령에 의해 의결한 것으로 해석합니다. 이는 법률 문제인데 6번 의원에게 듣고 싶습니다.

6번(김완섭(金完燮)) : 아마 견해의 차이라고 생각합니다. 대명동을 반드시 반대하는 것이 아니고, 또 비산동을 반드시 찬성하는 것도 아닙니다. 감히 반대하는 의론을 갖고 있는 것이 아닙니다. 오늘 공기는 대단히 험악한 원인이 어디에 있습니까. 적은 혼노지(本能寺)에 있고,[14] 근원은 백두산에 있다는 식으로, 원인은 이사자가 규칙을 무시한 데에 있습니다. 좋건 나쁘건 대명동으로 결정하고, 더 부윤의 의지를 돌리는 것은 불가능합니다. 저는 더 말씀 안 드립니다. 저는 단지 부회의원으로서 공명정대하게 의결할 의무를 가졌습니다. 그래서 제가 말하는 것은, 13조는 부회가 혹은 부회의원이 의결할 의무를 갖지만 기권은 불가능하다고 되어 있습니다. 의안이 제출되면 부회로서 부회의원으로서 어디까지나 의결해야 하는 의무가 있습니다. 그리고 의원으로서 기권하는 것도 불가능하다고 15조 2항에 명확히 되어 있고, 의결 수에 가담해야 합니다. 이를 기명 투표로 하면 일일이 구별할 수 있겠지만, 틀리게 기입한 경우에 무기명이라면 일일이 구별하는 것은 거의 불가능합니다. 무기명인데 틀린 경우 무효의 결과를 가져오는 것은 당연합니다. 대명동이 좋다든가 비산동이 좋다든가 이런 생각은 결코 갖고 있지 않습니다.

의장 : 잠시 휴식하겠습니다.(오후 3시 20분)

의장 : 계속 개회합니다.(오후 4시 15분)

12번(배정기(裵鼎基)) : 분규에 분규를 거듭한 종합운동장 문제에 대해서는 좋건 나쁘건 결착이 되었으니 - 저는 원안 부결에 투표한 사람

---

14) 일본 속담. 부하에게 당한 오다 노부나가를 두고 하는 말. 적은 혼노지에 있다, 또는 적은 내부에 있다, 자기 자신 혹은 내부 즉 지나친 자만심을 경계하라는 말.

입니다. 그러나 어떤 일을 하는 데에 있어서 서로 생각하는 바와 주장이 있겠으나, 소수 주장이 있어도 다수 주장이 있는 경우는 다수가 자신의 주장을 이깁니다. 그때는 자아를 잊고 자신의 주장을 없는 것으로 하고 완전히 하나가 되어 그 일에 매진하는 것이 공인다운, 부회의원다운 직책을 다하는 것이라 생각합니다. 서부에 이를 유치하려고 하고 혹은 대명동에 유치하려는 주장은 모두 서로 대구를 위해 자신의 사적 이익을 떠난 의견이었고 제 의견과 반대되어도 대구를 위해 생각해서 기분좋게 들었습니다. 오늘 또 분쟁이 있었는데, 어떤 의원이 백지투표를 낸 것에 대해서는 조문에 비추어서 대개 논의되었다고 생각합니다. 저는 백지투표는 투표와 마찬가지라고 생각합니다. 왜냐하면 가령 그 투표용지가 찬부 어느 쪽도 쓰여있지 않고 다른 것이 쓰여있는 경우 가부에 대해서는 하나도 영향력이 없습니다. 백지도 역시 그렇지 않은가 생각합니다. 어제 결착된 사항이 다시 지금 논의가 된 초점은 어디에 있습니까. 어제 개표 결과 의장이 가(可) 혹은 부(否)라고 투표용지에 써달라고 말했음에도 불구하고 불(不)이라는 글자가 있었는데 이는 있어서는 안되는 것이었습니다. 불(不)은 불찬성에 다름 아닙니다. 그래서 이 표가 만약 불찬성 표였다면 이쪽에 기울었고 찬성 표였으면 저쪽에 기운다고 하는, 분규의 초점은 그 1표에 있었다고 생각합니다. 의장도 공평한 태도로 그 표를 보았음에 틀림없습니다. 의장이 부(否)인지 가(可)인지 판별하지 못한 표가 나왔다면 누가 보아도 판별이 안되는 것이라 생각합니다. 그것이 여하튼 제시되지 않아서 일말의 의혹을 품지 않을 수 없다고 생각합니다. 보여주지 않겠습니까.

(13번 배병열(裵炳列)이 발언을 구함)

("답변을 듣고 해라"라고 말하는 자 있음)

13번(배병열(裵炳列)) : 부가해서, 어제도 모든 분들에게 또 의장에게도 말씀드린 생각인데, 저는 절대적이지는 않지만 비교적 공평한 사람입니다.(웃음소리) 이 운동장 문제는 저는 여러분의 의견을 배청하고 있습니다만 지금까지의 시행착오는 잘 알고 있습니다. 그래서 지금 어제의 투표가 무효인지 유효인지를 모두가 법규상 여러 해석을 하고 있습니다. 그러나 저는 법규로 해석해서 유효 무효를 논하기보다도, 어제의 사실로써 이야기하려 합니다. 지금 12번 말대로 불(不)인지 가(可)인지 판별 안되는 애매한 글자가 있었을 때, 의장은 불(不)은 안된다고 저에게 확실히 대답했습니다. 그 내용을 입회인에게 들으니, 부(否)도 아니고 가(可)도 아니고 대명동 찬성, 원안 반대, 찬성 등 다양한 것이 쓰여있었습니다. 이미 지난 일이지만 어제 다수가 떠들썩하게 무효로 한 불(不)도, 찬성이라든가 불찬성이라든가 쓰여 있었던 것도, 모두 무효가 아닌가 생각합니다. 그래서 어제의 투표 자체는 결코 공평하지 않다고 생각합니다. 불(不)이 안되면 기타 '찬성' '불찬성'이라고 쓴 것도 무효이므로, 이 무효인 것을 선발하여 결정해야 한다고 생각합니다. 그렇지 않으면 다시 하는 것으로 결정해야 한다고 생각합니다. 지금 12번 말대로 입회인도 인간이고 의장도 인간인 이상, 세 명 중 한 사람이 불(不)이라고 하고 두 사람은 가(可)라고도 불(不)이라고도 하여 판명하지 못했다고 말합니다. 다수가 보면 혹은 추찰하는 사람이 있으면 불(不)인지 가(可)인지 발견될 것입니다. 그 의미에서 이 자리에서 투표지 그 자체를 공개하면 됩니다. 이 문제로 지금까지 양쪽 의견이 대립하고 있는데 공인으로서 백보 천보 양보해서 대구를 위해 합의해야 합니다. 그래도 합의가 불가능하면, 원만하게 온전하게 하는 것이 불가능하면, 우선 어제의 1표를 무효로 할지 유효로 할지는 의장에게 달려 있습니다. 가(可)인지 불(不)인지 이 자리에서 결정하기를 거듭 원합니다.

의장(가도와키(門脇默一) 부윤) : 12번의 질문은 판명되지 않은 표를 보여달라는 것인데 이는 의장의 직권으로서 입회인의 면전에서 판정한 것입니다. 입회인이 각자 판정이 달랐다고 말씀드린 이상 다시 판단하는 것에는 동의할 수 없습니다.

("옳소, 옳소"라고 말하는 자 있음)

다시 하자는 것은 가부가 엄연히 존재하는 경우는 고려되지 않습니다. 그래서 어제의 것은 오늘 아침 이후 누누이 말씀드린 것처럼 적법한 투표를 행하고 개표를 한 것이라 믿습니다. 다시 하거나 또는 판단을 다시 하자는 것은 고려되지 않습니다.

33번(오바 긴조(大場金藏)) : 저는 지금까지 1번 의원이 말한, 우리 당이 말한 동의론(動議論)을 배청했습니다. 이미 토론은 끝났다고 생각하니, 저는 입회인의 책임으로서 여러분과 또 널리 대구 부민에게 사실을 말씀드리고 싶습니다. 개표했을 때 찬성이라 쓴 것도 있고 대명동 찬성, 가부, 백지 등등이 있었던 것은 의장이 말한 대로입니다. 이 문제가 된 불(不)이라는 글자를 저는 확실한 가(可)라고 보았습니다. 신성한 입회인으로서 이를 가(可)라 본 것입니다. 여기에서 1번 의원은 가(可)가 아니고 불(不)이라고 했습니다. 입회인 의견이 합치하지 않았고, 의장은 제 의견을 받아들이지 않고 무효로 한 것입니다. 그것을 제가 말하는 이유는 의장이 무기력해서입니다. 그것은 당연히 가(可)로 해야 하는데 의장이 인정하지 않았던 태도에 저는 불만이 있지만 자제하고 있습니다.

1번(쓰지 스테조(逵捨藏)) : 33번 설명에 대해 제 생각을 말씀드립니다.

("대립 토론은 그만해" "해, 해"라고 말하는 자 있음)

찬성이라고 생각해서 그렇게 투표를 취급하고 감정한 결과, 찬성 중에서 불(不)이 나왔습니다. 그래서 이것은 가(可)가 아니라 불(不)이라고 말했습니다. 개표했을 때, 찬성이라고 쓰면 안된다고 말하지는 않았다고 오바 의원이 말씀하셨는데 그건 그대로입니다. 그러나 제 주장은, 찬성이라 쓰여 있는 것을 찬성이라고 인정했다면, 불(不)은 부(否)와 같은 것이니 반대 의사를 표시한 것으로 생각해야 온당하다는 것입니다. 불(不)이 안되고 부(否)라고 써야 한다는 의론이 용납된다면, 찬성이라든가 반대라든가 하는 투표도 무효로 하는 것이 당연합니다.

또 방금 전 부윤은 이미 결정한 것이 틀림없이 바르게 채결한 결과이므로 지금 다시 그 의혹의 중심이 되어 있는 투표 용지를 보일 필요는 없다고 말씀하셨는데, 저는 부민으로서 부윤의 인격을 의심하지 않을 수 없습니다. 왜냐하면 의혹을 초래하는 것은 정치의 근본에서 삼가야 합니다. 정치에 의혹을 초래하는 암울한 것이 있으면 곧장 그 정치는 어두워집니다. 의혹 아래에는 반드시 여러 장애가 생깁니다. 즉 위정자를 신뢰하지 않으면 여러 부정한 면이 확실히 나타납니다. 따라서 무릇 정치라는 것을 이해한다면, 그리고 자신의 책임상 의혹을 풀 수 있는 것이라면 힘껏 그 해소를 위해 최선책을 쓰는 것이 양심 있는 태도입니다. 영국의 로이드 조지는 일찍이 (웃음소리) 무선전화의 권리를 얻었는데, 협잡을 해서 돈을 벌었다는 비난 공격을 받고 스스로 재산을 공표하여 자신이 바르다는 점을 천하에 보였습니다. 이는 모두가 아는 사실이고 무릇 위정가는 그래야 합니다. 의혹을 푸는 것이 부윤의 의무이고 책임이라 믿습니다. 부윤의 양심에 의해 곧장 해소할 수 있는 의혹임에도 불구하고, 여하튼 직권이라고 말하면서 이를 발표하지 않는 것은 일층 의혹을 깊게 하는 것입니다. 부윤의 인격을 의심하지 않을 수 없습니다. 지금 부윤은 부디 양심을 환기하여 대구부회의 평화를 위해 이 의혹을 일소하도록 투표를 공공연히 발표해서, 우리의 의혹이 잘못됐는지 혹은 바른지를 명확히 해야 합니다. 로이드 조지의 지혜를 빌리지 않아도, 외국의 양심을 빌리지 않아도, 일본의 소위 무사도 정신에서 생각해도, 현재의 관리의 도덕에서 생각해도, 우가키 총독의 정치의 근본정신에서 생각해도 결코 틀림없다고 생각합니다. 그래서 허심탄회하게 스스로 과오를 생각하고 소문이 나면 난처해도 투표를 명확히 하는 것을 희망합니다.

의장(가도와키(門脇默一) 부윤) : 지금 말씀 중에 의혹을 초래했다는 말이 들어가 있었습니다. 어제 1번은 입회인 직무를 하셔서 의혹이 어디에 잠재해있는지 잘 아실 것입니다. 의혹을 가질 만한 사항인지 아니면 해석으로써 판정할 만한 사항인지도 잘 아실 것입니다. 그리고 의혹이 있다면 저도 여러분의 판단을 원하는 것은 제 입장으로서 당연합니다. 그러나 지금 말씀하신 말의 의혹이란 무엇인가 하면, 불(不)인지 가(可)인지 판단할 수 없는데 1번 의원은 이를 불(不)이라 생각해서 이를 유효한 것으로 취급해야 한다, 무효로 한 것은 의혹을 초래한다는 생각이신 것 같습니다. 그러므로 이에 반박할 의지는 없습니다만 요컨대 어제 판별이 어려운 문자가 써진 1표를 곧장 무효로 한 것이 의혹인지 혹은 의혹이 아닌지는 어제 회의에서 입회인이 잘 아십니다. 이 의미를 혼동하셔서 상당히 당황스럽습니다.

9번(우치야마 기이치(內山喜一)) : 지금 33번의 말, 1번의 말, 의장의 말도 일단 맞습니다. 그러나 그 표를 우리가 잘 몰라서 무엇에 찬성하면 좋을지 모르겠습니다. 이런 문제를 직권에 의해 결정하면 잘

못하면 직권남용이라는 충고를 면치 못합니다. 저는 어제부터 오늘까지 아무것도 말하지 않았으나 오늘에 이른 이상 여하튼 직권을 남용하고 있다고 생각하고, 부윤의 말에 좀 불만이 있습니다.

8번(다나카(田中弘眞)) : 지금 여러분 말에는 모두 일리가 있고 어제부터 싫증이 나도록 들었습니다. 저는 묵묵히 있었지만 의사가 조금도 진행되지 않으니 제 의견을 말씀드리겠습니다. 13조인지 15조인지 법률을 모두 많이 말씀하셨습니다. 그러나 지금 일어난 문제의 근원은, 그 표가 뭔지 공개하지 않기 때문입니다. 방금 전부터 모두 들으셨는데 오바 씨의 말로는 가(可)로 보였다, 또 1번의 말로는 불(不)로 보였다, 부윤이 보았더니 어느 쪽인지 판가름할 수 없었다고 합니다. 그러나 이 귀중한 회의장은 토론회가 아닙니다. 사실에 따라서 운동장 문제를 해결하는 것이 큰 골자라 생각합니다. 저는 결코 부윤이 이 문제에 대해 나쁜 처치를 취했다고는 추호도 생각지 않습니다. 또 오바 의원이 말한 것도 나쁘다고 추호도 생각지 않고, 또 1번 말도 결코 나쁘지 않습니다. 그런데 회의가 이에 이르렀기 때문에 어쩔 수 없다고 생각합니다. 그래서 부윤이 12만 부민과 함께 문제를 해결해 주시길 바랍니다. 어제 분규를 거듭하면서 과반수가 큰 소리를 질러서 이 회의장을 소란케 한 느낌이 있고 또 과반수는 그걸 결코 기뻐하지 않는다는 느낌을 받았습니다. 부윤은 우리 반수가 주장하고 있음에도 불구하고 듣지 않고 있습니다. 듣는 것은 부윤의 의무와 책임입니다. 어제 63명의 정총대의 조인이 나왔습니다. 여러 정민(町民)의 뜻이 운동장을 비산동에 설치하길 바라고 있다는 것은 의심의 여지가 없습니다. 어제 투표는 14명 부(否)가 있고 1표의 백표와 애매한 것이 있어서 14명의 대립으로 되었던 것을 생각할 때 심히 원만함이 결여된 것 아닌지 생각합니다. 그렇게 되면 원만한 부정도 도모할 수 없습니다. 저는 부윤의 열성에 고마움과 감사를 표하고 싶고 우리 12만 부민도 그렇다고 생각합니다. 이런 중대한 문제를 어제부터 오늘까지 갖고 와서 1시부터 시작해서 시계는 이미 5시를 가리키고 있습니다. 비산동이 이기면 부윤이 지고 또 대명동이 이기면 부윤이 지는 게 아닙니다. 원만하게 가는 것이 부윤의 승리입니다. 그렇다면 무엇을 고심해서 쓸데없는 이야기를 하는지 의문입니다. 저는 12만 부민의 추대에 의해 부회의원이 되었습니다. 특히 부윤에게 원하는 것은, 틀림없다는 걸 공개해서 원만히 해결하는 것입니다. 저는 이렇게 주장하지만 부윤이 우리의 요망을 받아들지 않으면 이후 저는 부윤에 대해 불신임안을 제출할 것입니다. 이렇게 신중하게 고려해주시길 바라며 답을 원합니다.

의장(가도와키(門脇默一) 부윤) : 오늘은 이 정도로 하고 산회하겠습니다.(박수) 내일은 오후 1시부터 개회합니다.(4시 55분)

8) 대구부회 회의록(제4일, 1935년 9월 13일)

항목	내용
문서제목	大邱府會會議錄(第四日)
회의일	19350913
의장	門脇默一(대구부윤)
출석의원	逵捨藏(1), 小西裕(2), 本多良祿(3), 小野英勇(4), 黑川圓治(5), 김완섭(金完燮)(6), 小野元太(7), 田中弘眞(8), 內山喜一(9), 소진무(蘇鎭武)(10), 白井義三郎(11), 배정기(裵鼎基)(12), 배병열(裵炳列)(13), 坂本俊資(14), 靑木勝(15), 松本誠一(17), 배국인(裵國仁)(18), 허지(許智)(19), 정운용(鄭雲用)(20), 추병섭(秋秉涉)(21), 山北光德(22), 진희태(秦喜泰)(23), 주병환(朱秉煥)(25), 高田官吾(26), 島田金四郎(27), 池本猪三郎(29), 古谷治輔(31), 윤병은(尹炳殷)(32), 임상조(林尙助)(30)
결석의원	塚原宇一(16), 立木要三(24), 大澤新三郎(28), 大場金藏(33)
참여직원	竹本利作(부속), 佐能安太郎(부속), 吉村來治(부속), 多羅尾增男(부속), 김재익(金在翊)(부속), 岡田榮(부주사), 速水隆三(부주사), 宅間吏任(부서기)
회의書記	三島活三(부서기), 原本守貞(부 고원)
회의서명자(검수자)	
의안	부제시행규칙에서 '과반수' 규정에 대한 해석, 종합운동장 설치에 관한 건
문서번호(ID)	CJA0003091
철명	대구부세입출예산서류
건명	소화10년도대구부특별회계승합자동차비세입출추가경정예산(제2회)-대구부회회의록 소화10년도대구부세입출추가예산(제5회)-대구부회회의록
면수	35
회의록시작페이지	1149
회의록끝페이지	1183
설명문	국가기록원 소장 '대구부세입출예산서류'철의 '소화10년도대구부특별회계승합자동차비세입출추가경정예산(제2회)-대구부회

	회의록 / 소화10년도대구부세입출추가예산(제5회)-대구부회회의록'건에 포함된 1935년 9월 13일 대구부회 회의록

해 제

본 회의록(총 35면)은 국가기록원 소장 '대구부세입출예산서류'철의 '소화10년도대구부특별회계승합자동차비세입출추가경정예산(제2회)-대구부회회의록 / 소화10년도대구부세입출추가예산(제5회)-대구부회회의록'건에 포함된 1935년 9월 13일 대구부회 회의록이다.

원래 11일에 회의가 열려야 했으나, 종합운동장 문제와 관련하여 원안인 대명동 안에 반대하는 서부 측 의원들이 출석하지 않아서 개회 정수가 부족하여 유회되었다. 11일에는 전날인 10일과 마찬가지로 신문기자와 방청인이 빼곡하게 들어차서 개회를 기다렸는데, 의원석에는 겨우 열두 명의 의원만 착석한 상태였다. 원안 반대 의원들은 부청 2층 응접실에 모였고 회의에 출석하지 않아 매우 험악한 분위기 속에서 회의가 유회되었다.[15]

13일 회의에서는 의원들이 다시 또 '협잡' 투표를 인정하지 않겠다고 주장했으나 부윤은 운동장 문제 논의는 끝났다고 하면서 버티고 있다. 문제의 투표용지를 보여 달라는 요구도 있으나 부윤이 보여주지 않자, 부윤의 인격을 의심한다는 극한 발언을 하는 의원도 있다. 회의 초반에 부제시행규칙의 '과반수' 규정에 대한 해석을 둘러싸고 논란을 벌이는 것도 주목할 만하다.

15) 『동아일보』 1935.9.20.

내 용

의장(가도와키(門脇默一) 부윤) : 전회에 이어 개회하겠습니다.(오후 1시 40분)

(14번 사카모토 슌스케(坂本俊資), 발언 구함)

14번은 무슨 질문입니까?

14번(사카모토 슌스케(坂本俊資)) : 저는 긴급동의입니다.

(32번 윤병은(尹炳殷) 발언 구함)

의장(가도와키(門脇默一) 부윤) : 32번은 무슨 질문입니까?

32번(윤병은(尹炳殷)) : 저번에 질문한 것에 대해 답변이 없습니다. 부제시행규칙 제33조에 부회의 과반수의 의미는 출석의원의 과반수인지 혹은 표결권을 가진 자의 과반수인지 정수의 과반수인지 이 의미를 질문했는데 답변이 없습니다.

의장(가도와키(門脇默一) 부윤) : 과반수 규정은 출석자 - 표결권을 가진 출석자 내에서 틀림없이 행위를 한 자의 표의 동수인 경우 등수(等數)를 의미합니다.

("과반수입니다"라고 말하는 자 있음)

의회가 성립한 수(數)의 과반수이므로 과반수가 곧 유효행위의 기초가 됩니다. 그것은 그 수로써 충족된다, 이렇게 생각합니다.

32번(윤병은(尹炳殷)) : 질문의 요지를 오해하고 있습니다. 부회의 의사는 과반수로써 결정한다, 이 의사를 결정하는 데에 있어서 과반수인지, 표결권을 가진 자인 의회 정수의 과반수인지의 설명입니다. 의장은 동수(同數)의 경우라고 오해하고 계십니다.

의장(가도와키(門脇默一) 부윤) : 과반수는 물론 출석의원입니다.

32번(윤병은(尹炳殷)) : 전에 채결한 것은 출석의원이 30명입니다. 그런데 과반수면 15표 이상 되어야 결정되는 것입니다. 그런데 14 대 14로 결정한 것이므로 당연 무효입니다.

의장(가도와키(門脇默一) 부윤) : 그렇게 생각하지 않습니다. 의결을 가결할 때는 유효한 수가 17명이고 그 17명의 유효 행위를 기초로 하는 것입니다. 30명이 투표를 했을 때는 그것이 15표가 되어야 하는 것은 가부 동수라는 것을 기초로 한 생각에서 그렇습니다. 가부 동수는 어떤 경우에 고려되어지냐 하면 17인 이상으로 유효한 의사가 행해진 경우에 그 반수가 있으면 족한 것입니다. 바꿔 말하면 17명은 반드시 있어야 하고 18인의 경우는 어떠냐 하면 9표면 충분한 것입니다.

32번(윤병은(尹炳殷)) : 지금 의장이 설명한 것은 개회가 가능한지 아닌지 정족수이고, 의사에 대한 과반수의 의미를 말하는 것입니다. 일본의 판결 예에 의하면 이 과반수는 출석의원 중 표결권을 가진 자의 과반수입니다. 가령 20명 출석의원이 있으면 그중 20명 투표하고 그중에 5표의 무효 표수가 있다 해도 10표였으면 과반수로 성립이 가능하다는 것입니다. 8표 대 7표는 성립하지 않는다는 것입니다.

의장 : 무효 투표나 기타 다른 걸 기입한 표 수가 있고, 몇 번 반복해도 또 이러한 결과를 초래한다는 결론을 내게 되므로, 제가 말씀드린 것처럼 정수가 있었던 이상 회의가 성립했고 유효행위를 했을 때 가부 동수의 경우는 의장이 결정한 것이라 해석하는 것이 좋다고 생각합니다.

(“진행”이라고 말하는 자 있음)

1번(쓰지 스테조(逵捨藏)) : 제가 저번에 긴급질문을 했을 때 답이 없었던 것을 지금 다시 질문합니다. 그 투표는 부정 투표입니다. 그 이유는 불(不)자는 무효라고 결정되었는데, 불(不)이 무효라면 기타 '부결'이나 '가결'이라고 쓴 것도 무효로 해야 합니다. '원안 반대'라고 쓴 것도 있었습니다. '원안 반대'라는 것은 의장이 주장하는 '가결'이라든가 '부결'이라든가 하는 것과 글자가 다릅니다. 의미는 같지만 문자가 다릅니다. 즉 불(不)이 부결의 부(否)와 같은 의미임에도 불구하고 이를 무효로 했습니다. 의장은 '원안 반대'도 확실히 부결과는 동일한 의미이나 부(否)와는 글자가 다르니 무효로 해야 합니다.

저는 투표 입회인으로서 그런 표를 그 외에도 몇 개나 인정할 뿐 아니라, 저도 '원안 반대"라고 썼으므로 만약 불(不)이 안된다면 역시 저의 투표도 무효로 해야 합니다. 본 의원이 생생한 증거입니다. 이제 해석에 대해 부윤의 생각을 듣고 싶습니다.

의장(가도와키(門脇默一) 부윤) : 이 문제는 이미 충분히 논의를 다했고 다시 불찬성을 썼다든가 불(不)자를 썼다든가 하는 이 질문에 또 반복해서 답하는 것은 피하고자 합니다. 그러나 계속 의문이 있다고 생각하므로 답합니다. 투표 중에 불찬성이라 쓰거나 혹은 원안 반대라 쓴 것들이 있습니다. 그러나 그것이 의안에 대한 의지를 나타낸 것이라면, '반대'라고 쓰건 '찬성'이라고 쓰건 유효로 볼 수 있습니다. 그러나 완전히 다른 것을 기입하는 것, 완전히 글자가 불명확한 것, 의지 표시가 명확하지 않은 경우는 무효로 하는 데에 누구라도 이의가 없으리라 생각합니다. 의지 표시가 명료하고 다른 의미가 포함되지 않은 표를 유효로 센 것이므로 괜찮다고 생각했습니다. 1번 의원은 가부는 어디까지나 가(可) 또는 부(否)라고 쓰지 않으면 그 행위가 무효라고 생각된다는 점을 말씀하고 있습니다.

1번(쓰지 스테조(逵捨藏)) : 의장 답변에 만족하지 않습니다. 저는 부

(否)와 가(可) 이외의 문자는 안된다는 식으로 생각하지 않습니다. 가(可)나 부(否)가 아니면 안된다는 것은 의장이 주장한 말이고 저는 의장의 말을 그대로 빌어서 만약 그것이 용인되지 않는다는 가정하에 질문한 것입니다. 말할 것도 없이 가(可) 또는 부(否)라는 문자에만 구속되지 않고 자신의 의지 표시 즉 가결이나 부결이라는 것이 확실히 판가름된다면 그걸로 좋다는 해석을 합니다. 불(不)은 의지 표시로서 반대와 찬성 중 무엇인지는 명료합니다. 불(不)은 즉 부(否)와 의미가 상통할 뿐 아니라 조선의 관습에서는 부(否)를 쓸 경우에는 불(不)을 써도 통용되며 그것이 기준으로 되어 있습니다. 그런 것을 많이 저는 들었습니다. 이는 반대의 의지를 표시한 것으로 가장 완전한 문자임을 확신합니다. 불(不)을 쓴 의원의 생각은 원안에 반대하는 의미입니다. 조금 전 의장은 반대의 의지 표시를 명확히 한 것이라면 채용한다고 하셨고 그것은 제 주장과 일치합니다. 따라서 방금 전 의장의 주장에서 추론하면 불(不)은 역시 반대 의지를 표시한 것이 명확하므로 무효로 한 것은 틀리다고 해석합니다. 다시 이 점에 대해 의장의 답변을 원합니다.

("답변 필요없어"라고 말하는 자 있음)

의장(가도와키(門脇默一) 부윤) : 지금 말씀드린 대로입니다.

30번(임상조(林尙助)) : 저도 이와 관련해서 말하고 싶습니다.

의장(가도와키(門脇默一) 부윤) : 무엇입니까.

30번(임상조(林尙助)) : 그 부(否)라든가 가(可)라든가에 대해서입니다.

의장(가도와키(門脇默一) 부윤) : 그건 답변하지 않겠습니다.

30번(임상조(林尙助)) : 그럼 오늘은 이에 대한 질문은 전연 수용하지 않는다는 말입니까?

의장(가도와키(門脇默一) 부윤) : 끝났기 때문입니다.

30번(임상조(林尙助)) : 이 의혹을 풀어주지 않으면 안됩니다.

의장(가도와키(門脇默一) 부윤) : 그럼 간단히 원합니다.

30번(임상조(林尙助)) : 극히 간단 명료합니다. 저번에 '대명동 불(不)'에 대해서 의장은 가(可)로도 읽히고 불(不)이라고도 읽힌다고 말씀하셨습니다. 극히 어려운 글자이거나 혹은 인식이 부족한 사람은 그렇게 보는 사람도 있을지도 모르지만, 이 불(不) 자는 소학교 1년생 어린이에게 읽혀도 불(不)이면 불, 가(可)라면 가라고 확실히 읽을 것이라 생각합니다. 그때 부윤이 불(不)로도 읽히고 가(可)로도 읽을 수 있다고 했는데 뒤에 들어보면 점(点)이 있다고 했습니다. 가(可)에는 절대 점이 없는 것입니다. 지금 1번의 질문에 의하면 가(可)로도 읽히고 불(不)로도 읽힌다는 것이 소멸되어 버리고 불(不)로 되어버렸습니다. 이 문자가 불(不)이면 명확히 해석 가능하다고 생각합니다.

조선 관습에서 불(不)을 부(否)라고 읽습니다. 명확히 판가름되는 문제 아닙니까. 그것을 당시 부윤은 불(不)로도 읽히고 가(可)로도 읽힌다고 했지만 그것은 소멸되어 버리고 불(不)로 된 것은 명확합니다. 불(不)은 불찬성에 넣지 않는다는 생각이십니까.

의장(가도와키(門脇默一) 부윤) : 전에 답변한 내용으로 대신하겠습니다.

22번(야마키타 미쓰노리(山北光德)) : 계속 운동장 문제에 대해 여러 의론을 배청했습니다만, 제가 경청한 것 중 가치 있는 것은 김(金) 의원의 법률론입니다. 그는 대단한 변호사이므로 예리하다는 점은 모두 아시는 바입니다. 그러나 마땅하지 않았다고 단정합니다만, 그 점에 대해 논의는 하지 않겠습니다. 이미 이 문제는 가결 확정했고 가결 확정에 모순이 있고 무효이며 불합리하다고 부르짖기도 했습니다. 가부에 대해 입회인인 1번 의원은 불(不)로 보고 33번은 가

(可)로 보아서 표를 무효로 한 것은 극히 공평한 취급이었다고 생각합니다. 저는 이것은 판단하지 않겠습니다. 운동장 위치는 결정했고 이상 하등 반대할 것은 아닙니다. 지금까지 서부 쪽에서 열심히 운동하고 있는 관계가 있어서 자기의 주장이 통하지 않아서 모두 말씀하신 것은 이미 논의를 다 한 모양이므로, 속히 진행하길 바랍니다.(박수)

1번(쓰지 스테조(逵捨藏)) : 저는 저번에 이 투표가 불법이라고 지적하고 다시 해야 한다고 긴급동의를 냈습니다. 그리고 제 주장에 대해 열렬한 찬성자가 있었습니다. 이를 동의로서 채용하지 않고 그대로 다른 동의의 제출을 허가하는 것은 우리 의원의 발언권에 대해 공평을 결여한 것입니다. 의사진행상 그것이 타당한 취급입니까. 그것을 묻겠습니다.

의장(가도와키(門脇默一) 부윤) : 지금 1번이 지당하신 질문을 하셨으니 답변드립니다. 제1일에 1번 의원이 의안 제28호에 대한 긴급동의로서 투표를 다시 하자고 제의했습니다. 이에는 정규 찬성자도 있었지만, 당시 부 이사자로서 답변한 것처럼, 적어도 일단 부결이나 가결로 확정한 의사에 대해서 후일 이를 동의(動議)의 형식에 의해 찬성을 얻었다 하더라도, 전에 확정한 것을 변경하거나 의결 내용을 정정하거나 (박수) 혹은 해소하는 것은 의회정치에서 용납되지 않는 것이므로- ("옳소, 옳소"라고 소리치는 자 있음) 따라서 이를 의장으로서 정규 찬성한 동의(動議)를 동의로서 취급하지 않는 이유입니다. 투표의 적합과 부적합, 합법인지 아닌지에 있어서도, 의장이 채택한 순서 방법이 잘못되지 않았음을 설명드렸으니 양해 부탁합니다. 따라서 이걸 의제로 올리지 않는 이유입니다.

22번(야마키타 미쓰노리(山北光德)) : 1번 의원에게 바랍니다. 취소해주십시오. 아까 투표가 협잡이라는 실언을 취소해 주십시오.

("옳소, 옳소")

1번(쓰지 스테조(辻捨藏)) : 저는 의사록에서 협잡이라는 말을 취소하지 않겠습니다. 저번에 질문과 긴급동의를 제출했을 때 누누이 말씀드린 것처럼, 이 투표는 표에 불법적 내용이 있고 불(不)자의 자획은 명확하고 조금도 가(可)자가 아니었습니다, 즉 불(不)자를 가(可)자로 본 것은 흰 것을 검은 것이라 단정하는 것과 조금도 다른 게 아니며 무리한 해석입니다. 따라서 이 투표를 의원 전부에게 보이고 의혹을 해소해야 하고 의장은 자진해서 명랑하게 하기 위해 투표 용지를 모두에게 보이라고 주장한 것입니다. 의장도 조금 전 33번이 질문했을 때 처음에는 가(可)라는 자에도 의심이 있었던 것처럼 주장하셨지만 점점 말을 바꿔서 가(可)인지 불(不)인지 모르겠다고 말했습니다. 가(可)와 불(不)은 소학교 나온 사람이면 판단하는 것입니다. 그것이 가(可)인지 불(不)인지 판명됨에도 불구하고 그러한 무리한 해석을 해서 유효한 투표를 무효라고 하고 14대 14로 가부 동수라고 했습니다. 더구나 1표는 확실히 부결의 의미를 충분히 나타내는데도 무효로 한 것은 무리하게 원안을 고집해서 통과시킨 모순이 있다고 확신한다.

("옳소 옳소")

만약 의장이 일본인의 양심이 있다면 그런 까다로운 것은 해소해야 하고 자진해서 그 괴상한 투표용지를 의원 전체에게 보이는 것이 당연합니다. 그리고 내 동의를 채용할 수 없는 주장이라면, 왜 내 긴급동의에 이어서 많은 질문을 받았던 것입니까. 또 긴급동의에 대해서 수용하지 않는다는 방침이라면 그저께인가 그끄저께 의회에서 2시부터 4시까지 귀중한 시간을 이 동의에 할애한 점에 대해서 책임 있는 의장의 답변을 요구합니다.

의장 : 이미 답했고 타당하지 않다고 생각합니다.

("옳소 옳소")

좀 말씀을 드리는 게 좋겠다고 생각합니다.

("의회 정화를 위해 진행")

전에 말씀드린 것이지만, 일단 확정된 의안에 대해서는 그 중 소소한 잘못이 있어도 손대지 않습니다. 그 잘못을 고칠 때 어떤 방법을 쓰냐면 새로운 별도의 의안이 제안되어 그 의안 확정을 거쳐 그 전의 의안이 구제되는 것입니다. 단지 동의를 내면 그 전 동의는 반복된다는 생각은 고치길 바랍니다. (웃음소리) 또 질문을 수용한 것은 이에 기초한 것이라고 말씀하셨지만, 질문은 답할 수 있는 정도의 것은 수용합니다. 그러나 설명이 필요하지 않은 경우가 있고 또 답변할 필요를 인정하는 경우도 있습니다.

("진행" "그대로")

14번(사카모토 슌스케(坂本俊資)) : 긴급동의를 제출합니다. 종합운동장 8만 원 내용의 토지매수비이다. 4만 3,142원으로 지난번 부의 설명으로는 2만 8,000평을 매수하는데 평당 1원 43전이라고 했습니다. 이 운동장 문제는 상당히 논의했고 이미 본안을 확정한 것입니다. 그리고 서부 쪽 각 정총대가 연서한 진정서도 나와 있고 중대 문제이므로, 이 4만 3,142원으로써 예정한 2만 8,000평을 얻는 데 1평 1원 43전으로써 매입하는 것을 실행해주십시오. 그 외에 토지 매수에 여러 암초가 있으니 6명의 위원을 지명해 주십시오.

("필요 없어"라고 말하는 자 있음)

이것을 동의로 제출하는 이유는, 보통의 상황이 아니고 대단히 분규를 거듭했고 특히 부(否)인지 불(不)인지의 문제로 여러 논의가 있었던 일찍이 보지 못한 중요한 회의이므로, 부의 책임 있는 답변을 원하며 여러분이 동의에 대해 찬성해주시길 바랍니다.

22번(야마키타 미쓰노리(山北光德)) : 저는 유감이지만 반대합니다. 왜냐하면 정총대도 연서 진정을 하는 등 대단히 분규가 있고 특히 떠들썩하게 되어있습니다. 지금 1번 의원 말을 빌어서 말하면, 정총대의 진정서 역시 협잡입니다. 달성공원 안쪽의 10정(町)도 서쪽에 들어가지만 대구신사에서 남서쪽의 전혀 관계없는 곳입니다. 그런데도 민심 작흥과 서부 발전을 도모한다는 의미에서 진정서에 날인했다는 것입니다. 많은 사람이 전하는 바로는 정평 있는 악덕지주가 이면에 있어서 운동하는 등 여러 책동을 하고 있고 오늘은 방청석에 출석하고 있지 않습니다. 그러므로 1번 의원의 말을 빌려 말한다면, 진정서는 하등 근거 없는 것이라 생각합니다. 서부 발전이라 해도 대구신사에 의해 민심 작흥을 구한다는 정도의 안(案)이 아닙니다. 이미 결정된 문제고 지금 14번의 의견은 훌륭하지만 전혀 위원을 둘 필요가 없다고 생각합니다.

14번(사카모토 슌스케(坂本俊資)) : 지금 22번은 제 취지에서 옆으로 새고 있습니다.

("확실히 해"라고 말하는 자 있음)

왜냐하면 종합운동장에 대한 토지 매수는 제가 볼 때 1원 43전으로 2만 8,000평을 매수한다면 승낙합니다. 그런데 22번 말씀으로는 지금 서부의 악덕지주라고 말했는데, 그것을 동부의 악덕지주가 3원이나 3원 50전으로 말하면 어떻게 합니까. 이 예산은 4만 3,141원이기 때문에 2만 8,000평을 살 수 있는데 3원으로써 산다고 하면 그것이 곧 협잡입니다. 그러니까 제 동의에 불찬성하는 의원은 없을 것이라 생각합니다.

의장 : 14번의 말은 예산 계상액과 실지 액수의 점을 걱정하는 것 같은데 이사자가 결의한 것을 말씀드려 참고로 제공하고자 합니다. 예산에 계상한 금액 평당 평균 1원 43전은 예산 편성 당시 최근 실례를 보고 계상한 것이고, 소요 평수를 구하는 데 그 돈으로 충분히 매수 가능하다고 믿었으나, 실시할 때 어떤 변동이 있을지도 모르지만 충분한 노력으로써 그 예산의 취지에 맞도록 움직이려 합니다. 따라서 예산의 취지에 맞도록 실현하려고 생각하는데, 그 의미에서 위원회를 만들자는 의견인 것 같습니다.

30번(임상조(林尙助)) : 14번 의원이 토지 매입에 대해 대단히 걱정하고 있는 것 같아 말합니다. 지금까지 부 당국에서는 어떤 경우에는 토지를 매입할 때 예산에는 1원으로 산다고 계상하고 1원 50전, 2원이라도 사고, 토지가 3만 평이나 필요하지 않은 것을 처음부터 산다고 계상하고 토지를 줄여서 사는 등 그 예산 내에서 일을 하는 길이 있습니다. 지금까지 그런 식으로 일해온 것이 한두 예가 있습니다. 부민에게 직접 이해가 있으니 14번 의원이 걱정하는 것은 맞습니다. 또 의장 말에 의하면 노력한다고 하는데 과연 그 노력이 반드시 그대로 실행될지 실행되지 않을지를 상상해서 말한 것 아닐까 생각합니다.

("그렇다"라고 말하는 자 있음)

단지 상상이 아니고 실제로 매입할 때 그 가격으로 매입할 수 있을지, 또 2만 8,000평으로 생각한 것을 2만 평으로 하는 것 등은 더욱 우리에게 기우를 불러일으키는 것이므로, 부윤은 부디 실제로 뜻이 있는 바를 말씀해주시는 게 좋고 불가능한 것은 말하는 게 좋습니다. 실제로 실행되지 않을지도 모르니까 이런 이야기가 나온다고 생각합니다. 이런 사태가 된 이상, 14번 의원에 대해 책임 있는 답변이 있어야 한다고 생각합니다. 연구한다는 말만으로는 이해가 안 됩니다. 긴급동의에 찬성합니다.

의장(가도와키(門脇默一) 부윤) : 14번 의원의 긴급동의에 대해 다른 찬성자 없습니까?

8번(다나카(田中弘眞)) : 저는 14번의 동의에 찬성합니다.

의장(가도와키(門脇默一) 부윤) : 긴급동의는 성립했습니다.

29번(이케모토 이사부로(池本猪三郎)) : 14번 의원에게 좀 말씀드립니다. 14번 의원은 이 대명동 확정에 찬성한다고 저는 생각합니다. 그렇다면 단지 이 토지 가격으로 이걸 사는 것을 걱정하면서 질문하셨지만, 그에 대해 어떤 위원회를 둔다는 것입니까. 토지매수위원입니까, 교섭위원입니까. 그 위원이라는 것의 요점을 질문 드립니다. 그리고 의장에게 질문하겠습니다. 노력해서 매입한다, 만약 그 노력을 해서 그 가격으로 매수가 불가능한 경우, 수용령이라도 내서 반드시 이를 실행할 의지인지 묻습니다. 저는 이 14번 의원의 동의에 찬성인지 찬성이 아닌지 하기 전에 이 질문을 드립니다.

14번(사카모토 슌스케(坂本俊資)) : 30번 의원이 아까 말한 대로, 저는 이 토지 매수에 대해 대단히 의심하고 있기 때문에 동의를 제출한 것입니다. 지금 이사자의 답변을 듣고 좀 안심했습니다. 반드시 1원 43전으로 매입하도록 노력해서 산다는 결심은 정말 의지를 보인 것입니다. 지금 29번 질문에 대해 답하면, 위원은 6명이고 그 위원은 부 이사자 1명을 포함합니다. 위원의 역할은, 토지 매수에 다양한 암초가 일어나서 결국 부에서 직접 맞닥뜨리는 경우, 위원이 이 토지 매입하는 교섭도 담당하고 또 1원 43전으로써 매입해달라고 하면서 노력한다는 의미에서 위원의 필요성을 말씀드렸습니다. 부 이사자와 위원이 같이 이 토지 매수에 노력할 필요가 있습니다. 여기

방청자가 있고 모두의 면전에서 부윤이 이렇게까지 말한 이상 저는 의심의 여지는 없습니다. 찬성을 부탁드립니다.

의장(가도와키(門脇默一) 부윤) : 운동장 장소 매입이 어려운 경우 처치를 묻고 있는 것 같은데 매입이 어려울 때는 그때 충분히 생각하겠지만 지금 이렇게 하겠다고 미리부터 말하기는 어렵습니다.

7번(오노 겐타(小野元太)) : 의장은 이미 이 27호 의안은 확정한 것으로 하고 28호 의안으로 넘어간 것 같습니다. 지난번 이후 선언이 있었던 것 같은데, 요컨대 확정한 것을 계속 문제삼고 있지만, 이에 대해 긴급동의를 허락해서 질문하고 싶습니다.

의장(가도와키(門脇默一) 부윤) : 지금 긴급동의는 성립하고 있으니 이 긴급동의를 처리하고 다음을 심의하겠습니다.

30번(임상조(林尙助)) : 14번의 동의에 찬성하지만 14번에게 한 말씀 드립니다. 또 의장에게도 드리겠습니다. 14번에게 말합니다. 의장이 2만 8,000평을 평당 1원 43전으로 사도록 노력하겠다는 현명한 답변을 했는데, 만약 노력해도 매입 불가능한 경우 어떻게 해달라는 의미가 있는 것입니까? 그리고 의장에게 묻는데, 노력을 해도 만약 매입 불가능한 경우 어떻게 할 것인지 의지가 있다면 확실히 설명해 주십시오.

의장 : 지금의 것은 29번과 같은 질문이라서.

14번(사카모토 슌스케(坂本俊資)) : 노력해서 성공시킨다는 것을 지금부터 우려할 필요는 없습니다. (박수)

("그걸로 좋아, 확실히 하고 있다"라고 말하는 자 있음)

8번(다나카(田中弘眞)) : 지금 14번의 긴급동의에 찬성하는 이유를 말씀드리겠습니다. 14번이 대명동 토지를 1원 32전으로 산다는 것에 찬성했습니다. 제 생각으로는 10일부터 오늘까지 분규를 거듭해온 미증유의 상황이기 때문에 14번 의원이 말한 것이라 생각합니다. 그래서 저는 찬성했습니다. 이유는, 분규를 거듭한 회의가 끝나고 모두 완화되어 원만히 해결을 하기 위해 무엇보다 흉금을 터놓고 말해야 하기 때문입니다. 또 의장도 해결하려고 원하고 있습니다. 이런 까닭으로 대명동 토지를 1원 43전으로 매입하는 것에 대해 철저하게 배려를 원해야 하는 이유는, 비산동은 1원으로 싸게 가능하다는 지주들의 승낙을 받아 부에 제출했습니다. 대명동에서도 어쩔 수 없이 생명을 걸고 완성하는 것이 부회의원의 의무입니다. 노력을 다하겠다는 의장의 설명을 정말 감사하게 배청했으므로 말씀드리는 것입니다. 대명동을 가(可)로 했으니 대명동의 모든 지주도 평당 1원 45전으로 가능하도록 철저하게 지주와 교섭해야 한다고 생각합니다. 부윤도 이에 노력하고 또 6명의 위원이 선처해서 의장을 보좌한다면 분규가 있다 해도 이를 피해서 진행할 수 있으리라 믿습니다. 내가 보기엔 이 현명한 처치를 하는 것 외에 아무것도 없습니다.

(13번, 9번, 22번 발언을 구함)

의장 : 대체로 찬부 양론이 있습니다. 토론을 계속하겠습니까?

("토론 필요없다"고 말하는 자 있음)

22번(야마키타 미쓰노리(山北光德)) : 14번의 동의의 취지는 좋지만 이미 대명동 원안에 의해 찬부를 결정하고 가결했으니, 그때 가서 위원을 둔다든가 하면 됩니다. 이것은 이미 가결한 것입니다. 조건을 붙여 억지를 쓰는 것입니다.

("조용히 해" "긴장"이라고 말하는 자 있음)

의장 : 정숙하시기 바랍니다.

22번(야마키타 미쓰노리(山北光德)) : 이제까지 해왔고 지금 진행되지 않으니까 조건을 붙이고 있습니다. 조건을 내진 않았지만 형태상 조건이 되는 것입니다. 이건 부정(府政) 정화상 매우 좋지 않은 것이고 나는 14번 의견에 반대합니다.

9번(우치야마 기이치(內山喜一)) : 저는 비교적 공평한 입장입니다. 저는 달성공원 앞에 살지만 공인으로서 이 절대적으로 공평한 입장으로 논의합니다. 지금 14번의 의견은 가장 공평하고 타당한 의론이라고 생각합니다. 이는 대단히 의혹을 불러일으키는 문제이고 위원 설치에 대해서 한 말씀 드리겠습니다. 위원에 대해 심의할 때 깊은 주의가 필요하다고 생각합니다. 저는 14번 말은 극히 타당한 이야기라 믿으므로 찬성합니다.

("채결 채결"이라고 말하는 자 있음)

13번(배병열(裵炳列)) : 저는 지금 긴급동의에 대해 찬성합니다. 이에 더해서, 그저께 이 부회에서 통과할 때 방청석의 여러 사람과 그리고 지금 회의에 참석한 여러분에게 용서를 구합니다. 외부에서는 반대하는 자가 모여서 고의로 휴회를 한다는 이야기가 돌아서 진실을 말씀드리는 것입니다. 저번 이후 몇 번이나 반복한 것이므로 이건 뭔가 방법을 강구하여 일을 원만하게 진행할 방법은 없을까 하는 의미로 예비회를 연 것입니다. 의미 없이 시간을 지체해서 의원의 한 사람으로서 깊이 용서를 구합니다. 금후는 결코 그런 일은 없을 것이지만, 여하튼 대구를 위해, 현재 모두 아시는 것처럼 위기에 직면해있고 단지 쓸데없는 소란을 피우기 위해 그런 유회(流會) 운동을 한 것은 아닙니다. 서로 대구를 어떻게 진흥할까, 현재 위기에 직면한 이 문제를 어떻게 타개할까 하는 염려하에 일부러 참석하신 것입니다. 그리고 지금 14번 등 의원들도 부지 매수문제에 대해 긴급동의까지 냈는데 저는 그 동의에 찬성하는 것을 전제로 해서 말씀드린 것입니다. 일이 여기에 이르고 지금까지 우리가 떠들썩하게 말하고 있는 것은 이 문제가 대구의 하나의 문제로 끝나는 것은 아니라고 생각하기 때문입니다. 14번 의원이 긴급동의를 낸 생각도 여기에 있다고 봅니다. 의혹을 해소하기 위해 새로운 긴급동의를 낸 것이고 저는 찬성합니다. 분규를 거듭하는 사람은 어떻게 생각이 변해가는지 모르겠습니다. 긴급동의에 찬성한 8번과 30번 의원의, 찬성에 이르기까지의 의사록을 즉석에서 낭독해주셨으면 합니다.

의장 : 지금 13번이 들은 대로이고 번역을 다시 읽는 것은 곤란합니다. 청취한 이상은 기억해주시기 바랍니다.

("채결"이라고 말하는 자 있음)

의장 : 찬부 의론을 다한 것 같은데 채결하고자 합니다.

26번(다카다(高田官吾)) : 14번의 동의는 1원 43전의 대가로써 계상된 예산 가격으로 틀림없이 실행해달라고 바라는 하나의 희망이고 동의(動議)가 아니라고 생각합니다.

("동감"이라고 말하는 자 있음)

단지 6명 위원을 두자는 것이 하나의 동의가 되어 있다고 생각합니다. 의장은 어떻게 생각합니까. 별개로 위원 6명 두는 것이 하나의 동의라 생각합니다.

의장 : 14번의 답변을 원합니다.

14번(사카모토 슌스케(坂本俊資)) : 나는 지금 26번이 말한 희망이라는 것은, 어쩔 수 없으면 2원 50전으로 산다는 그런 약한 희망적 동의가 아닙니다. 4만 3,142원으로 2만 8,000평을 평당 1원 43전으로 얻는다는 부 이사자의 설명을 믿습니다. 저는 그것에 대해 예산을 실행한다는 것을 말씀드렸습니다. 어쩔 수 없으면 2원 50전으로 한다는 그런 위원을 천거할 필요는 없습니다. 그러나 이 예산으로 2만

8,000평을 매수하기 위해 그걸 노력한다는 것입니다. 살 수 있는지 없는지의 문제이지 희망을 말할 필요는 없다고 생각합니다. 반드시 이렇게 꼭 한다는 의지를 바라는 것입니다.

12번(배정기(裵鼎基)) : 14번 의원의 긴급동의의 골자가 어디 있는지 모르겠습니다. 부 이사자가 원안을 낼 때 깊게 심의해서 만들어 올리지 않았습니까. 1원 43전으로 매수할 가능성이 있다는 생각을 갖고 낸 것입니다. 구태여 의원이 1원 43전으로 사라고 노력하라는 긴급동의를 내서 노력하는 것은 아닙니다. 긴급동의는 필요 없습니다. 그리고 위원회에서 힘을 합해 결행하고, 만약 사는 것이 불가능한 경우 어떤 처치를 할지 정도로 해두면 됩니다. 노력하는 것은 말하지 않아도 결정되어 있습니다.

("옳소, 옳소, 그렇다"라고 말하는 자 있음)

내가 대명동에 반대하고 비산동으로 찬성한 것은 저번에 말했으니 더 이상 말씀드릴 필요는 없습니다. 지금 다시 긴급동의를 낼 필요가 없습니다. 이제 살 수 있는지 어떤지, 살 수 없을 때는 어떤 처치를 취할지 하는 것이 긴급동의의 의미라고 생각합니다.

의장(가도와키(門脇默一) 부윤) : 14번에게 묻는데 당신의 발의는 토지 매수에 노력한다, 외부에서 부윤과 함께 이 매수 일에 참가하고 매수를 원조한다, 그래서 목적을 달성한다, 이러한 취지입니까?

14번(사카모토 슌스케(坂本俊資)) : 그렇습니다.

1번(쓰지 스테조(辻捨藏)) : 나는 14번 의원의 동의가 그것을 1원 43전을 들여 사라, 그 이상 내서 사는 것은 안된다, 그 매수 가격을 여기에서 확실히 결정하고 그 이상은 절대 불가능하다는 의미로 긴급동의를 낸 것인지, 단지 단순히 부 당사자가 노력해도 경우에 따라 지금까지의 상황으로 보아 2원이나 3원이라도 어쩔 수 없이 받아들이

게 되는 것인지, 그런 것에 대해 지금까지의 토지 매수에 대한 부 당사자의 방식은 완전히 무정견이고 조금도 확고한 신념하에 된 게 없습니다. 예산에는 5원 50전이라 결정해두고 실제 매수 가격은 6원 70전, 혹은 3원 내외의 것을 5원으로 매입한다든가 하는 예가 많습니다. 따라서 그런 것을 우려해서 부 당사자가 제안의 예산대로 반드시 하고, 그것이 안 될 경우 책임지고 이 원안에 보이는 만큼의 여하튼 1원 43전 이상 내어서는 안됩니다. 1원 43전 한도에서 매수하고 그 이상은 절대 받아들이지 않는다는 조건부의 동의인지, 그 점을 확실히 해주십시오.

("그거야"라고 말하는 자 있음)

14번(사카모토 슌스케(坂本俊資)) : 물론 1원 43전으로 사지 못하는 경우, 예산 금액으로 사지 못하는 경우는 결국 부 이사자는 안을 내어 바꾼다는 조건의 예정으로 동의(動議)를 낸 것이고 지금보다 앞의 일을 고려해둘 필요는 없다고 생각합니다. 물론 제 취지는 1원 43전의 예산대로 평수를 매입하는 것입니다.

("채결"이라고 말하는 자 있음)

의장(가도와키(門脇默一) 부윤) : 그럼 지금 14번의 발의는 토지 매수를 쉽게 하기 위해 위원 6명을 설치하고 이 목적 달성을 위해 그 위원과 이사자는 합체하여 공동으로 목적을 달한다, 이 발의가 나와 있습니다. 이것은 의론이 대체로 끝났다고 생각합니다.

("가격"이라고 말하는 자 있음)

가격은 예산에 나와 있습니다.

("지금까지 질질 끌고 예산과 동떨어진 매수가 많이 있다"고 말하는 자 있음)

그렇게 하지 않으려고 합니다. 그 의미에서 찬부를 결정합니다.

지금 14번이 발의한 긴급동의에 찬성하는 분은 기립해주십시오.

(기립자 11명)

소수이므로 부결했습니다.

지금부터 제28호 가스사업 계속비 설정에 관한 건을 상정합니다.

잠시 휴식하겠습니다.(오후 2시 59분)

(하략-편자)

9) 대구부회 회의록(제1일, 1936년 3월 20일)

항 목	내 용
문 서 제 목	大邱府會會議錄
회 의 일	19360320
의 장	門脇默一(대구부윤)
출 석 의 원	逵捨藏(1), 小西裕(2), 本多良祿(3), 小野英勇(4), 黑川圓治(5), 김완섭(金完燮)(6), 小野元太(7), 田中弘眞(8), 內山喜一(9), 소진무(蘇鎭武)(10), 배정기(裵鼎基)(12), 배병열(裵炳列)(13), 坂本俊資(14), 靑木勝(15), 塚原宇一(16), 松本誠一(17), 배국인(裵國仁)(18), 허지(許智)(19), 山北光德(22), 진희태(秦喜泰)(23), 立木要三(24), 주병환(朱秉煥)(25), 高田官吾(26), 島田金四郎(27), 池本猪三郎(29), 임상조(林尙助)(30), 古谷治輔(31), 윤병은(尹炳殷)(32), 大場金藏(33)
결 석 의 원	白井義三郎(11), 정운용(鄭雲用)(20), 추병섭(秋秉涉)(21), 大澤新三郎(28)
참 여 직 원	吉村來治(부속), 竹本利作(부속), 佐能安太郎(부속), 박용익(朴容益)(부속), 多羅尾增男(부속), 장범교(張範敎)(부속), 藤原万助(부속), 김재익(金在翊)(부속), 崔俊亨(부속), 岡田榮(부주사), 速水隆三(부기사), 三島活三(부서기), 田中芳輔(부서기), 久保和七(부서기), 김윤상(金潤祥)(부서기), 德森護(부서기), 新井輝司(부서기), 宅間史任(부서기), 桑原仁(부기수), 宮本宇平(부기수)
회 의 書 記	三島活三(부서기), 原本守貞(부 고원)
회 의 서 명 자 (검 수 자)	
의 안	제5호 1936년도 대구부 세입출예산 결정의 건, 제6호 대구부 승합자동차비 특별회계 세입출예산 결정의 건, 제7호 시가도로와 하수도개수비 기채의 건, 제8호 도로포장비 계속비 설정의 건, 제9호 도로포장비 기채의 건, 제10호 사단설치비 기부적립금 설치에 의결 변경의 건, 제11호 사단설치비 기부적립금 처분의 건, 제12호 대구부 국세 및 도세 부가조례 개정의 건, 제13호 대구부 호별세 조례 폐지의 건, 제14호 대구부 조흥세 조례 중 개정의 건, 제15호 대구부 잡종세 조례 중 개정의 건, 제16호 대구부 특별호별세 조례 폐지의 건, 제17호 대구부 도서관 조례 중 개정의 건, 제18호 토지평수할 부과지역과 노선별 부과액 결정의 건

문서번호(ID)	CJA0003147
철 명	대구부일반경제특별경제예산철
건 명	대구부회회의록(소화11년3월통상부회)
면 수	28
회의록시작페이지	191
회의록끝페이지	218
설 명 문	국가기록원 소장 '대구부일반경제특별경제예산철'의 '대구부회회의록(소화11년3월통상부회)'건에 포함된 1936년 3월 20일 대구부회 회의록

해 제

본 회의록(총 28면)은 국가기록원 소장 '대구부일반경제특별경제예산철'의 '대구부회회의록(소화11년3월통상부회)'건에 포함된 1936년 3월 20일 대구부회 회의록이다. CJA0003195<대구부관계서철><대구부조흥세조례중개정의건> 20-23쪽, <대구부특별호별세조례중폐지의건> 48-51쪽, <대구부잡종세조례중개정의건> 80-83쪽, <대구부국세및도세부가세조례개정의건> 122-125쪽, <대구부지방진흥토목사업시가도로와하수도개수비기채의건> 156-159쪽, <대구부도로포장비기채의건> 268-271쪽에 같은 날짜 회의록이 있다.

회의에 앞서 고(故) 사이토 마코토 자작에 대해 조의를 표하는 전문을 보내기로 가결했다. 1936년도 대구부 예산안에 대해 부윤이 예산편성에 대해 대체적인 설명을 하고 다케모토(竹本) 내무과장이 예산내용에 대해 각 항목에 걸쳐 설명했다. 제1독회에 들어가자마자 쓰지 스테조(逵捨藏) 의원이 긴급동의로서 운동장 부지 결정, 비행장 설치비, 가스사업 등에 걸쳐서 공격적으로 질문하여, 결국 심의에 들어가지 못하고 산회하고 있다.

내 용

(상략-편자)

번외(다케모토 리사쿠(竹本利作) 속) : (중략-편자) 세입 제1관 3항 사단설치비 적립금입니다. 이것은 종전 계획에 의하면 연도 말에 14만 9,738원이 되는데, 비행장 건설비로 8만 원 처분하여 지출하기로 되었기 때문에 원금이 전년도보다 4만 원 감소한 결과, 이자의 감소를 보고 있습니다.(중략-편자)

1번(쓰지 스테조(辻捨藏)) : 긴급 질문하겠습니다. 관기숙정에 대해 의장에게 긴급질문하고 싶습니다. 가도와키 의장은 학식과 식견이 겨우 중학 정도를 마쳤음에도 대학졸업자도 어려운 고등문관시험을 패스한 희귀한 수재라서 항상 저는 경의를 표해 왔습니다. 그러나 대구부윤으로서 가도와키(門脇默一) 씨는 좀 기대 밖이라서 이 질문을 할 수밖에 없습니다. 의장 입장에서 보면 나는 학식과 덕망이 부족하고 경험도 천박하므로, 말하는 것이 어쩌면 급소를 찌르지 못하고 오히려 의장으로부터 가르침을 받아야 할지도 모르겠지만, 제가 믿는 바를 말해서 확실한 답을 얻고 싶습니다.

부제시행규칙 제33조에 부회의 의사는 과반수로써 결정하고, 가부동수인 때는 의장이 결정한다고 되어 있습니다. 따라서 부윤 즉 의장이 이 규칙을 위반한 행위가 있을 때는 부정을 문란시키는 것이니 관기 숙정상 단호하게 대처해야 하고 등한시하면 안됩니다. 만약 그런 사실이 있으면 자치체인 부정(府政)을 파괴한 것이고 총독정치의 반역자라 해도 지장 없다고 믿습니다. 그래서 이런 경우에 부회의원은 부의 자치정을 옹호하기 위해 감정을 초월하여 공동전선을 만들어 철두철미하게 싸워야 합니다. 즉 부의 자치정 옹호를 위해서는 전 의원이 일치단결해서 모든 능력을 발휘하여 최선의 노력을 해야 한다고 통감합니다. 이러한 의미에서 첫째로 질문하는 것은, 대명동 운동장을 결정하기 위해 행한 가도와키 의장의 투표에 대한 조치는 바로 이 부제시행규칙 제33조를 위반한 것입니다. 다수 의견을 무시하고 소수의견에 의해 가결 확정했고 폭력 정치와 유사한 것이라 자못 유감입니다. 특히 나는 투표입회인이었던 관계상 그 책임을 일층 통감하며 당시를 되돌아보면 감개무량합니다. 가도와키 부윤이 원만한 부정 진전을 바란다면, 가부 동수인 경우 그 직권에 의한 원안 결정을 일시 보류하고 반대 의원의 양해를 최선의 노력을 다해 구하고, 의원에 대한 친절과 아량이 있어야 한다고 생각합니다. 더구나 그 투표는 원안 찬성자 14표, 반대 의지를 표시한 게 15표였고 원안 반대자가 1인 많았습니다. 그런데 대명동 불(不)이라는 1표가 부결의 부(否)가 아니라는 이유로써 의장은 이를 무효로 하고 억지로 원안을 통과시킨 것은 난폭한 조치였습니다. 조선의 관습으로서는 부(否)보다도 거의 불(不) 자를 부정의 의미로 사용하고 있고, 추병섭 의원 역시 부정의 의미로 불(不) 자를 썼다고 언명하고 있는 이상, 의원 다수의 의지가 원안 반대였던 것은 명료합니다. 따라서 가도와키 의장이 의원 다수의 의견을 무시하고 소수의 의견에 의해 원안을 결정한 것은 자치제를 충실히 옹호해야 할 부윤이 스스로 대구부의 자치제를 파괴한 것입니다.

무릇 천하가 넓다 해도 자치제가 선포되어 있는데 다수의 의견을 유린하고 원안을 결정한 것은 유례가 없습니다. 대구부에서 이 예외를 본 것은 바로 천하의 기적(奇蹟)이라 할 만합니다. 대구부 역사상 있어선 안 될 오점을 찍은 것이라 실로 개탄을 금치 못하겠습니다. 사실상 다수의 의견을 무시한 점에 대해 의장의 책임 있는 답변을 원합니다.

두 번째 질문은, 가도와키(門脇默一) 부윤은 이 운동장 부지 결정 후 도(道)에 출두하여 그 간부들에게, 투표 중에 불(不)인지 가(可)인지 명확하지 않은 글자가 있어서 이를 무효로 하고 가부 동수로 되었으므로 원안을 가결 확정했다고 보고했습니다. 사실 부윤의 입장에서 보면 그 감독관청에게 불(不) 자였지만 부(否) 자가 아니어서 무효로 했다는 비상식적인 것은 말하지 않았으리라 생각합니다. 그러나 부윤은 부회의장에서 명확히 불(不) 자여도 부결이나 가결이라고 쓰게 되어 있으니 불(不) 자는 무효로 한다고 명언하고 있습니다. 즉 부윤은 불(不) 자인 것을 명확히 인지하고 있으면서 상부에 가서는 이에 반하는 허위의 보고를 했습니다. 이는 도 간부를 기만하고 대구부회를 기만한 것이라 생각하는데 부윤의 책임 있는 답을 원합니다.

셋째로 질문하는 것은 최근 문제가 된 비행장에 대한 도 보조금을 둘러싸고 도간부 대 부윤 관계의 건입니다. 이는 도회에서 모 의원이 소위 폭탄 질문을 한 결과, 결국 내무부장이 공공연하게 부윤의 말을 부정한 사건과, 또 부회의원의 위원들이 지사와 내무부장을 방문하여 열린 본건에 대한 간담회에서의 보고에 나와있듯이, 부윤은 5만 원 보조를 내달라고 도당국에 원했다고 하고 지사와 내무부장은 그런 이야기를 들은 적이 없다는, 즉 부윤이 말한 게 없다는, 도(道)가 보기에는 미증유의 추태를 연출한 건입니다. 아마 일본은 물론 조선 관리계에서도 상당한 지위에 있는 관리들 사이에 이런 일이 생기고 이것이 공공연하게 일반에 알려진 것은 일찍이 없었던 추태입니다. 어쨌든 부윤이 도간부와 교섭하지 못하고 선처를 얻지 못했기 때문에 5만 원 보조 예정인 것이 2만 원으로 감액된 것은 공공연한 사실로 나타나고 있습니다. 그래서 본년도에 과연 3만 원의도 보조비를 얻을 수 있을지는 매우 의문입니다. 제가 도간부를 직접 면접한 바에 의하면, 이 3만 원을 전부 얻는 것은 거의 불가능하다고 생각합니다. 따라서 본건은 지금부터 상당히 공작할 필요가 있다고 사료됩니다. 이렇게 부윤이 도와 교섭하지 못하고 오히려 상부에 반감을 초래하고 있기 때문에 부민은 대단한 손해를 입는다는 점은 의심할 여지가 없는 사실이라고 생각합니다. 특히 운동장 문제에 대해 부윤이 도간부에게 허위로 보고한 것을 생각하면, 비행장 문제도 지사와 내무부장 말을 믿지 부윤의 말을 신뢰할 수 없는 것입니다. 무릇 부윤이 항상 직접 도간부를 접하고 원만하게 양해를 얻기 위해 힘써야 부정도 원만히 진전할 수 있다고 생각합니다. 쉽게 말하면 부윤은 항상 도(道)와 싸우는 임무를 맡고 있습니다. 부윤 자신은 이 정도로 괜찮다고 생각해도 이 때문에 부민은 미혹되고 있다는 점을 저는 심히 유감으로 생각합니다. 이는 관기 숙정상 자못 중대한 의의가 있다고 믿는데 부윤의 의견은 어떠합니까?

넷째 질문은 부윤이 부정(府政)에 대해 과연 확고한 신념을 가지고 있는지 아닌지, 저는 매우 불안한 느낌입니다. 요전 간담회에서 다케모토(竹本) 내무과장이 대명동 운동장 부근에 대공원 계획이 있는 것처럼 말씀했습니다. 나는 부윤에게 다케모토 과장의 말을 인용해서 대공원 계획의 실시 여부를 질문했습니다. 부윤은 충령탑(忠靈塔)을 돌아서 산책 도로를 만드는 데 불과하다, 대공원 계획은 없다고 단호히 말해놓고, 겨우 1시간 정도 후 앞의 말을 뒤집어 대공원 건설 계획이 있다고 말했습니다. 저는 자못 의외였고 부윤의 부정에 대한 신념에 대해 심히 실망할 수밖에 없었습니다. 또 부영 가스계획이 진척되지 않은 것을 생각하면, 역시 이 중대 안건에 대해 슬로우모션이라는 것은 곧 기세가 부족하고 신념이 없는 것이 아닐까 하고 심히 우려를 금치 못하겠습니다. 또 부영 가스탱크를 공자묘 자리에 두는 계획, 무덕전을 이전하는 후보지에 대해서도 관계당국이 반대하고 있으므로 부의 방침을 변경할 수밖에 없는 처지에 빠졌고 그 결정이 지연되고 있다고 들었는데, 이것들은 모두 부윤에게 확고한 신념이 없기 때문이라 생각합니다.

이상 네 개에 걸친 질문인데 확실한 증거에 의한 문제이고 다양한 핑계를 대기도 하겠지만 저는 관기 숙정상 보아서 중대 문제라고 사료하므로 부윤의 책임 있는 답변을 원합니다.

부윤 : 지금 1번 의원이 누누이 부윤의 책임을 물으며 질문했는데, 첫째 질문은 말씀이 많았는데도 내용이 확실하지 않은데, 요점은 운동장 장소를 채결했을 때 채결권의 그 정황이 위법 혹은 부당하다고 생각하여 역설하신 것처럼 생각됩니다. 그러나 이것은 이미 끝난 것이므로 이전에 채결이 부(否)였는지 가(可)였는지는 이미 과거의 사실이고, 이 문제는 결정이 끝나서 어떻게 할 수 있는 게 아닙니다. 당시 1번 의원은 투표 입회인이었고 잘 판단하고 있는 당사자입니다. 따라서 불(不)인지 가(可)인지, 같은 숫자인지 다른 숫자인지는 확실히 판별하셨습니다. 채결에서 그 자리에서 이의 신청해서 구제를 구하셨다면, 그것을 1년, 2년, 3년이나 후에 이런 문제를 내어도 구제되는 것은 아닙니다.

다음으로 질문한 요점은 채결권인데 감독관청에게 허위 보고했다는 것입니다. 그 허위가 무슨 의미인지 근거를 듣지 않으면 알 수 없습니다. 다분히 사람들이 모여서 하는 이야기를 기초로 해서 말하는 모양인데 추정한 판단을 기초로 허위라고 말씀하시는 것은 공식 석상에서는 고려가 필요합니다. 다음으로 이 비행장 문제에서, 도청과 부청 관계에서 부윤이 확실히 하지 않아 빌릴 돈도 빌릴 수 없었다는 말씀인데 그런 것은 전연 아닙니다.

다음으로 부윤이 신념을 갖고 있지 않다는 예로 공원을 들었는데, 1번 의원만 들은 게 아니고 이 의회 석상에서 말한 것이므로 장내 사람이 아시리라 믿습니다. 속기록을 보아도 판단할 수 있습니다. 저는 충혼탑을 세우면 그 주위 관계상 산책도로 등을 만들어야 한다, 이렇게 말했다고 기억합니다. 그리고 가스 문제는 후에 답할 시기가 있으리라 생각합니다.

("진행, 진행"이라고 말하는 자 있음)

1번(쓰지 스테조(辻捨藏)) : 의장은 이미 일이 끝났고 그 당시라면 구제를 했을 것이라고 온당하지 않은 말을 하고 있습니다. 저는 본 건은 폭력정치에 의해 결정한 사실로 생각하고 다시 저번의 질문에 대해 상세하게 말한 것입니다. 결의를 다시 하기 위해 말하는 것은 아니지만, 예산 관계도 있고 관기 숙정상 보아도 부윤이 의장으로서 부회의 채결을 할 때 자신의 원안을 통과시키기 위해 무리한 협잡을 했다는 것입니다. 부윤의 답변은 내 질문에 대한 적당한 답변이 아니고 잘못된 것입니다. 허위 운운하는 것도 확실히 길을 가며 들은 것이므로 의장인 부윤이 스스로 양심에 호소해보면 판단될 것입니다. 이미 질문하면서 말한 것처럼 비행장 문제에 대해 지사 및 내무부장도 완전히 부윤의 허위의 말을 용납하지 않는 것을 여러 위원들도 말하고 있습니다. 더구나 일반에서도 알고 있는 사실입니다. 아무리 이를 간단히 말소해도 살아있는 사실입니다. 도회의원 전부 알고 있는 사실에 대해서 부윤이 아무리 해도 속이는 게 불가능하다고 저는 주장합니다. 그리고 공원 문제도 2년이나 3년 전이 아니라 1개월 전 말씀입니다. 나는 결코 없는 것을 있다고 하는 것이 아닙니다. 확실히 다케모토 내무과장이 공원 계획이 있다고 말하고 나서 반복해서 부윤에게도 그것을 확실히 하기 위해 물은 것입니다. 당시 간담회였고 그것은 의사록에 남아있습니다. 그래서 부윤에게 물은 것인데 확실히 생각나진 않지만 대공원 계획이 없다고 말하고, 1시간 정도 후 대공원계획이 있다고 말하여 어처구니가 없었습니다. 입회한 의원도 잘 알고 있을 것입니다. 부윤의 속이는 답변에 만족하지 않습니다. 요컨대 관기 숙정을 위해 현재 부윤의 제 질문에 대한 답변에 만족하지 않습니다. 아마 이 문제에 대해서는 밤에 가만히 생각해보면 자신이 틀렸다는 것을 느낄 것이라 생각합니다. 나는 이 이상 질문을 그만하겠습니다.

22번(야마키타 미쓰노리(山北光德)) : 나는 이 예산을 보고 예산 원안을 보내달라고 했습니다. 당시 아주 잘되고 있다고 번외의 설명을 들었지만, 그래도 좀 설명을 더 듣고 연구해서 질문하고 싶습니다. 오늘은 이것으로 산회하고 충분히 조사해보고 싶습니다.

("찬성, 찬성"이라고 말하는 자 있음)

의장 : 오늘은 이 정도로 하고 산회하겠습니다. 내일과 모레는 쉬고 23일 오후 1시부터 개회하겠습니다.

(오후 3시 40분)

10) 대구부회 회의록(제6일, 1936년 3월 27일)

항목	내용
문서제목	大邱府會會議錄
회의일	19360327
의장	門脇默一(대구부윤)
출석의원	小西裕(2), 本多良緣(3), 小野英勇(4), 黑川圓治(5), 小野元太(7), 內山喜一(9), 소진무(蘇鎭武)(10), 白井義三郎(11), 배정기(裵鼎基)(12), 배병열(裵炳列)(13), 坂本俊資(14), 青木勝(15), 塚原宇一(16), 松本誠一(17), 배국인(裵國仁)(18), 허지(許智)(19), 추병섭(秋秉涉)(21), 山北光德(22), 진희태(秦喜泰)(23), 立木要三(24), 주병환(朱秉煥)(25), 高田官吾(26), 島田金四郎(27), 池本猪三郎(29), 임상조(林尙助)(30), 古谷治輔(31), 윤병은(尹炳殷)(32), 大場金藏(33)
결석의원	逵捨藏(1), 김완섭(金完燮)(6), 田中弘眞(8), 정운용(鄭雲用)(20), 大澤新三郎(28)
참여직원	竹本利作(부속), 吉村來治(부속), 佐能安太郎(부속), 박용익(朴容益)(부속), 多羅尾增男(부속), 岡田榮(부주사), 速水隆三(부기사), 三島活三(부서기), 田中芳輔(부서기), 久保和七(부서기), 德森護(부서기), 新井輝司(부서기), 宅間史任(부서기), 眞子文作(부서기), 김윤상(金潤祥)(부서기), 桑原仁(부기수), 宮本宇平(부기수)
회의書記	三島活三(부서기), 原本守貞(부 고원)
회의서명자(검수자)	
의안	제19호 1936년도 대구부 세입출예산 추가의 건
문서번호(ID)	CJA0003147
철명	대구부일반경제특별경제예산철
건명	대구부회회의록(소화11년3월통상부회)
면수	45
회의록시작페이지	386
회의록끝페이지	430
설명문	국가기록원 소장 '대구부일반경제특별경제예산철'의 '대구부회회의록(소화11년3월통상부회)'건에 포함된 1936년 3월 27일 대구부회 회의록

해 제

본 회의록(총 45면)은 국가기록원 소장 '대구부일반경제특별경제예산철'의 '대구부회회의록(소화11년3월통상부회)'건에 포함된 1936년 3월 27일 대구부회 회의록이다. 수도요금 인하와 공익질옥에 대한 문답이 오간 후 허지 의원이 비행장 부지 매수를 위해 사단설치 적립금을 유용하는 것에 대해, 이는 처음 약속과 다르고 처음에는 제1부 제2부 교육부회에 사용하기로 논의가 되었음을 지적하고 있다.

내 용

(상략-편자)

의장(가도와키(門脇默一) 부윤) : 임시부를 일괄해서 속행하겠습니다.

33번(오바 긴조(大場金藏)) : 제4관 기부금 중 비행장에 대해 지정 기부 1만 원, 그리고 제6관 조입금의 사단설치비 기부적립금 처분금 조입 8만 원, 그리고 도(道) 보조금 2만 원, 합계 11만 원인데, 세출에서는 11만 2,400원 필요하다고 되어 있습니다. 그럼 2,400원의 재원을 어디서 가져옵니까?

번외(다케모토 리사쿠(竹本利作) 속) : 일반 재원에서 가져옵니다.

(중략-편자)

19번(허지(許智)) : 6관 사단설치비 기부적립금 처분에서 질문 있습니다. 축적금에 대해 말씀해주길 바랍니다. 지난번 이 비행장 문제 때문에 사단축적금을 사용해야 해서 간담회를 열었던 석상에서, 저는 부윤과 내무과장에게 사단설치 적립금을 사용하는 문제에서 처음에는 1부 의원과 2부 의원에 대한 약속이 있었는데, 전 부윤과 내무과장의 사무 인계를 받았는가 하는 것을 질문했습니다. 그런데 부윤과 내무과장은 그런 인계를 받지 않았다고 했습니다. 이 축적금은 당시 만약 사단이 대구에 오지 않는 경우는 이 돈으로써 1부와 2부에서 각각 교육비로 쓴다는 약속을 명료하게 한 것입니다. 그러나 비행장 문제가 상당히 급박해져 급히 실시해야 하게 되어 이걸 차출한다는 상황이므로 이걸 처분하게 된 것이라고 저는 알고 있습니다. 그러나 최초의 약속이 충분히 성립해 있음에도 불구하고 전임자가 바뀌었다고 후임자가 그걸 모른다는 것은 경우가 맞지 않습니다. 저는 이번에 8만 원을 처분하는 것에 대해서는 감히 이의를 내지 않지만, 사단축적금 처분에 대해서 2부회의 약속이 있었다는 것을 의사록에 남겨두어, 만약 영전하게 되시면 후임자에게 명확하게 올리고 싶습니다.

7번(오노 겐타(小野元太)) : 6관 사단설치적립금은 지금 어느 정도입니까.

번외(다케모토 리사쿠(竹本利作) 속) : 이번 월말로 14만 9,738원입니다.

7번(오노 겐타(小野元太)) : 이건 결국 부비(府費)인데 차입하는 것으로 되어 있습니까 아니면 지불합니까. 매월 적립하고 있습니까?

번외(다케모토 리사쿠(竹本利作) 속) : 1939년까지 3만 원씩 적립해 갑니다.

7번(오노 겐타(小野元太)) : 그럼 충분하지 않은 것입니까?

번외(다케모토 리사쿠(竹本利作) 속) : 5만 원은 지출 한도이고 3만 원은 일시 이를 유용해서 보조금을 얻은 후에 반환하는 것입니다.

의장 : 일단 세입세출 질의는 끝났는데 본안을 제2독회로 넘기겠습니다.(하략-편자)

11) 대구부회 회의록(제7일, 1936년 3월 28일)

항목	내용
문서제목	大邱府會會議錄
회의일	19360328
의장	門脇默一(대구부윤)
출석의원	小西裕(2), 本多良綠(3), 小野英勇(4), 黑川圓治(5), 小野元太(7), 田中弘眞(8), 內山喜一(9), 소진무(蘇鎭武)(10), 白井義三郎(11), 배정기(裵鼎基)(12), 배병열(裵炳列)(13), 坂本俊資(14), 靑木勝(15), 塚原宇一(16), 松本誠一(17), 배국인(裵國仁)(18), 허지(許智)(19), 추병섭(秋秉涉)(21), 山北光德(22), 立木要三(24), 주병환(朱秉煥)(25), 高田官吾(26), 島田金四郎(27), 池本猪三郎(29), 임상조(林尙助)(30), 윤병은(尹炳殷)(32), 大場金藏(33)
결석의원	逵捨藏(1), 김완섭(金完燮)(6), 정운용(鄭雲用)(20), 진희태(秦喜泰)(23), 大澤新三郎(28), 古谷治輔(31)
참여직원	竹本利作(부속), 吉村來治(부속), 佐能安太郎(부속), 박용익(朴容益)(부속), 多羅尾增男(부속), 김재익(金在翊)(부속), 장범교(張範敎)(부속), 藤原万助(부속), 岡田榮(부주사), 速水隆三(부기사), 三島活三(부서기), 田中芳輔(부서기), 久保和七(부서기), 德森護(부서기), 김윤상(金潤祥)(부서기), 新井輝司(부서기), 眞子文作(부서기), 桑原仁(부기수), 宮本宇平(부기수)
회의書記	三島活三(부서기), 原本守貞(부 고원)
회의서명자(검수자)	
의안	제19호 1936년도 대구부 세입출예산 추가의 건
문서번호(ID)	CJA0003147
철명	대구부일반경제특별경제예산철
건명	대구부회회의록(소화11년3월통상부회)
면수	50
회의록시작페이지	431
회의록끝페이지	480
설명문	국가기록원 소장 '대구부일반경제특별경제예산철'철의 '대구부회회의록(소화11년3월통상부회)'건에 포함된 1936년 3월 28일 대구부회 회의록

해 제

본 회의록(총 50면)은 국가기록원 소장 '대구부일반경제특별경제예산철'철의 '대구부회회의록(소화11년3월통상부회)'건에 포함된 1936년 3월 28일 대구부회 회의록이다. 회의 첫머리에 임상조의원이 비행장 부지 매수 기부금 문제와, 신설되는 남산보통학교 부근의 도로 문제 등에 대해 말하고, 배병렬은 조선인 거리의 하수구 개수를 하여 시설의 균형을 맞추라고 요구하고 있다.

내 용

(상략-편자)

30번(임상조(林尙助)) : (중략-편자) 대체로 원안에 찬성하는데 한두 가지 희망을 말하겠습니다. 비행장 부지 매수 기부금입니다. 이건 전날 19번 허지 의원이 교육비와 관계가 있다는 상황을 말씀했으니 지금 내가 많은 말씀을 드릴 필요는 없다고 생각하지만, 19번이 말한 것은 아직 좀 저로서는 뭔가 부족한 기분이 있습니다. 반복해서 참고를 위해 한마디 드립니다. 사단축적금을 조입하는 것은 많이 고려되었음에도 아직 제안이 되지 않고 있습니다. 제9호 의안의 의결 변경의 건은 당연히 의결을 변경해서 교육비로 가져가는 것이 맞다고 생각합니다. 이는 여러분 사이에 여러 이의가 있을 것이라 생각합니다. 비행장은 대찬성이지만 19번이 말한 대로 이 축적금을 설치할 때 확실히 말한 것으로, 이것은 그 당시 의원들은 모두 기억하고 있다고 생각합니다. 사단은 나중의 일이니까 반드시 대구에 올지 안올지는 아직 의문입니다. 또 온다고 해도 그 금액 전부가 필요한지, 혹은 오지 않아서 이 금액이 전혀 필요하지 않게 되는 경우에는, 1,2부 교육 쪽에 쓴다는 굳은 약속이 있었습니다. 이는 19번이 말한 대로이고 또 그 당시 배영덕(裵永德), 서병화(徐秉和) 두 분 중 하나였다고 생각되는데 서병화 씨 말로는 후에 이게 만약 필요치 않을 때에 교육비로 충당하자는 말을 하며 뭔가 한 장 써두어야 하지 않나 하는 이야기가 나왔습니다. 당시 부당국은 그런 것을 하지 않아도 좋지 않나, 또 이야기하지 않아도 충분히 판단하는 것이니 한 장 써두는 것은 하지 않아도 된다고 하여 소위 신사협약을 맺은 것입니다. 그런데 거기까지는 그렇다 치고 이 중에서 비행장으로 가져가게 되면, 간담회에서 말한 대로 그 당시 조건을 붙인 것이니까, 조건이 붙어 있어도 그 이상 급박한 문제가 있으면 이쪽으로 사용할 만큼 사용한다는 것인데, 당시 조건에 대해서는 한마디도 말하지 않고 있는 것입니다. 이 의결 변경 의안을 보면, 그 변경 이유로 "비상재해 또는 재정상 특별히 필요한 경우는 의결로써 본 목적 이외에 사용할 수 있다"고 되어 있습니다. 1,2부 교육에 사용하는 것은 재정상 특별히 필요한 경우로, 목적 이외를 표명하고 있는 것은 아니니 걱정할 것은 아니라고 생각합니다. 이 재정상 특별히 필요하다는 것에서 1,2부 교육상의 경비에 사용하는 것은 무엇보다 특별히 필요하고 누구라도 다른 의견은 없을 것입니다. 그런데 계속 그 조건이 지금 확실히 되어있지 않습니다. 그 당시는 대단히 확실했던 것이 지금 애매합니다. 19번 의원의 희망으로서는 그것을 뭔가 의사록 내에 남겨두자는 희망이었는데, 19번이 말한 것으로 여하튼 당국은 인정했다고도 생각합니다. 교육부에 쓰자는 것은 특별히 필요한 것에 대해 확실히 부윤의 언명을 얻고 그것을 의사록에 남겨두자는 것이 19번 의원의 말임을 좀 보충해 둡니다.

다음으로 제가 희망하는 것은 남산정 도로입니다. 이는 1독회에서 사정을 말했는데 이미 다가 히데요시(多賀秀敏) 부윤 시대부터 말했고 지금의 부윤도 크게 필요하다고 말씀하고 있으니 지금 다시 걱정은 안해도 된다고 생각합니다. 그러나 이게 금년의 일은 아니지만 단지 뭔가 하자는 것만으로는 부족한 기분이므로, 내년도 예산에서는 꼭 이 주변의 도로를 예산으로 내길 특별히 원합니다. 물론 부윤도 고려하고 있다고 생각하는데, 특별히 바랍니다.
다음은 권업비입니다. 이는 다른 의원이 말씀하셔서 지금 이유를 말할 필요는 없지만, 하나 참고삼아 권업비의 금액을 생각해보면, 경성·평양·부산 등의 예산에 비해 대구의 권업 예산은 단지 항목을 위한 항목이 아닌가 하는 기분이 있습니다. 우리 대구는 4대 도시인데 이 권업비를 보면 목포와 인천 다음으로 소액의 예산입니다. 4대 도시가 아니라 오히려 조선의 7대 도시입니다. 이 점을 크게 고려해서 내년도에 충분하게 계상해주시기 바랍니다.(중략-편자)
다음은 이건 없지만 종합운동장 문제 때 저는 서부 발전책을 위한 취지에서 대명동에 반대했는데 불행인지 뭔지 모르겠지만 대명동 쪽으로 가결되었습니다. 당시 나는 걱정했지만 부윤이 서부에 운동장이 없어도 뭔가 다른 사업을 일으켜서 서부 발전책을 강구하겠다는 말을 했습니다. 그때 우리 서부민은 운동장이 불가능해진 서부를 위해 뭔가 시설을 해준다는 고마운 말에 대단히 기대하고 있었습니다. 지금 서부민은 그걸 기대하고 있습니다. 그 중 어떤 정민(町民)이 나에게 말하길 서부 발전책을 강구했다는데 지금 어떻게 되고 있냐고 물어서, 그때 나는 지금은 아무것도 나타나고 있지 않다고 했습니다. 저로서는 부윤이 고마운 말을 했으니까 머지않아 반드시 뭔가 실현될 것이라고 말하고 있습니다. 장래에 이것이 만약 빨리 실현되지 않으면 서부민은 크게 비관할 것이라 생각합니다. 사람은 자신의 기대 밖일 때 대단히 비관하게 됩니다. 서부민 입장에서 생각해서, 이 심경을 헤아려서 서부 발전책을 내놓을 필요가 있습니다. 금년에는 불행히 아무것도 나타나지 않았으나 내년도 예산에는 뭔가 이 서부 발전책에 대해 크게 마음을 써주길 반복해서 원합니다.

13번(배병열(裵炳列)) : (중략-편자) 그 다음은 하수구입니다. 지금 대구부 전반에 걸쳐 소위 문화시설은, 혜택받은 곳에서는 상당히 설비가 있는 곳도 있습니다. 그러나 한편 지금 30번 의원 말도 있었지만, 서부라고 하면 어폐가 있을지도 모르지만, 사실이 있으면 말을 하지 않으면 안됩니다. 달성정, 칠성정, 남산정 부근에는 차마 볼 수 없는 곳이 있고 실로 비참합니다. 소위 4대 도시의 하나로 넣을 수 있겠습니까. 아시는 것처럼 달성정 거리, 지금 공원 입구 거리는 구한국시대 경성에 가는 대도로이고 상당히 발전했던 곳으로 달성정에서는 이름있는 곳이었습니다. 대봉정 등에는 그 당시는 집은 없었습니다. 그런데 다행인지 불행인지 모르겠지만 병합 전 그대로의 상태를 지금까지 보이고 있습니다. 하수구도 도로도 없고 수도도 없습니다. 인구 1만 가까운 곳에 공동 급수가 올해 되어 2개소밖에 없습니다. 완전히 길도 없고 하수구도 없고 거의 원시 상태입니다. 이게 지금 고요한 하나의 큰 원인입니다. (하략-편자)

12) 대구부회 회의록(제8일, 1936년 3월 30일)

항 목	내 용
문서제목	大邱府會會議錄
회의일	19360330
의장	門脇默一(대구부윤)
출석의원	小西裕(2), 小野英勇(4), 黑川圓治(5), 김완섭(金完燮)(6), 小野元太(7), 田中弘眞(8), 內山喜一(9), 소진무(蘇鎭武)(10), 배정기(裵鼎基)(12), 배병열(裵炳列)(13), 坂本俊資(14), 青木勝(15), 塚原宇一(16), 松本誠一(17), 배국인(裵國仁)(18), 허지(許智)(19), 山北光德(22), 진희태(秦喜泰)(23), 주병환(朱秉煥)(25), 高田官吾(26), 島田金四郎(27), 池本猪三郎(29), 임상조(林尙助)(30), 古谷治輔(31), 윤병은(尹炳殷)(32), 大場金藏(33)
결석의원	逵捨藏(1), 本多良綠(3), 白井義三郎(11), 정운용(鄭雲用)(20), 추병섭(秋秉涉)(21), 立木要三(24), 大澤新三郎(28)
참여직원	竹本利作(부속), 吉村來治(부속), 佐能安太郎(부속), 박용익(朴容益)(부속), 多羅尾增男(부속), 岡田榮(부주사), 速水隆三(부기사), 三島活三(부서기), 田中芳輔(부서기), 久保和七(부서기), 宅間史任(부서기)
회의書記	三島活三(부서기), 原本守貞(부 고원)
회의서명자(검수자)	
의안	의안 제6호의 1독회
문서번호(ID)	CJA0003147
철명	대구부일반경제특별경제예산철
건명	대구부회회의록(소화11년3월통상부회)
면수	42
회의록시작페이지	481
회의록끝페이지	521
설명문	국가기록원 소장 '대구부일반경제특별경제예산철'의 '대구부회회의록(소화11년3월통상부회)'건에 포함된 1936년 3월 30일 대구부회 회의록

해 제

본 회의록(총 42면)은 국가기록원 소장 '대구부일반경제특별경제예산철'의 '대구부회회의록(소화11년3월통상부회)'건에 포함된 1936년 3월 30일 대구부회 회의록이다. 전날에 이어 부영버스 특별회계예산의 1독회를 열고 있고, 종합운동장 부지 매수 현황에 대해 배병열 의원이 질문하고 있다.

내 용

(상략-편자)

13번(배병열(裵炳列)) : 종합운동장은 작년 이후 지금까지 부 이사자가 노력해서 부지를 매수하고 있는 점에 감사를 표합니다. 현재 매수하고 있는지, 혹은 매수 불가능한 것이 있는지, 만약 있다면 지주는 누구고 평수는 몇 평입니까.

번외(다케모토 리사쿠(竹本利作) 속) : 1,700~1,800평 남아있습니다. 이것은 대부분 충령탑을 건설하는 곳으로 고지대입니다.

13번(배병열(裵炳列)) : 이건 예정된 금액으로 매수한 것입니까, 아니면 그 이상 또는 그 이하로 사고 있습니까?

번외(다케모토 리사쿠(竹本利作) 속) : 처음에 1원 43전으로 말씀드렸는데 전체를 평균해서 7전 정도 올랐습니다.

26번(다카다(高田官吾)) : 저는 원안에 대해 찬성합니다. 오노(小野) 의원에게 감사를 표하고 싶습니다. 이전 산의 삼림은 이미 부에서 부 재산으로 하고 또 나아가서는 삼림공원으로 한다는 희망을 갖고 다년간 바람이 되어있었습니다. 그런데 부 재산상 이것이 용인되지 않아 결국 현재에 이르렀는데, 이번에 오노 의원이 환갑 자축 의미로, 보은에 감사한다는 의미에서 1만 원이라는 다액을 기부한 것은 진실로 기뻐할만한 것이라 생각합니다. 그 후의에 대해 깊은 감사를 표합니다.

("찬성" "더 질문없다"고 말하는 자 있음)

13번(배병열(裵炳列)) : 지금 매수 가능하지 않은 것이 1,700평이라 했는데 이는 지주가 없기 때문에 매수가 불가능한 것인지, 아니면 결정이 생각대로 진행되지 않은 것인지, 이 점을 말씀해주시길 바랍니다. 만약 매수에 응하지 않는 것이라면 최후 수단으로 토지매수령이라도 할 의사가 있습니까?

번외(다케모토 리사쿠(竹本利作) 속) : 소유자 중 회사의 소유가 있고 지금 그 회사가 해산해서 수속을 거치지 않은 것이 있습니다. 기타 지주는 가격이 합의가 되지 않은 것이 있습니다. 합의가 되지 않을 때는 지금 말씀하신 방법 외엔 없습니다. 빨리 완료하겠습니다.

("진행"이라고 말하는 자 있음)

(하략-편자)

13) 대구부회 회의록(제9일, 1936년 3월 31일)

항 목	내 용
문 서 제 목	大邱府會會議錄
회 의 일	19360331
의 장	門脇默一(대구부윤)
출 석 의 원	本多良綠(3), 小野英勇(4), 黑川圓治(5), 김완섭(金完燮)(6), 小野元太(7), 田中弘眞(8), 內山喜一(9), 소진무(蘇鎭武)(10), 배정기(裵鼎基)(12), 배병열(裵炳列)(13), 坂本俊資(14), 靑木勝(15), 塚原宇一(16), 松本誠一(17), 배국인(裵國仁)(18), 허지(許智)(19), 山北光德(22), 진희태(秦喜泰)(23), 立木要三(24), 주병환(朱秉煥)(25), 高田官吾(26), 池本猪三郎(29), 임상조(林尙助)(30), 古谷治輔(31), 윤병은(尹炳殷)(32), 大場金藏(33)
결 석 의 원	逵捨藏(1), 小西裕(2), 白井義三郎(11), 정운용(鄭雲用)(20), 추병섭(秋秉涉)(21), 島田金四郎(27), 大澤新三郎(28)
참 여 직 원	竹本利作(부속), 吉村來治(부속), 佐能安太郎(부속), 多羅尾增男(부속), 박용익(朴容益)(부속), 김재익(金在翊)(부속), 藤原万助(부속), 장범교(張範敎)(부속), 岡田榮(부주사), 速水隆三(부기사), 三島活三(부서기), 田中芳輔(부서기), 眞子文作(부서기), 新井輝司(부서기), 김윤상(金潤祥)(부서기), 桑原仁(부기수)
회 의 書 記	三島活三(부서기), 原本守貞(부 고원)
회 의 서 명 자 (검 수 자)	門脇默一(대구부윤), 內山喜一(대구부회의원), 배정기(裵鼎基)(대구부회의원)
의 안	의안 제7호, 8호, 9호, 10호 사단 설치비 기부 적립금 설치, 11호
문서번호(ID)	CJA0003147
철 명	대구부일반경제특별경제예산철
건 명	대구부회회의록(소화11년3월통상부회)
면 수	19
회의록시작페이지	522
회의록끝페이지	540
설 명 문	국가기록원 소장 '대구부일반경제특별경제예산철'의 '대구부회회의록(소화11년3월통상부회)'건에 포함된 1936년 3월 31일 대구부회 회의록

해 제

본 회의록(총 19면)은 국가기록원 소장 '대구부일반경제특별경제예산철'의 '대구부회회의록(소화11년3월통상부회)'건에 포함된 1936년 3월 31일 대구부회 회의록이다. CJA0003195〈대구부관계서철〉〈대구부조흥세조례중개정의건〉 23-41쪽, 〈대구부특별호별세조례중폐지의건〉 51-69쪽, 〈대구부잡종세조례중개정의건〉 83-101쪽, 〈대구부국세및도세부가세조례개정의건〉 125-143쪽, 〈대구부지방진흥토목사업시가도로와하수도개수비기채의건〉 159-177쪽, 〈대구부도로포장비기채의건〉 271-289쪽에 같은 날짜 회의록이 있다.

1936년 예산을 결정하는 대구부회 마지막 날의 회의이다. 시가도로와 하수도 개수비 기채, 도로포장비 계속비 설정, 도로 포장비 기채, 사단설치비 기부적립금 설치에 관한 의결 변경, 사단설치비 기부적립금 처분 등을 일괄 상정하여, 우선 사단설치 문제에 관해 임상조, 김완섭, 허지 등이 질문하고, 배정기 의원이 도로포장에 관해 질문한 후 원안대로 가결되었다. 다음으로 대구부 국세 및 도세 부가세 조례 개정, 부 호별세 조례 폐지, 대구부 조흥세 조례 개정, 잡종세 조례 중 개정, 특별 호별세 조례 폐지, 도서관 조례 개정, 시가 간선도로 제1호선 및 제2호선에 대한 토지평수할 부과 지역과 부과액 결정을 일괄 상정하여 이의 없이 통과되었다.

내 용

(상략-편자)

30번(임상조(林尙助)) : 의안 제10호 사단설치비 기부 적립금 설치에 관한 의결 변경의 건에 대해 질문합니다. 어제도 제가 말씀드린 것처럼 사단적립금은 그 당시 여러 논의가 있었고, 사단이 오지 않는 경우 또는 오는 경우라 해도 이 축적금 전부를 사용하지 않는 경우에 그 처분을 어떻게 할지입니다. 그 당시 여러 이야기를 한 결과 그 돈의 처분은 제1,2부의 교육비로 하기로 되었습니다. 어제 제가 말씀드린 대로, 말만으로는 나중에 우려가 있으므로 후일을 위해 뭔가 써두자는 것까지도 어제 말씀드린 것은 아시리라 생각합니다. 이번 개정의 이유를 보면 "비상재해 또는 재정상 특히 필요한 경우는 부회 의결을 거쳐 이를 본 적립금의 목적 이외에 사용할 수 있다"고 되어 있습니다. 그런데 일반회계와 1,2부 회계가 다르지 않다면 말씀드릴 게 없지만, 회계가 다르니까 질문하는데, 1,2부 교육비로 충당한다는 것이 '재해 또는 재정상 특히 필요한 경우'에 포함되는지 어떤지를 듣고 나서 계속 질문하겠습니다.

번외(다케모토 리사쿠(竹本利作) 속) : 이 규칙의 성격상 각 경비가 독립해있고 여기서 말하는 비상재해 또는 재정상 특히 필요하다는 그 중에 1부 2부는 포함되어 있지 않다고 해석해야 합니다.

30번(임상조(林尙助)) : 내 생각에 이 적립금을 특히 필요한 경우 교육비에 충당한다는 조건이 있었고, 같은 회계이므로 재정상 특히 필요하다는 경우에 당연히 조건부의 교육비로 충당하는 것이 인용된다고 생각하지만, 회계가 다르기 때문에 그것을 좀 생각한 것인데, 당시 조건으로 붙은 그 1,2부 교육비에 사용한다는 것은 완전히 사장된 것이 아닌가 생각합니다. 그때 조건대로 할 필요가 있다면 1,2부 교육비로 사용하는 것을 인정해두자는 것입니다. 우선 제1,2교육비로 사용하는 것이 나타나야 한다고 생각합니다.

부윤 : 지금 사단이 오지 않는 경우에 1,2부에 사용하는 것을 상당 연

구해서 말한다고 생각합니다만.

30번(임상조(林尙助)) : 사단이 오는 경우라도 이 축적금 전부를 사용하지 않는 경우- 전연 오지 않는 경우는 물론이고 이 금액의 처분을 어떻게 할지입니다.

부윤 : 교육비 쪽은 1,2부라는 재정단체가 있습니다. 재정단체가 있음에도 일반의 부분을 또 교육 쪽에 가져가는 것은 어떤 식의 생각으로 말하고 있습니까. 사실 비정상적입니다. 그런 합의가 있기는 했으나 1,2부 교육비는 호별세를 취하고 있으므로 일반 쪽의 돈을 가져가면 이론상 바뀌는 것입니다. 결국 비상시에 최악으로 호별세를 취할 수 없다든가, 일반단체가 그런 단체에 보조하지 않으면 안된다든가 한다면 별문제지만.

30번(임상조(林尙助)) : 지금 2부 교육비인데 교육 쪽은 지금의 예산으로 충분하다는 해석입니까?

부윤 : 충분하건 곤란하건 각 단체가 특별 경비 단체이므로 한쪽 편에서의 교육이라는 것은 조금도 고려하고 있지 않고, 그러한 단체가 1,2부로 가져가는 것은 비정상적입니다.

30번(임상조(林尙助)) : 그것은 하나에서 열까지 아는 이야기입니다. 당시 그런 조건이 붙었기 때문입니다. 회계가 다른 것이 당시 조건부의 것으로 있었기 때문에 그 조건을 부는 묻어두고 끝났다고 하는데, 저번에 2부 경비 재정에 대해 내무과장에게 사적으로 이걸 말했던 적이 있습니다. 2부 경비가 곤란하다면 지금 사단은 오지 않고 또 사단이 온다 해도 뭔가 고려를 해서, 이것을 2부 쪽으로 돌리는 것이 불가능하냐고 이야기했더니, 그때 내무과장은 정식 회의록에 올라있지 않아서 여하튼 적합하지 않다고 말했지만, 그때도 간담회라든가 본회의에서 충분히 이야기가 있었던 것입니다. 그때 지금과 같은 속기록 제도가 있었다면 반대가 없었다고 올라와 있을 텐데, 회의록은 필기이므로 저는 회의록을 보겠다고 말씀드렸습니다. 말을 열 마디 하면 혹시 하나라도 기재하는 일이 왕왕 있습니다. 그때는 속기가 아니었는데, 단순히 회의록에 없다고 해서- 어느 의원이 말만 하면 남지 않으니 후일을 위해 써 두자고까지 말했습니다. 그런데 그 당시 그런 것은 하지 않아도 말로 결정하면 되지 않을까 하여 소위 신사협약을 체결한 것입니다. 그 신사협약을 금일 유야무야 사장시키면 우리 의원으로서도 일일이 회의록만 해석하면서 올라와있는지 아닌지를 걱정해야 하는 것입니다. 그날 내가 말한 것이 회의록에 올라있는지 확인할 수 없으면, 그날 응답하신 것도 확인할 수 없다고 생각합니다. 회의록은 절대로 우리가 믿어야 하지만, 또 회의록이 없어도 그 당시 대강 이야기한 결과가 있으므로, 여하튼 지금 이걸 사장시키면 태만한 것입니다. 이 개정에 대해서도 당시 그 조건을 존중해서 뭔가 그 의미를 나타내어 달라는 것입니다.

6번(김완섭(金完燮)) : 일반경제에서 사용하는 것은 당연합니다. 이미 사단설치문제에 대해서는 돈을 사단 설치 목적 이외에 사용할 수 있는 것이 규정 해석의 주된 점입니다. 1,2부 경제상 특히 일반에서 기부 등 방법으로써 원조하지 않으면 안되는 경우는 경제상 특별히 필요한 일에 해당합니다. 지금 이런 사정이 생긴 결과 이를 사용하려면 부회의 의결이 필요합니다. 특별한 사정이 있는 경우, 일반경제에서 1,2부 교육비로 이를 원조해야 한다는 특별한 사정이 있는 경우는 적립금을 쓰는 것이 하등 이론상 문제는 없습니다. 이 어려운 해석은 근거가 있으면 좋지만 만약 일반경제에서 1,2부를 원조해야 하는 사정이 생긴 때는, 곧 이 개정 규정에 나오는 재정상 특별히 필요한 경우가 되는 것이므로 하등 지장 없다고 믿습니다.

부윤 : 지금 말씀은 1,2부에 특별한 사정이 있다는 것을 전제로 해서 논하는데, 1,2부가 도저히 호별세만으로 교육비를 지변할 수 없는 특별한 사정이라든가 혹은 비상재해에 조우했다든가 하는 사정이 있어야 합니다.

6번(김완섭(金完燮)) : 그건 당연합니다. 이 문제는 사용할 수 있다고 써 있는데 만약 필요가 있어서 일반회계 쪽에 가져가야 하는 경우, 부회 결의를 거쳐 사용하면 됩니다. 지금은 1부 2부에 돈이 있으니 이 문제는 아닙니다.

번외(다케모토 리사쿠(竹本利作) 속) : 제 해석은, 지금의 경우 비상수단이고 이 규정을 정면으로 해석한다면 다른 독립경제를 갖고 있는 것에는 시행하지 않는다고 설명 드린 것입니다. 그러나 경우에 따라서는 양도가 전연 불가능한 것은 아닙니다. 비상수단으로 불가능하다고 말씀드린 것은 아니다.

20번(임상조(林尙助)) : 6번 의원의 말을 인정해주신 것이라면 그걸로 좋습니다.

("진행")

32번(윤병은(尹炳殷)) : 사단적립금 5만 원을 비행장에 쓴다는 건데 사단적립금은 1939년도에 끝납니까?

번외(다케모토 리사쿠(竹本利作) 속) : 그렇습니다.

32번(윤병은(尹炳殷)) : 적립금 5만 원을 융통한 부분을 1939년도 후 연한을 연장해서 적립하면 어떻습니까.

부윤 : 지금 질문은 중대한 질문입니다. 금일의 경우에 있어서 5만 원을 사용하는데 5만 원은 총액 내에서 완전히 사용하고 끝날 뿐이고 결국 총액은 감소하는 것으로 계획하고 있습니다. 적립 방법에 의

하지 않고 사용해버리는 것입니다. 결국 26만 원이 된다고 생각합니다.

32번(윤병은(尹炳殷)) : 5만 원 사용하면 26만 원입니까?

부윤 : 총액을 24만 원으로 하면 잔액이 21만 원입니다.

25번(주병환(朱秉煥)) : 사단 설치적립금을 한 당시에는 반드시 사단은 올 것이라는 확신하에 한 것입니다. 그러나 지금 확실하지 않고, 사단이 이쪽에 오지 않는다고 예상해서 하는 것은 아니지만, 만약 오지 않는다면 돈을 어떻게 할지 이 규정에는 확실히 써 있지 않습니다.

부윤 : 1939년까지 적립하는 돈이 총액입니다. 적립하고 있는 중에 사단이 올지, 적립해도 사단은 여기에 설치되지 않을지, 여하튼 지금 아무것도 말씀드릴 수 없지만 그러나 애초의 목적대로 적립하는 것은 변하지 않습니다. 단 지금 사용하지만 역시 1939년도까지는 이 돈을 적립해간다는 규정대로 해가려고 합니다.

25번(주병환(朱秉煥)) : 계속해서 적립하는 것은 좋지만 사단이 오지 않으면 어떻게 할 작정입니까?

부윤 : 한 마디로 말하긴 어렵지만 오지 않는다면 뭔가 생각해야 합니다.

("진행, 진행"이라고 말하는 자 있음)

25번(주병환(朱秉煥)) : 처음에 의원이 아까 1부 2부에 사용한다든가, 30번 의원 말로는 교육비에 사용한다든가 하는 것이었습니다. 사단이 오지 않는 것이 사실이라면 재정이 별개이든 아니든 당연히 돈을 1부 2부에 사용하는 것으로 들었습니다만, 지금 6번은 특별한 사정이 있고 부회의 의결을 거치는 것처럼 말해서, 내용에서도 형식에서도 두 가지 말의 주지가 다르다고 생각합니다.

부윤 : 내가 답한 것은 대단히 최악이거나 또는 재정상 필요가 야기된 때는 결의를 거쳐 사용하는 것이 가능하고, 그런 경우 1,2부에 그 돈을 사용하는 것은 법리상 불법이라고 할 수 없다, 그러나 교육 경제단체에 일반경비를 쓴다 해도 단순히 통상의 경우 약간 타당성을 결여하고, 반드시 경제단체가 어느 정도 원조를 받아야 하는 경우를 말씀드린 것입니다.

25번(주병환(朱秉煥)) : 알았습니다. 사단이 오지 않는 경우 1,2부에 쓰는 것을 인정하지 않는 것으로 되어 있다는 것입니까.

부윤 : 어떤 조건이 있었는지 모르지만 합의했다고 생각합니다. 거기서 좀 변했다고 말씀드립니다.

25번(주병환(朱秉煥)) : 지금 공문으로는 비상재해 또는 재정상의 의미로 통하지만 보충해서 1부 2부에 일반재원이라는 문구를 넣으면 어떻겠습니까.

부윤 : 그걸 써도 타당성은 없습니다.

25번(주병환(朱秉煥)) : 일반재원이면 1부 2부에 사용하지 않는 것으로 되는 게 아닌가 생각하는데.

("진행, 진행"이라고 말하는 자 있음)

7번(오노 겐타(小野元太)) : 이 5만 원을 사용해버리고 만약 사단이 오면 어떻게 합니까. 또 어그러지게 되니까 미루면 어떻겠습니까.

부윤 : 좋은 의견이지만 1939년이 오면 또 계속 생각할 것입니다.

7번(오노 겐타(小野元太)) : 미루면 여하튼 5만 원을 적립해야 하는 것이니까-

부윤 : 1939년이 되면 같은 결과가 됩니다.

("진행, 진행"이라고 말하는 자 있음)

19번(허지(許智)) : 지금 10호 의안 제2조의 2를 설명한 것에 대해 이사자의 심경을 묻고 싶습니다. 이 법률을 특별히 두어야 하는 이유는 무엇입니까. 예를 들면 아까 비행장 문제에서 부회 의결로 당당히 돈을 낸 예가 있고 그런데도 불구하고 지금 다시 이 성문(成文)을 내걸고 말하는 것은 무슨 이유인지 듣고 싶습니다.

번외(다케모토 리사쿠(竹本利作) 속) : 이 적립금 규정을 바꾸지 않으면 다른 비용으로 가져갈 수 없습니다. 사용이 불가능합니다.

19번(허지(許智)) : 그럼 이는 10호 규칙을 만들고 나서 비로소 이 예산안을 내는 것이 맞지 않은가 생각합니다. 이 예산을 결정해버리고 또 소급해서 성문을 낸다면 이 법률에 과연 효과가 있습니까?

번외 : 예산에 관련해서 지금 심의를 바라는 것인데 결코 이 의안만이 아닙니다. 다른 것도 마찬가지로 예산에 관련해 있습니다.

19번(허지(許智)) : 그것은 다릅니다. 내무과장 답변으로는 법률에 우회하는 예산을 심의해서 결정한 후 의안을 낸다면 법률의 효과는 생기지 않는다고 생각합니다. 저의 해석에 의하면 전에 결의한 것은 무효라고 믿는데 이 점에 대해 답을 명료하게 해주십시오.

번외(다케모토 리사쿠(竹本利作) 속) : 예산 설명은 전부 합한 설명입니다. 대체로 심의 중에 전제를 두고 심의합니다. 사단적립금을 이렇게 해서 일을 한다는 것을 설명하고 있는 것입니다. 이것이 그 당시 문제로 되었다면 보류로 될 것이라 생각합니다.

부윤 : 19번은 그렇게 생각할지도 모르지만 예산안을 앞에 결정하고 나중에 법률안을 결정합니다. 예산을 먼저 심의하고 법률안이 후에 되는 것이 보통입니다.

19번(허지(許智)) : 그래서 지장 없겠습니까. 지금까지 관례로 보아 이를 지장 없으리라 추정한 것입니까 아니면 이것은 관계 없다고 확신한 것입니까. 지금까지 관례상 그렇게 해도 좋다고 생각하는 것입니까. 이걸 해서 좋을 것이라고 의장이 확신합니까.

부윤 : 모든 법률을 시행하거나 제정하는 경우에도 재정을 먼저 협찬을 받는 것이 보통입니다. 경비 협찬을 거치고 나서 법률 기타 여러 법령을 심의하는 것이 보통입니다.

(하략-편자)

2. 부산부회 회의록

1) 부산부회 회의록(제1차, 1932년 3월 22일)

항 목	내 용
문서제목	釜山府會會議錄(第一次)
회의일	19320322
의장	大島良士(부산부윤)
출석의원	김장태(金璋泰)(2), 松岡源太郎(3), 竹下隆平(5), 어대성(魚大成)(6), 山川定(7), 이영언(李榮彦)(8), 坂田文吉(9), 川島喜彙(11), 五島伍郎(12), 西村浩次郎(14), 中山喜市(15), 김준석(金準錫)(16), 유동준(俞東濬)(17), 小原爲(18), 西條利八(19), 山本榮吉(20), 신수갑(辛壽甲)(21), 上杉古太郎(23), 권인수(權仁壽)(24), 河野禮藏(25), 山田惣七郎(26), 井谷義三郎(27), 竹內統(28), 白石馬太郎(29), 中島鶴太郎(30), 大矢音松(32), 睦順九(33)
결석의원	
참여직원	杉山茂一(이사관), 高久榮(이사관), 小林博(부속), 速水隆三(부기사), 中山準之助(부속), 藤田米次郎(부서기), 長直人(부서기), 鵜殿金一郎(부서기), 楠本才平(부서기), 三浦秀(부속), 榾山朝晴(부속), 小澤宮太(부기수)
회의書記	松尾孝平(부서기), 安藤勝三(부고원)
회의서명자(검수자)	大島良士(부산부윤), 大矢音松(부회의원), 睦順九(부회의원)
의안	제4호 의안 1932년도 부산부 세입출예산, 5호 특별영업세 잡종세 조례 중 개정 건, 6호 노면개량 토지평수할 조례 설정 건, 7호 특별세 토지평수할의 부과액 결정 건, 8호 부립병원조례 중 개정 건, 9호 부산부 공회당 사용조례 중 개정 건, 10호 사매(卸賣)시장 사용조례 설정 건, 11호 시뇨급취(屎尿汲取) 수수료 조례 설정 건, 12호 오물처분 설비비에 충당하기 위해 기채를 하는 건, 13호 수정정(水晶町)시장 설비비에 충당하기 위해 기채를 하는 건, 14호 대신정(大新町)시장 설비비에 충당하기 위해 기채를 하는 건, 15호 도로포장 및 개수공사비에 충당하기 위해 기채를 하는 건, 16호 도매시장설비비에 충당하기 위해 기채를 하는 건, 17호 도로포장 및 개수공사를 위해 계속

	비 설정의 건, 18호 사매(卸賣)시장 설비를 위한 계속비 설정 건, 19호 부이원 봉급조례 중 개정 건, 20호 부산부 고원 및 용인 부조조례 설정 건, 21호 부산부 산업장려금 대부조례 설정 건, 22호 기본재산 축적 정지 건, 23호 부금고사무취급조례 중 개정 건
문서번호(ID)	CJA0002901
철 명	부산부예산서류
건 명	부에관한보고-부산부회회의록
면 수	17
회의록시작페이지	894
회의록끝페이지	910
설 명 문	국가기록원 소장 '부산부예산서류'철에 포함된 1932년 3월 22일 부산부회 회의록

해 제

본 회의록(총 17면)은 국가기록원 소장 '부산부예산서류'철 '부에관한보고-부산부회회의록'건에 포함된 1932년 3월 22일 부산부회 회의록이다. CJA0002997<일반경제부산부관계서>철 <부산부사매시장설비비기채인가의건(회의록도면첨부)-경상남도> 783-799쪽, <부에관한보고(사매시장설비를위한계속비설정)>건 959-975쪽에 같은 날짜 회의록이 있다.

1932년 예산안 개요에 대해 부윤의 설명이 끝나고 20개의 의안을 일괄 상정하여 제1독회로 넘어가, 내무과장이 상세히 예산 설명하고 휴식하였다. 회의록에 제대로 나오지 않는 내용을 신문을 통해 살펴보면 다음과 같다. 휴식 중 김장태 의원이, 현재 건설하고 있는 수정정의 희다권번이 교육상 부적절하니 건설장소를 변경해달라는 의견을 말하여, 조선인 의원 어대성(魚大成) 외 7명 연서의 건의안을 제출하기로 했다. 김장태 의원 등은 처음 권번의 위치를 들었을 때 여자고보 학부형들이 날인하여 총회 소집을 교감에게 요구했었으나, 교장은 도에서 허가한 것이니 어쩔 수 없다고 하며 요구에 응하지 않았던 바 있다. 건의안에 대해 설명을 하려는 찰나 오하라(小原爲) 의원이 예산회의 밖의 것이니 들을 필요 없다고 말했다. 박순구 의원은 자기도 연서한 사람 중 하나라고 하면서 성원을 보냈고, 여러 조선인 의원들은 여자공보 주변에 화장장과 소 도살장이 있어 이 두 점만으로도 교육상 좋지 않은 곳인데 새로 권번을 설치하면 악영향이 크니 다른 곳으로 이전하라고 주장했다. 조선인 의원들의 주장은 다음과 같다. 부산 대도시계획상 부적당하며 부산공립여자고등보통학교 좌측면 아래서 바라보는 곳이므로 더욱 여성 교육상 영향이 클 것이며, 또 장래 초등학교 건설 후보지와 가까와서 지장이 있고, 만일 이것을 부정한다면 조선인 교육문제를 도외시하는 것이며, 권번 건축은 지금 지균을 끝내고 재목 등을 준비 중일 뿐이고 그 토지도 남의 것을 빌렸다고 하니 변경하는 데 하등의 지장이 없다고 역설했다.[16)]

기립으로 채결한 결과 일본인 의원 중에서는 고노 레조(河野禮藏) 한 사람만 찬의를 표하고 기립했는데, 소수이므로 부결되었다. 조선인 의원들은 항의의 표시로 다음날 23일 부회에 모두 결석했다. 그러나 23일 회의는 그대로 개회되었고, 폐회 후 부산부윤은 긴급간담회라고 하여 결석한 조선인 의원 전부를 소집했다. 세 번째 날인 24일, 휴회 중에 조선인 의원들이 입장했고, 사카다 분키치(坂田文吉) 의원이 수정 희다권번 이전 요망에 관한 감정문제에 관해 조선인 측과의 협

16) 『大邱日報』 1932.3.24; 『朝鮮民報』 1932.3.24; 『중앙일보』 1932.3.24.

조에 대해 경과보고를 하고, 이후 선처하기로 하고 부회를 속회하고 싶다고 말하고, 이에 대해 김장태가 인사한 후, 회의는 재개되었다.[17)]

내 용

의장(오시마 요시오(大島良士) 부산부윤) : 지금부터 개회하겠습니다. 개회에 앞서 한 마디 인사를 올리겠습니다. 지방제도 개정 실시 후 만2년이고 그동안 여러분께서 제도의 취지에 부합하여 적절하게 잘 운용하여 부정(府政) 진전에 기여해가는 것을 충심으로 기뻐하고 있습니다. 또 제도 개정에 따른 빛나는 부정 최초의 총예산안을 여러분과 함께 심의 검토할 기회를 얻어 정말 기쁩니다. 이번에 제출한 의안은 1932년도 세입출예산과 관련 조례 설정 개정, 기타를 합해 20건에 달합니다. 그 근간인 주요 예산안에 대해 한 말씀 드리고자 합니다. 1932년도 예산 편성 방침은 최근 예산 내시회(內示會)에서 개요를 말씀드렸습니다만 다시 좀 상세히 말씀드리겠습니다. 1932년도 예산은 부 재정 현황과 주변 정세에 비추어 경상 경비를 힘써 절약하여 긴축 방침하에 전년도에 비해 상당히 감축을 했습니다. 세입은 증수에 힘써서 다소나마 부민의 복리를 증진시키는 시설 경비에 노력했습니다. 수년간 계속된 재계 불황의 영향으로 수입 증가는 곤란하고 또 세입을 과대하게 견적하는 일은 재정의 기초를 허물 수도 있으므로 이를 피한 것입니다. 다음으로 또 긴축방침으로 편성된 경상경비로는 다액의 염출이 불가능한 상황이므로 다액을 희망할 수는 없었지만, 다행히 가능한 만큼의 절약으로 세계(歲計)

17) 『중앙일보』 1932.3.25; 『朝鮮民報』 1932.3.26.

의 안배를 해서 다소나마 새로운 기축(機軸)을 나타낼 수 있었던 것을 양해해주시기 바랍니다.

그 신규 계획 사항의 주요한 것을 말씀드리겠습니다. 첫째, 하급직원 우우(優遇)의 방침을 강구한 것입니다. 상급 직원 즉 관리, 이원 등에게는 은급, 퇴은료, 부조료 지급 등 상당한 대우의 길이 열려있지만, 고원, 용인 등 하급 직원에 대해서는 종래 하등의 그러한 길이 없었습니다. 대우의 균형을 잃었을 뿐만 아니라 사회정책상 견지에서, 또 사무 격려와 능률 향상의 취지에서도 특히 고려가 필요하다고 생각합니다. 이번 고원 용인 부조료 조례를 제정해서 결함을 보충하고 또 위안 시설을 강구하고자 합니다.

다음으로 우리 부의 도로 노면 개량은 부민의 다년간 요망이고 그 필요성은 시대의 진보에 따라 점점 늘어나므로 이번에 주요도로 포장을 총공비 55만 원으로써 1932년도 이후 4년간 계속사업으로서 실시할 계획입니다.

다음으로 소매시장 통제는 법령의 취지와 우리 부의 현황에 비추어 필요한 사항이라 생각합니다. 최근에도 초량(草梁)에 공설시장을 설치했는데 또 수정정(水晶町)과 대신정(大新町)에 2개소의 부영 시장을 설치하고 또 중앙 도매시장을 설치하여 이를 부영으로 할 계획입니다.

다음으로 우리 부와 같은 도시에서는 가내공업 및 부업 장려의 필요성이 도시 경제력 배양을 위해 또 실업대책의 견지에서 필요합니다. 그 목적에 부합하는 사업에 필수적인 지식 기능을 닦기 위해 강습회 개최를 기획하고, 또 그 실시 발달을 기하기 위해 산업장려 자금 대부의 길을 열어 그 조장을 도모하기로 했습니다.

다음으로 방면위원제를 두기로 했습니다.

무릇 행정은 실제입니다. 각종 시설도 그 실제 상황에 적응하지 않으면 효과가 적을 것임은 말할 것도 없습니다. 일본의 선진지방의 예를 본받아 우리 부내의 일부이지만 방면위원제를 설치하여 상세히 민정을 사찰하여 적실한 사회구제시설을 하는 자료로 하고자 합니다.

다음으로 오물 처치방법의 개선에 관해서는 여러분과 함께 연구를 게을리하지 않았으므로 적절한 대응책을 얻을 시기에 도달했다고는 믿지만, 현재 상태는 처치할 만한 설비를 결여하여 처리상 유감의 점이 많습니다. 만여 원을 투자하여 설비하고자 하는데, 부 재정상황과 부담의 공평이라는 점을 고려하면 시급히 일반 세계에서 지변하는 것은 곤란한 사정이 있으므로, 분뇨 흡취에 한해 수수료를 징수할 계획을 세웠습니다.

다음으로 청년훈련소는 아시는 대로 국민교육 시설로서 긴요한 사업이고 일본은 물론 조선에서도 주요한 도시는 공영을 하고 있는 실황을 돌아보고 우리 부도 이제 이를 부영으로 하기로 계획했습니다.

다음으로 현재 오포(午砲)는 구식시설일 뿐 아니라 장소가 편재해서 그 효과도 어떠한가를 생각해야 할 뿐 아니라 다액의 경상경비가 필요한 것 등을 고려해서, 장소를 적당한 곳으로 이전하고 이를 사이렌으로 바꾸기로 했습니다.

다음으로 납세에 대체저금제를 채용하는 것입니다.

현재 부민이 조세공과 등을 납부할 때 상당히 불편한 점이 있으므로 우편대체저금 제도를 채용해서 부민의 편리를 제공할 계획을 세웠습니다.

다음으로 각종 조사비를 계상했습니다. 행정구역 변경, 부청사 개축, 병원 개선, 오물 소제 시설 및 세민지구의 설정 등은 모두 중요

사항으로 다년간 현안으로서 연구되고 있는 것인데, 근본적 조사를 해서 뭔가 구체안을 얻고자 그 소요액을 계상했습니다.

이상은 신규사업 중 주요한 것의 개요를 말씀드린 것에 불과하지만 그 내용은 각각 심의할 때 참여원이 설명드릴 것입니다.

그리고 마지막으로 한마디 드리고 싶은 것은 지금 말씀드린 신규사업 중 하급직원 우우시설, 가내공업 및 부업 장려 시설, 면 위원제 실시, 청년훈련소 공영, 사이렌 설비, 대체저금제 채용 등은 모두 경비가 소액이지만, 도로 포장, 시장 설치, 오물처리 시설 등은 각각 상당히 다액의 경비가 필요하므로, 그 재원을 지방비 등의 보조금 토지평수할 등 특수한 것에서 구한 부분 외에는 모두 기채에 의한 계획입니다. 그러나 기채 상환재원에 대해서는 특별히 신중한 고려를 해서 내년 재정에 누가 되지 않도록 할 예정입니다. 내용 심의하셔서 협찬해주시기 바랍니다.

의장(부윤) : 그러면 오늘 의사일정을 보고하겠습니다.

(중략-편자)

이들 의안은 제4호 의안 1932년도 부산부 세입출예산과 관련이 있습니다. 이들을 일괄해서 부의하려고 하는데 어떻습니까.

("이의 없음")

의장(오시마 요시오(大島良士) 부산부윤) : 그럼 일괄해서 부의하겠습니다. 지금부터 제1독회를 열겠습니다. 번외가 일반예산을 중심으로 설명 드리겠습니다.

참여원(스기야마(杉山茂一) 이사관) : 1932년도 일반경제예산에서 새로운 사업에 대해서는 지금 부윤이 말씀하신 연술과 어제 예산 내시회에서의 설명으로 이미 충분히 양해하시리라 생각합니다. 다시 제가 예산 내용을 해부하여 그 내용을 말씀드리고 심의에 참고하시도록 하고자 합니다.

1932년도 예산 조성에서 우선 고려한 점은 재계 불황에 비추어 수익 부담에 관한 것 이외에 모든 증세적 시설 즉 새로운 세금을 기도하거나 또는 증세를 하는 것을 피하려고 했고 부세로 구하는 예산액은 1931년도 예산 계상액의 범위 내에 머무르는 것입니다.

다음으로 보상적 성질을 가진 특수한 것을 제외하고 여러 사용료 수입에 대해서도 증세를 하지 않고 잠시 은인자중해서 부민 부담력의 함양에 도움되는 것을 기준으로 했습니다. 세출은 불용 부분을 절약하여 유효하게 돌리고 여러 현안 사항과 부민의 복리를 증진하는 데 적절한 사업은 그 득실의 완급에 따라 취사선택함으로써 달성할 수 있도록 편성했습니다.

그 결과 당연히 진전되는 세목 방침으로서는 병원 등과 같은 절감이 어려운 특수사업에 관련한 것 이외에 인건비에서 총 5푼을 감했습니다.

물론 실정에 합치하기 위해 일반 수용비 즉 비품비, 도서 및 인쇄비, 잡비와 수선비 등은 각 관항 모두에서 총액 20원 미만인 것은 작년도와 같은 금액입니다. 50원 이상은 5푼, 100원 이상은 6푼, 300원 이상은 7푼, 500원 이상은 8푼, 1,000원 이상은 9푼, 2,000원 이상은 1할 즉 각각 1931년도 예산액을 표준으로 해서 내용 검토한 후 5푼 내지 1할을 절감했습니다. 나아가 각종 보조금도 특수한 것을 제외하고 1931년도의 1할을 감하는 것을 표준으로 하여 사정 삭감했습니다. 즉 각 관항 모두 거의 총액이 전년도 예산에 비해 감액되었습니다. (중략-편자)

여러 물건비도 1931년도 실행예산 감소에 의해 그 이상의 절감을 실행했습니다. 매년 말 위안 출장 또는 연말 예산 잉여로 인해 급하지 않은 물건 구입을 하는 것 같은 폐단이 이번에도 생기지 않도록 하기 위해, 단순히 편의를 증진시키는 데 그치는 정도의 경비는 이를 필요한 한도로 남기고 그 이상은 후일을 기하고 잠시 참고 견딘다는 성의를 보였습니다. 1932년도 예산 총액은 2,97만 7,965원이고 이를 전년의 2,90만 8,061원에 대비하면 6만 9,604원의 증액이 됩니다. 그러나 그 원인은 주로 신규사업에 따르는 임시비 증액의 결과이므로, 세출경상부 예산액은 73만 4,438원이며 이를 전년도의 74만 8,187원에 비교하면 수도 보급에 따르는 증액, 청년훈련소 및 시장 신설에 따른 당연한 증액, 권업시설로서 가내공업 부업 장려비와 산업장려대부금 제도 채용에 따른 경비, 하급직원 우우(優遇) 시설비 등의 신계획에 따른 경비를 고려하고도 또 3,749원의 감액이 되어 있습니다. 즉 앞서 말씀드린 예산 편성 방침을 여실히 표현한 당연한 귀결입니다.

이와 반대로 세출임시부 예산액은 전년도 예산에 비해 7만 3,353원 증액했습니다. 그 이유는 이미 아시는 것처럼 부내 주요간선도로 포장, 중앙도매시장의 공영, 분뇨 및 오물 처리장 설치, 수도시설 확충, 청년훈련소 공영, 소매시장 통제, 시보설비 개선, 제반 조사비 계상 등 직면한 신규사업계획 실시와 상수도 확장공사비 기타 부채비의 당연 증가의 결과입니다.

도로포장공사는 1932년도부터 1935년도에 이르는 4개년 계속사업으로 총공비 55만 원을 투자해 부내 주요간선도로인 대청정(大廳町) 거리, 부평정(富平町) 시장거리, 장수통(長手通)(현 광복로-편자), 경성-부산선 즉 경부역 앞부터 동래 가도선과 해운대 도로의 5선에 걸쳐 총 연장 1만 780미터를 일부 확장 축조하는 것과, 또 콘크리트를 써서 노후한 도로, 정평 있는 도로의 개선에 투자하여 교통 경제상 편익을 제공하기로 했습니다. 궤도 부설하는 곳은 물론 가스도 부의 공사와 관련하여 실시해주는 것으로 대체로 양해를 구하고 있습니다. 시장 통제는 중앙시장의 부영과 여기서 파생되는 소매시장의 공영과 맞물려 처음으로 그 체계를 구성한 것입니다. 이 의미에서 1932년도 및 1933년도의 2개년 계속사업에 의해 총경비 47만 900원을 투자하여 수산과 식료품 양 시장의 공영을 실시할 계획입니다. 그 이유는 단순히 시장 통제의 견지에 기초한 것뿐만 아니라, 현재의 사설 시장의 여러 화근을 끊고, 아울러 설비 개선을 시도하여 일층 취인상 원활을 계획함으로써 시장 기능의 발전과 일반경제상 편익에 제공하려는 것입니다. 만약 그 결과가 나중에 부의 좋은 재원의 하나가 되어 일반 재정의 보조를 할 수 있다면 시장 통제에 따른 혜택으로서 다행이라 생각합니다.

그리고 갑작스럽게 1932년도에 통제에 착수하려는 이유는 식료품 시장 허가기간 만료가 박두하고 수산시장도 마찬가지로 기간 만료하는 것과, 궁민구제사업에 의해 마침 알맞은 부지 조성을 할 수 있는 시기 즉 시설비 총액 47만 3,900원 내에서 용지비 23만 6,000원에 대해서는 하등 새로운 부채를 일으키지 않으면서도 새 기채를 하는 것과 마찬가지로 궁민구제사업비의 5분의 3의 저리자금을 이중으로 이용할 수 있다는 정말 좋은 기회가 왔기 때문입니다.

행정구역 조사비를 계상한 것은 부산부의 현 구역 동서 2리 9정(町), 남북 3리 15정 2방리 176에 대해, 그 뒤는 모두 산이라서 이용 가치가 적습니다. 현재 서쪽 대부분 및 사하면(沙下面) 암남리(岩南里)는 우리 부와 가장 밀접한 관계에 있고 도시 근교 구역으로서 이를 경제 취인상에서 보아도, 위생보안상 견지에서도, 발전의 도상에 있는 부산부 장래의 도시계획의 견지에 입각해도, 지금 상당한 대책을 강구하지 않으면 난잡하게 발달하는 지구에 대해 후일 다액의 개량비가 필요할지도 모르기 때문입니다.

부청사 건축조사비를 계상한 것은 원래 청사는 국고 부담으로 실시하는 것이지만 국고 재정이 궁핍하여 13도 318군 2도(島) 14촌에 걸쳐 그 청사 관사 등을 부담하기에는 상당히 과중하여, 총독부 영선계획 진행은 쉽게 실현을 기하기 어렵고, 최근 방침은 부청사 신축은 그 반액을 부비 부담으로 하고 있습니다. 경성 부산 함흥 등 최근 신축이 모두 그렇습니다. 우리 부 청사가 협애하여 15만 부민의 공청으로서 상응하지 못하고 또 사무실이 나누어져있어 능률 증진, 감독 통합상 좋지 않은 상황임은 이미 충분히 일반이 알고 있는 바입니다. 신축비 30만 원 내 12만 원의 국고부담에 대해서는 나라 예산으로 계상을 했음에도 불구하고, 정부 재정 긴축사업 조연 방침을 존중하여 결국 집행하지 않는 것으로 끝났고, 그 위치와 관련한 부유지의 교환 문제 등 가능한 연구 토의의 여지가 충분하다고 생각합니다.

병원 개선 문제도 전에 병원 건물로서 건축된 현재 도청사와 후일 도청사 신축 예정지인 기부지의 관련 문제는 상당히 착종되어 있습니다. 현 도청사 건축을 위해서는 이미 21만 5,000원, 도청 부지 기부를 위해서는 10만 6,000원 기채를 하여, 현재 부산부 재정상 하나의 화근이 되어 있는 상태에 비추어 가급적 속히 이를 해결할 계획입니다.

오물소제 시설 조사비를 계상한 것은 대도시의 고민이 그 발전에 따른 분뇨 처분 방법 여하에 있다는 점을 깊이 생각한 바로서, 당

부에서도 이미 위원회를 설치하고 있으므로 조사를 유효 적실하기 하기 위해 그 비용을 계상한 것입니다. 세민 지구 문제는 부내 세민 부락이 각 곳에 분산되어 있고 점차 확대하는 경향이 있습니다.(중략-편자)

의장(오시마 요시오(大島良士) 부산부윤) : 잠시 휴식하겠습니다.

(오후 2시 50분 휴식)

(오후 3시 15분 재개)

의장(오시마 요시오(大島良士) 부산부윤) : 지금부터 재개하겠습니다. 부의 공익에 관한 의견서로서 어대성(魚大成) 씨 외 7명이 의견서를 냈으므로 일정을 변경하여 본안을 부의하겠습니다. 의견서를 낭독하겠습니다.

건의서

수정정에 설치한 희다권번(喜多券番)과 예기치옥(藝妓置屋)은 그 위치가 부적당하니 변경하길 당국에 요구함.

이유

1. 부산의 도시계획상에서 보아도 부적당함
2. 부산공립여자고등보통학교의 좌측 아래쪽에 있어 여자교육상 악영향이 심대함
3. 장래 초등학교 건설 후보지에 인접하여 지장이 있음

위를 건의함. 1932년 3월 22일

어대성(魚大成), 이영언, 김준석, 유동준, 신수갑, 권인수, 목순구, 김장태

부산부회의장 앞

의장(오시마 요시오(大島良士) 부산부윤) : 휴식하는 중 의견을 다 들었다고 생각합니다만 의견 있으면 말씀해주십시오. 없으면 채결하겠습니다. 본 의견서에 찬성하는 분은 기립해주십시오.

(기립 9명)

의장(오시마 요시오(大島良士) 부산부윤) : 소수이므로 본 의견서는 부결하겠습니다. 그러면 오늘 예산 심의 전에 여러 시찰 예정도 있으니 이로써 산회하겠습니다.

(오후 3시 산회)

3. 마산부회 회의록

1) 제1회 마산부협의회 회의록(제1일, 1931년 6월 8일)

항 목	내 용
문서제목	第一回馬山府協議會會議錄(其一)
회의일	19310608
의장	門脇默一(마산부윤)
출석의원	장재식(張在軾)(1), 황갑주(黃甲周)(2), 西野泰民(3), 松本多藏(4), 김용선(金容善)(5), 진경갑(陳景甲)(6), 渡邊武一郎(7), 三宅吉郎(8), 本田槌五郎(9), 井上義理(10), 松原早藏(11), 松村淸吉(12), 서기홍(徐基弘)(13), 정영재(鄭永在)(14), 水野淸(15), 구인욱(具麟旭)(16), 山內勉(17), 이근우(李謹雨)(18), 淸水儀一(19), 김성현(金性玹)(20), 김종순(金鍾順)(21), 加藤歡一郎(22), 常松泰(23), 西田木惣市(24)
결석의원	
참여직원	岡熊吉(마산부속), 矢野淑夫(마산부속), 住吉武夫(마산부속), 石田彌作(마산부서기), 井手庄太郎(마산부서기)
회의書記	
회의서명자(검수자)	門脇默一(마산부윤), 장재식(張在軾)(마산부회의원), 황갑주(黃甲周)(마산부회의원)
의안	1.회의록 서명의원 결정의 건, 1.회의규칙 설정의 건, 1.부의장 선거의 건, 1.부제 제15조의 규정에 의한 위원 선거의 건, 1.제1호 의안 부회의원 비용 변상 조례 설정의 건, 1.제2호 의안 1931년도 마산부 일반경제 세입출 추가예산의 건
문서번호(ID)	CJA0002821
철명	마산부예산서철
건명	부예산보고(제1회)(회의록첨부)
면수	42
회의록시작페이지	571
회의록끝페이지	612
설명문	국가기록원 소장 '마산부예산서철'에 포함된 1931년 6월 8일 마산부회 회의록

해 제

본 회의록(총 42면)은 국가기록원 소장 '마산부예산서철'의 '부예산보고(제1회)(회의록첨부)'건에 포함된 1931년 6월 8일 마산부회 회의록이다.

마산부회 의원이 새로 선거된 후 제1차 회의였고 부의장을 투표로 선거하여 니시다(西田木惣市) 의원이 당선되었다. 이어 회의규칙 수정위원으로 서기홍 등 5명을 투표로 선거하여 규칙을 수정하게 했다. 휴식 후 수정규칙을 통과하고, 부 회계조사위원을 선거하게 되었는데, 일본인 의원 중 시미즈 기이치(淸水儀一)가 8명으로 하면 이를 5명과 3명으로 나눌 수 있다고 한 말이 말썽이 되었다. 이는 일본인 5명과 조선인 3명으로 해석되는 말이었고 황갑주 의원은 이는 조선인과 일본인 차별이 아니냐고 문제제기하여 장시간 논란이 되었다. 마산은 신마산과 구마산으로 나뉘어 있고 각각 일본인과 조선인 거주지역으로 대체로 구분되어 있어서 민족적 갈등이 어느 정도 있는 지역적 배경이 있다. 시미즈 기이치(淸水儀一)의 말은 조선인의원들의 심기를 건드리는 예민한 발언이었고 시미즈(淸水) 의원은 결국 자기 말을 정식으로 취소했다.

이어서 의안 제2호 일반경제세입출예산 토의가 시작되었는데 부 전체에 시간을 알리는 기계장치로서 모터사이렌을 구입하자고 부 당국이 추가예산 730원을 계상한 문제로 논란이 되었다. 사이렌을 사지 말고 밤 9시에 잠시 소등하는 것으로 시간을 알리자는 주장과, 그대로 오보(午報)를 존속하자는 주장으로 긴 시간을 갑론을박했다. 예산을 편성한 당국자가 그 기계 사용연한도 확실히 대답하지 못하자 의원들은 예산 제안자인 당국자의 태도가 타당하지 않다고 하는 등 논의가 분분했다. 시간이 늦었으니 연기하여 충분히 토의하자고 의원들이 주장함에도 불구하고 의장이 당일 가결을 하기 위해 시간을 끌자 몇몇 의원이 퇴장해버린 후 밤 9시 20분에 폐회했다.

내 용

의장(가도와키(門脇默一) 마산부윤) : 개회에 앞서 한마디 인사드립니다. 아시는 것처럼 올해 4월부터 지방제도 개정이 되어 종래 자문기관이던 부협의회는 결의기관으로서 부회로 바뀐 결과 그 기관이 온전히 자기 의사를 부정(府政)에 표현하게 된 것은 현재 실정에 비추어 당연함과 동시에, 한편 책임이 중대해졌다는 점은 말할 것도 없습니다. 여러분이 지난번 집행한 총선거에서 당선되시고 제1회 마산부회를 개최하게 되어 매우 기쁩니다. 마산 부정을 어떻게 운용할까에 관해서는 현재와 장래 모두 그 시설 계획 근본부터 한두 가지에 그치지 않습니다. 특히 우리 부는 해륙 양면의 지세를 점하고 또 교통의 요지이므로 더욱 부민의 복지를 신장시켜야 합니다. 그 대책은 장래 시설 경영의 여하에 달린 것입니다. 따라서 부정의 현황에 알맞은 시설을 착착 진행시켜 나가야 합니다. 이러한 점을 충분히 연구를 하고 싶습니다. 다행히 여러분의 원조에 의해서, 또 마산부의 전통적 정신에 의해서 선처해서 부 행정에 과오가 없도록 바라고 있습니다. 그리고 오늘 제안한 의안에 대해 협찬을 희망합니다.

의장(가도와키(門脇默一) 마산부윤) : 지금부터 제1회 부회를 개회하겠습니다.

(오후 1시 30분)

부제시행규칙 제40호 제1항에 의하면 회의록은 의장 및 출석의원 2인 이상 서명하고 그 직원은 부회에서 정하는 것으로 되어 있으므로 이를 어떻게 할지 자문하겠습니다.

8번(미야케 요시로(三宅吉郎)) : 서명자는 의장이 지명하시고 금후 회의마다 순차적으로 서명하는 식으로 정하길 원합니다.

11번(마쓰바라 하야조(松原早藏)) : 이 회의록 서명자는 의사규칙으로 정해야 하는 것 아닙니까? 오늘은 규칙이 없으니 어떻게 해도 지장 없는데 원래 의사규칙에 의해야 하는 것이라 생각합니다. 필요한 것이니 의사규칙으로 정하면 어떻겠습니까.

의장(가도와키(門脇默一) 마산부윤) : 8번 의원 의견은 어떻습니까.

10번(이노우에(井上義理)) : 회의마다 서명합니까 또는 의제 하나마다 서명합니까. 이사자는 뭔가 제안하는 게 없습니까?

의장(가도와키(門脇默一) 마산부윤) : 회의록 서명자는 매 회의 때 정해도 좋고 또 종래와 같이 출석의원 순번으로 서명자를 정해도 좋습니다. 또 지금 말씀드린 것은 본회의 서명자인데 장래 각 회의 서명자를 동시에 정해도 좋다고 생각합니다.

17번(야마우치(山內勉)) : 4조 규정에 의하면 2명 이상 서명이 필요하다고 되어 있으니 의사규칙으로 정하지 않아도 좋다고 생각합니다. 본 회의에서는 출석의원 1번 2번에게 부탁하면 어떻습니까. 대체로 8번 의원의 의견에 찬성합니다.

의장(가도와키(門脇默一) 마산부윤) : 8번 의원 말씀처럼 순차적으로 서명하는 것에 이의 없습니까?

9번(혼다 쓰치고로(本田槌五郎)) : 종래 해온 것에 비추어보면 하등 특별히 문제될 것은 없다고 생각합니다. 그러니 종전과 같이 본보기를 보여주시는 것에 찬성합니다.

("찬성 찬성")

의장(가도와키(門脇默一) 마산부윤) : 8번 의원 말씀처럼 순차적으로 정하는 것에 이의 없는 것 같으니 그렇게 결정하겠습니다.

오늘 회의록 서명자를 1번, 2번 두 의원에게 부탁드립니다.

다음으로 자문하는 것은 본 회의 회의규칙 제정 건입니다. 이것을 정하는 것에 대해 의견 없습니까.

("이의 없음")

의장(가도와키(門脇默一) 마산부윤) : 이걸 정하기 전에 참고안을 갖고 있습니다. 회의규칙을 정하는 방법은 어떻게 하면 좋겠습니까?

10번(이노우에(井上義理)) : 회의규칙이 필요한 것은 모두 이미 이의 없습니다. 따라서 이 규정은 기초위원을 선정하여 기초한 후 비로소 논의로 넘어가는 것이므로 위원을 선정하는 게 어떨까 생각합니다.

8번(미야케 요시로(三宅吉郎)) : 규칙이 필요한 것은 당연합니다. 원안을 기초한 것이 있습니까? 만약 있으면 배포해주시기 바랍니다.

의장(가도와키(門脇默一) 마산부윤) : 단지 참고안으로서 갖고 있는 것이 있습니다.

4번(마쓰모토 다조(松本多藏) : 의장의 말씀은 판단이 안서니 어떻게 할까 하는 말씀이신데 지금부터 협의하는 것입니다. 참고안이 있으면 그걸 제출해주시고, 그 참고안을 자료로 해서 협의하는 토대로 하겠습니다.

11번(마쓰바라 하야조(松原早藏)) : 규칙이 필요한 것은 8번 의원 의견에 동감입니다. 뭔가 원안이 있는 것 같으니 그것을 위원 부탁으로 넘기거나 아니면 즉결할지 정하도록 안을 배포해주십시오.

20번(김성현(金性玹)) : 대체로 11번 의원 말씀에 찬성합니다. 위원 부탁으로 할지 말지 그 안을 곧 부의할지 연구 심의가 필요하니까 빨리 안을 배포해주시고 30분 휴식하면 어떨까 생각합니다.

10번(이노우에(井上義理)) : 의장이 제출해도 원안이 아니므로 기초위원을 두어서 그 위원이 작성한 것을 원안으로서 토의해야 합니다. 따라서 이사자측에서 제출한 것은 참고적인 것입니다.

22번(가토(加藤歡一郎)) : 10번 의원 말씀에 찬성합니다. 부윤이 정하는 것도 아니고 단지 참고적인 것이므로 기초위원들이 이를 기초해야 한다고 생각합니다.

11번(마쓰바라 하야조(松原早藏)) : 형식론이 많은 것처럼 보이는데 실질적으로는 부윤이 제출하면 그것을 참고로 해서 제안하면 어떨까 생각합니다. 그것에 의해 작성해도 지장 없다고 생각합니다. 형식은 10번 의원 말씀과 같지만 실질적으로는 지장 없다고 생각합니다.

의장(가도와키(門脇默一) 마산부윤) : 여러 말씀이 나왔는데 대동소이하고 참고안을 드리겠습니다. 이는 의회가 만드는 것이고 그 작성방법으로서는 전원위원으로 할지 아니면 위원을 둘지는 여러분에게 묻도록 하겠습니다. 기초위원을 선거해주시고 참고안을 드릴 것이니 이 자리에서 만드시길 원합니다.

(서기가 참고안을 각 의원들에게 배포)

13번(서기홍(徐基弘)) : 이 회의규칙을 일일이 전원이 심의하는 것은 시간이 오래 걸리니 10번 의원 말씀처럼 의원 5명을 선정하여 일임하고 싶습니다.

의장(가도와키(門脇默一) 마산부윤) : 10번 의원 말씀에 대부분 찬성자가 있으니 5명 위원에게 부탁하는 것에 이의 없습니까.

("이의 없음")

의장(가도와키(門脇默一) 마산부윤) : 기초위원 5명을 선출해주십시오.

2번(황갑주(黃甲周)) : 위원 5명 선거는 연기(連記)로 합니까 단기(單

記)로 합니까.

의장(가도와키(門脇默一) 마산부윤) : 어떻게 할까요.

13번(서기홍(徐基弘)) : 위원 5명을 기재합니까?

19번(시미즈 기이치(淸水儀一)) : 연기로 합니까?

의장(가도와키(門脇默一) 마산부윤) : 연기에 찬성하는 분이 대부분인데 이의 없습니까?

("이의 없음")

의장(가도와키(門脇默一) 마산부윤) : 그러면 연기로 해주십시오.

(서기가 각 의원의 투표용지를 모음)

의장(가도와키(門脇默一) 마산부윤) : 개표 결과를 보고 드립니다.

투표 총인원 24명, 투표 총수 24표, 연기 총수 120점(点).

각 사람의 득표를 말씀드립니다.

20점 이노우에(井上義理), 18점 서기홍(徐基弘), 13점 미야케 요시로(三宅吉郎), 13점 황갑주(黃甲周), 11점 마쓰바라 하야조(松原早藏), 10점 구인욱(具麟旭), 9점 야마우치(山內勉), 6점 마쓰모토 다조(松本多藏), 5점 니시다(西田木惣市), 4점 미즈노(水野淸), 3점 가토(加藤歡一郎), 3점 쓰네마쓰(常松泰), 2점 시미즈 기이치(淸水儀一), 1점 김성현(金性玹).

이노우에(井上義理), 서기홍(徐基弘), 미야케 요시로(三宅吉郎), 황갑주(黃甲周), 마쓰바라 하야조(松原早藏) 의원 등 5명이 당선되었으니 위원장을 호선한 결과를 의장에게 보고해주십시오.

휴식하겠습니다.

(오후 2시 20분)

의장(가도와키(門脇默一) 마산부윤) : 계속 개의하겠습니다.

(오후 3시 40분)

10번(이노우에(井上義理)) : 지금 마산부회 회의규칙 기초위원장으로서 기초안을 제출하겠습니다. 아직 이를 성문으로서 쓴 것은 아니지만 참고하시라고 배포한 것으로 정정해주시고 조문을 일일이 설명하는 것은 생략하고 정정한 것만을 설명 드리겠으니 양해 부탁드립니다.

마산부회 회의규칙 제1조 변함없음. 제2조 변함없음. 제3조...

("변경없는 조항은 생략하고 정정한 것만 읽어주십시오"라고 말하는 자 있음)

그러면 그렇게 하겠습니다. "제10조 의안에 대한 수정의 동의(動議)는 제2독회에서 2명 이상의 찬성자가 있지 않으면 제출할 수 없다. 단 숫자의 정오 또는 자구의 정정에 한해 제3독회에서 제출할 수 있다. 이 경우는 찬성자가 필요하지 않은 것으로 한다"로 정정함.

제20조 중 사건을 '안건'으로 정정함. 제1항 삭제. 제2항 위원회 아래에 '는'을 기입.

제25조 중 '위원은' 아래 '의원 중에서'를 삭제.

제31조 끝에 '단 위원회의 의결에 의해 의원 이외의 자의 방청을 허락해야 함'을 삽입

제33조 전부를 삭제

기초위원은 지금 말씀드린대로 원안을 만들어 이에 보고합니다.

의장(가도와키(門脇默一) 마산부윤) : 지금 마산부회 회의규칙을 위원장이 보고했습니다. 이제부터 이를 의제로 해서 올립니다.

16번(구인욱(具麟旭)) : 질문이 있습니다. 각 조항에 대해 심의합니까 아니면 전체 일괄해서 합니까?

의장(가도와키(門脇默一) 마산부윤) : 전체적으로 해주시기 바랍니다.

16번(구인욱(具麟旭)) : 제3조 중 출석부에 날인해야한다고 하는데 이는 불편하다고 생각하니 기입 또는 날인이라고 쓰는 게 좋다고 생각합니다. 도장을 휴대하지 않는 경우도 있습니다. 또 제9조 중 찬성자와 함께 연서 운운 이라고 하는데 서명과 연서는 어떤 구별이 있습니까. 제8조에 의사에 붙일 사건 순서 및 개의(開議)의 일시는 의장이 정하여 회의를 고지한다고 하는데 이는 일반회의의 의미입니까?

의장(가도와키(門脇默一) 마산부윤) : 위원장이 설명하시겠습니까.

위원장(이노우에(井上義理)) : 이를 일일이 설명하면 많으니 질문에 대해 설명 드리겠습니다.

제3조 중 의원 출석한 때는 출석부에 날인한다는 것인데 법문상에서 날인해야 한다고 한 것입니다.

16번(구인욱(具麟旭)) : 반드시 도장을 날인한다는 겁니까. 날인이 불가능한 경우는 어떻게 하는지, 날인 또는 기명으로 하면 어떨까 생각합니다.

위원장(이노우에(井上義理)) : 법문상은 날인해야 하는 것으로 해석하고 실제상으로는 그 취급에 편리한 방법도 가능한 겁니다.

16번(구인욱(具麟旭)) : 제9조 중 3명 이상의 찬성자와 함께 연서한다 운운 이것은 날인이 불필요합니까. 만약 기명이 불가능할 때는 어떻게 합니까.

위원장(이노우에(井上義理)) : 자필이면 된다고 생각합니다. 건의안이므로 날인이라고 했습니다.

16번(구인욱(具麟旭)) : 손이 아플 때는 어떻게 합니까.

위원장(이노우에(井上義理)) : 실제상으로는 그때 편의 처치가 가능하다고 생각합니다.

16번(구인욱(具麟旭)) : 제10조 중 정오 또는 정정이라고 되어 있는데 정오와 정정의 의미를 듣고 싶습니다.

위원장(이노우에(井上義理)) : 저도 기초위원의 한 사람으로서 이에 대해서는 상당히 생각했는데 자구의 정정은 통상적인 말을 쓴 것입니다.

16번(구인욱(具麟旭)) : 채결 때는 의석에 현재 있는 의원은 가부의 수에 반드시 들어갈 의무가 있는 겁니까.

위원장(이노우에(井上義理)) : 그렇습니다.

16번(구인욱(具麟旭)) : 제30조 전체는 보조규칙이라 생각합니다. 이건 부제시행규칙 제30조와 본문이 동일한 것이 게재되어 있으므로 중복이고 불필요하다고 생각합니다.

위원장(이노우에(井上義理)) : 이는 위원회에서 하는 것을 거론한 것입니다.

16번(구인욱(具麟旭)) : 제31조에서 의원 외 방청을 허락하지 않는다는 것은 어떤 이유입니까?

위원장(이노우에(井上義理)) : 결국 비밀을 원칙으로 하는 것이므로 위원 외에 의원의 방청을 허락하는 것으로 되어 있고 이는 비밀회를 개최하는 것이 가능하도록 하는 것입니다.

16번(구인욱(具麟旭)) : 그러면 단서를 기입하는 게 좋다고 생각합니다. 저는 위원회에 대한 질문만 하겠습니다.

23번(쓰네마쓰(常松泰)) : 제10조에서 의안에 대한 동의(動議)를 정한 것은 훌륭하다고 생각합니다. 이 숫자의 정오 또는 자구 정정이라 함은 문구의 정정입니까? 또 부칙 중 의원 10명 이상의 청구가 없으면 이를 회의에 부칠 수 없다고 하는데 현재 수를 10명으로 하지 않고 3분의 1 이상으로 수정하는 게 좋다고 생각합니다. 3분의 1이라면 충분히 수정 가능한 것이라 생각합니다.

의장(가도와키(門脇默一) 마산부윤) : 자구에 대한 질의도 많이 나온 것 같으니 질의를 끝내고 수정으로 넘어가고자 합니다.

위원장(이노우에(井上義理)) : 깊은 의미가 있는 것은 아닙니다. 단지 자구만을 정정 가능하도록 특별한 예를 만든 것입니다.

23번(쓰네마쓰(常松泰)) : 그렇습니까. 그러면 지장 없습니다.

19번(시미즈 기이치(淸水儀一)) : 제33조에서 부의장 선거 조항을 삭제한 이유는 무엇입니까?

위원장(이노우에(井上義理)) : 삭제 이유는 최초의 경우는 좋지만 만약 결원이 생긴 때는 곤란하고 오히려 없는 게 나으므로 삭제했습니다.

의장(가도와키(門脇默一) 마산부윤) : 질문 없습니까. 없으면 수정안을 의제로 하겠습니다.

23번(쓰네마쓰(常松泰)) : 부칙에서, 의원 3분의 1 이상 찬성하는 자가 있으면 부의할 수 있다는 것으로 수정하고 싶습니다.

16번(구인욱(具麟旭)) : 독회입니까?

의장(가도와키(門脇默一) 마산부윤) : 독회식입니다.

16번(구인욱(具麟旭)) : 제3조에 날인해야 한다고 되어 있는 것을 그 뜻을 기입해야 한다로 정정하고 싶습니다. 또 제31조의 단서에서 위원회에 대해서 위원 이외의 자의 방청을 허가해야 한다는 조문 중 '이외(以外)'의 '이(以)'자를 삭제하고 싶습니다.

20번(김성현(金性玹)) : 지금 16번 의원 말씀은 좋지만 제3조의 날인해야 한다를 수정할 필요는 없다고 생각합니다. 출석부에는 무엇으로 날인해도 좋고 만약 잊어도 그때에는 편의상 취급 방법이 있다고 생각합니다. 규칙으로서는 써둘 필요가 있다고 생각합니다. 제8조 중 '의사에 부칠 사건, 순서 및 개의의 일시는 의장이 정하고 회의에 고지한다'고 하는데, 24명이 모여 있을 때 통지하는 것입니까? 이건 매우 불편하니 '회의원에게 통지해야 한다'고 하면 어떨까 생각합니다. 예를 들어 지금 6월 8일에 연다고 했을 때 3일 전에 통지한다는 의미라면, '회의에 고지한다'를 '회의원에게 통지한다'고 하면 어떻겠습니까.

의장(가도와키(門脇默一) 마산부윤) : 참고하시라고 말씀드립니다. 회의에 고지한다는 것은 즉 회의란 2인 이상의 사람이 모여 합법적으로 의사를 진행하는 것을 칭하는 의미이고, 그 단체가 의사를 진행하고 있는 때에 고지한다는 의미이며, 통상 회의 중의 것을 보인 것입니다. 이미 합법적으로 시행하고 있는 회의이므로 긴급 사건이 생겼을 때 곧장 그 다음날은 어떤 회의를 연다 등의 것을 글 또는 구두로써 통지하는 것을 가리키는 것입니다.

16번(구인욱(具麟旭)) : 회의가 고지를 받는 것이 가능할까 생각합니다. 회의는 고지를 받는 주체가 아니라고 생각합니다.

의장(가도와키(門脇默一) 마산부윤) : 이 상태는 어떠한 것입니까?

16번(구인욱(具麟旭)) : 주체가 아닌 것에게 알리는 것은 불가능하지 않습니까.

의장(가도와키(門脇默一) 마산부윤) : 그것은 개인이라면 고지를 받지만 단체라면 받지 못한다는 의미입니까?

16번(구인욱(具麟旭)) : 그렇습니다. 회의는 받을 수 없다고 생각합니다.

의장(가도와키(門脇默一) 마산부윤) : '회(會)' 위에 뭔가 붙이면 받을 수 있습니까?

20번(김성현(金性玹)) : 아까 말씀드린 것처럼 이 체제가 좋지 않아서

문법상 해석에 의한 것이라 생각합니다. 의제에서 보아도 2,3일 전에 통지해서 회의를 연다고 부윤이 정하는 것이리라 생각합니다. 부윤의 말씀은 회의 중에 그 일시를 고지하는 식으로 말씀하셨는데 저는 그렇게 판단하지 않습니다. 회의는 우리가 모이지 않으면 회의가 되지 않는다고 생각합니다.

의장(가도와키(門脇默一) 마산부윤) : 잠깐 참고삼아 말씀드립니다. 예를 들면 제국의회에서는 다음날의 의사는 의장이 결정하여 이를 의원 숙사(宿舍)에 통지하거나 또는 의회 중이라면 회의에 일정을 알리는 것이 있습니다. 따라서 개회 중 직무 집행의 각 의원에게 통지하는 것은 하등 지장이 없다고 생각합니다.

16번(구인욱(具麟旭)) : 취지는 그렇겠지만 문자로 기입하지 않았다고 생각합니다.

4번(마쓰모토 다조(松本多藏) : 위원 여러분들의 노고가 많습니다. 대체로 이 의사일정의 해석 방법에 차이가 있다고 생각합니다. 의사규칙이니 의회 소집 중의 통지와 다르다고 생각합니다. 이것은 의사에 부칠 사건 순서 및 회의의 일정, 사건의 순서 등을 개의 중에 알린다는 의미라고 생각합니다. 오해가 없도록 써두는 게 어떨까 생각합니다.

의장(가도와키(門脇默一) 마산부윤) : 어떻게 할까요.

8번(미야케 요시로(三宅吉郎)) : 저도 위원의 한 사람으로서 책임을 느끼는데 회의에 통지한다는 것은 연속해서 회의를 열 때를 예상한 것으로 오늘도 개회하고 내일도 열 때에 필요한 조문입니다. 예를 들어 중의원에서 내일 일정을 변경하는 등의 경우에 의장이 이를 곧장 통지하는 것이 가능한 법문이고, 아까 의장이 말한 정의대로 회의는 2인 이상 집단이 합법적으로 의사를 진행하는 상태를 말하는 것입니다. 회의에 통지한다고 해도 지장 없다고 생각합니다. 회의에 보고하면 각자에게 통지하는 것보다 편리하다고 생각합니다.

17번(야마우치(山內勉)) : 대체로 위원회의 초안에 찬성합니다. 다른 회의규칙을 보아도 동일한 것이고 이 기초안으로 해도 지장 없다고 생각하여 찬성을 표합니다.

의장(가도와키(門脇默一) 마산부윤) : 의사 진행상 수정설이 나왔는데 우선 조문의 순서상 제16번 의원의 말씀인 제3조 정정 동의(動議) 이걸 채결하고자 합니다.

11번(마쓰바라 하야조(松原早藏)) : 제3조 날인해야 한다는 부분은 법문으로서는 기입보다 날인이 더 적당하다고 생각합니다. 의사일정 중 회의에 고지해야 한다는 부분은, 회의는 주체가 아니라는 말씀이셨는데 회의의 정의상에서 보아 결코 지장 없다고 생각합니다. 이것은 회의 개회 전에 소집할 때의 것을 생각하면 좀 의문점이 생긴다고 생각합니다.

20번(김성현(金性玹)) : 지금 모두의 말씀으로 저도 찬성하지만 수정이 필요 없다는 11번 의원 말씀이신데 회의에 고지가 가능한 것이라면 따로 제8조 규칙을 둘 필요가 없습니다. 규칙으로서는 좀 애매한 감이 있습니다.

의장(가도와키(門脇默一) 마산부윤) : 제3조에 이의는 더 없습니까? 원안 수정에 찬성하는 분은 기립해주십시오.

(기립자 1명)

의장(가도와키(門脇默一) 마산부윤) : 소수입니다. 수정안은 부결입니다.

그러면 제8조에 대해 20번, 16번 의원의 회의의 '의(議)'가 필요하지 않다는 수정 동의가 나왔습니다. 어떻습니까.

16번(구인욱(具麟旭)) : 회의 중의 의원에게 통지하는 것이므로 '회의 중 의원'으로 정정하고 싶습니다.

("채결, 채결")

("의사진행")

의장(가도와키(門脇默一) 마산부윤) : 회원에게 고지하는 것에 찬성자는 기립해주십시오.

(기립자 1명)

의장(가도와키(門脇默一) 마산부윤) : 소수이므로 부결합니다.

그러면 16번 의원의 '회의'를 '회'로 정정하는 의견에 찬성하는 분은 기립해주십시오.

(기립자 1명)

의장(가도와키(門脇默一) 마산부윤) : 소수이므로 부결합니다.

다음은 23번 의원의 동의에 의한 제30조 중 '이 경우에 있어서는' 이하를 삭제하는 말씀은 어떻습니까.

4번(마쓰모토 다조(松本多藏) : '의안에 대한 수정 동의는 2명 이상의 찬성자가 있지 않으면 제출할 수 없다'로 하고 '이 경우 이하'는 의장은 어떤 의견입니까?

의장(가도와키(門脇默一) 마산부윤) : 질문이십니까? 2명이라는 것은 2명의 찬성자라는 것이므로 2명 이상은 필요하고 정오 수정은 제3독회에서도 할 수 있고 제3독회에는 2명 이상의 찬성자 없어도 동의 성립한다는 것입니다.

4번(마쓰모토 다조(松本多藏) : 그러면 잘 알겠습니다. 수정은 취소합니다.

22번(가토(加藤歡一郎)) : 1명이라도 가능하지 않을까 생각해서 제의한 것입니다.

의장(가도와키(門脇默一) 마산부윤) : 第10조 수정동의는 취소하셨습니다. 부칙의 10명을 8명으로 하자는 것은 어떻습니까.

22번(가토(加藤歡一郎)) : 23번 의원 말씀에서 8명이라는 것은 8명 정도가 좋을 것이라는 정도에서 3분의 1이라고 한 것이라 생각합니다. 다른 예를 보아도 그런 비율입니다. 즉 3분의 1 정도가 적당하다고 생각하여 찬성합니다.

위원장(이노우에(井上義理)) : 위원장으로서 말씀드립니다. 이것은 10명과 8명을 다툴 문제는 아닙니다. 찬성자가 많은 쪽으로 결정하면 좋다고 생각합니다.

4번(마쓰모토 다조(松本多藏) : 위원장 보고가 있었지만 8명이라도 지장 없다는 보고였습니다. 저도 3분의 1 주장에 찬성합니다.

2번(황갑주(黃甲周)) : 위원장 보고에 8명이라도 좋다고 하셨지만 저도 위원의 한 사람이었는데 어떤 자문도 없이 8명이라는 말씀은 위원장 한 사람의 견해라 생각합니다. 위원장 자격으로써 답변하셨던 3분의 1도 좋다는 말씀은 온당하지 않으므로 저는 원안의 10명에 찬성합니다.

("동의, 동의"라고 말하는 자 있음)

7번(와타나베 부이치로(渡邊武一郎)) : 저도 8명설에 찬성합니다.

19번(시미즈 기이치(淸水儀一)) : 논지가 끝난 것 같은데 저도 8명설에 찬성합니다.

의장(가도와키(門脇默一) 마산부윤) : 원안 10명을 8명으로 수정하는 것에 찬성하는 분은 기립해주십시오.

(기립자 14명)

의장(가도와키(門脇默一) 마산부윤) : 다수입니다. 수정안대로 가결하겠습니다.

16번(구인욱(具麟旭)) : 第31조 단서의 '의원 이외의 자의 방청을 허가해야 한다'에서 이외의 '이(以)'를 삭제하고 '의원 외의 자에게'로 수정하고 싶습니다.

의장(가도와키(門脇默一) 마산부윤) : 수정안에 이의 없습니까.

("이의 없음")

의장(가도와키(門脇默一) 마산부윤) : 그럼 가부 채결하겠습니다. 수정하자는 분은 기립해주십시오.

(전원 기립)

의장(가도와키(門脇默一) 마산부윤) : 다수이므로 수정대로 가결 확정하겠습니다.

16번(구인욱(具麟旭)) : 부칙은 어떻게 되었습니까.

의장(가도와키(門脇默一) 마산부윤) : 채결을 다 했고 이것으로 본안은 가결 확정했습니다. 다음으로 자문 드리는 것은 부제 제18조부터로, 부의장 선거를 바랍니다.

의사규칙은 곧장 시행하면 어떻겠습니까. 이의 없습니까.

("이의 없음")

(서기가 투표용지를 배포하고 기입한 것을 모음)

의장(가도와키(門脇默一) 마산부윤) : 투표 누락은 없습니까.

("없음")

의장(가도와키(門脇默一) 마산부윤) : 선거 결과를 보고 드립니다.

투표 총 인원수 24명, 투표 총수 24표.

득표수 8표 이노우에(井上義理), 15표 니시다(西田木惣市), 1표 마쓰바라 하야조(松原早藏).

다수로써 니시다(西田木惣市) 의원이 부의장에 당선되었습니다. 다음으로 부제 제15조 2항에 의해 위원을 선출해주시길 바랍니다.

8번(미야케 요시로(三宅吉郎)) : 일정에 대해 질문 있습니다. 3안이 남아있는 것 같은데 몇 시까지 합니까?

의장(가도와키(門脇默一) 마산부윤) : 제출 의제는 2개입니다. 위원은 몇 명을 선거하면 좋겠습니까.

19번(시미즈 기이치(清水儀一)) : 8명이 적당하다고 생각하고 소분이 가능하면 5와 3의 비율로 하면 어떨까 생각합니다. 의원 수에서 보아도 좋지 않나 생각합니다.

의장(가도와키(門脇默一) 마산부윤) : 8명설이 있습니다. 어떻게 할까요. 8명설에 이의 없습니까.

9번(혼다 쓰치고로(本田槌五郎)) : 연기(連記)로 하고 싶습니다.

8번(미야케 요시로(三宅吉郎)) : 8명은 딱 떨어지는 숫자이니 7명은 어떻습니까.

4번(마쓰모토 다조(松本多藏) : 저는 폐를 끼칠지도 모르지만 8은 딱 떨어져서 나눠지는 의미와 통하므로 7이나 9를 생각합니다. 7명 정도가 어떻습니까.

19번(시미즈 기이치(清水儀一)) : 보통 8명이라 하면 1명 정도의 다소는 문제 없습니다. 아시는 대로 부는 상당한 사무를 갖고 있으므로 집행의 원활을 기하기 위해 적소 적재를 전형하여 위원을 잘 지명해주시길 바랍니다.

(중략-편자)

의장(가도와키(門脇默一) 마산부윤) : 7명 또는 8명으로 정하는 것은 의장에게 맡겨주시기 바랍니다.(중략-편자)

의장(가도와키(門脇默一) 마산부윤) : 지금 7명설 8명설이 있는데 7명설에 대해 찬성자가 있고 다른 의견은 없습니까.

2번(황갑주(黃甲周)) : 본 문제에 관해서는 공평한 입장에서 보아 8명설이 정당하다고 생각합니다만, 8명 내에서 5명 3명으로 일선(日鮮) 차별적 말이 있는 것은 심히 분개를 금치 못합니다. 8명으로 대략 결정한 것을 7명으로 유야무야 고친 것은 유감입니다. 우리는 결코 일선차별의 생각을 하면 안되는데 암암리에 5라든가 3이라든가 말이 들리는 것은 매우 유감입니다. 어쩔 수 없이 상해로 도주해야 한다는 것이 됩니다. 우리에게 일선차별 생각이 없는 것은 부의장으로 당선된 니시다(西田) 씨에게 15표를 투표한 것으로도 부정할 수 없습니다. 우리 조선인 의원은 일선차별을 생각하지 않고 신사적 태도를 취하고 있습니다. 상당히 상류사회의 사람들이 일선 차별을 고창하는 것은 심히 유감입니다.

19번(시미즈 기이치(淸水儀一)) : 한 마디 말씀드립니다. 8을 7로 바꾼 것은 하등 내선차별 의미는 없습니다. 제 의견에 누가 찬성했는지 모를 정도입니다. 제 생각에는 전연 내선인 차별은 없습니다. 그것은 듣는 쪽이 내선차별적 장벽을 구축하고 있어서 그렇게 들리는 것 아닙니까. 의견을 듣고 오히려 유감을 금치 못합니다. 저는 이런 편견적인 생각을 하지 않습니다. 장래도 있으니 오해 없길 바랍니다. 언론은 자유롭고 특히 새로 된 부제는 하등 그런 차별이 없는 것이며 의원 제씨는 일반을 대표하여 당선된 것입니다. 말씀하신 것은 개인적인 생각이라고 봅니다.

의장(가도와키(門脇默一) 마산부윤) : 본 건은 위원 수 결정에 대해 여러 의견이 나왔는데 이걸 의제 교체해도 좋을지 어떨지 의견을 묻습니다.

16번(구인욱(具麟旭)) : 위원 9명을 원합니다.

20번(김성현(金性玹)) : 대체로 위원은 짝수로 하지만 가능하면 홀수쪽이 좋다고 생각합니다. 다른 조합, 회사 등에서도 감사역은 홀수로 합니다. 19번 의원 말씀에 5명 3명으로 8명이라는 것인데 2번 의원 말씀을 들으면 저도 묘한 느낌이 있습니다. 물론 일선차별 있는 것은 믿지 않습니다만 조선인 3명 일본인 5명의 의견에는 일선차별이 있는 것처럼 생각됩니다. 5와 3의 취소를 원합니다. 우리가 이노우에(井上) 씨에게 8표를 던진 것은 하등 차별적 생각이 없었기 때문입니다. 이 같은 실언은 이후에도 있으면 취소해야 한다고 생각합니다. 저는 16번 의원의 9명설에 찬성합니다.

의장(가도와키(門脇默一) 마산부윤) : 3명 5명 이야기는 공식적인 말로 들리지는 않았는데 뭔가 생각이 틀린 것 아닙니까.

20번(김성현(金性玹)) : 3명 5명 발언은 확실합니다. 의사록을 보면 알 것으로 생각합니다.

의장(가도와키(門脇默一) 마산부윤) : 문제 외의 일이므로 의장에게 위임해주길 바랍니다.

2번(황갑주(黃甲周)) : 19번 의원은 뭔가 오해하고 있지 않냐고 말씀하셨지만 만약 과연 차별적 의미가 없다면 그것은 제 오해이겠으나 3명 5명이 그 의미가 아니라면 저는 그 문제를 의논할 필요는 없습니다. 대체로 19번 의원은 제가 오해하고 있는 식으로 생각하시는 것 같은데 저는 그렇게 들었습니다. 일시동인이라는 감사한 말씀을 들었습니다. 이후도 있으니 취소해주시길 원합니다. 저는 이대로 중지하겠습니다.

("의장 진행"이라는 소리 들림)

8번(미야케 요시로(三宅吉郎)) : 저는 8명설에 찬성합니다. 의사 진행에 대해 말씀드리고 싶습니다. 이것을 자문 없이 채결해주시길 바랍니다.

3번(니시노 야스타미(西野泰民)) : 저는 9명설에 찬성합니다.

8번(미야케 요시로(三宅吉郎)) : 시미즈(淸水) 의원의 발언 중 3명 5명이라 말한 뜻은 호의로써 말한 것이라 생각합니다만 시미즈(淸水) 의원도 오해를 풀기 위해 3명 5명을 취소해주시고, 황(黃) 의원의 일선차별에 의해 상해에 간다 운운은 온당치 않으니 취소해주시기 바라고, 두 의원의 취소에 의해 이 의사록에서 제거하길 바랍니다.

의장(가도와키(門脇默一) 마산부윤) : 19번과 2번 두 분은 어떻습니까.

19번(시미즈 기이치(淸水儀一)) : 제가 말씀드린 것은 호의에 의해 거론한 숫자인데 매우 유감입니다. 8번 의원 말씀에 따라 취소하겠습니다.

2번(황갑주(黃甲周)) : 저는 무엇을 어떻게 취소해야 할지 모르겠습니다. 그 말을 가르쳐주십시오.

8번(미야케 요시로(三宅吉郎)) : 아까 말한 대로 취소에 의해 의사록에 쓰지 않는 것을 말하는 겁니다.

2번(황갑주(黃甲周)) : 저는 여러 회의에 23년간 출석했지만 한번도 취소한 적이 없습니다.

3번(니시노 야스타미(西野泰民)) : 저는 9명설에 찬성합니다. 그것은 결석자가 많을 때 숫자가 많으면 편리하기 때문입니다.

11번(마쓰바라 하야조(松原早藏)) : 여러 가지가 본 문제 외로 되었습니다. 저는 8명설의 시미즈(淸水)의원에게 찬성했다가 취소가 되어서 면목 없지만 7명설과 9명설을 말씀하시는데 8명 정도가 어떨까 생각합니다.

의장(가도와키(門脇默一) 마산부윤) : 2번 의원은 취소하시는 게 어떻습니까. 시간도 많이 지났습니다. 7명, 8명, 9명 설이 있습니다. 어떻습니까. 채결 때까지 싸울 것도 아니니 어떻습니까.

19번(시미즈 기이치(淸水儀一)) : 8명이면 나눈다는 말이 있으니 7명,

9명 어떻게 해도 지장 없습니다. 여러분 감정을 거스른 점은 수정해주시고 무엇으로 해도 좋고 그 결의에 찬성합니다.

의장(가도와키(門脇默一) 마산부윤) : 대체로 숫자를 어떻게 하면 좋겠습니까.

4번(마쓰모토 다조(松本多藏) : 사회통념상 8은 불가합니다. 5,7 등 홀수는 괜찮은 느낌이 있는 것입니다. 8명에 가까운 수를 선택하여 7명이라 말씀드린 것이고 실제는 많으면 좋지만 번잡스러워지니 소수의 위원을 두는 것인데, 그렇다면 소수로 괜찮은가 하면 결코 그런 것도 아닙니다. 정리할 수 있는 수를 선택하는 것이 이상적입니다. 따라서 일반이 꺼려하는 딱 떨어지는 숫자를 제외하고 7이라 한 것입니다.

의장(가도와키(門脇默一) 마산부윤) : 잠시 휴식하겠습니다.

(오후 5시 40분)

의장(가도와키(門脇默一) 마산부윤) : 계속 개의하겠습니다.

(오후 5시 46분)

의장(가도와키(門脇默一) 마산부윤) : 7명, 9명의 동의(動議)는 휴식 중 의장에게 철회를 말씀하셨습니다. 그러면 8명 동의에 이의 없습니까.

("이의 없음")

의장(가도와키(門脇默一) 마산부윤) : 그러면 이의 없다고 생각하고 8명으로 확정하겠습니다. 8명을 선거해주시길 바랍니다.

18번(이근우(李謹雨)) : 1사람 써도 됩니까. 8명 쓰지 않으면 무효입니까?

16번(구인욱(具麟旭)) : 4년간 상임입니까?

의장(가도와키(門脇默一) 마산부윤) : 한 사람 써도 무효는 아닙니다. 또 위원은 상임으로 하는 게 맞다고 생각합니다.

9번(혼다 쓰치고로(本田槌五郎)) : 위원으로 부의장을 넣어도 됩니까. 또 부의장의 연수는 몇 년입니까?

의장(가도와키(門脇默一) 마산부윤) : 4년간입니다.

9번(혼다 쓰치고로(本田槌五郎)) : 매년 변하는 것보다 4년 계속하는 쪽이 좋다고 생각합니다. 그래서 위원으로는 적당한 사람을 선거할 필요가 있습니다. 단기간에 변하면 조사하기에도 곤란하고 모든 점에서 보아도 임기가 긴 쪽이 좋습니다. 의원 기간 중 연속하는 쪽이 좋습니다.

의장(가도와키(門脇默一) 마산부윤) : 법령상 임기는 정해져 있지 않지만 이 석상에서 정해서 할지 아닌지는 여러분 결의에 의하는 것입니다. 상설로 이해해도 지장 없다고 생각합니다.

9번(혼다 쓰치고로(本田槌五郎)) : 4년 1기로 하고 싶습니다.

16번(구인욱(具麟旭)) : 임기를 1년으로 하는 게 좋다고 생각합니다.

20번(김성현(金性玹)) : 9번 의원 말씀에 찬성합니다. 저는 작년 과세등급 사정을 했는데 정확히 하려면 전년도와 비교해보고 또 비교해도 실정 조사가 필요하므로 계속 임기를 두는 것은 필요하다고 생각합니다.

의장(가도와키(門脇默一) 마산부윤) : 투표하겠습니다. (투표를 행함) 투표 결과를 보고합니다. 총 투표인 수 24명, 투표 총수 24표, 연기 총수 192명, 투표 연기수 178명. 각 사람의 득점을 알려드립니다. 15표 김성현(金性玹), 14표 서기홍(徐基弘), 14표 이근우(李謹雨), 13표 정영재(鄭永在), 13표 구인욱(具麟旭), 13표 황갑주(黃甲周), 11표 야마우치(山內勉), 10표 이노우에(井上義理), 9표 장재식(張在軾), 8표 마쓰바라 하야조(松原早藏), 7표 미즈노(水野清), 6표 쓰네마쓰(常松泰), 6표 김종순(金鍾順), 6표 니시다(西田木惣市), 5표 니시노 야스타미(西野泰民), 5표 미야케 요시로(三宅吉郎), 5표 혼다 쓰치고로(本田槌五郎), 5표 가토(加藤歡一郎), 5표 시미즈 기이치(淸水儀一), 3표 마쓰모토 다조(松本多藏), 2표 와타나베 부이치로(渡邊武一郎), 1표 김용선(金容善), 1표 진경갑(陳景甲).

이상과 같고 고득점자를 택해서 김성현, 서기홍, 이근우, 정영재, 구인욱, 황갑주, 야마우치(山內勉), 이노우에(井上義理) 의원 등 8명을 당선으로 하겠습니다.

의장(가도와키(門脇默一) 마산부윤) : 제1호 의안을 의제로 하겠습니다.

(서기 의안 낭독)

의장(가도와키(門脇默一) 마산부윤) : 제1독회에 들어가겠습니다. 질문 없습니까.

("질문 없음")

의장(가도와키(門脇默一) 마산부윤) : 질문 없으시면 제2독회로 넘어가고자 하는데 이의 없습니까.

("이의 없음")

의장(가도와키(門脇默一) 마산부윤) : 제2독회로 넘어갑니다.

("독회 생략, 이의 없음")

의장(가도와키(門脇默一) 마산부윤) : 그러면 제3독회로 넘어가서 채결하겠습니다.

("찬성 찬성")

의장(가도와키(門脇默一) 마산부윤) : 제1호 의안에 대해 원안대로 찬성하는 분은 기립해주십시오.

(전원 기립)

의장(가도와키(門脇默一) 마산부윤) : 전원 찬성입니다. 제1호 의안은 만장일치로 원안대로 가결 확정하겠습니다. 다음은 제2호 의안 1931년도 마산부 일반경제 세입출 추가예산 건을 의제로 하겠습니다.

(서기 의안 낭독)

의장(가도와키(門脇默一) 마산부윤) : 번외가 설명 드리겠습니다.

번외(스미요시 다케오(住吉武夫) 마산부속) : 추가예산액 880원은 마산부 기본재산 조성비로서 적립할 150원과 오보(午報) 장치 모터사이렌 구입 등 비용 730원을 계상한 것입니다. 참고로 모터사이렌을 필요로 하는 이유를 잠깐 말씀드리겠습니다. 경전(京電) 마산지점은 6월말로 발전(發電)을 중지하고 부산으로부터 송전을 받기로 되어 있는데 이대로는 오보를 중지해야 하므로 오보 장치비를 계상한 것입니다. 각지에 조회하여 조사한 결과 적당하다고 생각한 호상식(戸上式) 5마력을 채용하려고 하고 그 소요액을 계상했습니다.

의장(가도와키(門脇默一) 마산부윤) : 질문해주십시오.

11번(마쓰바라 하야조(松原早藏)) : 질문하겠습니다. 추가예산으로서 임시부에 이 비목이 있습니까?

번외(스미요시 다케오(住吉武夫) 마산부속) : 임시부에는 없습니다.

11번(마쓰바라 하야조(松原早藏)) : 임시비에 있었다면 추가로 되지만 본안에 없으면 추가는 불가능하다고 생각합니다.

번외(스미요시 다케오(住吉武夫) 마산부속) : 예산의 추가가 있으므로 이렇게 했습니다.

11번(마쓰바라 하야조(松原早藏)) : 경정 방식이 좋지 않을까 생각합니다.

의장(가도와키(門脇默一) 마산부윤) : 임시부에 계상한 것은 경상부에 계상된 것과 전연 성격이 다릅니다. 그런데 그냥 두면 오보가 불가능하므로 신규로 설비하려고 생각해서 그 소요액을 계상한 것입니다.

11번(마쓰바라 하야조(松原早藏)) : 본안에 없고 추가예산이 아니므로 예산의 경정이라 생각합니다. 전에 것은 틀리고 다시 신설하는 것이라면 수단 방법을 바꾸는 것이므로 추가예산이 되지 않는다고 생각합니다.

의장(가도와키(門脇默一) 마산부윤) : 추가가 아니면 돈이 나올 방법이 없습니다.

2번(황갑주(黃甲周)) : 전등회사의 사이렌을 중지하고 다시 1931년도는 신설하는 것입니까. 730원이 필요하다고 설명하셨는데 경상비에 짜여진 예산은 4월과 5월의 2개월분의 돈입니까. 그 돈이 63원인데 이미 다 써버린 것입니까?

번외(스미요시 다케오(住吉武夫) 마산부속) : 경상부에 계상한 것은 전기회사에게 지불하는 것은 아니고 우편국에 지불하는 것입니다.

2번(황갑주(黃甲周)) : 신설비 43원은 사용했습니까? 2개월분 정도 사용했습니까?

번외(스미요시 다케오(住吉武夫) 마산부속) : 보통 연 2회 지불하기로 되어 있습니다. 1회 21원 50전씩 지출하고 있습니다.

2번(황갑주(黃甲周)) : 1회에 21원 50전 지급한다는 건데 전에 납부한 것은 돌려주지 않습니까? 부에서 추가예산을 제출하고 있는데 그 조사는 하지 않았습니까. 현재까지 상황을 명확히 답변 바랍니다.

번외(스미요시 다케오(住吉武夫) 마산부속) : 우편국에는 종전과 같이 통지받아서 보통과 같이 납금에 필요하고 단지 전기회사와 부의 관계일 뿐입니다.

2번(황갑주(黃甲周)) : 730원의 모터사이렌 구입견적서가 있으면 제시 바랍니다.

번외(스미요시 다케오(住吉武夫) 마산부속) : 간단히 읽겠습니다. 모터사이렌 기계 일체 439원이고 그 설비가 294원 46전, 잡비가 45원이 필요합니다.

2번(황갑주(黃甲周)) : 내역에 의하면 추가예산의 부기가 상당히 다른데 왜입니까? 번외는 무엇을 기준으로 계상한 것입니까. 모터 설치까지 465원인데 실제로 하면 265원이 설비비로 되는 겁니까?

번외(스미요시 다케오(住吉武夫) 마산부속) : 그렇습니다.

2번(황갑주(黃甲周)) : 2명 이상의 견적입니까 한 사람의 견적입니까.

번외(스미요시 다케오(住吉武夫) 마산부속) : 여러 군데서 받았습니다.

2번(황갑주(黃甲周)) : 모터사이렌은 전매품이 아니라면 2인 이상의 견적서를 받는 게 맞다고 생각합니다. 자문기관이 결의기관이 된 것은 회계 쪽에 주의를 기울일 필요가 있기 때문입니다. 모터사이렌은 영어이고 우리는 잘 판단할 수 없습니다. 구입하려면 어느 정도의 것을 구하려고 합니까?

번외(스미요시 다케오(住吉武夫) 마산부속) : 각지의 견적을 취했습니다. 채용하려고 생각하고 있는 것은 사가(佐賀)시에 있는 호상식(戶上式) 제작소의 물품입니다. 기타 이취식(伊吹式) 모터사이렌, 시바우라(芝浦) 등의 각 제작소에 견적을 요구했는데 납기 관계상 신청을 그만두었습니다. 이취식 쪽은 좀 고가입니다. 5마력에 약 백 원의 차이가 생기므로 싼 값으로 효과 있다고 생각한 호상식을 채용하려고 생각합니다.

2번(황갑주(黃甲周)) : 장부류를 검사하면 전매품인지 아닌지는 곧장 판단됩니다. 부분품 하나라도 전매품으로서 상인은 난폭한 고가를 얻으려고 하니 구입할 때 주의가 필요합니다.

번외(스미요시 다케오(住吉武夫) 마산부속) : 물품을 구입하려고 생각하고 있습니다만 아직 구입하진 않았습니다.

4번(마쓰모토 다조(松本多藏) : 추가예산으로 모터사이렌을 사려는 것인데 지금까지 증기 사이렌을 의무적으로 하고 있었던 그 경상적

소요액은 우편국과 수리비 정도를 편성한 것이라면 좀 여유는 없습니까? 지금까지와 같이 모터사이렌을 달면 그냥 해달라고 하는 것인지, 전기료는 어떻게 되는 겁니까.

번외(스미요시 다케오(住吉武夫) 마산부속) : 전기를 필요로 하는데 전류는 회사가 지금까지처럼 기부해주기로 내정되어 있습니다.

2번(황갑주(黃甲周)) : 틀림없습니까?

16번(구인욱(具麟旭)) : 이 모터사이렌은 몇 년 정도 내구력이 있습니까?

의장(가도와키(門脇默一) 마산부윤) : 제가 대체적인 설명을 드리겠습니다. 여하튼 오보 설비는 당연히 필요한데, 여기에는 지금의 모터사이렌이 적당하리라 생각합니다. 각 도시 모두 오보를 하고 있는데, 사실 말씀드리면 부산, 대구는 정오포(正午砲)로써 통지하고 있는 것 같습니다. 경성부, 진남포부, 청주, 광주 등 읍에서는 5마력 이상의 모터사이렌을 써서 오보를 하고 있는 상태입니다. 730원으로 어느 정도의 것을 사느냐 인데, 조사해보면 이 마력도 3마력보다 쭉 위로 올라가있고 음파가 도달하는 거리는 가령 5마력을 이용하면 모터를 중심으로 대체로 3마일로 되어 있습니다. 사이렌은 5마력이 최소의 규칙으로 되어 있다고 생각합니다. 거치 장소는 중앙전등회사의 옥상에 나무로 누각을 짜 넣어 전류에 의해 자동적으로 우편국으로부터 통지를 얻는 식으로 하고 우편국이 3분전에 스위치를 누르고 전기를 통하게 하여 자동 시계로 자연히 전류를 통해 3분 전부터 모터는 움직여서 적당한 시간에 소리를 발생시킵니다. 정오에 정지하고 그 후는 전기는 통하지 않는 것입니다. 따라서 자동시계를 설치하는 것이니 인건비 절약이 가능하고 우편국에서 스위치로써 스스로 움직이는 것이 가능한 장치입니다. 예산의 60몇 원은 우편국에 납부하는 돈입니다. 그리고 평소 경상비는 어떻게 하느냐는 것인데, 평상시 전류를 통해두는 때는 전기료가 1개월에 최저 16원이 필요하므로, 처음부터 자동식으로 시계를 설치하여 적은 전류로 해결하는 식입니다. 적은 전기료이므로 기부 받는 것으로 합니다. 거치비가 365원이 필요한 것은 5마력의 모터이고 465원은 기계대로서 상점에 지불합니다. 그리고 이 기계류는 다른 곳에도 조사했는데 일장일단이 있어서 우리 부는 이 호상식이 좋다고 생각했습니다. 이취식은 특별형이 100원 이상이나 비싼데 소리의 음색도 급정지 작용도 가능합니다. 이 급정지 작용이 가능한 터보식 사이렌은 정지 장치가 있는데 어느 정도 호상식 사이렌에는 손색이 다소 있는 듯합니다. 5마력을 설치하는 것으로 했는데 7마력으로 하면 더 안전하지만 약 250원 정도가 늘어납니다. 사실 3마력은 어떨까 생각했는데 마산처럼 동서로 긴 지형에서는 도저히 구석까지 들리지 않을 것이 명확해서 5마력으로 한 것입니다.

16번(구인욱(具麟旭)) : 내구력은 몇 년 정도입니까? 유지수리비는 어느 정도입니까?

의장(가도와키(門脇默一) 마산부윤) : 내구성은 상당하다고 생각합니다. 다른 부 예산을 보면 큰 유지비는 들지 않습니다. 겨울에 어는 경우가 있어서 이 유지수리비는 후일 다시 상담 드리고자 합니다.

20번(김성현(金性玹)) : 추가예산의 880원의 재원은 어떻게 합니까?

의장(가도와키(門脇默一) 마산부윤) : 조월금에서 지출하려고 합니다.

20번(김성현(金性玹)) : 첫 조월금 예산은 1원인데 880원이나 추가하는 것이 실제 가능합니까?

의장(가도와키(門脇默一) 마산부윤) : 최초 1원을 계상한 것은 과목 존치 때문입니다.

20번(김성현(金性玹)) : 예산은 어떻게 됩니까. 전년도 잔액 1원인데 조월금은 880원이나 조월하는 것은 그 돈이 어디에서 나오는 겁니까?

의장(가도와키(門脇默一) 마산부윤) : 전년도 사용 불용액을 각 항목의 잔액에서 모은 것입니다.

10번(이노우에(井上義理)) : 조월금에 대해 질문하겠습니다. 1929년도부터 1930년도에 걸쳐 어느 정도 조월되었습니까.

번외(스미요시 다케오(住吉武夫) 마산부속) : 1929년도부터 1930년도에 조월한 액수는 4,567원 76전입니다.

10번(이노우에(井上義理)) : 1929년도 예산액은 어떻습니까? 또 이 관항을 남기기 위해 1원 예산을 둔 것입니까. 1929년도 예산 20만 원여에 대해 4,000원 정도 잔액이 있음에도 불구하고 본년에 겨우 1원의 조월금을 계상한 것은 상상이 안되는 것 아닙니까. 아직 880원 외에 조월금이 있다고 생각합니다. 어느 정도입니까.

번외(스미요시 다케오(住吉武夫) 마산부속) : 본년도의 잉여금은 최저 2,500원 정도 예상입니다.

8번(미야케 요시로(三宅吉郎)) : 아까 2번 의원도 질문했는데 모터 구입 견적서는 1개소 2개소로부터 받아 곧장 구입하는 겁니까?

번외(스미요시 다케오(住吉武夫) 마산부속) : 여러 군데에서 견적은 받았지만 시일이 짧았기 때문에 기계 전부를 전보(電報) 조회했습니다. 전매품이라서 일반입찰로 하진 않았습니다.

8번(미야케 요시로(三宅吉郎)) : 부에서 채용한 것은 전매품입니까?

번외(스미요시 다케오(住吉武夫) 마산부속) : 그렇습니다.

8번(미야케 요시로(三宅吉郎)) : 유지(維持)에 대해서, 매일 사용하는 전기료는 기부되는 것인데 세입에 기부의 관항이 없습니다. 그 점을 설명해주십시오.

번외(스미요시 다케오(住吉武夫) 마산부속) : 지금까지 대로라고 생각합니다. 기부행위를 받는 것이라 생각합니다.

8번(미야케 요시로(三宅吉郎)) : 모터사이렌은 수명이 몇 년 정도입니까? 또 이 기계는 회사에 의해 만들어진 것이라서 때로는 좋지 않은 결과로 끝날 수도 있다고 생각합니다. 경성 쪽에서는 실패한 예가 있다고 들었습니다. 불경기인 지금 좀 쉽게 이 목적을 달성할 방법은 없을지 연구해보면 어떻겠습니까. 여하튼 모터사이렌을 사용하는 것이 마산부가 앞으로 나아갈 방침입니까?

번외(스미요시 다케오(住吉武夫) 마산부속) : 모터사이렌에 대해서 기술 쪽으로는 충분히 설명하긴 곤란합니다. 뭔가 달리 좋은 방법이 있으면 연구해보려고 합니다.

9번(혼다 쓰치고로(本田槌五郎)) : 그럼 모터사이렌을 채용하려고 생각합니까?

번외(스미요시 다케오(住吉武夫) 마산부속) : 값이나 기타에서 달리 싼 방법이 있으면 그 방법을 쓰려고 생각합니다.

11번(마쓰바라 하야조(松原早藏)) : 경상비의 기본재산 조성비 추가가 필요한 이유는 무엇입니까?

번외(스미요시 다케오(住吉武夫) 마산부속) : 잉여금은. 기본재산 축적 조례에 의해 잉여금의 20분의 1 이상 적립하는 것으로 되어 있습니다. 2,500원 있다고 하면 20분의 1은 즉 125원을 적립하게 됩니다. 그리고 참고삼아 말씀드리면 이전 규정에 의하면 축적금은 조월금으로 하지 않고 곧장 축적하는데, 개정 제도에 의하면 일단 조월금으로 하고 다시 축적하도록 됩니다.

11번(마쓰바라 하야조(松原早藏)) : 1931년도 예산을 편성하고 아직 별로 시간이 경과하지 않았는데 그 당시 잉여금이 당시 확실히 판단되지 않았던 겁니까? 그래서 추가예산으로 한 겁니까?

번외(스미요시 다케오(住吉武夫) 마산부속) : 출납 폐쇄 전이라서 확실히 잉여금도 알지 못해서 여의치 않아 추가예산으로 한 것입니다.

19번(시미즈 기이치(淸水儀一)) : 모터사이렌이라는 말은 저는 영어를 모르니 오보라고 번역하면 어떨까 생각합니다. 일본어로 번역해서 설명바랍니다. 그리고 사이렌은 전매품이지만 모터만은 전매품이 아니라고 생각합니다. 모터와 사이렌은 개별적인 것이라 생각합니다. 직결되어 있으니 함께 생각하고 있는 것 아닙니까. 또 모터사이렌 설비는 임시부에 나와 있는데 이는 경상부의 오보비 아닙니까.

번외(스미요시 다케오(住吉武夫) 마산부속) : 임시로 설비가 필요해서 임시부로 한 것입니다.

20번(김성현(金性玹)) : 임시부에 잡지출은 없는데 이는 새로 더한 겁니까.

번외(스미요시 다케오(住吉武夫) 마산부속) : 오보비는 임시부에 1관을 만들었습니다. 보통 오보비는 경상비인데 오보장치에 필요한 것은 임시이므로 임시비에 들어간 것이고, 잡지출에 다시 이 비목을 계상한 것은 예산식에 연유한 것입니다.

2번(황갑주(黃甲周)) : 조월금 880원이고 5월 31일 결산에 전년도 잔액 880원뿐인데 달리 잔액이 있습니까?

가도와키(門脇默一) 마산부윤 : 880원은 금년도 예산에 전년도에서 조월 예정액 2,500원 내에서 지출하는 것입니다.

2번(황갑주(黃甲周)) : 예산에 나타나지 않는 유령 돈이 있는 겁니까?

의장(가도와키(門脇默一) 마산부윤) : 그렇지 않습니다. 조월금은 결코 유령이 아닙니다. 전년도 예산 실시 때 절약한 잔금을 각 비목에서 모은 것입니다. 결산보고 전에 확실한 숫자를 문서로 제시할 수는 없지만 하여튼 그 내에 제출할 예정입니다.

2번(황갑주(黃甲周)) : 그러면 조월금으로 되어 있는 것은 빈 예산을 단지 명목만으로 두기 위해 써놓은 입니까?

의장(가도와키(門脇默一) 마산부윤) : 본안을 제2독회로 이동하는 데 이의 없습니까?

("이의 없음")

의장(가도와키(門脇默一) 마산부윤) : 제2독회로 넘어가겠습니다.

20번(김성현(金性玹)) : 오보 위치는 어디입니까? 또 전기료를 전등회사로부터 기부받기로 확정했다면 오히려 1개년을 기부로서 받는 식으로 하면 어떨까 생각합니다.

번외(스미요시 다케오(住吉武夫) 마산부속) : 16원이라고 말씀드린 것은 주야간 끊임없이 사용한 경우이고, 채용하려는 자동시계를 설비하면 사이렌을 울리기 5분전 전류를 통하는 것이라 적어지게 되므로, 전기료는 종전과 같이 취급하는 것입니다.

8번(미야케 요시로(三宅吉郎)) : 수정동의를 제출합니다. 이 예산 880원보다 싸고 유리한 것이 있다면 그것을 쓰는 것이 아무래도 좋습니다. 현재 구 마산소방대기소의 경종대에 2마력의 모터를 구비하고 있으니 구마산 방면은 소리가 잘 들리고, 신마산 방면은 쇼와(昭和)회사의 기적(汽笛)을 쓰면 좋다고 생각합니다. 만약 그래도 싸게 하려 한다면 야간 전등을 1시간 끄는 방법을 쓰면 싸게 가능하지 않을까 생각하여 수정동의를 제출합니다. 기부되는 전기는 암암리에 묻히지 않게 기부로서 계상하면 좋을 것이라 생각합니다.

가도와키(門脇默一) 마산부윤 : 지금 말씀으로는 구마산의 경종대 모터를 설치하자는 것인데 우편국으로부터의 통지는 어떻게 합니까.

5분 전에 통지하려면 인건비가 필요합니다. 시계를 구비하면 이것이 필요하지 않습니다. 신마산 쪽은 쇼와회사의 기적에 의한다 해도, 정확한 통지를 할 장치비는 어떻게 계산합니까?

8번(미야케 요시로(三宅吉郎)) : 작은 것은 싸게 준비 가능하다고 생각합니다. 또 종전의 선을 사용가능하다고 생각합니다.

가도와키(門脇默一) 마산부윤 : 꽤 설비비가 필요하다고 생각합니다. 또 계속 12시 전에는 대기소에 수위를 두지 않으면 안됩니다.

8번(미야케 요시로(三宅吉郎)) : 그렇습니다. 그리고 마력은 3마력 정도로 싼 것이 있다고 생각합니다.

의장(가도와키(門脇默一) 마산부윤) : 3마력 정도로 들리겠습니까? 신마산 쪽은 어떻게 합니까. 지금 동의에 정규 찬성자가 있습니까?

19번(시미즈 기이치(淸水儀一)) : 세 번째 말씀 즉 전등을 끄는 때를 알리는 방법에 찬성합니다.

15번(미즈노(水野淸)) : 제8번 의원의 수정안의 제19번 의원설에 찬성합니다.

19번(시미즈 기이치(淸水儀一)) : 제가 수정안에 찬성한 것은 전등을 잠깐 끈다는 이야기이고 비용이 적게 든다는 이유입니다. 진주에서도 실제 실행하고 있는데 전기회사가 의무적으로 9시경에 소등하는 것이 가능하다면 적당한 방법이라 생각하는데 하나 의문이 있는 것은 동력관계입니다. 야간사업을 하는 동력기 사용자에게 민폐를 끼치지 않을까 하는 점입니다. 좀 연구할 여지가 있다고 생각하므로 다시 제안하면 어떨까 생각합니다.

의장(가도와키(門脇默一) 마산부윤) : 전등회사는 부산와전에 매수된 결과 현저히 인건비를 절약했기 때문에 그 전기 스위치를 누르는 것은 곤란하다고 말하기도 했습니다. 그러한 관계가 있어서 모터사이렌이나 자동시계를 둘 계획을 세운 것입니다.

10번(이노우에(井上義理)) : 저도 이 동의에 대해서는 15번 의원과 같은 생각입니다. 종래 오보를 했으나 정확하지 않아 사람들이 헷갈려하는 점이 있었습니다. 소등으로 하면 비용은 적고 때를 알리는데 하등 지장 없습니다. 전등회사도 부담이 늘지 않고 종래와 같습니다. 다소 비용이 들더라도 소등으로써 시간을 알리는 방법으로 하는 게 어떨까 생각합니다.

의장(가도와키(門脇默一) 마산부윤) : 9시 표준은 어디서 얻습니까?

10번(이노우에(井上義理)) : 지금 하고 있는 방법을 쓰면 좋다고 생각합니다.

의장(가도와키(門脇默一) 마산부윤) : 밤 9시 경 우편국에서 그 장치를 해주는 겁니까?

10번(이노우에(井上義理)) : 가능한 비용을 적게 하는 것이 현재 부민의 요망이니 지금 좀 본건에 관해서는 연구해주길 바랍니다.

20번(김성현(金性玹)) : 각 의원 말씀을 들었습니다. 경비가 덜 들면 좋고 모두 경영에서 절약할 필요를 느끼지만, 우리 부로서는 다소 외부의 체제도 생각해야 한다고 생각합니다. 시골에는 12시에 종을 울리는 곳도 있는데, 12시에 아무 신호도 없이 밤 전등으로 알리는 것은 마산부로서는 별로 좋지 않다고 생각합니다. 겨우 300원이나 500원으로 할 수 있는 것이라면 설비하는 쪽이 좋다고 생각합니다. 19번 의원 말씀은 좋은데 저는 원안에 찬성합니다. 절약은 필요하나 대마산을 건설하는데 모터사이렌을 쓰지 않고 지금까지의 것도 폐지한다면 좀 허전한 느낌이 있습니다.

3번(니시노 야스타미(西野泰民)) : 저도 한 말씀 드리겠습니다. 최근 12시를 알리는 것은 중대한 것이므로 모터사이렌으로 알리는 방법은 일본 각지에서 이렇게 개량하고 있고 학교에서조차도 종을 사이렌으로 교체하고 있습니다. 800원 정도로 해결되는 것이라면 설치하는 게 좋으니 원안에 찬성합니다.

22번(가토(加藤歡一郎)) : 저도 원안에 찬성합니다. 저는 이유가 좀 다릅니다. 신구마산에 한 개소씩 오보 장치하는 것은 2개소의 경비가 필요합니다. 또 소등 방법은 각지에서 실시된 예를 들었지만 대체로 20번 의원 말씀처럼 부의 체면도 있고 또 시계를 갖고 있지 않은 자 즉 노동자 등에게 오보는 필요하니 상당한 설비가 필요하다고 믿고 원안에 찬성합니다.

20번(김성현(金性玹)) : 오늘은 많이 늦었습니다. 이미 밤이 되었으니 다음으로 넘기고 싶습니다.

11번(마쓰바라 하야조(松原早藏)) : 채결을 다른 날로 연기하고 싶습니다. 이는 조건부로서 철회하면 어떨까 생각합니다.

의장(가도와키(門脇默一) 마산부윤) : 설치도 필요하고 또 절약도 필요합니다. 연구할 필요는 당연히 있는데 상당히 이사자도 본안에 대해 연구를 했습니다.

9번(혼다 쓰치고로(本田槌五郎)) : 지역을 꾸미는 것도 필요하지만 현재 시대는 절약 시대입니다. 가능하면 쉽게 오보 목적을 달성하고 싼값에 가능하도록, 현재는 보류 형태로 하고 후일에 내면 어떻겠습니까.

의장(가도와키(門脇默一) 마산부윤) : 지금의 것이 가장 좋다고 믿습니다. 달리 방법은 있겠지만 이 방법이 좋다고 생각합니다.

("의장 의사진행")

20번(김성현(金性玹)) : 오늘 결정하지 않으면 상부에 대해 뭔가 문제라도 생깁니까? 많이 늦었습니다.

의장(가도와키(門脇默一) 마산부윤) : 연기하는 것은 중대한 이유가 아니라면 좋지 않습니다.

4번(마쓰모토 다조(松本多藏) : 의사진행에 대해 말씀드리고 싶습니다. 연기가 가능하면 연기하거나 또는 이 회의에서 결정해야 한다면 결정하기 바랍니다. 저는 이 안에 찬성합니다.

의장(가도와키(門脇默一) 마산부윤) : 회의 연기설이 있는데 어떻습니까.

8번(미야케 요시로(三宅吉郎)) : 결의를 연기한다는 의미입니까, 아니면 채결을 연기한다는 의미입니까.

3번(니시노 야스타미(西野泰民)) : 질문이 나오는 것은 이사자가 연구가 부족하지 않은가 하는 생각인 겁니다. 위원을 두어 조사하든가 이를 철회해서 곧 열릴 회의에 제출하면 어떻겠습니까. 상당히 늦었습니다.

15번(미즈노(水野淸)) : 시간도 지났으니 보류하는 게 어떻겠습니까.

22번(가토(加藤歡一郎)) : 연기하는 것이 가능합니까. 그것은 원안에 불찬성한다는 의미는 아니라고 생각합니다.

19번(시미즈 기이치(淸水儀一)) : 가능한 제안자의 체면을 세워주고 싶은데 시간이 이미 오후 8시가 지났으니 채결을 하면 어떻습니까.

23번(쓰네마쓰(常松泰)) : 여기 공기가 탁하니 일정 연기로 하면 어떻겠습니까.

의장(가도와키(門脇默一) 마산부윤) : 한마디 말씀드립니다. 많이 의견을 주셨던 모터사이렌에 대해서는 상당히 연구하고 있어서 이사자는 본안을 좋다고 믿고 제안했습니다만 내일까지 연기하려고 생각합니다. 5분간 휴식하겠습니다.

(오후 8시 20분)

의장(가도와키(門脇默一) 마산부윤) : 계속 개의하겠습니다.

(오후 8시 25분)

의장(가도와키(門脇默一) 마산부윤) : 이미 본안은 심의가 필요한 것이라 생각하므로 하루 동안 회의를 연기하고 내일 다시 개회하고자 합니다.

8번(미야케 요시로(三宅吉郎)) : 계속 회의해서 하루에 결의해버리는 것입니까, 아니면 심의하는 것입니까.

의장(가도와키(門脇默一) 마산부윤) : 의미가 잘 이해가 안됩니다.

8번(미야케 요시로(三宅吉郎)) : 이대로의 형태로 연기하는지를 질문하는 것입니다.

의장(가도와키(門脇默一) 마산부윤) : 네 그렇습니다. 하루만 연기한다고 말씀드린 겁니다.

19번(시미즈 기이치(淸水儀一)) : 저도 경제계 불황 상황에 비추어 절약을 위해 전기의 소등을 주장했지만 지금 전등회사의 야마모토(山元) 씨에게 물어보니 소등하는 것이 달리 폐를 끼치는 것이 있다고 합니다. 그 이유는 전등회사 남쪽은 가능하지만 북쪽은 창원, 진해 방면에 연결되어 있어서 곤란하다고 하고, 또 동력선이 번잡해지면 상당히 매일 폐해가 된다고 합니다. 결국 소등은 아니고 오보로 사이렌이든 뭐든 필요합니다. 방도가 없으니 이를 설비하고 구입하는데 적당한 방법을 연구하길 부언합니다.

15번(미즈노(水野淸)) : 19번 의원 설명도 있었지만 전등회사의 답변은 아직 연구할 여지가 있으리라 생각합니다.

11번(마쓰바라 하야조(松原早藏)) : 동력 등에 대한 조사는 차치하고 제안자는 하루에 의사를 끝내야 할 필요가 있습니까? 자꾸 권리를 누르는 이유가 뭡니까.

의장(가도와키(門脇默一) 마산부윤) : 의사가 완료되지 않은 것으로 하면 어떻겠습니까. 연기하는 방법은 있습니다.

2번(황갑주(黃甲周)) : 지금 부제시행규칙 제31조 제1항에 의하면 8번 미야케(三宅), 9번 혼다(本田), 10번 이노우에(井上), 11번 마쓰바라(松原), 12번 마쓰무라(松村), 16번 구인욱 등 의원은 오후 8시 50분 무단퇴석입니다. 부윤은 다시 회의를 열고 회의를 연장할 수 있습니다. 연기하길 바랍니다.

의장(가도와키(門脇默一) 마산부윤) : 연기하는 데 이의 없습니까?

("의장에게 맡기자, 적법하게 연기되었다" 등 소리로 회의장이 시끄러움)

의장(가도와키(門脇默一) 마산부윤) : 3일간 연장하고 2일간 휴식하는 것에 대해 어떻게 생각하십니까, 이의 없습니까.

("이의 없음")

의장(가도와키(門脇默一) 마산부윤) : 그러면 3일간 회기를 연기하고 2일간을 휴회하겠습니다. 오늘은 이걸로 산회하겠습니다.

(오후 9시 10분)

2) 제2회 마산부협의회 회의록(제2일, 1931년 7월 25일)

항목	내용
문서제목	第二回馬山府協議會會議錄(其二)
회의일	19310725
의장	西田木惣市(부회의원,부의장)
출석의원	西野泰民(3), 松本多藏(4), 김용선(金容善)(5), 진경갑(陳景甲)(6), 三宅吉郎(8), 井上義理(10), 松村淸吉(12), 서기홍(徐基弘)(13), 정영재(鄭永在)(14), 水野淸(15), 구인욱(具麟旭)(16), 山內勉(17), 이근우(李謹雨)(18), 淸水儀一(19), 김성현(金性玹)(20), 김종순(金鍾順)(21), 常松泰(23)
결석의원	
참여직원	岡熊吉(마산부속), 矢野淑夫(마산부속), 住吉武夫(마산부속), 石田彌作(마산부서기), 井手庄太郎(마산부서기), 권숙경(權肅景)(마산부서기), 김지철(金知喆)(마산부서기)
회의書記	
회의서명자(검수자)	西田木惣市(부회의원,부의장), 三宅吉郎(부회의원), 井上義理(부회의원)
의안	1.제3호 의안 1931년도 일반경제 호별세 등급 부과율 및 각 납세의무자의 등급 결정의 건, 1.제10호 청년훈련소 설립 건, 1.제11호 1931년도 마산부 일반경제세입출예산 추가의 건
문서번호(ID)	CJA0002821
철명	마산부예산서철
건명	부예산보고(제2회)(회의록첨부)
면수	17
회의록시작페이지	631
회의록끝페이지	647
설명문	국가기록원 소장 '마산부예산서철'에 포함된 1931년 7월 25일 마산부회 회의록

해 제

본 회의록(총 17면)은 국가기록원 소장 '마산부예산서철'의 '부예산 보고(제2회)(회의록첨부)'건에 포함된 1931년 7월 25일 마산부회 회의록이다. 위원회에서 호별세 등급 사정을 할 때, 위원 자신의 등급과 관련된 의사가 진행될 때 그 위원의 참여 여부에 대해서 부제시행규칙 34조 조문 해석을 둘러싸고 공방이 오가고 있다. 다음으로 청년훈련소를 사립에서 공립으로 전환시키는 데 부 예산이 들어가는 것에 대해 논의하고 있는데, 당시 마산뿐 아니라 각지의 청년훈련소에 대한 국고와 지방비 보조 등 현황을 알 수 있다.

당시 마산청년훈련소는 생도가 37명이었고, 공립으로 설치하고자 진작 출원했었으나 실현하지 못하다가 이 회의에서 공립청년훈련소로 정식 설정되었다.[18)]

내 용

의장(니시다(西田木惣市) 부의장) : 지금부터 개회하겠습니다.

(오후 1시 30분)

의장(니시다(西田木惣市) 부의장) : 오늘 회의록 서명자는 8, 10번입니다. 제3호 의안 호별세 등급 부과율 및 각 납세의무자의 등급 결정의 건은 어제 제2독회에서 위원회에 부의하여 심의 종료했으니 오늘은 위원장 보고를 거쳐 제2독회를 속행하겠습니다.

번외(이시다 야스쿠(石田彌作) 마산부서기) : 위원장 보고에 앞서 한

18) 『매일신보』 1931.7.30.

말씀 드립니다. 지난 6월 23일 본회의에서 10번 의원이 48, 49, 50등의 납세의무자의 납세 성적 조사에 대해 질문하셨으니 지금 조사 요점을 답해드리겠습니다.

최근 조사를 말씀드리는 게 순서이겠으나 당시 1930년도 부분이 전모를 보는 데 쉽지 않아 1929년도 조사를 말씀드리겠습니다.

(마쓰무라 세키치(松村淸吉) 의원 늦게 출석, 13번 석에 착석. 오후 1시 32분)

조사 연인원 5,209명, 조사액 849원 49전, 수입액 430원 33전, 미수입 인원 1,564명, 미수입액 419원 16전, 독촉장 발송 연인원 3,121명입니다. 여기에 필요한 인원은 개산하면 연일수 238일 납세독려 및 체납처분에 필요한 여비 개산 24원, 여러 용지대의 현재 가격으로 견적하면 21원 34전이 필요합니다. 더 상세한 것은 서면으로써 답변 드리겠습니다. 그리고 한 가지 6월 23일 제출한 등급 부과율표에 오자가 있어서 정정합니다. 2등 4만 원 이상의 가장 아래에 1호당 부과액 1,174원인 것을 1,174원 80전으로 정정하고, 40등 부과액 계 307원 65전을 370원 65전으로 정정을 원합니다.

10번(이노우에(井上義理) 위원장) : 지금부터 호별세 등급심사위원회의 경과 및 결과를 보고하겠습니다. 위원회는 6월 24일과 26일 양일간 개회했고 33등까지 심의했습니다. 본안은 각 특별경제 쪽과도 상관이 있는 관계상 그 특별경제 각 부의 심의 완료 후 심사를 진행하는 것이 편하고 또 최선의 방법이라 생각해서 7월 17일까지 휴회했습니다. 그 기간에 각 부 모두 심사 종료를 마치고 확정했으므로, 위원회는 지난 7월 18일 재개하여 심사 종료한 것입니다. (중략-편자)

의장(니시다(西田木惣市) 부의장) : 지금 위원장 보고에 질문 있습니까?

13번(서기홍(徐基弘)) : 위원장 말씀을 들었는데 위원장에게 하나 질문합니다. 그것은 부제시행규칙 제34조에 의하면 의장 또는 의원은 자신에 관한 의사가 진행될 때에는 참여할 수 없는 것으로 되어 있는데, 위원은 자기 등급을 심의하는 경우 위원회 자리에 있는 겁니까? 자리에 있었다고 들었는데 그것은 법령 위반입니다.

10번(이노우에(井上義理) 위원장) : 자신을 조사할 때는 참여하지 않습니다.

13번(서기홍(徐基弘)) : 의사에 참여하는 것이 불가능하고 부회의 동의를 얻는 경우는 괜찮다고 되어 있는데 저는 부회라는 의미가 무엇인지부터 명확히 하고 싶습니다. 본 회의에서 추인하기 전의 부회에서 결의되는 겁니까. 위원장은 어떻게 생각하십니까.

10번(이노우에(井上義理) 위원장) : 법령 해석에 대해서는 이사자에게 질문해주십시오.

의장(니시다(西田木惣市) 부의장) : 의원 자신과 관련한 때에는 심의에 들어가지 않는 게 원칙입니다만 이걸 위원회에 응용할지의 문제가 되면 별문제입니다. 본회의의 경우라면 13번 의원 말씀대로이지만, 위원회의 경우에도 이를 적용할지는 연구할 여지가 있습니다.

13번(서기홍(徐基弘)) : 부제시행규칙 제34조 규정은 본회의와 위원회를 불문하고 의장 및 의원은 참여할 수 없다고 법률로 되어 있는데 듣기로는 위원 중에는 각 자신에게 해당하는 등급 심사 때도 그 자리에 있었다고 들었습니다. 이 규정에 의하면 의사에 참여했다면 효력이 없는 것이라 생각합니다.

의장(니시다(西田木惣市) 부의장) : 의사에는 참여하지 않았습니다. 공평무사하게 심의했습니다.

13번(서기홍(徐基弘)) : 저도 공평무사했으리라 믿습니다만 나중에 무효라는 식으로 말이 나오면 곤란하므로 말씀드리는 겁니다.

8번(미야케 요시로(三宅吉郎)) : 저도 13번 의원 말씀에 찬성합니다. 지금까지 했던 방식으로 습관처럼 해온 부주의에 의한 것이고 악의는 없었다고 생각합니다. 오늘은 이를 이 자리에서 추인하는 게 어떻겠습니까.

19번(시미즈 기이치(清水儀一)) : 위원회에서는 자기에 관한 심사의 경우 발언할 수 없도록 진행했습니다. 이번은 종래 관습상의 것도 있고 규칙적으로 할 수 없었던 점이 있었으니 이대로 넘어가는 게 어떻겠습니까.

의장(니시다(西田木惣市) 부의장) : 8번, 19번이 지금 말한 것처럼 이는 완전히 종래 관습상에서 온 것이므로 이번 경우는 이미 지난 일이니 당시 퇴석한 것으로 넘어가겠습니다.

13번(서기홍(徐基弘)) : 이후 처리는 물론 법령에 의해 진행해야 하지만 이번 것을 지금에 이르러서 퇴석한 것으로 하자는 것은 온당하지 않다고 생각합니다. 8번이 말한 것처럼 제34조 단서에 의해 추인하면 어떻겠습니까. 이는 인민에 대해 공평무사하게 시행하는 것을 목적으로 한 것입니다. 저는 추인하는 쪽이 낫다고 생각합니다. 사실상 퇴석하지 않았는데 퇴석했다고 인정하는 것은 타당하지 않다고 생각합니다.

(이때 개인적으로 말하는 자가 많아 회의장이 소란스러움)

의장(니시다(西田木惣市) 부의장) : 일단 휴식하겠습니다.

(오후 2시 7분)

의장(니시다(西田木惣市) 부의장) : 회의를 열겠습니다.

(오후 2시 20분)

20번(김성현(金性玹)) : 한 말씀 드립니다. 아까 위원장 보고에 의하면 1등부터 33등까지는 일반 위원회에서 제1부 제2부를 함께 사정하고 34등 이하는 각 특별경제 위원회에서 따로 사정했다는데 일반 등급은 20등인데도 제2부 쪽에서는 30등으로 되어 있다면 무엇이 정당합니까. 24명이 사정하는 것이 정확하다 해도 한편은 정당하지 않은 것이 됩니다. 저는 무엇이 정당한지 찬부(贊否)가 망설여집니다.

(19번 시미즈 기이치(淸水儀一) 의원 퇴석, 오후 2시 25분)

의장(니시다(西田木惣市) 부의장) : 13번의 질문에 대해서는 추인하는 것으로 하지 않고 의사에 참여하지 않은 것으로 인정하고, 앞으로는 퇴석을 원칙으로 하고 이번에는 지금 말씀드린 대로 하고자 합니다.

16번(구인욱(具麟旭)) : 추인은 본회에서 해야 하는 것은 아니고 위원회에서 하는 게 맞다고 생각합니다.

10번(이노우에(井上義理) : 16번 의원과 13번 의원 말씀은 전연 의제가 되어 있지 않으니 의사진행을 해주십시오.

13번(서기홍(徐基弘)) : 그 자리에 있어도 의사에 참가하지 않으면 참여하지 않은 것이라는 답변이신데, 제34조의 입법 정신은 그 사람에 대해서 인정상 지장되는 일이라서 정한 것이라 생각합니다. 허가하지 않은 사실을 참여하지 않은 것으로 인정하는 것은 타당하지 않다고 생각합니다.

의장(니시다(西田木惣市) 부의장) : 법령 해석이 부당하다는 건데 법령상 이같이 해석하는 겁니다. (중략-편자)

8번(미야케 요시로(三宅吉郎)) : 참여조차 안했으면 괜찮은 것이라 생각되지만, 입법자의 정신은 자리에 앉아있어도 좋다는 건 아닌 것으로 생각합니다. 인정상으로 와서 자유롭게 심의할 수 없다는 정신이라고 생각합니다. 부윤이 없어서 이사자의 의견을 듣지 못하는 게 유감입니다. 이사자인 부윤의 의견을 듣고 결정하면 어떻겠습니까.

16번(구인욱(具麟旭)) : 회의에 관한 한 의장 해석에 의거하는 게 타당하다고 생각합니다. 추인하는 쪽이 좋다고 생각하는데 어떻습니까.

의장(니시다(西田木惣市) 부의장) : 추인한다고는 말하지 않았습니다.

17번(야마우치(山內勉)) : 13번 의원의 제34조에 관한 의견을 경청했습니다만, 등급 사정은 제34조에 해당하지 않습니다. 제34조는 등급에 대해 입법한 것이 아니라 친족에 대해 징벌을 한다든가 이의를 제출한다든가 하는 경우를 일신상으로 본다는 겁니다. 등급 심사를 일신상으로 할 때는 모두 관계해 있으므로 제34조는 이것을 생각하여 입법한 것이 아닙니다. 일본의 시정촌 제도도 그렇습니다. 위원장 보고대로 극히 신중한 태도로써 심의했고 완전하다고 생각하므로 이대로 의사를 진행하고 싶습니다.

4번(마쓰모토 다조(松本多藏) : 22번 말씀에 찬성합니다. 예를 들면 20등을 제외하는 경우 내가 20등에 있다는 이유로 참여 불가능한 것이 아니라고 생각합니다. 일신상 관계란 즉 이의가 있는 등의 경우에 비로소 일어나는 것입니다. 저는 본 수정안에 찬성합니다.

8번(미야케 요시로(三宅吉郎)) : 마쓰모토(松本) 의원에게 말씀드리는데 20등 심의할 때에 20등에 있는 사람이 참여 불가능한 것이 아니라, 20등이 문제가 되었을 때 비로소 제34조의 적용을 받는다는 것입니다.

18번(이근우(李謹雨)) : 제34조 해석에 대해서는 8번, 10번 찬성입니다. 의석에 있을 때는 참여한 것이라 생각합니다. 본 문제는 오늘 해결하지 않으면 장래 곤란이 생기니까 8번 10번설에 의하는 게 맞다고 생각합니다.

의장(니시다(西田木惣市) 부의장) : 제3호 의안의 가부를 결정하려고 합니다. 본안을 제3독회로 넘기겠습니다. 이의 없습니까?

(“이의 없음”)

의장(니시다(西田木惣市) 부의장) : 제3독회로 넘어갑니다. 제3호 의안에 대해 위원장 보고의 수정안에 찬성하는 분은 기립해주십시오.

(기립 10명)

의장(니시다(西田木惣市) 부의장) : 다수입니다. 본 수정안은 가결 확정하겠습니다. 계속해서 제10호 의안과 제11호 의안을 일괄해서 상정하겠습니다.

번외(오카 구마키치(岡熊吉) 마산부속) : 본안을 설명 드립니다. 청년훈련소 설치에 대해서는 일본에서는 1926년 칙령 제70호 및 1926년 문부성령 제16호가 발포되어 조선에서도 1929년 총독부령 제89호에 의해 규정된 것입니다. 현재 마산청년훈련소는 아시는 것처럼 1928년 7월 30일 설립되어서 사립으로 경영하고 이후 3년간 기부에 의해 유지해왔습니다. 이번 통첩으로 이를 공립으로 하고 부비로써 경영하려는 것입니다.

제11호 의안은 그 재원에 관한 것입니다. 500원을 계상한 것은 주사 이하 8명에 대한 여비로서 230원, 수용비는 주로 비품비로서 모의총 구입비입니다. 기타는 소모품, 도서인쇄비를 합해서 계 205원입니다. 연습비 45원은 발화 연습에 필요한 경비입니다. 이상으로 잡비 20원을 더해서 계 500원이 됩니다. 그러나 결국 부에서는 41원을 부담하고 국고에서 250원, 지방비에서 209원의 보조를 받습니다. 사무비의 잡급에 75원을 추가한 것은 지세명기장과 대조사무로서 당연히 있어야 하는 것이므로 아울러 협찬을 원합니다.

의장(니시다(西田木惣市) 부의장) : 제1독회를 열겠습니다.
16번(구인욱(具麟旭)) : 이것은 내선인(內鮮人) 공학입니까?
번외(오카 구마키치(岡熊吉) 마산부속) : 그렇습니다. 내선인 구분 없습니다.
16번(구인욱(具麟旭)) : 이 예산은 첫해만이 아닙니까?
번외(오카 구마키치(岡熊吉) 마산부속) : 첫해만이 아닙니다. 매년입니다.
16번(구인욱(具麟旭)) : 앞으로 보조는 매년 확실히 얻습니까?
번외(오카 구마키치(岡熊吉) 마산부속) : 확실하게는 말할 수 없지만 통첩에 의하면 매년 예정입니다.
16번(구인욱(具麟旭)) : 경비는 매년 같습니까?
번외(오카 구마키치(岡熊吉) 마산부속) : 경상비로서는 당국에서는 대체로 훈련소 하나에 450원 내지 500원을 예정하고 있습니다.
16번(구인욱(具麟旭)) : 미루어지거나 경비를 긴축해야 하는 상황이 되면 같은 액수를 보조받을 수 있습니까?
번외(오카 구마키치(岡熊吉) 마산부속) : 내무부장 통첩에 의하면 보조되는 것이라 생각합니다.
16번(구인욱(具麟旭)) : 장래 경비가 500원 이상이 된 경우 보조금도 증가합니까?
번외(오카 구마키치(岡熊吉) 마산부속) : 기왕의 3개년간 실적에 의해 대체로 500원으로써 경영 가능하리라 생각합니다.
16번(구인욱(具麟旭)) : 보조는 증액되지 않습니까?
번외(오카 구마키치(岡熊吉) 마산부속) : 통첩에 의하면 대체로 보조액이 결정되어 있으므로 1,000원 정도의 보조는 불가능하리라 생각합니다. 지금 참고삼아 각 부의 훈련소 상황을 말씀드립니다. 청진은 경비 총액 1,463원에 대해 국고보조 150원, 지방비 보조 150원을 받고 있습니다. 평양은 1,468원에 대해 지방비 보조 500원입니다. 경성은 2,000원, 인천은 1,250원, 군산 500원이며 모두 보조받고 있지 않습니다.

16번(구인욱(具麟旭)) : 규정에 의하면 입소자 자격이 명료하지 않은데 어떻습니까.

번외(오카 구마키치(岡熊吉) 마산부속) : 16세 이상 17세 미만의 자로 품행이 방정하고 사상이 확실한 자입니다.

16번(구인욱(具麟旭)) : 학교 관계는 없습니까?

번외(오카 구마키치(岡熊吉) 마산부속) : 없습니다.

16번(구인욱(具麟旭)) : 제7조 특별 사정이란 무엇입니까.

번외(오카 구마키치(岡熊吉) 마산부속) : 상업 관계 등을 참작하여 인정하는 겁니다.

16번(구인욱(具麟旭)) : 일선공학이지만 조선인은 병역 의무가 없으므로 조선인의 교련은 특별 사정 내에 들어가는 것이라 생각합니다만.

번외(오카 구마키치(岡熊吉) 마산부속) : 따로 내선(內鮮) 구분하지 않습니다.

16번(구인욱(具麟旭)) : 결정적입니까?

번외(오카 구마키치(岡熊吉) 마산부속) : 그렇습니다.

10번(이노우에(井上義理)) : 훈련소의 목적은 무엇입니까?

번외(오카 구마키치(岡熊吉) 마산부속) : 청년의 마음가짐을 단련하고 건전한 국민, 선량한 공민을 양성하는 것이 목적입니다.

10번(이노우에(井上義理)) : 그럼 사회사업입니까?

번외(오카 구마키치(岡熊吉) 마산부속) : 사회사업 같지만 이건 현재 학무계에서 취급하고 있습니다.

10번(이노우에(井上義理)) : 각 부에는 국고, 지방비 보조가 있는 곳이 있고, 없는 곳이 있는데, 장래를 보증할 문서가 나옵니까?

의장(니시다(西田木惣市) 부의장) : 국고 보조는 영구적이고 훈련소가 존재하는 기간에는 보조되는 것이라 생각합니다. 대체로 훈련소라는 것은 국가적 사업이므로.

번외(오카 구마키치(岡熊吉) 마산부속) : 장래의 것은 확정적으로는 말씀드릴 수 없지만 차이나지 않는다고 생각합니다. (중략-편자)

4번(마쓰모토 다조(松本多藏) : 매년 보조한다는 건데 그렇다면 임시부에 넣지 말고 경상부에 넣는 것이 타당하다고 생각합니다.

번외(오카 구마키치(岡熊吉) 마산부속) : 보조비는 모두 임시부에 넣습니다.

4번(마쓰모토 다조(松本多藏) : 연도에 따라 증감이 있으니 임시부에 넣어서 증감이 없게 된다면 경상부에 넣는 것이 정당합니다. 본 보조의 보조 규정이 있습니까? 그때마다 요구에 의해 보조합니까?

번외(오카 구마키치(岡熊吉) 마산부속) : 신청에 의한 보조입니다.

16번(구인욱(具麟旭)) : 공립은 어디입니까?

번외(오카 구마키치(岡熊吉) 마산부속) : 공립은 청진, 평양, 경성, 인천, 군산의 5개소입니다.

4번(마쓰모토 다조(松本多藏) : 마산부에게만 보조되는 겁니까? 다른 부의 다액의 예산에 대해 보조 없이 마산부만 보조하는 것은 특전입니까?

번외(岡熊吉, 마산부속) : 본 보조는 그 이전에 결정된 것입니다.

22번(가토(加藤歡一郎)) : 사립이라면 보조되지 않습니까?

번외(오카 구마키치(岡熊吉) 마산부속) : 작년까지는 사립이라도 보조되었지만 올해부터는 전부 공립으로 되는 추세라 금년부터는 사립에 대해서는 보조되지 않습니다.

22번(가토(加藤歡一郎)) : 보조는 확실성이 있습니까?

번외(오카 구마키치(岡熊吉) 마산부속) : 훈련소는 원래 국비로 되어야 하고 가능한 발달시키려는 취지이므로 보조도 문제없다고 생각합니다.

의장(니시다(西田木惣市) 부의장) : 제2독회로 넘어가고자 합니다. 이의 없습니까?

("이의 없음")

의장(니시다(西田木惣市) 부의장) : 독회를 생략하고 채결하겠습니다. 제10호와 제11호 의안의 원안에 찬성하는 분은 기립해주십시오.

(전원 기립)

의장(니시다(西田木惣市) 부의장) : 전원 찬성이므로 제10 및 제11호 의안은 원안대로 가결 확정했습니다. 오늘은 이것으로 폐회합니다.

(오후 3시 30분)

Ⅲ

읍회·지정면협의회 회의록

1. 겸이포면협의회 회의록

1) 겸이포면협의회 회의록(1931년 1월 28일)

항 목	내 용
문 서 제 목	兼二浦面協議會會議錄
회 의 일	19310128
의 장	石橋正光(면장)
출 석 의 원	腹部德(2), 若木重一(4), 김두헌(金斗獻)(6), 박래완(朴來完)(7), 大橋作治郎(9), 中內松太郎(10), 伊藤隆吉(11)
결 석 의 원	淵上勇右衛門(1), 高原榮助(3), 오진헌(吳鎭憲)(5), 佐方久次(12), 8번 결원
참 여 직 원	樺山三平(면서기), 이용하(李容夏)(면서기)
회 의 書 記	
회 의 서 명 자 (검 수 자)	石橋正光(면장), 若木重一, 朴來完, 大橋作治郎
의 안	1. 1929년도 겸이포면 세입세출 결산 제시의 건, 2. 겸이포면 전기공급조건 설정의 건, 3. 1931년도 겸이포면 세입세출 예산의 건, 4. 1931년도 겸이포면 호별세 부과의 건
문서번호(ID)	CJA0002850
철 명	각읍예산서철
건 명	소화6년도황주군겸이포면세입세출예산-협의회회의록
면 수	14
회의록시작페이지	144
회의록끝페이지	157
설 명 문	국가기록원소장 '각읍예산서철'의 '소화6년도황주군겸이포면세입세출예산-협의회회의록'건에 수록된 1931년 1월 28일 개회 겸이포 면협의회 회의록

해 제

본 회의록(총 14면)은 국가기록원 소장 '각읍예산서철'의 '소화6년도 황주군겸이포면세입세출예산-협의회회의록'건에 수록된 1931년 1월 28일 개회 겸이포면협의회 회의록이다. 이 회의에서는 1929년도 세입세출 결산 제시의 건, 전기공급조건 설정의 건, 1931년도 세입세출 예산의 건, 1931년도 호별세 부과의 건에 대해 자문한 내용이 확인된다.

내 용

(상략-편자)

의장 : 의안 제1호 1929년도 겸이포면 세입세출 결산 제시의 건을 부의합니다.

면장(이시바시(石橋正光)) : 1929년도 겸이포면 결산서에 대해 낭독을 겸해서 각 관항마다 그 요점을 설명한 후 요약하겠습니다. 1929년도 예산에 정해진 여러 사항은 전부 그것을 실행하였는데 세출의 절약, 긴축을 위해서 세입결산액 4만 3,052원 15전에 대해 세출결산액 4만 389원 51전, 세입세출 공제액 2,612원 64전을 내년도로 이월하였고 이에 제시합니다.

의장 : 지금 면장의 결산 제출에 대해 질문이 있으면 발언해주십시오.

의장 : 질의 없으시니 진행합니다. 의안 제2호 겸이포면 전기공급조건 설정의 건을 부의하고 그 제1독회에 들어갑니다.

면장(이시바시(石橋正光)) : 겸이포면이 경영하는 전기사업은 창업 이래 십여 년이 되었고 그동안 재계의 변동에 따라 수용(需用)이 늘어났으나 대체로 순조롭게 경영되고 있어서 본 사업 경영의 주안점인

면민의 부담을 경감할 수 있었던 것은 알고 계시는 사실이고 면재정의 확립에 공헌했던 것도 적지 않습니다. 이는 상급 관청의 지도와 일반 면민의 공조에 따른 것으로 이 점에 대해 매우 감사드립니다. 그런데 이 전기공급 조건의 인가 기한이 본년 3월 31일에 만료하므로 이제 다시 인가 신청을 하여 계속 공급의 수속이 필요한 시기가 되었습니다. 차기의 공급조건을 어떻게 할 것인가에 대해서는 작년 말 조선 내 각지의 상황을 조사한 것과 함께, 본 사업의 취체 관헌의 의견도 들은 결과, 성안(成案)을 얻어 본일 그 심의를 원합니다. 성안에 대해서 대체적인 요지를 이 기회에 말씀 드리고자 합니다. (중략-편자)

요약하면 지금 전기공급조건의 전반에 걸쳐서 설정을 갱신해야 할 시기에 직면하였기 때문에 이 기회에 종래의 경험과 조선 내 각 방면의 실황을 감안하여서 이상의 여러 가지 점을 고려하여 이 규정을 입안하였습니다. 이 조건에 의해서 계속 공급하는 것으로 정부에 신청하고 인가를 거쳐 실행하려고 합니다. 신중하게 심의하여 주시길 바랍니다.

9번(오하시 사쿠지로(大橋作治郎)) : 종량에 의한 전등의 공급을 5등 이상으로 하고 있는데 이후 몇 등 이상으로 하려고 예상하고 있습니까?

면장(이시바시(石橋正光)) : 1931년도는 8등 이상에 공급하고 1932년도에 들어가서 5등 이상에 공급할 예정입니다. 단 8등 이상 또는 5등 이상은 전부 종량으로써 강제하는 것은 아닙니다. 희망하지 않을 경우 당분 정액의 방법으로 공급할 예정입니다.

4번(와카키(若木重一)) : 선풍기는 종량제로만 채용하는 것이 불가능한 것 아닙니까?

면장(이시바시(石橋正光)) : 종량제에 의한 전기사용자는 그 계기에 의해서 선풍기를 사용하고, 요금은 전등에 사용했던 것으로 간주하여 계산하는 것인데, 정액 전등사용자는 제37조에 의해서 여름에는 정액제에 의해서 사용하는 것이 가능합니다. (중략-편자)

4번(와카키(若木重一)) : 요금 저하를 일반이 희망하니 감히 반대하는 것은 아니지만, 본 면의 전기사업경영은 일반 면민의 부담을 경감한다는 원대한 취지를 갖고 있으므로, 이 때문에 일반 부담이 증가하고 또는 다른 지방에 비해 법외의 저가로 공급한다는 것은 크게 고려가 필요하고 그 본지에 반하는 것이라 생각합니다. (중략-편자)

면장(이시바시(石橋正光)) : 말씀하신 의견에 대해서는 면장으로서 크게 유의하였습니다. 이 개정 규정 실시에 의해서 일반의 부담이 가중되는 결과는 초래하지 않습니다. 단 각호 부담액은 전년도에 비하면 그 등급 40등의 중 1등은 연액 96전, 40등은 연액 1전 증가하는데 그것은 면(面)이 신규사업을 실행하는 관계상 어쩔 수 없는 것으로, 전기요금 가격 인하에 수반하여 직접적인 영향은 없습니다. 또 조선 내 전반의 전등요금에 비교하면 최저의 부에 속하는데 법외의 저가는 아닙니다. 이번 개정한 각종 요금은 본 면 재정의 실정에 비추어서 이 정도의 저하가 적당하다고 인정하여 제안한 것입니다. (중략-편자)

의장 : 의제3호 1931년도 겸이포면 세입세출 예산의 건을 부의합니다.(중략-편자)

면장(이시바시(石橋正光)) : 예산서의 각 관항 전반에 걸쳐서 낭독을 겸하여 그 전년에 비해 증감의 사유를 상세하게 설명한 후 요약하겠습니다. 1931년도의 예산 편성은 제도 개정상 과목의 명칭 및 순서, 기타에 관해서 다소 변경이 필요했는데 그 내용을 변경하지는 않았습니다. 정부에서도 모두 이전의 예에 의해서 편성하려고 지시하였습니다. 전등요금 가격 인하의 영향과 면사무소 건축 준비의 관계도 있어서 이제 모두 그것을 자문하고자 합니다. 오늘 제안한 이 예산은 전기공급규정 확정 실시와 면사무소 건축 실시를 희망함과 함께, 각호의 부담은 전년에 비해 큰 변화가 없는 것을 표준으로 편성했습니다. 세입 총액 3만 8,788원, 세출 총액 3만 8,999원, 세입 세출 공제 잔금으로 하고 그 전년도에 비해 2,200원이 감소하였습니다.(중략-편자)

4번(와카키(若木重一)) : 면사무소 건축은 필요하고 또 이때 건축하는 것이 유리하다고 생각하므로 찬성하는데 그 위치와 건물 양식은 어떻게 하려고 생각하고 있습니까?

면장(이시바시(石橋正光)) : 위치는 현재의 장소에 예상하고 있습니다. 단 현재의 부지가 매우 협소하므로 현재의 건물을 헐고 가사무소를 설치하려면 상당한 비용이 필요합니다. 인접지 256평을 매입하여 현재 면유부지와 합해 530평으로 현재 건물과 인접한 공지에 신축하고, 준공되면 현재 건물을 없애는 것으로 하여 그 토지 매취의 경비를 계상하여 두었습니다. 건축 양식은 지도, 건물배치도, 설계도 등을 봐주시길 바랍니다.(중략-편자)

2번(후쿠베(腹部德)) : 면의 모범림은 어디에 있습니까?

면장(이시바시(石橋正光)) : 월봉산의 남쪽에 면적 8정 3반 1무보인데 지질이 대략 거칠고 좋지 않아 모범림의 용지로서는 매우 부적당하여 다른 적당한 땅을 얻고자 생각하는데 면내에서는 그것을 얻을 수가 없어서 어쩔 수 없이 그대로 두고 있습니다.

4번(와카키(若木重一)) : 본면은 모범림으로 해마다 경비를 지출하고 있는데 실황을 보면 성적을 거두지 못하고 있습니다. 그렇다면 지질의 관계에서도 그렇고 무언가 생각하는 안은 있습니까?

면장(이시바시(石橋正光)) : 종래는 소나무를 주로 심었는데 거의 고사하여 뿌리를 내리지 못하였습니다. 작년에는 상부의 주의와 지도에 의해 거의 전부 발아해서 성적이 괜찮았습니다. 장래 이 방법을 쓰면 어떨지, 아니면 다른 뭔가 좋은 안은 없는지를 상의 중입니다. 도(道)의 전문가에게 물어서 실행할 예정입니다. 그리고 등산객에 의한 손상을 단속하기 위해 삼림조합의 삼림간수와 공조하여 그것을 충실하게 할 예정입니다. (중략-편자)

9번(오하시 사쿠지로(大橋作治郎)) : 소방원의 피복 갱신이 필요한 점은 제가 소방 종사원이라서 항상 생각하고 있었습니다. 40벌은 부족한데 그 부족분은 어떻게 할 것입니까? 또 소방연습은 종래와 같이 연 1회로 그치지 말고 봄 가을 2회 실행해야 한다고 생각하고 감독 관청도 그것을 주장하고 있는데 이 점은 어떻습니까?

면장(이시바시(石橋正光)) : 소방원은 80명인데 본년도에는 그 반수를 한도로 해서 갱신하고 나머지는 나중에 계획하려고 합니다. 또 소방연습은 회수를 한정하고 있지 않으므로 몇 번 실행해도 별로 관계없지만 그 경비는 이 범위 내에서 실행하기로 했습니다.(중략-편자)

7번(박래완(朴來完)) : 겸이포 면민은 세탁 용수 부족으로 곤란했는데 몇 년 전 면에서 공공세탁장을 설치하여 면민이 모두 기뻐했습니다. 그런데 작년 여름 이후 용수 부족으로 또 곤란을 겪고 있습니다. 이 문제 해결에 진력해주시길 바라고, 비용 등은 관계자들에게 어느 정도 기부를 시키는 것이 가능하다고 생각합니다.

면장(이시바시(石橋正光)) : 희망하신 점에 대해서는 충분히 고려하고 있어서 이미 본년도에는 세출 제11관 제5항에 100원을 계상하고 있습니다. 실행할 때 만약 부족한 경우는 관계자들이 추렴해서 완성할 예정입니다.

의장 : 다른 질문 없습니까. 질문과 토론을 다 한 것 같으니 진행하겠습니다. 본건은 심의의 편의상 세출을 먼저 하고 세입을 나중에 하겠습니다. 또 1관 또는 몇 관을 의제로 하고 곧장 제2독회로 넘어가는 데 이의 없습니까?

(전원 "이의 없음")

의장 : 세출 제1관 급여 및 제2관 사무소비를 일괄해서 부의하겠습니다. 의견 없습니까?

(전원 "이의 없음")

의장 : 세출 제3관 토목비 및 제4관 권업비를 일괄해서 부의하겠습니다. 별로 의견 없습니까?

("원안 찬성"이라는 소리 들림)

의장 : 다음으로 넘어가겠습니다. 세출 제5관 위생비를 의제로 하겠습니다.

의장 : 별로 이견(異見) 없습니까. 다음으로 넘어갑니다. 세출 제6관 전기비를 의제로 하겠습니다.

의장 : 의견 없습니까. 진행하겠습니다. 세출 제7관 상수비(上水費) 및 제8관 경비비를 의제로 하겠습니다.

의장 : 이견 없습니까. 다음으로 넘어갑니다. 세출 제9관 기본재산 조성 및 적립금 이하 제13관에 이르는 전부를 일괄해서 의제로 하겠습니다.

7번(박래완(朴來完)) : 세탁장에 대해 최근 희망을 말씀드렸습니다. 다른 것에는 의견 없습니다.

의장 : 달리 이견 없습니까?

면장(이시바시(石橋正光)) : 이 기회에 청년훈련소에 대해 한 말씀 드립니다. 이 설립에 대해서는 유지의 기부를 바라고 면영(面營)으로서 실행할 예정하에 입소 희망자를 탐색했는데, 겨우 몇 명에 불과합니다. 또 기부를 권유했지만 신청자가 없습니다. 완전히 설립이 불가능하게 되었기 때문에, 본관을 삭제했습니다.

4번(와카키(若木重一)) : 일반 면비로써 내선인 공통으로 경영이 가능하다면 이의 없지만, 전부 기부를 바라는 것은 현재 상황에서 피할 수밖에 없습니다. 그러므로 이것을 삭제하는 것은 실로 어쩔 수 없습니다. 동의합니다.

("동감"이라는 소리 들림)

의장 : 1931년도 겸이포면 세입세출예산에서 세출부 3만 8,999원입니다. 그 내용은 모두 원안에 있고 제3독회로 넘어가는 것에 이의 없습니까?

(전원 "이의 없음")

면장(이시바시(石橋正光)) : 이 기회에 염두에 두시라고 한 말씀 드립니다. 제출 제12관 부과금 제3항의 호별할에서, 호별세는 세입의 다른 관항의 금액에 증감이 없는 한 5,966원을 일반 부과로 하지 않으면 안됩니다. 이 점을 이해해 주십시오.

의장 : 뭔가 의견 없습니까.

의장 : 별로 발언이 없으니 채결하겠습니다. 세입부 제1관부터 제12관 전부에 대해 모두 원안대로 하고, 제3독회로 넘어갑니다. 이의 없습니까.

(전원 "이의 없음")

의장 : 의안 제3호 1931년도 겸이포면 세입세출예산 건 제3독회로 넘어갑니다. 본건은 세입 총액 3만 8,999원, 세출 총액 3만 8,999원으로 세출 차인 잔금이 없습니다. 그 내용은 모두 원안 가결 확정합니다. 이의 없습니까.

(전원 "이의 없음")

의장 : 모두 동의하시니 본건은 원안대로 확정했습니다.

의장 : 의안 제4호 1931년도 겸이포면 호별할 등급 부과액의 건을 부의합니다.

면장(이시바시(石橋正光)) : 본건은 읍제 시행 후에 호별할이 호별세로 변경되었는데 그 등급, 부과표준액, 누진율은 전년도와 동일하여 별로 변경되지 않습니다. 부과 호수는 전년도 제2기분을 기준으로 하여 배당했고, 부과액 표와 같습니다.(중략-편자)

의장 : 1호당 부과액은 전년도와 거의 동액입니다. 다른 것은 전부 전년도와 같습니다. 이견 있으시면 발언해주십시오.

4번(와카키(若木重一)) : 의원 선거 자격 요건 중 하나인 납세액은 몇 원 이상입니까? 다소 저하되었는지 듣고 싶습니다.

면장(이시바시(石橋正光)) : 납세액은 작년과 올해 모두 5원 이상을 납부하는 자이고 5원 미만은 자격을 구비하지 못합니다. 또 납세액 저하는, 선거해야 할 의원 정수의 10배 이상의 선거권자가 없는 경우에 저하한다고 들었습니다. 본 면은 이 표의 정도로 하면 5원 이상의 자가 344인, 이 중 거주 1년 이상, 연령 25세 이상, 여자와 중국인 제외하면 현재 294인으로 계산되고 의원 정수 12인의 24배 이상이므로 저하하는 것은 없다고 예상하고 있습니다.

의장 : 달리 발언 없습니까. 별로 이견 없는 듯하니 채결하겠습니다. 본건을 원안대로 결정하는 데 이의 없습니까.

(전원 "이의 없음")

의장 : 모두 동의하시니 제2호 의안은 모두 원안대로 가결 확정했습니다. 이것으로 오늘 의사일정은 끝났습니다.

(하략-편자)

2. 동래읍회 회의록

1) 제26회 읍회 회의록(1934년 6월 25일)

항 목	내 용
문서제목	第二十六回邑會會議錄
회의일	19340625
의장	山下正道(동래읍장)
출석의원	이상영(李相泳)(1), 김문규(金文奎)(2), 김병규(金秉圭)(4), 岸良小次郎(5), 박우형(朴遇衡)(6), 박길호(朴吉浩)(8), 한성홍(韓星洪)(9), 김형찬(金炯贊)(10), 靑山文三(11), 이종운(李鍾云)(12)
결석의원	박강순(朴康洵)
참여직원	이진(李珍)(부읍장), 윤병인(尹炳仁)(서기), 정인석(鄭寅錫)(서기), 윤호관(尹昊爟)(서기)
회의書記	
회의서명자(검수자)	山下正道(동래읍장), 岸良小次郎(의원), 박우형(朴遇衡)(의원)
의안	1호 시장위치 기타 변경 건, 2호 1934년도 동래읍 세입출추가경정예산, 3호 상수도공사비 기채의 건, 4호 시장건설비 기채의 건, 5호 하천부담금 기채의 건, 6호 동래읍 임시특별세 규칙
문서번호(ID)	CJA0003742
철명	읍면기채인가서
건명	동래읍상수도부설공사비기채의건-경남(회의록첨부)
면수	7
회의록시작페이지	496
회의록끝페이지	502
설명문	국가기록원 소장 '읍면기채인가서'철에 포함된 1934년 6월 25일 동래읍회 회의록

해 제

본 회의록(총 7면)은 국가기록원 소장 '읍면기채인가서'철 '동래읍상수도부설공사비기채의건-경남(회의록첨부)'건에 포함된 1934년 6월 25일 동래읍회 회의록이다. 시장위치 변경 건, 시장 건설비 기채 건, 상수도공사비 기채 건, 1934년도 세입출 추가경정예산, 동래읍 임시특별세 규칙, 행정구역 변경에 관한 건 등을 심의하고 있다.

내 용

의장(야마시타(山下正道) 동래읍장) : 정수 반수 이상 출석이므로 회의는 성립했으니 개회하겠습니다. 참여원은 부읍장 이진(李珍), 서기 윤병인(尹炳仁)·정인석(鄭寅錫)·윤호관(尹昊爟) 등 4명입니다. 이번 의사록 서명은 5번 의원 기시라 고지로(岸良小次郎), 6번 의원 박우형(朴遇衡) 2명을 지명합니다. 의사에 들어가기 전에 한 마디 보고하겠습니다.

오늘 12일 본 읍의 읍회원 김우삼(金友三) 씨가 병으로 서거하여 실로 애도의 마음을 금할 수 없습니다. 읍회에서 조의를 표하고 싶은데 어떻습니까. 과거에는 읍회의원 사망에 대해 어떤 방법으로 조의를 표했는지 듣고 싶습니다.

11번(아오야마 분조(青山文三)) : 동래가 면일 때에는 사망자가 있을 때 일동이 조의금을 증정했는데 읍에서는 실례를 보지 못했습니다.

4번(김병규(金秉圭)) : 각 의원이 물질적으로 조의를 표하는 것은 사적인 일이고 읍회는 물질을 소지하지 않으므로 공적으로 애도의 뜻을 표하는 조위문을 증정하는 것으로 하고 이 점은 의장에게 일임하는 게 어떻겠습니까.

(각 의원 찬성)

의장(야마시타(山下正道) 동래읍장) : 그러면 의장이 조위문을 증정하는 것으로 하겠습니다. 다음으로 이번 회계원 김기현(金冀鉉)은 본인이 원하여 사직하고 그 후임으로 한기주(韓基柱) 씨가 취임한 것을 보고합니다. 제1호 의안 시장위치 기타 변경의 건을 심의를 원합니다. 예에 의해 독회를 생략하고 제가 설명 드리겠습니다.(설명함)
4번(김병규(金秉圭)) : 본안은 다년간 현안이고 원래 우리는 찬성하지만 종래 시장에 대해서는 읍은 하등의 권리를 갖지 않아서 그 골자를 시장 위치 변경이라기보다 시장 읍영으로 하면 어떻겠습니까.
이진(李珍)(부읍장) : 현재 시장 관리권은 읍이 소유하고 있고 1919년 면이었을 때 수안동(壽安洞) 및 낙민동(樂民洞) 일대에 시장 허가가 있었던 관계상 위치 변경이라 한 것입니다.
4번(김병규(金秉圭)) : 본안은 다년간 현안이고 실제로 긴요하니 이의 없습니다.

(전원 찬성)

의장(야마시타(山下正道) 동래읍장) : 그러면 제1호 의안 시장위치 기타 변경 건은 만장일치로 찬성으로 하고 원안대로 가결 확정하겠습니다. 다음 제2호 의안은 의사 진행상 제4호 의안 및 제3호 의안과 제5호 의안 심의를 마치고 부의하려고 하는데 어떻습니까.

(일동 찬성)

의장(야마시타(山下正道) 동래읍장) : 그러면 제4호 의안 시장건설비 기채 건을 심의하겠습니다. 예에 의해 독회 생략하고 제가 설명 드리겠습니다.(개략적으로 설명함)

4번(김병규(金秉圭)) : 군(郡)에서 시장경영에 관해 뭔가 주의사항 없었습니까?

의장(야마시타(山下正道) 동래읍장) : 따로 없었습니다.

4번(김병규(金秉圭)) : 시장 이전에 수반하여 적당한 장옥(場屋)을 설치하여 경영할 때 그 방법을 충분히 연구하여 유감없기를 기대합니다.

의장(야마시타(山下正道) 동래읍장) : 알겠습니다.

의장(야마시타(山下正道) 동래읍장) : 따로 이의 없으면 찬성이라 생각하고 채결해도 좋겠습니까.

(각 의원 찬성이라고 말함)

의장(야마시타(山下正道) 동래읍장) : 그러면 제4호 의안 시장건설비 기채 건은 만장일치 찬성으로 하고 가결 확정하겠습니다. 다음은 제3호 의안 상수도공사비 기채 건 심의를 원합니다. 본안도 독회 생략하고 제가 설명 드리겠습니다.(공사비 기채 이유를 말함)

12번(이종운(李鍾云)) : 읍내에 상수도를 부설하면 온천 특별회계와 같이 적자가 생기지 않겠습니까.

의장(야마시타(山下正道) 동래읍장) : 온천장 상수도도 부설 당시와는 달리 지금은 상당히 수용자 수가 늘어 조만간 적자는 면하리라 믿습니다. 특히 읍내는 호수가 많아서 수지 균형은 충분히 맞추리라 확신합니다.

9번(한성홍(韓星洪)) : 조사하신 음용할 호수를 알고 싶습니다.

의장(야마시타(山下正道) 동래읍장) : 구장에게 조사시켰는데 읍내 5동에서 전용급수가 230호, 공동급수가 600호였습니다.

4번(김병규(金秉圭)) : 최근 상수도 부설 건을 논의할 때 온천특별회계의 적자를 일반회계로 전가시키는 경향과 적자가 생길까봐 주저했던 것인데, 의장 설명에 의하면 수년 후에는 상당히 수입이 증가하여 수지 균형을 맞출 것이라 믿는다고 하셨습니다. 위 상수도 부설 총공사비의 3분의 2를 국고 및 도비에서 보조한다는 뜻을 전달받았으니, 본안은 찬성하는 것으로 하고 읍 당국의 신중한 처리를 기대합니다.

의장(야마시타(山下正道) 동래읍장) : 본안에 대해서 최선을 다해 기대에 부응하도록 하겠습니다.

(의장이 본안에 이의 없냐고 묻자 각 의원은 이의 없다고 함)

의장(야마시타(山下正道) 동래읍장) : 그러면 제3호 의안 상수도공사비 기채 건은 이의 없으니 원안대로 채결 확정하겠습니다. 다음은 제5호 의안 하천부담금 기채 건을 부의하겠습니다. 독회를 생략하고 채결하고자 합니다.

(본안에 대해 각 의원 이의 없다고 함)

의장(야마시타(山下正道) 동래읍장) : 본안도 만장일치로 찬성이므로 원안대로 가결 확정하겠습니다. 제3, 제4, 제5호 의안 심의를 끝냈고 이상 각 의안에 관련된 제2호 안 1934년도 동래읍 세입출 추가경정예산 심의를 하겠습니다. 독회 생략하고 채결하면 어떻습니까.

(본안에 대해 전원 이의 없다고 함)

의장(야마시타(山下正道) 동래읍장) : 그러면 제2호 의안 1934년도 동래읍 세입출 추가경정예산은 만장일치로 찬성이니 가결 확정하겠습니다. 다음은 제6호 안 동래읍 임시특별세 규칙을 부의하겠습니다. 예에 의해 독회를 생략하겠습니다.

8번(박길호(朴吉浩)): 동 규칙 제2조 토지할 등급에 1등을 46전 9리의 고율로 한 것은 좀 무거운 부과율이라 생각됩니다. 본 부과율은 전회 온천상류 개수 때의 표준이고, 온천장과 읍내는 상황이 다른데 동일하게 부과하는 것은 정당하지 않습니다. 수침답(水浸沓) 1두락 45원 시가의 수전(水田)이 1등으로 부과되는 경우 부담금을 토지대금보다도 높은 70원까지 납입하는 것이라면 충분히 고려해야 한다고 생각합니다.

11번(아오야마 분조(青山文三)) : 등급은 위원들이 충분한 조사를 해서 부과율 범위 내에서 결정하면 되니 걱정하지 않아도 된다고 생각합니다.

4번(김병규(金秉圭)) : 그 점은 걱정할 필요 없고 조사위원회에서 신중히 조사해줄 것이니 채결하는 게 어떻겠습니까.

(일동 이의 없다고 함)

의장(야마시타(山下正道) 동래읍장) : 모두 이의 없으니 제6호 의안 동래읍 임시특별세 규칙은 원안대로 가결 확정하겠습니다. 다음은 제7호 의안 동래읍 소액생업자금 대부 및 관리규정 개정 건을 심의하겠습니다. 본안은 개정하라는 지시가 있었던 것으로 따로 이의 없으리라 생각하여 독회를 생략하고 채결하고자 합니다.

(각 의원 "이의 없음")

의장(야마시타(山下正道) 동래읍장) : 본안도 만장일치로 찬성이니 원안대로 채결 확정하겠습니다. 다음은 제8호 의안 동래읍 행정구역 변경에 관한 건을 심의하겠습니다. 본안은 부산부 행정구역 확장에 따라 읍회에 자문이 온 것으로 양정리(楊亭里)를 본 읍 행정구역으로 편입하는 것의 가부에 대해 읍회의 의견을 구해온 것인데 어떻습니까.

4번(김병규(金秉圭) : 양정리를 편입하면 어느 정도의 시설이 필요한지를 듣고 싶습니다.

이진(李珍)(부읍장) : 지금 시설을 해야 하는 것은 아니라고 생각합니다. 단지 본읍 연산리(蓮山里)와의 경계에 축조할 암거(暗渠) 공사가 있을 뿐 별로 필요한 시설은 없습니다.

4번(김병규(金秉圭) : 장래 시설해야 할 것이 많다면 재정상 고려를 해야 하나 별다른 시설이 필요치 않다면 편입해도 괜찮다고 생각합니다.

의장(야마시타(山下正道) 동래읍장) : 그러면 제8호 의안 동래읍 행정구역 변경에 관한 건은 만장일치로 찬성이니 가결 확정하겠습니다. 다음은 제9호 의안 1934년도 온천사업비 특별회계 세입출 추가예산을 심의하겠습니다.

(전원 원안에 대해 이의 없다고 함)

의장(야마시타(山下正道) 동래읍장) : 그러면 독회를 생략하고 모두 이의 없다고 생각되니 원안대로 채결 확정하겠습니다. 오늘은 이것으로 전부 심의 완료했는데 각 의안에 대해 열심히 심의해주셔서 감사드립니다. 이것으로 폐회하겠습니다. (오후 3시 30분)

3. 통영읍회 회의록

1) 제6회 통영읍회 회의록(1932년 3월 17일)

항 목	내 용
문 서 제 목	第六回通營邑會會議錄
회 의 일	19320317
의 장	山口精(통영읍장)
출 석 의 원	탁응조(卓應朝)(1), 島村新平(2), 서장돈(徐將敦)(3), 鴫谷陸太郎(4), 김종원(金宗元)(5), 兒玉鹿一(6), 衛藤竹彦(7), 谷本寅吉(9), 田島十字夫(11), 정봉율(鄭奉律)(12), 山根才吉(13), 松浦喜作(14)
결 석 의 원	김상수(金祥洙)(8), 허기엽(許基燁)(10)
참 여 직 원	고보윤(高寶潤)(부읍장), 若竹繁(서기), 桑原武雄(서기), 小林富三(기수), 瀨間平八郎(서기)
회 의 書 記	
회 의 서 명 자 (검 수 자)	
의 안	제1호 통영읍 호별세규칙 제정 건, 2호 통영병원 대(對) 부산철도병원계약 만기에 대한 대책에 관한 건(이상 2건은 제5회 읍회의 계속), 3호 청년훈련소경영 건, 4호 해저도로통행료 징수규칙 건, 5호 읍기채상환 연한 조연(繰延) 건, 6호 통영수도확장공사비 기채 건, 7호 1932년도 통영읍 세입세출예산 건
문서번호(ID)	CJA0002930
철 명	읍면기채인가서
건 명	제6회통영읍회회의록
면 수	19
회의록시작페이지	887
회의록끝페이지	905
설 명 문	국가기록원 소장 '읍면기채인가서'철에 포함된 1932년 3월 17일 통영읍회 회의록

해 제

본 회의록(총 19면)은 국가기록원 소장 '읍면기채인가서'철 '제6회통영읍회회의록'건에 포함된 1932년 3월 17일 통영읍회 회의록이다. 통영읍 호별세규칙 제정은 보류하기로 결정하고, 통영병원과 무산철도병원 계약 만료에 대한 대책 건에 대해서는 마산병원과 교섭하고 도(道)와 협의하기로 결정하고 있다. 이어 해저도로 통행료 징수규칙과 수도확장 공사비 기채 건을 가결한 뒤, 1932년도 통영읍 세입세출예산 1독회를 진행하고 있다.

내 용

의장(야마구치 세이(山口精) 통영읍장) : 개회하겠습니다. 오늘 회의록 서명은 12번 의원과 13번 의원에게 의뢰하겠습니다.

9번(다니모토 도라키치(谷本寅吉)) : 회의 시작 전에 건의 드립니다. 이번 상해사변에 본읍 부도정(敷島町) 오이시(大石素直) 군은 구루메기관총대(久留米機關銃隊) 소속으로 출동하여 분투하다가 3월 1일 명예로운 부상을 입었으므로 읍민을 대표하여 읍장이 위문편지와 위문금을 보내면 어떻겠습니까?

(전원 "9번의 건의에 찬성")

의장(야마구치 세이(山口精) 통영읍장) : 9번 의원 건의는 매우 훌륭합니다. 또 전원이 찬성하니 조속히 위문편지와 위문금을 보내겠습니다.

11번(다지마(田島十字夫)) : 우리 읍회가 작년 5월 21일 생기고 현재까지 약 1년간 여러 중요한 문제를 해결해왔습니다. 돌아보면 읍제

시행 전의 면협의회원 중에는 상당히 위대한 공적을 남긴 사람도 있습니다. 우리의 선배라고도 할 만합니다. 이전 면협의회원에 대해 감사장이나 기념품 등을 증정하고 싶은데 어떻습니까?

(전원 "찬성")

7번(에토 다케히코(衛藤竹彦)) : 11번 의원 말씀은 아주 좋은데 이전 면장에게도 드리면 어떻겠습니까?

(전원 "찬성")

의장(야마구치 세이(山口精) 통영읍장) : 11번 의원과 7번 의원의 말씀은 아주 훌륭하고 모두 찬성하시긴 하나, 어느 정도 비용이 들어가니 읍에서 충분히 연구하고 구체안을 세워서 다음 읍회 때 논의하기로 하겠습니다.

(전원 "찬성")

의장(야마구치 세이(山口精) 통영읍장) : 그러면 제1호 의안 통영읍 호별세규칙 제정 건을 부의하겠습니다. 위원 부탁으로 되었으니 위원회의 결의를 보고해주십시오.

7번(에토 다케히코(衛藤竹彦)) : 제가 보고하겠습니다. 위원회는 호별세규칙 제3조와 4조를 원안 그대로 실행하면 근래 일반 시민의 결손이 계속되는 상태이므로 호별세 부과에 지장을 가져올 우려가 있으니, 당분간 규칙 제정을 보류하고 연구하는 게 좋겠다고 의견 일치를 보았습니다. 또 읍장이 호별세규칙 때문에 도(道)에 가서 당국과 간담한 결과, 당분간 규칙 제정을 보류하고 도당국과 함께 충분히 연구한 후 제정하기로 하고 1932년도 호별세부과는 종전 방법에 의하겠다는 이해를 구하겠다는 말씀이 있었으니, 호별세규칙 원안은 일단 부결하기로 결정했습니다.

의장(야마구치 세이(山口精) 통영읍장) : 제1호 의안 호별세규칙 제정 건에 대한 위원회의 보고를 채결하겠습니다. 위원의 말씀에 찬성하는 사람은 기립해주십시오.

(전원 기립)

의장(야마구치 세이(山口精) 통영읍장) : 전원이 위원 말씀에 찬성하니 제1호 의안은 부결하고 당분간 제정하지 않기로 확정하겠습니다. 다음은 제2호 의안 통영병원 대(對) 부산철도병원 계약 만기에 대한 대책에 관한 건입니다. 이것도 위원 부탁이니 위원회의 보고를 원합니다.

2번(시마무라 신페이(島村新平)) : 제가 보고하겠습니다. 2월 하순 부산철도병원장 다카노(高野) 박사와 회계 오카모토(岡本) 씨가 통영에 와서 면회를 했는데, 계약 만기 후 어떻게 할지 통영의 의사(意思)가 전연 없었습니다. 그 후 현 통영병원장 기무라(木村) 씨가 다소 경영 의사를 갖고 있는 것 같았는데 이것도 해결되지 않았습니다. 그 후 대단히 걱정하고 있었는데 3월 7일 마산에 갔을 때 도립마산병원에 들러 원장과 면회했는데, 그때 통영읍이 당국 승인을 얻으면 도립마산병원에서 경영해도 좋다는 의견을 주셨습니다. 통영은 전부터 도립병원 설치를 대단히 희망해왔으므로 이번 통영병원을 도립마산병원에서 경영해준다면 이후 아주 좋은 상황이라고 생각해서, 빨리 통영에 돌아가 위원회에 보고하여 현재 교섭 중입니다. 본월 15일 마산에서 마산병원장과 서무과장이 통영병원 시찰을 왔는데, 대체로 양해를 얻었습니다. 본월 21일경에는 읍장과 마산병원장이 도(道) 당국과 협의할 예정입니다.

의장(야마구치 세이(山口精) 통영읍장) : 병원 건은 아직 확정되지 않았으니 보고만으로 그칩니다. 다음은 제3호 의안 청년훈련소 경영 건을 부의하겠습니다. 일단 원안을 낭독하겠습니다.

(세마 헤이하치로(瀨間平八郎) 서기, 원안 낭독)

7번(에토 다케히코(衛藤竹彦)) : 독회 생략하고 원안에 찬성합니다.

2번(시마무라 신페이(島村新平)), 4번(시기야 리쿠타로(鴫谷陸太郎) : 7번 말씀에 찬성합니다.

(전원 "찬성, 찬성")

의장(야마구치 세이(山口精) 통영읍장) : 전원이 7번 의원 말씀에 찬성하니 제3호 의안 청년훈련소 경영 건은 독회 생략하고 원안대로 의결 확정하겠습니다. 다음은 제4호 의안 해저도로 통행료 징수규칙을 부의하겠습니다. 일단 설명을 드리겠습니다. 현재 확실한 숫자는 불명확하지만 이후 지하도에는 전등료 등의 유지비가 필요합니다. 그 비용 일부에 충당하기 위해, 노면을 손상시키는 차량에 대해 통행료를 징수할 예정입니다. 지금부터 제1독회에 들어가겠습니다.

7번(에토 다케히코(衛藤竹彦)) : 예산을 보면 통행료 수입은 극히 적은데 이 사용료 징수를 하는 사람이 필요하다면 대단히 경제적이지 않습니다. 이는 운하 통항료 징수를 하는 촉탁을 도(道)에서 데려와서 운하 통항료와 해저도로 통행료 징수를 함께 시킬 예정입니까?

의장(야마구치 세이(山口精) 통영읍장) : 도 예산으로는 운하 통항료 징수비로서 약 3,400~3,500원 계상하고 있으므로 아마 통항료 징수는 읍에 촉탁할 것이라 생각합니다. 그런데 과연 겸무가 가능할지 의문입니다. 그러나 읍에서는 파수꾼의 집은 현 태합굴 출장소 사택을 빌리는 식으로 해서, 가능한 경비를 절약할 예정입니다.

의장(야마구치 세이(山口精) 통영읍장) : 질문 없으시니 제1독회는 종료하고 제2독회에 들어가겠습니다.

4번(시기야 리쿠타로(鴫谷陸太郎) : 제3조의 증권은 정기권으로 수정하는 게 좋다고 생각합니다.

(전원 "찬성, 찬성")

의장(야마구치 세이(山口精) 통영읍장) : 전원이 4번 의원의 수정설에 찬성하니 제3조의 증권은 정기권으로 수정하겠습니다.

7번(에토 다케히코(衛藤竹彦)) : 제6조 제2호의 영리를 목적으로 하지 않는 공공사업 인정은 상당히 곤란하니, 이를 삭제하고 필요한 경우에는 제7조를 적용하는 게 편리하다고 생각합니다.

(전원 "찬성, 찬성")

의장(야마구치 세이(山口精) 통영읍장) : 전원이 7번 의원 말씀에 찬성하니 제6조 제2호는 삭제하겠습니다.

의장(야마구치 세이(山口精) 통영읍장) : 제2독회는 종료하고, 제3독회에 들어갑니다. 제4호 의안 해저도로 통행료 징수규칙 수정안을 채결하겠습니다. 수정안 찬성자는 기립해주십시오.

(전원 기립)

의장(야마구치 세이(山口精) 통영읍장) : 전원 찬성이니 제4호 의안은 수정안대로 의결 확정하겠습니다. 잠시 휴식합니다.

(오후 2시 40분부터 오후 2시 55분까지 휴식)

의장(야마구치 세이(山口精) 통영읍장) : 회의를 계속하겠습니다. 다음은 제5호 의안 읍기채상환 연한 조연(繰延) 건을 부의하겠습니다. 일단 원안을 낭독하겠습니다.

(의장, 원안 낭독)

4번(시기야 리쿠타로(鴫谷陸太郎) : 독회 생략하고 원안에 찬성합니다.

9번(다니모토 도라키치(谷本寅吉)), 3번(서장돈(徐將敦)), 14번(마쓰우라 기사쿠(松浦喜作)) : 4번 말씀에 찬성합니다.

(전원 "찬성, 찬성")

의장(야마구치 세이(山口精) 통영읍장) : 전원에 4번 말씀에 찬성하니 제5호 의안 읍기채 상환 연한 조연 건은 독회 생략하고 원안대로 의결 확정하겠습니다. 다음은 제6호 의안 통영 수도확장공사비 기채 건을 부의하겠습니다. 일단 원안을 낭독하겠습니다.

(고바야시 도미조(小林富三) 기수, 원안 낭독)

11번(다지마(田島十字夫)) : 독회 생략하고 원안에 찬성합니다.

(전원 "찬성 찬성")

의장(야마구치 세이(山口精) 통영읍장) : 전원이 11번 의원 말씀에 찬성하니 제6호 의안 통영읍 수도확장공사비 기채 건은 독회 생략하고 원안으로 의결 확정합니다. 다음은 제7호 의안 1932년도 통영읍 세입세출예산을 부의하겠습니다. 일단 예산에 대해 설명 드리겠습니다. 1932년도는 1931년도에 비해 수입이 감소했으므로 세출은 될 수 있는대로 절약을 하지만, 사무소비는 매년 일이 증가하기 때문에 당국에서 감액 지시도 있었지만 도저히 많이 감액할 수가 없습니다. 세출 중 신규로 예산 계상한 주된 것은 제3관 토목비 제2항 해저도로 유지비, 제5관 위생비 제8항 공동묘지비, 제9항 공동 정호비(井戸費), 제11관 청년훈련소비, 임시부 제5관 수도확장비 등입니다. 기타 제7관 경비비, 제9관 재산관리비, 임시부 시구개정비 등 예산 증가 때문에, 어쩔 수 없이 세입의 호별세에서 1호당 평균액을 1931년도의 3원 80전을 4원으로, 영업세 부가세는 종래 본세 1원에 대해 50전이던 것을 85전으로 끌어올려 수입 증가를 할 수밖에 없습니다. 이 점 양해하셔서 심의해주시길 바랍니다. 지금부터 제1독회를 열겠습니다.

7번(에토 다케히코(衛藤竹彦)) : 1931년도와 1932년도 예산을 대조하면 수도는 세입출 모두 대단히 감액되어 있습니다. 별로 인구가 감소한 것도 아니고 또 1931년도에 특별히 큰 사무가 있었던 것도 아니므로 예산이 좀 엉성하다고 생각합니다.

번외(고바야시 도미조(小林富三) 기수) : 수도 사용료 1,100원의 수입 감소는 1931년도 실적을 보면 점차 수입이 감소되고 있습니다. 이는 재계 불황 때문이기도 한데 강우량이 적어서 어쩔 수 없이 급수 제한을 한 상태입니다. 세출에서 수도비 3,589원 감소는, 잡급 중 급료 평균액의 감소와, 1931년도에 양수기 약 1,000원, 기타 천공기(穿孔器) 등을 구입했기 때문에 1932년도에는 구입할 필요가 없는 것과, 수원지 도수로(導水路) 축조비와 수원지 확장 측량비 등을 본년도에는 계상하지 않았기 때문입니다.

9번(다니모토 도라키치(谷本寅吉)) : 세출임시부 제3관 시구개정비 제2항 토지매수비는 어느 곳의 매수비입니까?

번외(고바야시 도미조(小林富三) 기수) : 읍사무소 앞부터 태합굴로 통하는 도로에 길야정(吉野町) 평정요정(平井料亭) 앞의 가옥이 대단히 방해가 되므로 이를 매수해서 자동차가 통행할 수 있게 할 계획입니다. 제3항 가옥이전비도 마찬가지입니다.

6번(고다마 시카이치(兒玉鹿一)) : 시구개정은 바라지만 부분적 고식적인 것은 하지 않는 편이 좋다고 생각합니다. 현재 시민의 부담이 무겁습니다.

의장(야마구치 세이(山口精) 통영읍장) : 6번 의원 말에 동감이지만 현재 재정 상태는 수도 확장 때문에 대대적 시구개정 착수는 불가능합니다. 그러나 평정요정(平井料亭)이 있는 곳은 적은 비용으로 꽤 편리해질 수 있습니다. 또 읍사무소 앞부터 평정요정 전까지의 길가의 가옥 중에는 꽤 도로 쪽에 나와있는 집이 있는데 실측한 결과 판단한 것이므로 이를 강제로 철거하면 상당히 좋은 도로가 만들어질 것이라 생각합니다. 신정시장(新町市場)도 이후 발전상 어쩔 수 없이 이 도로가 필요하다고 생각합니다.

6번(고다마 시카이치(兒玉鹿一)) : 조선인 구장에게 『매일신보』를 배부하고 있는 것 같은데 구장은 잘 읽고 있습니까?

번외(고보윤(高寶潤) 부읍장) : 잘 읽고 있습니다.

7번(에토 다케히코(衛藤竹彦)) : 세입 제2관 제3항 시장사용료는 설명서에 의하면 152원 증액인데 약 2할 인하한 것 같습니다. 이 재원난의 시기에 이렇게 인하를 해야 합니까?

번외(와카타케(若竹繁) 서기) : 당국은 시장사용료를 가능한 적게 하고 잉여금이 있으면 시장 설비를 하라는 방침이라서 인하한 것입니다. 목면시장은 온돌이 없기 때문에 빈 곳이 많아서 감수(減收)로 보고 있습니다.

7번(에토 다케히코(衛藤竹彦)) : 세입임시부 제4관 제1항 부기(附記)의 해저도로 유지비 산양면(山陽面)의 기부금 200원인데, 통영읍은 3분의 2 이상을 부담하기로 되어 있습니까?

의장(야마구치 세이(山口精) 통영읍장) : 통행료를 본읍에서 징수하므로 이를 차인하면 본읍이 약 3분의 2, 산양면 약 3분의 1 정도입니다.

6번(고다마 시카이치(兒玉鹿一)) : 세출 제5관 위생비에서 공동우물 2개를 굴착할 계획인데, 본년부터 수도를 확장하는데 우물을 파는 것은 불합리하다고 생각합니다. 그리고 공동묘지 신설 계획을 듣고 싶습니다.

번외(고보윤(高寶潤) 부읍장) : 묘지는 조선인용입니다. 종래의 묘지는 이미 20여 년이 지나서 빈 곳이 없어 정량리(貞梁里) 묘지에 매장할 것을 용남면(龍南面)에 매장하고 있는 상태이므로 신설이 필요합니다. 공동우물은 수도확장을 실행하면 물이 전체 시에 미치게 되는데 현재 상태로는 높은 곳에는 거의 물이 가지 않으므로, 수도를 확장해도 우물이 필요합니다. 또 시민 중에는 경제상 수돗물을 마실 수 없는 사람도 있기 때문에 2개를 신설하려고 계획했습니다. 장소는 정량리, 북신리(北新里), 대화정(大和町) 등 세 개 지역 중 두 곳을 선택할 예정입니다.

9번(다니모토 도라키치(谷本寅吉)) : 시장사용료는 약 2할 인하하고 영업세 부가세는 이 불황의 시기에도 불구하고 3할 5푼 인상한 것은 상당히 불공평합니다. 영업세 부가세가 종래 10분의 5였는데 10분의 6 정도로 안되겠습니까?

의장(야마구치 세이(山口精) 통영읍장) : 시장사용료 인하는 아까 번외 와카타케(若竹繁) 서기가 설명한대로 당국 방침이므로 방법이 없습니다. 본년 신규사업은 모두 어쩔 수 없는 것만 계상하고 있습니다. 세입은 일반적으로 감수(減收)이기 때문에 어쩔 수 없이 영업세 부가세를 인상한 것입니다. 양해를 바랍니다.

2번(시마무라 신페이(島村新平)) : 제5관 제4항 화장장 가마 수리비는 어떤 수리를 합니까?

의장(야마구치 세이(山口精) 통영읍장) : 단순히 가마의 보수, 연돌 수리입니다.

4번(시기야 리쿠타로(鴫谷陸太郎) : 세입 제1관 제1항 기본재산 수입의 논 40두락 에 대한 소작료 10석 2두는 너무 싼 것 같습니다. 세출 제9관 제1항 통영병원 수리비 경상 300원 임시 700원은 통영병원이 부산철도병원에 위임 경영되는 것으로서 계상했습니까? 또 도립 마산병원에 위임할 경우라도 같은 금액입니까?

번외(고보윤(高寶潤) 부읍장) : 기본재산 수입에 대해 설명 드리겠습니다. 읍의 논은 대단히 지질(地質)이 좋지 않고 또 이 논은 이전에 리(里)가 소유한 재산이었던 것을 급히 읍 재산으로 편입한 것입니다. 종래 리(里) 소유 재산 당시 구장이 수고해왔던 관습에서 그 수익 중 어느 정도 구(區)의 잡비로 지출했습니다. 읍 재산에 편입 이후에도 구장이 소작료를 징수하는 수고를 하고 있으므로 다소 쌉니다.

번외(와카타케(若竹繁) 서기) : 세출 제9관 제1항 통영병원 수리비에 대해 설명 드리겠습니다. 통영병원과 부산철도병원 사이의 계약은 이번에 만기가 되었는데 이제 상당 수리가 필요하므로 누가 위임경영을 해도 이만큼의 수리는 필요하다고 생각해서 계상했습니다.

7번(에토 다케히코(衛藤竹彦)) : 읍당국이 확신하는 점을 묻고 싶습니다. 세출은 거의 확정적인데 세입은 상당히 불안합니다. 세입으로 충분히 이만큼의 일을 할 수 있는지 없는지, 1931년도의 배수관 연장 같은 것은 세입이 줄어들어서 실행 불가능하니 1932년도에는 어떻게 할지 등 읍당국의 의향을 듣고 싶습니다.

의장(야마구치 세이(山口精) 통영읍장) : 종래는 일반적으로 팽대한 숫자로 곤란했지만 금년은 절대적으로 최저한도를 견적냈으므로 수입의 점에서 큰 불안은 없다고 생각합니다.

5번(김종원(金宗元)) :이원(吏員) 급료의 최고와 최저 급료를 듣고 싶습니다. 세출 제2관 제3항 접대비는 왜 계상한 것입니까? 제5관 제7항 공동변소는 어디에 설치할 예정입니까?

번외(고보윤(高寶潤) 부읍장) : 이원 최고급료는 70원, 최저는 27원입니다. 접대비는 공무에 관계한 손님에 대한 접대비입니다. 공동변소는 1931년도에 통영금융조합 부근에 한 개를 만들 예정이었는데, 1932년도는 경찰과 협의한 후 위치를 결정할 예정입니다.

의장(야마구치 세이(山口精) 통영읍장) : 이제 질문은 끝내고 제1독회를 종료하고 제2독회에 들어가겠습니다.

9번(다니모토 도라키치(谷本寅吉)) : 제2독회는 번잡하니 7명의 특별위원에게 부탁하면 어떻겠습니까?

13번(야마네 사이키치(山根才吉)) : 전원위원회를 희망합니다.

1번(탁응조(卓應朝)), 12번(정봉율(鄭奉律)), 2번(시마무라 신페이(島村新平)) : 13번 의원 말씀에 찬성합니다.

의장(야마구치 세이(山口精) 통영읍장) : 13번 의원 말의 동의(動議)가 성립했으니 채결하겠습니다. 전원위원회 부탁에 찬성자는 기립해주십시오.

(전원 기립)

의장(야마구치 세이(山口精) 통영읍장) : 전원위원회 부탁을 전원 찬성하니, 내일 오후 1시부터 전원위원회를 개최하여 심의 종료하고 곧장 본회의를 열겠습니다. 오늘은 이것으로 폐회하겠습니다.

(오후 5시)

2) 제6회 통영읍회 회의록(제2일)(1932년 3월 18일)

항 목	내 용
문 서 제 목	第六回通營邑會會議錄
회 의 일	19320318
의 장	山口精(통영읍장)
출 석 의 원	탁응조(卓應朝)(1), 島村新平(2), 서장돈(徐將敦)(3), 鴫谷陸太郎(4), 김종원(金宗元)(5), 兒玉鹿一(6), 衛藤竹彦(7), 김상수(金祥洙)(8), 谷本寅吉(9), 田島十字夫(11), 정봉율(鄭奉律)(12), 山根才吉(13), 松浦喜作(14)
결 석 의 원	허기엽(許基燁)(10)
참 여 직 원	고보윤(高寶潤)(부읍장), 若竹繁(서기), 桑原武雄(서기), 小林富三(기수), 瀨間平八郎(서기)
회 의 書 記	
회 의 서 명 자 (검 수 자)	山口精(통영읍장), 정봉율(鄭奉律)(12), 山根才吉(13)
의 안	제1호 통영읍 호별세규칙 제정 건, 2호 통영병원 대(對) 부산철도병원계약 만기에 대한 대책에 관한 건(이상 2건은 제5회 읍회의 계속), 3호 청년훈련소경영 건, 4호 해저도로통행료 징수규칙 건, 5호 읍기채상환 연한 조연(繰延) 건, 6호 통영수도확장공사비 기채 건, 7호 1932년도 통영읍 세입세출예산 건
문서번호(ID)	CJA0002930
철 명	읍면기채인가서
건 명	제6회통영읍회회의록
면 수	4
회의록시작페이지	905
회의록끝페이지	908
설 명 문	국가기록원 소장 '읍면기채인가서'철에 포함된 1932년 3월 18일 통영읍회 회의록

해 제

본 회의록(총 4면)은 국가기록원 소장 '읍면기채인가서'철 '제6회통영읍회회의록'건에 포함된 1932년 3월 18일 제6회 통영읍회 회의록(제2일)이다. 1932년도 통영읍 세입세출예산 수정안을 가결 확정하고 있다.

내 용

의장(야마구치 세이(山口精) 통영읍장) : 지금부터 개회하겠습니다. 전원위원회의 위원장이 위원회 결과를 보고해주십시오.

7번(에토 다케히코(衛藤竹彦)) : 제가 보고 드리겠습니다. 전원위원회에는 이사자 측도 출석해서 심의를 마쳤으니, 수정안은 충분히 아시리라 생각합니다. 일단 수정 사항을 낭독하겠습니다. 세입경상부 제6관 제2항 영업세 부가세 5,390원을 4,439원으로 수정, 세입경상부 제1관 제1항 읍장 수당 1,560원을 1,500원으로 수정, 제4항 여비 600원을 510원으로 수정, 부기(附記)에서 부읍장 여비 90원을 80원으로, 기수 및 서기 여비 330원을 250원으로 수정, 제2관 제2항 건물 수리비 200원을 100원으로 수정, 제3항 잡비 1,041원을 935원으로 수정, 부기에서 조선인 구장이 구독하는『매일신보』1년분 165원 60전을 삭제하고, 동(同) 부기의 잡비 40원을 100원으로 수정, 제5관 제7항 공동변소비 272원을 66원으로 수정, 부기의 공동변소 신설비 200원을 삭제, 공동변소 외등(外燈) 2개를 1개로 하여 연액 12원을 6원으로 수정, 제7관 제1항 소방비 2,237원을 2,018원으로 수정, 부기의 춘추연습(春秋演習) 현장 설비비 및 기타 잡비 400원을 200원으로,

표창비 200원을 181원으로 수정, 제12관 예비비 2,306원을 2,136원으로 수정, 결국 세입 세출 모두 951원씩 감액했습니다. 위원회 심의 결과는 이상과 같습니다.

의장(야마구치 세이(山口精) 통영읍장) : 그러면 제7호 의안 1932년도 통영읍 세입세출예산 수정안을 독회 생략하고 채결하겠습니다. 수정안 찬성자는 기립해주십시오.

(전원 기립)

의장(야마구치 세이(山口精) 통영읍장) : 전원 찬성이니 제7호 의안은 수정안대로 가결 확정하겠습니다. 부의사항 전부 심의를 종료했으니 이것으로 폐회하겠습니다.

4. 평강면협의회 회의록

1) 평강면 제13회 면협의회록(1931년 7월 6일)

항 목	내 용
문서제목	平康面第十三回面協議會錄
회의일	19310706
의장	김만기(金萬琦)(의장)
출석의원	전낙기(全洛基)(1), 전영규(全永圭)(2), 김중현(金重鉉)(3), 유문현(柳文鉉)(4), 渡部渡(6), 전종수(全鍾秀)(7), 홍도선(洪道善)(8), 北村近太郎(9), 石井金作(10), 吉田幹一(11), 최선행(崔善行)(12)
결석의원	石淵貫之(5)
참여직원	전동률(全東律)(서기), 최석이(崔石伊)(서기)
회의書記	
회의서명자(검수자)	김만기(金萬琦)(의장), 渡部渡(협의회원), 최선행(崔善行)(협의회원)
의안	제1호안 1931년도 호별세 각인별 부과 등급 결정 건, 제2호안 평강면협의회원 및 명예직 이원 비용변상규칙, 제3호안 평강면 이원급료규칙, 제4호안 평강면 여비규칙, 제5호안 평강면 기본재산 설치 및 관리규칙, 제6호안 평강면 급여기금 설치 및 관리규칙, 제7호안 평강면 수수료 규칙, 제8호안 평강면 시장사용규칙, 제9호안 평강면 도장사용규칙, 제10호안 평강면 묘지사용규칙, 제11호안 평강면 화장장 사용규칙, 제12호안 평강면 부가세 부과징수규칙, 제13호안 평강면 호별세 부과징수규칙, 제14호안 평강면 특별세 부과징수규칙, 제15호안 평강면 수도급수규칙, 제16호안 소액생업자금 대부 및 관리규칙
문서번호(ID)	CJA0003230
철명	읍면수도급수규칙인가서류
건명	수도급수규칙신설인가보고(평강면)(회의록첨부)
면수	8
회의록시작페이지	227
회의록끝페이지	234

설 명 문	국가기록원 소장 '읍면수도급수규칙인가서류'철에 포함된 1931년 7월 6일 평강면협의회 회의록

해 제

본 회의록(총 8면)은 국가기록원 소장 '읍면수도급수규칙인가서류'철 '수도급수규칙신설인가보고(평강면)'건에 포함된 1931년 7월 6일 평강면협의회 회의록이다. 구장이 면에 출두할 때 지급하는 일당과 면이원 급료의 상황을 파악할 수 있고, 또 면에서 호별세 부과등급을 정하는 방식을 확인할 수 있다. 특별세 부과징수규칙 논의에서는 전주세만 부과하고 나머지는 보류하는 것으로 의결하고 있다.

내 용

의장(김만기(金萬琦)) : 개회에 앞서 인사드립니다. 오늘은 날씨도 좋지 않고 바쁘신 중에도 불구하고 다수 출석해주셔서 매우 감사드립니다. 출석인원을 점검하면 출석인원 11명, 결석 1명이라서 정수 이상에 달하므로 개회하겠습니다.

의장(김만기(金萬琦)) : 오늘 자문안은 미리 배부해 드렸으니 모두 숙독하셨으리라 생각합니다. 다시 낭독할지에 대해 여러분의 의견을 듣고 싶습니다.

10번(이시 긴사쿠(石井金作)) : 읽었으니 낭독은 필요 없다고 생각합니다.

2번(전영규(全永圭)) : 자문안 낭독을 원합니다.

12번(최선행(崔善行)) : 2번 의원 말씀에 찬성합니다.

의장(김만기(金萬琦)) : 그러면 의안 낭독을 찬성하는 분이 있으니 번외 서기가 낭독하겠습니다.

(번외 최석이(崔石伊)(서기), 의안 낭독)

6번(와타나베(渡部渡)) : 질문이 있는데 구장은 1년 중에 용무를 위해 면에 출두하는 수가 몇 회입니까?

의장(김만기(金萬琦)) : 구장 1명이 연 6회씩입니다. 구장 9명이니 54회입니다.

6번(와타나베(渡部渡)) : 구장이 면에 출두할 때 일당 1원은 현재 상황에서 볼 때 높다고 생각합니다. 1일 80전으로 낮추는 게 어떻습니까.

의장(김만기(金萬琦)) : 의견은 잘 알겠습니다만 그것은 종래 지급해 온 예도 있고 또 가까운 곳은 차치하더라도 1,2리 떨어진 곳에서 오는 구장도 있어서 일당 1원은 높지 않은 것 같습니다.

2번(전영규(全永圭)) : 구장 일당액은 원안에 찬성합니다. 그러나 내년에 80전이 금년 1원과 같은 가치가 되는 경우 일당액을 변경하는 게 좋다고 생각합니다.

6번(와타나베(渡部渡)) : 구장 등 기타 명예직의 일당 감액을 희망합니다.

2번(전영규(全永圭)) : 구장은 무급직이고 1원도 적다고 생각합니다. 일당 1원이 적당하다고 생각합니다.

의장(김만기(金萬琦)) : 다른 의견 없으면 이원 급료안으로 넘어가겠습니다.

10번(이시 긴사쿠(石井金作)) : 본안은 규칙이고 준칙입니다.

의장(김만기(金萬琦)) : 본안만이 아니라 금회의 의안은 전부 도에서 제정된 것이고 면 규칙 준칙으로서 발부되었습니다. 면은 그것에 준해서 규칙을 만들어 면협의회의 자문을 거쳐 이번 도지사의 인가 및 총독의 인가를 얻어 비로소 면 규칙이 됩니다.

10번(이시 긴사쿠(石井金作)) : 본안 제3조에 대해 질문하겠습니다. 본 면처럼 재정이 빈약한 면에서 1회의 증급액을 20원으로 하는 것은 꽤 높은 금액이라 생각합니다. 반감해서 1회 10원까지 증급하는 게 어떻습니까?

의장(김만기(金萬琦)) : 그것은 1회의 증급액이고 성적의 우열에 의해 점차 증급해서 20원까지 증급한다는 의미이므로 별로 반감하지 않아도 된다고 생각합니다.

10번(이시 긴사쿠(石井金作)) : 본안 제18조에 공무 때문에 부상을 얻거나 혹은 질병에 걸려 불구자가 된 퇴직한 자에게는 재직 연수에 2년, 공무에 기인하여 사망한 자에게는 4년을 가산하는 것으로 되어 있는데 불구자가 된 사람에게 2년 가산은 좀 대우가 박하다고 생각합니다. 왜냐하면 불구자는 생명은 물론이요 아무 직업을 가질 수 없는 사람이고 사실 사망과 마찬가지 상태에 빠진 경우가 적지 않다고 생각합니다. 또 2년 미만의 자에게 2개월분에 상당하는 액수를 지급하는 것도 불공평하다고 생각합니다. 2년 미만도 거의 2년이 되는 경우가 있기 때문입니다. 이런 경우에 공평을 잃지 않도록 조건이 만들어졌으면 좋겠습니다.

의장(김만기(金萬琦)) : 10번의 의견을 잘 들었습니다.

2번(전영규(全永圭)) : 10번 의원 의견에 동의합니다.

의장(김만기(金萬琦)) : 다른 의견이 없는 것 같으니 여비규칙안으로 넘어가겠습니다.

2번(전영규(全永圭)) : 월액 여비는 기수만 있는데 서기에게는 없습니까?

의장(김만기(金萬琦)) : 기수만입니다.

6번(와타나베(渡部渡)) : 여비는 본안대로 해야 할 것 같습니다.

(전원 6번 의원의 말에 찬의를 표함)

의장(김만기(金萬琦)) : 다음 기본재산 설치 및 관리규칙안으로 넘어가겠습니다.

10번(이시 긴사쿠(石井金作)) : 본안 제2조 제3항의 기본재산에 없는 부동산 매각대금인데 본 면에도 해당 사항이 있습니까?

의장(김만기(金萬琦)) : 그것은 현재는 없지만 장래 있을 예정입니다.

의장(김만기(金萬琦)) : 본안에 따로 의견이 없으면 급여기금 설치 및 관리규칙안으로 넘어가겠습니다.

12번(최선행(崔善行)) : 본안 제1조 급여기금 축적은 종래에도 축적해 왔습니까?

의장(김만기(金萬琦)) : 종래에도 축적해왔습니다. 본안에 따로 의견 없으면 수수료 규칙으로 넘어가겠습니다.

의장(김만기(金萬琦)) : 본안도 의견 없으면 시장사용규칙안으로 넘어가겠습니다.

의장(김만기(金萬琦)) : 이번에는 도장사용규칙인데 의견 없습니까?

의장(김만기(金萬琦)) : 이번에는 묘지사용규칙인데 의견 어떻습니까. 이것도 의견이 없는 것 같습니다.

의장(김만기(金萬琦)) : 그러면 화장장 사용규칙안으로 넘어가겠습니다.

6번(와타나베(渡部渡)) : 화장장 사용료는 경성에 비해 높은 것 같은데 감액하면 어떻습니까?

의장(김만기(金萬琦)) : 당지의 사정에서 보면 높지 않다고 생각합니다.

("찬성"이라 말하는 자 있음)

의장(김만기(金萬琦)) : 본안도 다른 의견 없는 것 같으니 부가세 부과

징수규칙 안으로 넘어가겠습니다.

10번(이시 긴사쿠(石井金作)) : 차량세, 영업세의 부가세는 높으니 감액하는 게 어떻습니까.

의장(김만기(金萬琦)) : 면 예산 관계도 있어서 곧장 감액하기 힘듭니다.

10번(이시 긴사쿠(石井金作)) : 차량세는 본세는 좀 감소되었는데 부가세 때문에 종래보다 높아져 있습니다. 현하 당지의 사정을 보면 차량세를 부과하는 것은 오히려 사업자로 하여금 폐업을 하게 하는 것과 마찬가지고 지방 발전을 저해하는 게 아닌지 생각합니다.

의장(김만기(金萬琦)) : 의견을 잘 들었습니다.

6번(와타나베(渡部渡)) : 10분간 휴식을 원합니다.

의장 : 그럼 6번 의원의 제안대로 10분간 휴식하겠습니다.

의장(김만기(金萬琦)) : 계속해서 개회하겠습니다. 이번은 호별세 부과징수규칙인데 의견 없습니까.

(전원이 원안대로 찬성한다고 말함)

의장(김만기(金萬琦)) : 그러면 특별세 부과징수규칙으로 넘어갑니다. 충분한 심의를 원합니다.

10번(이시 긴사쿠(石井金作)) : 새로운 세금을 만드는 것은 중대한 문제입니다. 위정자는 항상 민정을 살펴서 민의 불만을 보듬어야 합니다. 세금 개정과 폐지를 할 때는 항상 민도에 적합한 시정을 하지 않으면 안됩니다. 물론 면의 재정도 고려해야 하지만 현재처럼 불황일 때 새로운 세금을 만드는 것은 절대 반대합니다. 그리고 개에게 세금을 부과하는 것도 반대합니다. 당지 현재 상태에서는 개로써 수입을 올리는 곳은 아마 하나도 없으리라 생각합니다.

의장(김만기(金萬琦)) : 지금 10번 의원의 의견을 잘 들었습니다.

2번(전영규(全永圭)) : 10번 의원의 의견에 동감합니다.

7번(전종수(全鍾秀)) : 본안 특별세는 시기상 이르다고 생각하니 당분간 연기하는 쪽이 좋을 것 같습니다.

12번(최선행(崔善行)) : 본안에 대해서는 7번 의원 의견과 동감입니다.

의장(김만기(金萬琦)) : 특별세 중 전주세만은 부과하는 게 좋다고 생각합니다.

6번(와타나베(渡部渡)) : 전주세만 부과하는 것에 찬성합니다.

의장(김만기(金萬琦)) : 특별세 중 전주세만 부과하는 것으로 하고 기타는 전부 당분간 연기하는 데 찬성하는 분은 기립해주십시오.

(전원 기립)

의장(김만기(金萬琦)) : 모두 찬성하시니 전주세만 부과하는 것으로 하겠습니다. 1931년도 호별세 각 인별(人別) 부과등급 결정 건은 사실 제1호안인데 상황상 나누어 심의했습니다. 원안을 숙독하신 후 의견을 말씀해주십시오.

12번(최선행(崔善行)) : 본안의 등급 사정방법을 설명해주십시오.

의장(김만기(金萬琦)) : 각 부락의 구장 및 유력자에 대해 그 부락민의 재산 수입 생활 상태를 조사시켜 그것을 참고하여 이원이 실지 조사하여 부과 등급을 정하고, 면 밖에서 수입이 있는 자에게는 해당 당국에 조회하여 등급을 정하는 식으로 합니다.

7번(전종수(全鍾秀)) : 등급을 보면 중국인 이건업(李建業)은 재산에 비해 등급이 지나치게 낮다고 생각합니다.

11번(요시다(吉田幹一)) : 중국인 소경문(蘇慶文)은 등급이 지나치게 높은 것 같습니다.

의장(김만기(金萬琦)) : 7번, 11번 의원의 말씀을 잘 들었습니다. 등급이 다소 불공평한 점은 의장도 잘 알고 있으나 그것은 본년 제1기 호별세 부과 때는 불공평이 없었는데 시일이 경과하면서 재산상 변동이 생겨 자연히 등급에 변동이 생겼습니다. 다음으로 수도급수규정을 '수도급수규칙'으로 개정하여 또 총독부의 인가를 받기 위해 오늘 제안한 것이고, 그 내용은 조금도 변한 게 없습니다. 이것은 총독부의 인가를 받아 시행해온 것으로 단지 글자 '정'을 '칙'으로 바꾼 것이니까 모두 따로 의견 없으시리라 생각합니다.

(전원 본안대로 찬성이라고 말함)

의장(김만기(金萬琦)) : 그러면 소액생산자금 대부 및 관리규칙으로 넘어가겠습니다. 본안에 대해 의견 없습니까?

(전원 원안대로 찬성이라고 말함)

의장(김만기(金萬琦)) : 그럼 제1호안부터 16호안까지(제14호안을 제외) 원안에 찬성하는 분은 기립해 주십시오.

(전원 기립)

의장(김만기(金萬琦)) : 오늘 의사는 이것으로 마치겠습니다. 회의록 서명자는 의장이 지명하겠습니다.

(전원 이의 없다고 말함)

의장(김만기(金萬琦)) : 서명은 와타나베(渡部渡), 최선행(崔善行) 의원이 하시겠습니다. 그러면 이것으로 폐회하겠습니다. 모두 열심히 심의해주셔서 무사히 본회의가 끝나게 되어 크게 만족하는 바이며 매우 감사합니다.

(오후 7시 10분 폐회)

5. 포항면협의회 회의록

1) 포항면협의회 회의록(1931년 3월 27일)

항 목	내 용
문 서 제 목	浦項面協議會會議錄
회 의 일	19310327
의 장	下村重英(포항면장)
출 석 의 원	福島伊平(4), 김병수(金秉秀)(5), 최병기(崔柄基)(6), 北川利八(7), 大上留造(9), 권전근(權銓斤)(11)
결 석 의 원	김두하(金斗河)(1), 田中貢(2), 古川茂平(3), 瀨戸甲一(8), 原田一雄(10), 최한수(崔漢樹)(12)
참 여 직 원	
회 의 書 記	
회 의 서 명 자 (검 수 자)	下村重英(포항면장), 福島伊平(협의회원), 권전근(權銓斤)(협의회원)
의 안	자문 제1호 차입금 인가신청의 건, 자문 제2호 1931년도 포항면 세입세출 추가경정예산의 건
문서번호(ID)	CJA0002809
철 명	궁민구제기채관계
건 명	치수비부담금기채에관한건인가신청(영일군포항면)경상북도(포항면협의회회의록)
면 수	5
회의록시작페이지	823
회의록끝페이지	827
설 명 문	국가기록원 소장 '궁민구제기채관계'철에 포함된 1931년 3월 27일 포항면협의회 회의록

해 제

본 회의록(총 5면)은 국가기록원 소장 '궁민구제기채관계'철 '치수비부담금기채에관한건인가신청(영일군포항면)경상북도(포항면협의회회의록)'건에 포함된 1931년 3월 27일 포항면협의회 회의록이다. 형산강 개수공사에 따라 포항면에서 부담해야 할 9만 6,000원을 기채에 의해 해결하기로 가결하고 그 상환 재원에 대해 토의하고 있다.

내 용

의장(시모무라(下村重英)) : 자문 제1호 차입금 인가신청 건을 부의하겠습니다.

면장(시모무라(下村重英)) : 의제로 한 차입금 인가신청 건을 설명드리면 요지는 다음과 같습니다.

오늘 회의사항은 일반의 다년간 열망이던 형산강 개수공사로 실업구제비로써 3년간 계속사업을 실시하는 것입니다. 총공비 186만 원이고 그 중 8할은 국고 지변, 2할은 지방비와 관계 지역의 면에서 각 1할씩 부담하기로 결정하여, 그 지역 면 부담액 중 본 면은 9만 6,000원 할당이었으나 달리 재원이 없어서 기채에 의한 차입을 하고 이자는 연 5푼 3리 이내, 5개년 거치, 그 후 15년간 원리 균등으로 상환하기로 했습니다. 상환 재원은 일반 면비 절약 및 호별할 제한외 부과에 의하기로 합니다. 1931년도에는 달리 재원이 없기 때문에 면사무소 신축적립금을 일시 정지하고 이에 충당합니다. 1932년도부터 약간의 제한외 부과를 할 계획이며 사방비 차입금은 1932년도에 상환을 완료하므로 수도사용료 인하를 할 것인 바, 본 재원에 조금이라도 보조하기로 하고, 수도도 하등 이상 없을 것이며 3,4년 내에는 확장을 할 것인데 4,5만 원의 비용이 필요할 것이라 미리 다소 적립을 하고, 국고 및 지방비에서 상당 보조를 얻어 실현할 계획입니다. 상환 계획으로서 별지에 보시는 것처럼 10년간 상환 재원을 조사했는데, 우리 면 상수도비 차입금이 1937년도에 완전히 끝나므로, 1938년도부터는 제한 외 부과를 하지 않고 충분히 상환 가능하리라 생각합니다. 심의를 부탁드립니다.

9번(오가미 도메조(大上留造)) : 포항면 부담에 대해서, 공사에 의해 생기는 남는 토지나 다른 대가는 없습니까?

면장(시모무라(下村重英)) : 지금으로는 이렇다 할 정해진 대가는 없습니다.

9번(오가미 도메조(大上留造)) : 이자 거치 후의 상환 계획은 5개년인데 그 후는 어떻게 합니까?

면장(시모무라(下村重英)) : 상환 재원 계획은 10개년만 수립했고 그 내용은 내시(內示)에 있습니다.

9번(오가미 도메조(大上留造)) : 이 상환 재원으로서 면사무소 신축 적립을 정지하여 충당한다는 건데 신축비는 어떻게 합니까?

면장(시모무라(下村重英)) : 일시 정지한다는 생각입니다.

4번(후쿠시마 이헤이(福島伊平)) : 일시 정지 기간은 무기 연기입니까?

면장(시모무라(下村重英)) : 1931년도에만 다른 재원이 없으니 정지하는 것이고 1932년도부터는 상당히 고려할 것입니다.

7번(기타가와 리하치(北川利八)) : 1931년도 분의 적립금은 정지하는 것이나 일반 면 경비의 잉여금이 생길 때는 적립금으로 조입하는 게 어떻습니까?

면장(시모무라(下村重英)) : 본년도에 잉여금이 있을 때는 말씀하신 것처럼 합니다.

7번(기타가와 리하치(北川利八)) : 원안 찬성합니다.

("찬성"이라 말하는 자 많음)

의장(시모무라(下村重英)) : 다른 의견 없으면 원안대로 결정해도 이의 없습니까?

("이의 없음")

의장(시모무라(下村重英)) : 자문 제1호 차입금 인가신청 건은 모두 이의 없는 것으로 결정합니다. 자문 제2호 1931년도 포항면 세입세출 추가경정 예산 건을 부의하겠습니다.

면장(시모무라(下村重英)) : 의제로 된 1931년도 면 세입세출 추가경정 예산 건에 대해 설명드리겠습니다. 형산강 개수공사비에 관계된 본면 부담금 9만 6,000원 중 1931년도 분 3만 2,000원 및 학산동 매립지 대부료 35원 90전을 추가경정하는 것입니다. 상세한 것은 수차 설명드렸으니 심의 바랍니다.

7번(기타가와 리하치(北川利八)) : 제1호 자문안과 관련한 문제로 원안에 이의 없습니다.

("이의 없음")

의장(시모무라(下村重英)) : 의견 없으시면 원안대로 결정하는 데 이의 없습니까?

("이의 없음")

의장(시모무라(下村重英)) : 자문 제2호 1931년도 포항면 세입세출 추가경정예산 건을 이의 없는 걸로 결정합니다.

김윤정

전북대학교 고려인연구센터 학술연구교수

숙명여자대학교 문학박사. 주요 논저로 「1920년대 조선 사회주의 정치세력의 의회정치와 '지방의회' 인식」(『사림』 69, 2019), 「일본 제국/식민지 체제와 전체주의 담론의 긴장: 『조광』의 텍스트를 중심으로」(『역사연구』 47, 2023) 등이 있다.